39845

CRITIQUE

DE

LA RAISON PURE

DIJON, IMPRIMERIE J.-E. RABUTOT.

CRITIQUE

DE

LA RAISON PURE

PAR EMM. KANT

TROISIÈME ÉDITION EN FRANÇAIS

Comprenant toutes les différences entre les deux premières éditions allemandes, les seules données par l'auteur, avec l'analyse de l'ouvrage entier par Mellin; le tout traduit de l'allemand

PAR J. TISSOT

Doyen de la Faculté des Lettres de Dijon, professeur de Philosophie.

TOME PREMIER

PARIS

LIBRAIRIE PHILOSOPHIQUE DE LADRANGE

Quai des Augustins, 19.

1864

PRÉFACE DU TRADUCTEUR

Ch. Léonard Reinhold disait en 1789 (1), en parlant de la manière dont le Criticisme pouvait être accueilli dans le monde philosophique : «Le dogmatiste regardera la nouvelle philosophie comme la théorie d'un scepticisme qui doit compromettre la certitude de tout savoir ; le sceptique n'y verra que l'orgueilleuse prétention de supplanter les systèmes dogmatiques jusqu'ici opposés les uns aux autres par un dogmatisme nouveau qui aspire à une domination universelle ; le surnaturaliste y

(1) P. 31 de sa préface à l'*Essai d'une nouvelle théorie de l'intelligence humaine* (en allemand).

croira voir un plan d'attaque habilement conçu pour rendre inutiles les preuves historiques de la religion, et fonder le naturalisme sans coup férir ; le naturaliste y trouvera un nouvel appui en faveur d'une philosophie religieuse qui s'en va ; le matérialiste n'y saura voir qu'une réfutation idéaliste de la réalité de la matière ; le spiritualiste y pensera lire la réduction inexcusable de toute réalité au monde corporel déguisé sous le nom de champ de l'expérience. »

Ainsi la Critique de la raison pure dut avoir contre elle toutes les sectes possibles. Quoi d'étonnant si elle se distingue d'elles toutes, et qu'en s'en distinguant elle les contredise toutes en des points essentiels ?

Mais, par une suite nécessaire de cette situation, elle devait également rencontrer, suivant Reinhold, autant de sympathie qu'elle trouvait tout à l'heure d'opposition. Qui ne voit en effet qu'ennemies les unes des autres, comme elles le sont en réalité, toutes les écoles métaphysiques ont dans le Criticisme un allié naturel, puissant, contre leurs adversaires ?

Le dogmatiste ne pourra donc manquer d'être de l'avis de la Critique en tant qu'elle affirme ; seulement, l'affirmation lui semblera trop restreinte. Le sceptique ne sera point choqué de la négation, seulement il ne la trouvera pas entière. Le mystique ne s'inscrira pas en faux contre la croyance morale à l'existence de Dieu, au libre arbitre, à l'immortalité de l'âme, mais il prétendra qu'il existe de tout cela de véritables preuves spéculatives, des démonstrations même.

Il voudra de plus, il voudra surtout une religion surnaturelle, que la philosophie n'a pas mission d'établir. Le physicien ou naturaliste ne s'en plaindra point, mais comme il ne voit dans le monde que le monde seul, le monde matériel, il conviendra sans peine que Dieu n'y est pas, que la liberté comme cause ne peut s'y trouver, pas plus que l'immortalité : ne portant point ses regards sur le monde spirituel et moral, il ne comprendra point les déductions métaphysiques que l'auteur du Criticisme en fait sortir. Il en sera tout autrement du spiritualiste : il applaudira sans restriction aux croyances théologiques, psychologiques et morales du Criticisme; seulement il les trouvera très affaiblies par la négation de leur certitude spéculative.

Cette situation du Criticisme, à l'époque de l'apparition de l'ouvrage monumental qui en est le fondement, n'aurait-elle pas aujourd'hui son analogue ? Repoussé des uns, accueilli des autres, ou plutôt rejeté en même temps qu'accepté de tous, mais pour des points différents, il n'a pas cessé d'être l'objet d'un intérêt constant pour tous les systèmes, pour toutes les opinions philosophiques. Aussi l'Angleterre, malgré l'esprit pratique, positif et en quelque sorte mathématique de cette nation, qui la porte de préférence à la psychologie expérimentale, à la logique et à l'économie politique, compte-t-elle aujourd'hui deux traductions de la Critique de la raison pure, indépendamment des résumés divers plus nombreux, et sans parler des traductions de quelques autres ouvrages de Kant. Le Danemarck et la Hollande avaient une analyse de la philosophie de Kant avant que Ch. Villers nous eût esquissé cette doctrine. L'Italie fut, de tous les pays de l'Europe non germanique, la première qui posséda une traduction complète de la Critique de la raison pure. Depuis vingt-quatre ans déjà Gottlob Born avait entrepris de mettre le Criticisme à la portée de tous ceux qui connaissent le latin, lorsque Mantovani essaya de rendre la *Critique de la raison pure* dans la langue de son pays. Depuis lors le Criticisme n'a été oublié ni des théologiens ni des philosophes de l'Italie, sauf à n'en être pas toujours compris. En France, Ch. Villers, Stapfer, le traducteur anonyme de Kinker, Madame de Staël, de Gérando, Schœn, ont donné les premiers des esquisses diverses de la philosophie critique. *Les observations sur le beau et le sublime*, et quelques fragments publiés dans le *Conservateur* de François de Neufchâteau, sont les seules parties des nombreux écrits de Kant qu'on eût fait passer dans notre langue lorsque j'entrepris d'en traduire les traités les plus importants et les plus difficiles. M. Cousin n'a publié une analyse de la Critique de la raison pure qu'en 1841, et M. de Rémusat un travail analogue qu'en 1842.

Depuis vingt-huit ans que la première édition en français de la Critique de la raison pure a paru, l'intérêt qui s'attache à cet ouvrage n'a fait que s'accroître; une troisième édition est devenue nécessaire. Revue avec tous les soins dont je suis capable, aussi fidèle, aussi intelligible que peut l'être un pareil ouvrage sans perdre son caractère de traduction, elle vient dans un temps où l'on peut dire que sa présence est encore plus nécessaire que par le passé. Il est clair en effet que le cartésianisme, même restauré, s'en va; sa métaphysique, basée sur une théorie imparfaite et en partie fausse des idées, n'est plus soutenable.

Sa théorie de la matière, suivant laquelle l'étendue serait l'essence des corps, est incompatible avec les propriétés mécaniques, physiques, chimiques des corps, et aboutit à l'idéalisme. En effet, les trois dimensions d'un solide n'étant que les trois dimensions de l'espace qu'il occupe, il n'y a aucune différence, quant à l'étendue, entre l'espace plein et l'espace vide. De là, pour Descartes, le plein absolu, ou plutôt l'identité de l'espace pur et de l'essence corporelle. Or, comme l'espace pur pourrait bien être un vide absolu, ou, comme le disait fort bien déjà l'abbé de Lignac, une certaine possibilité du plein, c'est-à-dire des corps, — ce que Descartes lui-même avait entrevu, — il s'ensuit que l'essence des corps ne serait que leur possibilité même, une simple idée.

La théorie cartésienne de l'esprit n'est pas plus soutenable que celle de la matière. Si l'esprit n'est que la pensée, si la pensée en est l'essence, l'esprit n'est de même que sa propre possibilité, puisque la pensée n'est concevable, possible que par l'esprit. Ainsi, l'esprit serait tout à la fois cause et effet de lui-même; ce qui ne ressemble pas mal à un cercle vicieux et à une contradiction.

Le fait est que Descartes a pris les phénomènes corporels et spirituels pour les propriétés essentielles qui en sont les principes; qu'il a confondu l'intelligible et le sensible dans chaque ordre de phénomènes, et l'intelligible et le sensible tout à la fois avec l'inconnu fondamental dans chaque ordre de faits.

Il faut donc aujourd'hui au matérialisme et au spiritualisme qui veulent rester fidèles aux faits et se prémunir contre toute usurpation du système contraire, une autre métaphysique.

Le matérialisme, mal affermi dans le cartésianisme, trouvera dans la Critique de la raison pure une réfutation de l'idéalisme, une preuve de l'existence d'une réalité extérieure, de la matière sensible de toute connaissance digne de ce nom. Il y trouvera fondée mieux que partout ailleurs la nécessité de la méthode expérimentale, la preuve qu'en fait de réalité notre intelligence ne peut rien connaître,—je ne dis pas rien savoir,—qui ne soit soumis à la loi de l'espace et du temps, et qu'ainsi toute métaphysique transcendante n'est ou qu'une création fantastique, ou une contradiction, ou un idéal. Mais comme il n'est pas plus possible de nier ce dont on ne saurait avoir aucune idée que de l'affirmer, les négations systématiques des matérialistes ou des spiritualistes seront par là même rendues visiblement impossibles.

Il faut au spiritualisme des armes plus fortement trempées pour parer les coups d'un matérialisme qui pourrait à bon droit se prévaloir du faux spiritualisme de Descartes, d'un spiritualisme qui a creusé arbitrairement entre la matière et l'esprit un abîme où la métaphysique de cette école s'est perdue; d'un spiritualisme qui prétend expliquer mécaniquement tous les phénomènes de la vie organique, ceux mêmes de la vie sensitive et perceptive. Il faut de nos jours que le spiritualisme, s'il veut rester debout, devienne dynamiste, et surtout qu'il fasse bonne justice de cette doctrine : que l'étendue est l'essence des corps, leur substance même. Il faut qu'il demande un compte sévère au matérialisme de ses assertions, de ses notions mêmes de corps, de matière, d'étendue, d'atome, de force, de propriété, de transformation, d'équivalent, etc. Il faut qu'il rétablisse la parenté générique entre la matière et l'esprit en rétablissant la simplicité et le caractère dynamique de tout ce qui est matière ou esprit. Il faut qu'il reconnaisse et qu'il prouve, — ce qui n'est pas difficile, — que la raison des phénomènes corporels d'une part, et la raison des phénomènes spirituels de l'autre, est aussi inconnue en soi qu'elle est certaine d'ailleurs, mais qu'elle ne peut être dans un attribut rationnel commun à toute substance réelle, individuelle. Il faut enfin que le matérialisme, vaincu sur son propre terrain, et par ses propres armes, soit contraint de confesser qu'il fait de la métaphysique, et de la manière la plus inconséquente, quand il affirme quoi que ce soit de la nature intime de la matière.

Je n'hésite pas à dire que Kant est l'esprit le plus positif, le plus complétement et le plus strictement expérimental, le plus méthodique, le plus rigoureusement scientifique qui ait écrit sur l'intelligence et sur les lois qui la régissent. C'est en partant des faits, en les constatant, en les analysant, qu'il est conduit à reconnaître des idées d'origine non sensible, qui n'ont point de matière phénoménale, point de réalité objective à elles propre, qui sont par conséquent un produit de facultés essentiellement spirituelles; que ces idées, considérées isolément, sont vides et vaines; qu'elles n'ont un corps, un objet indirect que dans la phénoménalité même, dans les idées générales qui s'en forment, et dans les lois expérimentales qui en sortent. Peu importe que Kant admette trois facultés de plus en plus élevées, la sensibilité transcendantale, l'entendement et la raison, au lieu d'une seule qui aurait une triple fonction spéculative comme elle a déjà dans le système de Kant une fonction spéculative et une fonction pratique. Il n'entre pas dans mon plan de faire ici un examen critique de l'ouvrage fondamental du Criticisme; c'est un travail qui aura son jour. Il ne s'agit pour le moment que d'établir l'opportunité à tous égards de cette nouvelle édition, de faire voir que la Critique de la raison n'a point vieilli, et qu'elle est de sa nature comme la terre pour Antée : c'est là qu'il faudra revenir, c'est de là qu'il faudra partir toutes les fois que des systèmes de philosophie seront en présence et ne pourront se concilier entre eux ou avec les idées fondamentales du sens commun.

Nous venons de voir que le spiritualiste et le matérialiste ne peuvent conclure de traité de paix que sur les bases du Criticisme, lequel rabat de part et d'autre les prétentions extrêmes qui les rendent excessifs, systématiques, qui les font sortir des faits, de la réalité connue, ou les jettent dans le domaine de la fantaisie.

Il en est de même de deux autres classes de prétendus philosophes positifs : je veux parler des sensualistes qui généralisent trop et de ceux qui ne généralisent point ; ou plutôt de ceux qui réalisent des abstractions et de ceux qui méconnaissent la valeur des idées générales et des idées universelles. Les premiers parlent sans cesse de la matière, de ses forces, de la nature, comme s'il y avait une matière générale, des forces générales, une nature générale ! comme si la réalité et la généralité ne s'excluaient pas aussi nécessairement que le cercle indéterminé et le cercle de tel ou tel rayon. Ce naturalisme qui réalise le monde, qui fait de l'unité, de l'ensemble même des choses, un je ne sais quoi d'existant, a pour extrême contraire un empirisme nominaliste qui, s'il pouvait être conséquent, nierait la légitimité et la valeur de toute idée générale de l'ordre expérimental, de toute idée universelle d'origine purement rationelle. Il niera, par exemple, la légitimité des idées d'espèces ou de genres en histoire naturelle, ou celle de causalité en général. Ces deux sortes d'empirisme extrêmes seront d'accord ou croiront l'être contre le rationalisme, c'est-à-dire pour nier qu'il y ait en nous des idées qui ne viennent point des sens, quoique toutes supposent l'exercice des sens. Pour eux, l'espace, le temps, les catégories de l'entendement, les idées absolues de la raison reviennent à des idées sensibles, sont fournies directement par les sens, ou ne sont que de vains mots. La Critique de la raison pure donnera gain de cause à ces esprits fort peu mystiques, en même temps qu'elle les condamnera. Si elle a montré le vice du naturalisme réaliste et celui de l'empirisme nominaliste, en établissant que les idées générales et les notions universelles n'ont pas d'objets propres, qu'une idée collective même telle que l'idée de monde ne répond directement à rien de réel ; de même la Critique prouvera qu'il est faux que cette idée ne convienne à rien absolument, qu'elle n'ait pas de réalité qui en soit l'objet indirect, et qu'en tout cas elle ne soit un produit très légitime de l'esprit humain. Elle établira semblablement le côté faux de l'empirisme exclusif, ce qu'il y a d'insoutenable dans son affirmation que toute idée vient directement des sens, qu'elle a quelque phénomène pour objet propre, immédiat. Elle fera voir non moins clairement, toujours fondée sur l'analyse des faits, qu'un rationalisme exclusif, qui ne veut par conséquent pas reconnaître d'idées semblables, ou qui, aveuglé par un mysticisme de fantaisie donnant aux idées de la raison pure des objets propres, se flattant de posséder dans cette faculté un moyen d'intuition d'une portée surnaturelle, si non surhumaine, confond toutes les notions, toutes les facultés, et se repaît de chimères.

Le théisme et l'athéisme y trouveront également des raisons de leur affirmation et de leur négation, mais toujours, bien entendu, à des points de vue divers. C'est ainsi que le principe des causes finales, quoi qu'en aient dit Bacon et Descartes lui-même, est une loi de l'esprit humain, mais dont l'application a ses dangers, comme le prouve surabondamment l'histoire de son usage. Mais, s'il fallait nier une loi, la légitimité d'une idée de la raison, parce que cette idée peut être abusivement appliquée, quelle serait la loi, l'idée naturelle ou intellectuelle qui pourrait être maintenue? Sans doute le principe des causes finales, appliqué au monde, ne donne qu'une probabilité infinie de l'existence d'une cause personnelle du monde, distincte du monde lui-même; mais que faut-il de plus, alors surtout que l'ordre moral universel vient ajouter ses exigences à cette probabilité infinie? Mais où le théiste ne pourra se reconnaître, c'est à la négation critique du réalisme mystique qui donne à toute idée un objet propre, surtout aux idées d'infini et de parfait, comme s'il existait quelque chose qui fût l'infinité substantielle, la perfection substantielle! Comme si l'infinitude et la perfection pouvaient n'être pas des attributs d'attributs, des manières rationnelles d'être conçues de quelque chose qui existe, ou qui peut se concevoir existant à quelque autre titre que l'infinité seule, la perfection seule! La Critique n'admettra pas davantage que l'*idée de perfection possible* emporte autre chose que l'*idée de l'existence possible* : elle fera nettement concevoir que s'il est un sens suivant lequel la perfection possible ne serait plus possible si l'être n'existait pas, à savoir le sens ontologique ou de fait, il est un autre sens suivant lequel la perfection possible reste encore possible, absolument possible, alors même qu'un être parfait n'existerait pas, à savoir le sens logique. Elle fera toucher au doigt ces paralogismes où le réalisme mystique prend ses conceptions de raison pure pour des intuitions; où la notion d'existence, qui implique un fait d'expérience, est prise tour à tour pour une notion pure et simple et pour un fait; où la notion de possibilité joue également le double rôle de possibilité logique et de possibilité ontologique. Sous ce rapport donc, elle donnera une juste satisfaction à l'opinion qui conteste la valeur de ces prétendues démonstrations de l'existence de Dieu. Mais l'athée, à son tour, devra s'avouer vaincu quand le théiste, bornant ses prétentions à de simples preuves, à l'application de principes constitutifs, ou tout au moins régulateurs de la raison humaine, le mettra dans la nécessité ou de nier cette raison, ou d'en admettre l'un des jugements les plus naturels, les plus universels, les plus caractéristiques. Il sera bien autrement empêché s'il est mis en demeure d'établir démonstrativement la non-existence en fait d'un Dieu personnel, par l'impossibilité même de cette existence, ou de prouver simplement le fait négatif de cette non-existence par des faits positifs.

Si nous portons maintenant nos regards sur la succession des évènements dans le monde et dans l'homme, nous aboutirons à des résultats analogues à ceux que nous venons de rencontrer à un autre point de vue. Qu'il nous suffise, pour le prouver, de rappeler les quatre antinomies de la raison pure, et d'en examiner seulement une ou deux par forme d'exemple.

Ceux qui veulent que le monde ait eu un commencement dans le temps et dans l'espace; que ses composés matériels soient formés de parties simples; qu'il y ait dans le monde une causalité libre qui est l'homme; qu'il existe dans le monde même ou hors du monde un être absolument nécessaire, comme cause première du monde, trouveront dans la Critique les meilleures raisons qu'ils puissent donner à l'appui de leurs thèses.

Mais ceux-là n'en trouveront pas de moins bonnes qui prétendent que le monde n'a pas eu de commencement dans le temps et qu'il n'a pas de limite dans l'espace; qu'aucune substance composée dans le monde ne l'est de parties simples, et qu'il n'y a rien de simple dans les choses; que tout dans leur ensemble a lieu suivant des lois physiques, et qu'il n'y a par conséquent pas de causes libres; qu'il n'existe dans l'univers ou hors de l'univers aucun être absolument nécessaire comme cause.

Il y a plus : ceux qui sauront distinguer les points de vue divers sous lesquels le monde peut être envisagé, suivant qu'il tombe sous les sens, qu'il est réel, ou qu'il n'est qu'un objet de l'entendement, quelque chose de purement intelligible ou d'idéal, sauront se reconnaître dans ces contradictions apparentes, accorder ou nier la thèse et l'antithèse suivant les points de vue divers. Ceux-là seront les vrais critiques.

S'il est enfin des propositions contradictoires dont l'objet soit de part et d'autre en dehors de la portée de l'esprit humain, il est évident qu'une intelligence qui se comprend, qui sait discerner la nature, l'origine et la valeur objective ou subjective des idées, aura cette fois des raisons suffisantes de nier également le bien fondé de l'affirmation ou de la négation, et qu'elle se réfugiera dans l'abstention du doute où elle ne pourra être forcée par aucun dogmatisme.

Aujourd'hui, par exemple, il y a une classe de physiologistes, de naturalistes, de physiciens, qui ne veut plus entendre parler de causes, par la raison toute simple que les causes ne sont point données comme telles, qu'elles ne sont pas percevables en elles-mêmes, qu'on ne perçoit que des phénomènes, des effets. Ils refusent par là même d'admettre en nous une force véritablement causatrice et propre, une force personnelle, spontanée, libre. Ils ne l'affirment pas plus comme première dans le monde, que dans l'homme comme seconde, et se gardent ainsi de reconnaître un commencement de toutes choses. Ils sont très conséquents jusque-là. Mais quand ils vont plus loin et qu'ils nient l'existence des causes secondes dans le monde, dans l'homme en particulier, et l'existence d'une cause première distincte du monde, principe de tout le reste, ils sortent des faits, sont infidèles à leur principe et à leur méthode. S'ils soutiennent avec raison qu'ils ne voient point de commencement à l'enchaînement des choses, il ne s'en suit pas que cet enchaînement soit infini. S'ils affirment avec raison que l'expérience interne n'a pour objet que des états, des phénomènes ou faits de conscience, et nullement des facultés proprement dites, des puissances ou des forces ; s'ils ajoutent que le libre arbitre ou une causalité individuelle vraiment initiale, propre, personnelle même ou éclairée de la réflexion, n'est point du domaine de l'expérience, qu'elle ne pourrait l'être sans être aussi passive qu'un fait, qu'un effet, sans cesser d'être une puissance, et qu'ainsi c'est se contredire que d'affirmer le libre arbitre au nom de la conscience, ils sont jusque-là dans le vrai ; mais ils en sortent lorsqu'ils nient, au nom de la même conscience, ou de tout autre enseignement expérimental, qu'une semblable puissance n'existe pas dans l'homme.

On le voit, la Critique de la raison pure donne raison à toutes les prétentions philosophiques, en même temps qu'elle les condamne toutes, si elles prennent leur point de vue propre ou relatif pour l'aspect complet des choses. Elle ne les condamne et ne les absout donc les unes et les autres que conditionnellement. Elle ne professe point le scepticisme à l'encontre d'elles toutes, pas plus qu'elle ne fait de l'éclectisme. Elle part de nos facultés de connaître, de la nature des idées propres à chacune de nos facultés, distingue en conséquence les aspects divers sous lesquels s'offre ou peut s'offrir à l'esprit toute chose et toute question de l'ordre spéculatif, et se prononce ensuite avec une rigoureuse impartialité sur la justesse ou la fausseté de chaque prétention, et quelquefois sur l'une et l'autre en même temps.

Ce n'est point là un vain jeu de dialectique ; c'est la conséquence rigoureuse de prémisses établies d'abord avec le plus grand soin, le plus grand scrupule. Ce n'est point par des raisons de prétendu sens commun, ou en se fondant sur une métaphysique cartésienne ou autre, dont les principes ne résultent pas d'une étude de l'intelligence humaine, profonde et vraie dans ses résultats, qu'on peut se refuser aux conséquences métaphysiques de la Critique; il faut, pour avoir le droit d'échapper à ses prises, démontrer tout d'abord les vices essentiels dont pourraient souffrir toutes les parties qui précèdent la dialectique transcendantale, c'est-à-dire, l'esthétique transcendantale, l'analytique des notions, et l'analytique des principes. A cette condition, mais à cette condition seulement, on peut justement rejeter les conséquences négatives de la dialectique kantienne.

Cet examen, qui a été plus d'une fois essayé avec des mérites divers, ne peut être ni apprécié ni repris aujourd'hui en tête de la Critique; mais il ne peut manquer d'avoir son jour et sa place dans la succession de nos humbles travaux.

Qu'il nous suffise pour le moment d'avoir fait ressortir aussi brièvement que possible, mais assez clairement, croyons-nous, l'opportunité de revenir en France à l'étude de la *Critique de la raison pure*, ou d'entrer plus avant dans l'intelligence de cet impérissable monument, le plus grand qui ait été élevé à la science de l'esprit humain depuis Aristote.

Si nous jetons maintenant un rapide coup d'œil sur l'état des esprits en Allemagne, nous verrons que les évènements philosophiques qui s'y sont déroulés depuis que Fichte outrait la doctrine de Kant, ont donné raison, comme à l'envi, aux grands résultats du Criticisme.

Qu'il nous soit permis de l'indiquer seulement, en touchant chacun des grands systèmes qui ont compté le plus d'adhérents depuis 1794, et qui ont joui successivement d'une sorte de vogue. Nous ne les envisagerons qu'au point de vue spéculatif, le seul dont il soit ici question, et nous ne prendrons de chacun d'eux que l'idée capitale vraiment constitutive. Peu nous importera du reste que leurs auteurs aient été ou non conséquents, qu'ils l'aient été plus ou moins ; nous essaierons de l'être pour eux, et de faire rendre à leurs systèmes les aberrations de doctrine, avouées ou non, qu'ils contiennent.

Le subjectivisme absolu de Fichte, son égoïsme métaphysique, qui fut une conséquence illégitime du Criticisme, était une première contradiction manifeste des idées fondamentales du sens commun ou des lois de l'esprit humain. Le naturalisme ou objectivisme absolu de Schelling n'était pas moins arbitraire, pas moins fantastique et ne dut pas avoir plus de chances de vie. L'idéalisme absolu d'un mécanisme logique spécieux mais qui ne corrige en rien le vice radical qui consiste à nier le dualisme naturel et nécessaire du subjectif et de l'objectif, n'a régné ni longtemps, ni sans divisions profondes sur un nombre relativement restreint d'esprits spéculatifs. Sans doute il n'y a dans la nature intime et avec le plus grand soin, le plus grand scrupule. Ce n'est point par des raisons de prétendu sens commun, ou en se fondant sur une métaphysique cartésienne ou autre, dont les principes ne résultent pas d'une étude de l'intelligence humaine, profonde et vraie dans ses résultats, qu'on peut se refuser aux conséquences métaphysiques de la Critique; il faut, pour avoir le droit d'échapper à ses prises, démontrer tout d'abord les vices essentiels dont pourraient souffrir toutes les parties qui précèdent la dialectique transcendantale, c'est-à-dire, l'esthétique transcendantale, l'analytique des notions, et l'analytique des principes. A cette condition, mais à cette condition seulement, on peut justement rejeter les conséquences négatives de la dialectique kantienne.

Cet examen, qui a été plus d'une fois essayé avec des mérites divers, ne peut être ni apprécié ni repris aujourd'hui en tête de la Critique; mais il ne peut manquer d'avoir son jour et sa place dans la succession de nos humbles travaux.

Qu'il nous suffise pour le moment d'avoir fait ressortir aussi brièvement que possible, mais assez clairement, croyons-nous, l'opportunité de revenir en France à l'étude de la *Critique de la raison pure*, ou d'entrer plus avant dans l'intelligence de cet impérissable monument, le plus grand qui ait été élevé à la science de l'esprit humain depuis Aristote.

Si nous jetons maintenant un rapide coup d'œil sur l'état des esprits en Allemagne, nous verrons que les évènements philosophiques qui s'y sont déroulés depuis que Fichte outrait la doctrine de Kant, ont donné raison, comme à l'envi, aux grands résultats du Criticisme.

Qu'il nous soit permis de l'indiquer seulement, en touchant chacun des grands systèmes qui ont compté le plus d'adhérents depuis 1794, et qui ont joui successivement d'une sorte de vogue. Nous ne les envisagerons qu'au point de vue spéculatif, le seul dont il soit ici question, et nous ne prendrons de chacun d'eux que l'idée capitale vraiment constitutive. Peu nous importera du reste que leurs auteurs aient été ou non conséquents, qu'ils l'aient été plus ou moins ; nous essaierons de l'être pour eux, et de faire rendre à leurs systèmes les aberrations de doctrine, avouées ou non, qu'ils contiennent.

Le subjectivisme absolu de Fichte, son égoïsme métaphysique, qui fut une conséquence illégitime du Criticisme, était une première contradiction manifeste des idées fondamentales du sens commun ou des lois de l'esprit humain. Le naturalisme ou objectivisme absolu de Schelling n'était pas moins arbitraire, pas moins fantastique et ne dut pas avoir plus de chances de vie. L'idéalisme absolu d'un mécanisme logique spécieux mais qui ne corrige en rien le vice radical qui consiste à nier le dualisme naturel et nécessaire du subjectif et de l'objectif, n'a régné ni longtemps, ni sans divisions profondes sur un nombre relativement restreint d'esprits spéculatifs. Sans doute il n'y a dans la nature intime et propre des choses, dans la réalité considérée en elle-même, ni sujets, ni objets ; sans doute il n'y a que des réalités pures et simples. Mais il n'en est pas ainsi dans le fait de connaître ; il est essentiellement relatif, en ce double sens : que la connaissance et l'état intellectuel de tel ou tel sujet, à l'égard duquel tout le reste, et lui-même en tant qu'il est connu de soi, est objet ; et que cette connaissance dépend de la nature du sujet, de ses rapports avec les réalités susceptibles d'en être connues. Et comme tout être intelligent est d'une nature déterminée, possède des facultés déterminées ; que des facultés absolues, une nature absolue sont des contradictions ou des non-sens, il est évident que la prétention de faire disparaître la distinction du subjectif et de l'objectif, d'avoir une connaissance absolue des choses, ou tellement adéquate à leur nature qu'il y ait identité entre la connaissance et l'objet connu, que l'être connu ne soit que l'idée ou que l'idée ne soit que l'être ; il est évident, disons-nous, qu'une pareille prétention est sans aucun fondement possible.

Si l'extravagance dont elle est entachée a été rendue visible à tous les yeux dans ces derniers temps en Allemagne ; si les dernières évolutions philosophiques ont eu le mérite inconstestable d'en mettre au grand jour toutes les absurdités, il faut cependant reconnaître que le germe en est ancien, qu'il n'est point un produit germanique, qu'il se retrouve jusque dans la philosophie qui se pique le plus de rester fidèle au sens commun, et qu'il pourrait bien avoir sa racine secrète dans l'une de ces apparences trompeuses qui se rattachent immédiatement au sens commun lui-même. En effet, quand on professe la conformité de nos idées aux choses qui en sont l'objet, quand on fait même consister la vérité dans cette ressemblance, on affirme implicitement l'identité du subjectif et de l'objectif ; on donne à Fichte le droit de ne voir l'objectif que dans le subjectif, de le supprimer même comme un terme de comparaison inutile s'il est identique à l'autre, impossible à comparer et inutile encore s'il en diffère. On autorise Schelling à se jeter dans l'extrémité tout opposée, à résoudre le subjectif dans l'objectif, à ne tenir compte que de la nature des choses prises en elles-mêmes, à formuler une philosophie de la nature, à l'appeler la philosophie de l'absolu. Mais comme en réalité elle, la nature, n'est pour nous que les idées que nous en avons, et que ces idées la représentent au point d'être elle-même, qu'elle n'est rien en dehors d'elles, rien qu'un non-sens, un mot sans idée, aucune notion qu'on puisse y rattacher, il est clair que Hégel à son tour aura le droit, en partant du même principe, de ne tenir aucun compte du sujet ni de l'objet, de ne s'attacher qu'aux idées, aux lois qui régissent leur genèse ou formation, leurs rapports, leur enchaînement nécessaire. Moi, le monde entier, Dieu même, tout se résoudra en idées, et chaque idée ne sera plus qu'un élément, et pour ainsi dire un rouage dans l'immense mécanisme logique dont il fait partie. Dans cet engrenage universel, il n'y a plus de place pour quoi que ce soit qui ressemble à ce que nous prenons naïvement pour le moi, pour la nature, pour la divinité, pour l'activité propre d'un agent spirituel ; tout n'est qu'enchaînement d'idées aussi fatal, aussi nécessaire, aussi immuable que les rapports éternels des trois termes d'un syllogisme. L'expression de ces rapports ou le processus syllogistique, peut seule être dans le temps ; mais ce n'est là qu'une sorte de manifestation de l'idée, de l'idée qui, en elle-même, n'a rien à démêler avec la contingence. Toutes les formes apparentes des idées, toutes les expressions des rapports éternels qui les unissent, tout ce qui semble avoir une physionomie propre et se constituer en passant ou à demeure aux yeux de l'esprit, tout cela n'est point l'idée même ; rien de tout cela par conséquent n'est vraiment vrai, vraiment réel ou idée? Ainsi l'idée, qui n'est qu'une forme vaine aux yeux du vulgaire, est le vrai, le réel, l'immuable, l'éternel ; et tout ce qui semble au sens commun plein de réalité, substantiel, véritable, n'est suivant cette philosophie, qu'une chimérique apparence, la simple phénoménalité de l'idée, son évolution, non pas en soi, car elle n'en a pas, elle n'en peut avoir, mais dans l'esprit qui se développe.

Je suis loin d'être au bout des déductions qui découlent de la philosophie de l'idéalisme absolu ; mais ce que j'en ai dit suffit assurément pour faire comprendre qu'un pareil système ne pouvait manquer, un jour ou un autre, de faire réfléchir des esprits témoins de cet accès vertigineux dans des intelligences d'ailleurs fort capables. Non seulement on s'est arrêté, en Allemagne même, en présence de cette déraison profondément raisonnée, systématisée ; mais on s'est demandé avec une surprise mêlée d'effroi d'où venait ce délire scientifique. Les uns voyant qu'on avait tout-à-fait perdu pied dans le monde des réalités vraies, se sont attachés, comme des enfants, à ce qui semble sa réalité par excellence à des yeux qui perçoivent mais ne jugent point. De là une réaction matérialiste dont les Vogt, les Moleschott, les Buchner, les Virchow, etc., sont devenus les principaux organes. D'autres, tels que H. Scheffler, sans cesser d'être matérialistes, sont déjà plus accessibles au besoin de reprendre, avec Kant, l'œuvre de l'analyse des facultés intellectuelles, et de voir jusqu'à quel point on peut franchir impunément la barrière qu'il avait posée à la raison, ou s'écarter des règles de la méthode qu'il avait tracées. Un assez grand nombre de bons esprits, d'abord séduits par la nouveauté et le spécieux des théories nouvelles, sont revenus à la méthode expérimentale, à la méthode psychologique, je veux dire à cette méthode dont la Critique de la raison pure n'est qu'une expression, et qui consiste à déterminer la valeur, la mesure ou la portée de nos connaissance d'après la théorie de la nature, de l'origine et de la formation de nos idées. Une multitude d'autres esprits excellents, mais qui n'ont pas plus la prétention de faire école qu'ils ne sont disposés à s'inféoder à quelqu'une de celles qui ont fait plus ou moins de bruit, sentent la nécessité pour la philosophie de prendre son point de départ dans une connaissance approfondie des facultés de l'âme. Et comme il est impossible de tenir pour non avenus les travaux de Kant sur ce sujet, on s'y trouve de toute part ramené. Il faut alors ou en accepter les résultats, ou, si on les rejette, en avoir au moins une raison spécieuse.

La première chose à faire, soit pour les admettre, soit pour les repousser, c'est de les bien connaître. C'est pour faciliter cette tâche qu'une traduction est nécessaire à tous ceux qui, étrangers à la langue allemande et ne voulant pas se contenter d'une exposition abrégée, si bien faite qu'elle puisse être, que nous avons entrepris de faire passer en français une œuvre difficile à entendre, même pour des allemands, même pour des allemands qui se sont occupés de philosophie, comme on peut le voir dans l'ouvrage cité de Reinhold. Nous n'avons pas à revenir sur les deux premières éditions françaises, et nous ne dirons qu'un mot de la troisième, celle que nous publions aujourd'hui.

J'ai suivi cette fois la seconde édition donnée par l'auteur.

Deux raisons m'ont déterminé à prendre ce parti : c'est d'abord parce que les sommaires de Mellin, que je voulais joindre à cette traduction, se rapportent à la seconde édition. C'est ensuite parce qu'en donnant cette édition, je n'en donne pas moins la première, puisque je mets en notes où en appendices les textes de celle-ci qui avaient été supprimés ou changés dans la seconde, afin qu'on ait l'une et l'autre.

C'est ici le cas de dire cependant que les différences qui distinguent les deux éditions ont été forts exagérées;

qu'elles ne vont pas du tout, comme on l'a dit, jusqu'à un changement d'opinion; qu'au contraire elles ne diffèrent que par la forme, ou par des développements ajoutées ou supprimés. C'est ce qu'a parfaitement démontré dans une dissertation excellente M. Fr. Uberweg (1). Il examine successivement les assertions de Jacobi, de Michelet, de Schopenhauer, des derniers éditeurs de Kant et de Kuno Fischer. Il reconnaît que Jacobi a pu regretter avec raison que Kant eût supprimé dans la seconde édition les chapitres gradués qui avaient pour titre : 1° de la synthèse de l'appréhension dans l'intuition ; 2° de la synthèse de la reproduction dans l'imagination ; 3° de la synthèse de la recognition dans la notion ; 4° explication préliminaire de la possibilité des catégories comme connaissances *a priori*. Cette suppression, dit Jacobi, est défavorable à la clarté.

M. Uberweg établit par les textes mêmes de la Critique que M. Michelet de Berlin a fort mal à propos soutenu que Kant ait jamais identifié le noumène subjectif et le noumène objectif; que Kant n'a cessé de les distinguer, et qu'à cet égard il se rapproche beaucoup plus du monadisme de Leibniz que de l'idéalisme de Fichte, de Schelling et de Hégel.

Il n'établit pas d'une manière moins décisive tout ce qu'il y a de superficiel et d'erroné dans cette thèse

---

(1) *De priore et posteriore forma Kantianæ critices rationis puræ.* Berol. 1862.

de Schopenhauer, que Kant se serait contredit par les deux éditions ; qu'il aurait été idéaliste pur dans la première, et réaliste dans la seconde. La vérité est que le mode seul de démonstration a été changé d'une édition à l'autre ; que Kant n'a point varié dans sa thèse ; qu'il n'a pas plus nié les noumènes dans la première édition qu'il ne les affirme dans la seconde, mais qu'il a constamment soutenu la différence des phénomènes et des noumènes, la subjectivité des uns et l'objectivité des autres, l'application possible des catégories aux phénomènes, l'impossibilité de cette application aux noumènes ; que la seule chose donnée du dehors par le sens, la seule réalité externe connue expérimentalement se réduit à des phénomènes, mais que ces phénomènes ne sont pas purement internes, qu'ils se rapportent bien à une réalité externe en rapport avec nos sens, que ces phénomènes sont dans l'espace, comme les phénomènes internes sont dans le temps ; qu'ils ne sont, à ce titre, que des idées ; qu'ils supposent nécessairement un sujet pensant ; qu'ils ne sont rien sans lui ou par eux-mêmes ; mais que cette doctrine ne décide rien contre l'existence d'un objet nouménal ou transcendant qui serait en dehors de l'espace et du temps, et par là même indépendant de la pensée humaine. Toute la différence qui existe à cet égard entre les deux éditions de la Critique, c'est que l'existence empirique ou phénoménale des corps, déjà établie dans la première, l'est plus formellement encore dans la seconde.

Il est cependant un point que M. Uberweg accorde à Schopenhauer : c'est qu'il y a effectivement dans la Critique, mais dans les deux éditions également, et non de l'une à l'autre, une contradiction, mais qui avait été relevée par Jacobi et par Schulze. Cette contradiction consisterait à étendre l'application du principe de causalité jusqu'aux noumènes pour en démontrer l'existence, après avoir soutenu que les catégories (par conséquent celle de cause comme les autres) ne peuvent s'appliquer légitimement qu'à des phénomènes.

Il n'était pas difficile, après avoir réfuté Schopenhauer dans ce que sa critique peu mesurée a de faux, de repousser celle de M. Kuno Fischer, puisque ce dernier n'a fait que suivre le précédent. M. Uberweg n'oublie pas au surplus de faire remarquer qu'il n'est ni le premier ni le seul qui ait répondu aux attaques qu'on a voulu baser sur la différence des deux éditions de la Critique de la raison pure données par l'auteur, et dont les éditeurs même de Kant, je veux parler de MM. Rosenkranz et Schubert, ont été impressionnés plus que raison, ce qui pourrait excuser au besoin un traducteur d'avoir eu quelque faiblesse analogue. Il cite en particulier MM. Rod. de Raumer, Jul. Rupp et Meyer. Il fait remarquer à propos d'une opinion professée par ce dernier, à savoir, que la savante ignorance du philosophe critique ne permet pas d'affirmer qu'il n'y a pas de choses en soi dans l'espace et dans le temps, que M. Meyer a bien le droit de soutenir cette thèse antikantienne, mais qu'un historien de la philosophie, J. H. Fichte, doit éviter la faute de G. Fichte, son père, qui attribua toujours sa propre manière de voir à Kant. Or, la doctrine de Kant à l'égard des noumènes ou des objets transcendantaux est que si l'on ne peut en *affirmer* quoi que ce soit, on peut au moins en *nier* certaines choses.

J'ai donné d'autant plus volontiers l'analyse de cette brochure de M. Uberweg qu'elle est de nature à jeter quelque jour sur l'un des points les plus importants de la Critique.

Cette troisième édition se distingue des deux précédentes par l'analyse de Mellin, qui est tout à la fois un sommaire par lequel on peut commencer, une analyse par laquelle on peut finir, un résumé même auquel on peut s'en tenir, alors surtout qu'on connaît l'ouvrage dans toute son étendue, et qu'on n'a besoin que de s'en remettre en mémoire les points principaux. Cette analyse est très sûre et très claire. On peut dire aussi qu'elle est très complète : pas une idée essentielle qui ne s'y trouve ; et quoique la nomenclature soit toujours celle de Kant, nomenclature qui n'a rien de bien étrange après tout, la phrase est cette fois toute française, comme l'esprit de l'auteur.

Un autre avantage de cette troisième édition, c'est une amélioration considérable apportée à la seconde, au point de vue de l'interprétation et de la plus stricte fidélité, ce qui ne veut pas dire cependant que notre travail soit exempt de toute faute de ce genre : il faudrait être plus sûr de soi, des autres, et même du hasard (1) que nous ne le sommes pour oser l'affirmer. Tout ce que nous pouvons dire, c'est que nous avons mis un soin particulier à rendre la pensée de l'auteur d'une manière tout à la fois plus intelligible et plus exacte encore, et que nous sommes sûr d'y avoir à peu près réussi autant que possible.

A moins donc de donner une exposition libre de la *Critique de la raison pure,* il nous semble difficile cette fois de rendre ce grand monument de la pensée philosophique avec plus de vérité, tant pour le fond de la pensée que pour l'allure de son exposition.

Nous n'en dirons pas davantage dans cet avertissement, nous réservant d'analyser et d'apprécier dans une prochaine publication l'œuvre capitale de la philosophie au XVIII° siècle. Nous y joindrons l'examen des principales appréciations dont elle a été l'objet.

J. TISSOT.

Dijon, le 16 décembre 1863.

---

(1) Il y a dans tous les ouvrages, même originaux, des fautes qui paraissent inexplicables : comment, par exemple, quand le sens exige un mot plutôt qu'un autre, *soupçonneraient* au lieu de *mépriseraient,* et qu'il n'y a d'ailleurs aucune obscurité dans le texte; comment une pareille faute a-t-elle pu être commise? Elle se trouve cependant p. 297 de l'*Anthropologie*, en note, ligne première? Il y a des *coquilles* plus difficiles à expliquer que d'autres.

ERRATA

P. xxiv, ligne dernière : Pronfondément, *lisez :* Profondément.
P. 32, au-dessous du n° 1, en titre : De la différence entre la connaissance pure et l'empirique.
P. 42, ligne dernière, au lieu de : Supplément, *lisez :* Appendice.
P. 111, au-dessous de Section II, *mettre :* § 9.
P. 264, en note au bas de la page, et se rapportant au titre : Cette réfutation, qui comprend six alinéas, et s'étend jusqu'à la page 270, ne se trouve pas dans la première édition. — T.

Baco de Verulamio. — *Instauratio magna.* — *Præfatio.*

De nobis ipsis silemus : de re autem quæ agitur petimus ut homines eam non Opinionem, sed Opus esse cogitent, ac pro certo habeant non Sectæ nos alicujus, aut Placiti, sed utilitatis et amplitudinis humanæ fundamenta moliri; deinde, ut suis commodis æqui in commune consulant et ipsi in partem veniant; præterea, ut benè sperent, neque Instaurationem nostram ut quiddam infinitum et ultrà mortale fingant, et animo concipiant, quum revera sit infiniti erroris finis et terminus legitimus (1).

(1) Cette épigraphe ne se trouvait pas dans la première édition. — T.

A SON EXCELLENCE

LE MINISTRE DU ROI DE PRUSSE,

BARON DE ZEDLITZ.

Monseigneur,

Contribuer au progrès des sciences dans la partie qu'on cultive plus spécialement, c'est aussi, aux yeux de Votre Excellence, travailler à son propre intérêt; car ces deux choses sont inséparablement unies, non seulement par les devoirs imposés au protecteur puissant, mais encore par les sentiments bien plus sûrs de l'ami des sciences et de l'homme éclairé. Aussi ai-je recours à l'unique moyen qui soit en mon pouvoir de témoigner à Votre Excellence ma gratitude pour la confiance dont elle a daigné m'honorer, en me jugeant capable de faire quelque chose d'utile (1).

---

(1) La première édition contenait ensuite l'alinéa suivant : Celui dont la vie est remplie par la spéculation est heureux de trouver, dans l'approbation d'un juge éclairé et capable, un puissant encouragement à des travaux dont l'utilité, pour être éloignée, n'est pas moins grande, quoique cependant méconnue complétement du vulgaire par cette raison-là même. — T.

Je recommande à la bienveillante attention dont Votre Excellence a daigné honorer la première édition de cet ouvrage, cette édition nouvelle, ainsi que tout le reste de ma carrière littéraire, et suis, avec le plus profond respect (1),

DE VOTRE EXCELLENCE,

Le très humble et très obéissant serviteur,

EMMANUEL KANT (2).

Kœnigsberg, le 23 avril 1787 (3).

---

(1) La première édition portait : C'est à un tel juge que je dédie aujourd'hui cet ouvrage ; je le recommande à sa bienveillante attention, ainsi que, etc. — T.

(2) La seconde édition est la dernière que l'auteur ait revue. Toutes les autres, jusqu'à celle qui a paru à Leipsick, chez Modes et Baumann, en 1838, n'en sont que la reproduction. Cette dernière édition contient en notes les suppressions faites à la première édition dans la seconde. C'est l'inverse de ce qu'ont fait MM. Rosenkrantz et Schubert.— T.

(3) La première édition était datée du 29 mars 1781.
A la suite de cette dédicace se trouvait une table très abrégée. Voir Appendice, n. I. — T.

PRÉFACE DE LA SECONDE ÉDITION

On ne tarde pas à voir, par le résultat même, si un travail sur des connaissances qui sont plus spécialement l'affaire de la raison, suit le chemin sûr d'une science ou s'il s'en écarte. Si l'auteur, après de longs préliminaires, et près d'atteindre le but, se trouve arrêté tout à coup, ou s'il est obligé, pour arriver, de revenir souvent sur ses pas et de prendre une autre route, ou bien encore s'il n'est pas possible de mettre d'accord ceux qui travaillent à la même tâche sur la manière dont le but commun doit être poursuivi; on peut toujours être persuadé qu'une telle étude est loin d'être sur la voie certaine d'une véritable science, et qu'elle n'est au contraire qu'un simple tâtonnement. Dans un tel état de choses, c'est déjà bien mériter de la raison que de découvrir, autant que possible, en quoi consiste la route dont nous parlons, dût-on même abandonner comme vains une bonne partie des résultats qu'on s'était d'abord inconsidérément proposé.

On voit que la *Logique* possède le caractère d'une

science exacte depuis fort longtemps, puisqu'elle ne s'est pas trouvée dans la nécessité de reculer d'un pas depuis Aristote; à moins qu'on ne regarde comme des améliorations le retranchement de certaines subtilités superflues, ou l'explication plus claire de ce qui avait déjà été exposé auparavant : mais ceci tient plutôt à l'élégance qu'à la certitude de la science. Ce qu'il y a de remarquable encore dans la logique, c'est qu'elle n'a pu faire jusqu'ici un seul pas de plus et qu'elle semble, suivant toute apparence, avoir été complétement achevée et perfectionnée à sa naissance : car, si quelques modernes ont cru l'étendre en y ajoutant des chapitres, — soit *psychologiques* sur les différentes facultés de connaître (telles que l'imagination, l'esprit); soit *métaphysiques* sur l'origine de la connaissance, sur les différentes espèces de certitude, suivant la diversité des objets (par conséquent sur l'idéalisme, le scepticisme, etc.); soit *anthropologiques* sur les préjugés, leurs causes et leurs remèdes; — ils ne l'ont fait que parce qu'ils ignoraient la nature propre de cette science. En agissant ainsi on n'étend pas les sciences, on les dénature en les confondant les unes avec les autres. Les bornes de la logique ont été suffisamment déterminées lorsqu'on en a fait la science qui a pour objet d'exposer complétement et de démontrer strictement les règles formelles de toute pensée, que cette pensée soit du reste *a priori* ou qu'elle soit empirique, quelle que soit son origine ou son objet, qu'elle doive rencontrer dans l'esprit des obstacles accidentels ou naturels.

La logique ne doit le grand avantage de sa perfection qu'à sa circonscription. C'est en effet ce qui lui permet et l'oblige de s'abstenir de tous les objets de la connaissance, ainsi que de leurs différences. En logique l'entendement n'a donc affaire qu'à lui-même et à sa forme. Il doit être naturellement plus difficile à la raison d'entrer dans le chemin sûr de la science toutes les fois qu'elle doit s'occuper non seulement d'elle-même, mais aussi des objets. La logique comme Propédeutique n'est donc, pour ainsi dire, que le vestibule des sciences. Lorsqu'il est question de connaissances on suppose, il est vrai, une logique qui les juge, mais il faut chercher l'acquisition de ces connaissances dans les sciences proprement et objectivement appelées ainsi.

En tant donc qu'il doit y avoir de la raison dans ces sciences, il doit aussi y avoir quelque chose de connu *a priori*. La connaissance qui constitue ce quelque chose peut se rapporter de deux manières à son objet : ou pour le *déterminer*, lui et son concept (qui doit être donné d'ailleurs), ou bien encore pour le *réaliser*. La première de ces deux sortes de connaissances de la raison est la connaissance *théorique*, l'autre est la connaissance *pratique*. La partie *pure* de chacune d'elles, grande ou petite, c'est-à-dire la partie par laquelle la raison détermine entièrement *a priori* son objet, doit être traitée seule et la première; ce qui provient d'une autre source n'y doit point être mêlé. C'est en effet mal administrer une fortune que d'en dépenser inconsidérément le revenu sans pouvoir distinguer, quand les produits cessent, quelle partie du gain peut supporter la dépense, et sur quelle partie il faut économiser.

Les *Mathématiques* et la *Physique* sont les deux connaissances théoriques de la raison qui doivent déterminer *a priori* leur *objet;* la première d'une manière entièrement pure, la seconde au moins en partie, mais alors aussi dans la proportion des sources de la connaissance étrangères à la raison.

Dès les temps les plus reculés dans l'histoire de l'esprit humain, les mathématiques prirent chez les Grecs, peuple qui commande l'admiration, le caractère certain d'une science. Mais il ne faut pas croire qu'il ait été aussi facile de trouver, ou plutôt de se frayer la route royale de la science en mathématiques qu'en logique, la raison n'ayant à s'occuper ici que d'elle-même. Je crois plutôt qu'on tâtonna longtemps pour les mathématiques (particulièrement en Egypte), et que le changement fut l'effet d'une *révolution* intellectuelle opérée par une heureuse idée d'un seul homme. De cette tentative sera résultée la méthode à suivre, méthode qui ne pouvait plus être perdue, qui traça et fraya le chemin sûr de la science pour tous les temps, et à des distances infinies. L'histoire de cet homme de génie, auteur de cette révolution intellectuelle, celle de cette révolution même, histoire beaucoup plus intéressante que celle de la découverte du fameux Cap, ne sont pas arrivées jusqu'à nous. Cependant la tradition que Diogène de Laërte nous transmet (1) sur le nom du prétendu inventeur des plus simples éléments de la démonstration géométrique, éléments qui, suivant l'opinion commune, n'ont besoin d'aucune preuve, nous dit assez que la mémoire du changement opéré par le premier pas dans cette route nouvellement tracée devait paraître extrêmement importante aux mathématiciens, et par là même être arrachée à l'oubli. Celui qui démontra le premier le *triangle* isocèle (2), (qu'il s'appelât Thalès ou de tout autre nom)

(1) V. *Diog. L.* s. v° Thalès. T.
(2) Le texte porte équilatéral. Mais il doit y avoir isocèle (*Euclid.*

dut être frappé d'une grande lumière; car il s'aperçut qu'il ne devait pas s'attacher à ce qu'il voyait dans la figure, ni même au concept de cette figure, pour en connaître en quelque façon les propriétés, mais qu'il devait faire voir par construction ce qu'il pensait et démontrait *a priori* du concept même. Il comprit que, pour savoir sûrement quoi que ce soit *a priori*, il ne faut attribuer aux choses que ce qui résulte nécessairement des propriétés qu'on leur a données par suite du concept qu'on s'en est fait.

La physique fut bien plus longtemps sans trouver le chemin de la science; il n'y a guère plus d'un siècle et demi que le conseil de l'ingénieux Bacon *de Vérulam* suggéra en partie cette découverte, vers laquelle on était aussi porté par la révolution subite qui venait de s'opérer alors dans la manière de penser. Je ne considèrerai ici la physique qu'autant qu'elle est fondée sur des principes *empiriques*.

Lorsque Galilée eut fait rouler sur un plan incliné des boules dont il avait lui-même choisi le poids, ou que Torricelli eut fait supporter à l'air un poids qu'il savait d'avance être égal à celui d'une colonne d'eau à lui connue, ou que plus tard encore Stahl eut converti des métaux en chaux, et fait repasser celle-ci à l'état métallique, en leur enlevant et en leur rendant quelque chose (1), alors une nouvelle lumière éclaira tous les physiciens. Ils comprirent que la raison ne voit que

---

Elém., I, *prop.* 5). Kant, dans une lettre adressée à *Schütz* (V. biographie de ce dernier par son fils, Halle, 1835, T. I, p. 208), a fait lui-même cette correction. R.

(1) Je ne suis pas ici scrupuleusement le fil de l'histoire de la méthode expérimentale, dont les commencements ne sont pas non plus bien connus.

ce qu'elle produit elle-même d'après ses propres aperçus; qu'elle doit prendre l'avance, munie pour ses jugements de principes fondés sur des lois constantes; et que, loin de se laisser conduire au gré de la nature, comme par la lisière, elle doit la forcer à répondre aux interrogations qu'elle lui adresse : autrement, des observations fortuites, faites sans aucun plan arrêté d'avance, ne sont pas ramenées à une loi nécessaire. C'est là cependant ce que demande la raison et ce dont elle a besoin.

La raison, tenant d'une main ses principes, suivant lesquels seuls des phénomènes concordants peuvent valoir comme lois, et de l'autre l'expérimentation qu'elle a imaginée d'après ces principes, doit aborder la nature pour s'en faire instruire, non pas comme un écolier qui se laisse dire tout ce que bon semble à son maître, mais comme un juge établi pour faire subir un interrogatoire à des témoins. La physique doit donc l'heureux changement de sa méthode à l'idée, non pas d'imaginer, mais de rechercher dans la nature, conséquemment aux données de la raison dans la connaissance spontanée des choses extérieures, ce qu'elle doit en apprendre, et dont elle ne peut rien savoir par elle-même. C'est ainsi seulement que la physique est entrée dans le véritable chemin de la science, après avoir tâtonné pendant tant de siècles.

La *Métaphysique,* qui consiste exclusivement dans la connaissance rationnelle spéculative, et qui s'élève au-dessus de l'expérience par le moyen des seuls concepts (à la différence des mathématiques, qui ne sortent de l'expérience que par l'application des concepts à l'intuition), la métaphysique dans le domaine de laquelle la raison n'a par conséquent d'autre maître qu'elle-même, n'a pas encore eu le bonheur de pouvoir se tracer une marche scientifique certaine, quoi qu'elle soit ce qu'il y a de plus ancien en fait de sciences, et qu'elle dût survivre si toutes les autres venaient à être englouties dans le gouffre de la barbarie. La raison s'y trouve constamment embarrassée, alors même qu'elle désire seulement connaître *a priori* les lois confirmées par l'expérience la plus vulgaire; ce qui est cependant sa prétention. Il faut refaire sans cesse le chemin de la métaphysique, parce qu'on trouve qu'il ne conduit pas où l'on veut aller. Quant à ce qui regarde l'accord de ses partisans dans leurs assertions, la métaphysique en est d'autant plus éloignée qu'elle semble n'être pour eux qu'une arène exclusivement destinée à des jeux établis pour développer les forces, et dans laquelle aucun des champions n'a pu ou se rendre maître du plus petit poste, ou affermir la possession qu'il s'était acquise par la victoire. Nul doute donc que la méthode suivie jusqu'ici par les métaphysiciens n'ait été qu'un pur tâtonnement, et, ce qui est pis, un tâtonnement entre de simples concepts.

Pourquoi cette science n'a-t-elle pas encore pu s'ouvrir un chemin sûr? Serait-il impossible à trouver? Pourquoi donc la nature a-t-elle affligé notre raison du soin infatigable de rechercher la certitude métaphysique comme son intérêt le plus grand? Il y a plus : pourquoi nous fait-elle accorder une si grande confiance à notre raison, quand nous en avons si peu de motifs; quand non seulement elle nous abandonne dans la partie la plus importante de l'objet de notre curiosité, mais encore nous attire par un vain espoir pour nous tromper enfin! Mais si la méthode seule a été jusqu'ici défectueuse, de quelle indication pourrons-nous profiter pour espérer, en renouvelant l'investigation, que nous serons plus heureux que ceux qui nous ont précédé?

Je devais penser que l'exemple des mathématiques et de la physique, sciences qui sont devenues ce qu'elles sont par une révolution opérée tout d'un coup, est assez remarquable pour que je dusse rechercher la partie essentielle de ce changement de méthode, qui a été si avantageuse à ces deux sciences, et pour en imiter la réforme dans ma recherche, autant du moins que le permet l'analogie de ces sciences (comme connaissances de la raison) avec la métaphysique. Jusqu'ici l'on a cru que toute notre connaissance devait se régler d'après les objets; mais tous nos efforts pour décider quelque chose *a priori* sur ces objets au moyen de concepts, afin d'accroître par là notre connaissance, sont restés sans succès dans cette supposition. Essayons donc si l'on ne réussirait pas mieux dans les problèmes métaphysiques en supposant que les objets doivent se régler sur nos connaissances; ce qui s'accorde déjà mieux avec la possibilité de la connaissance de ces objets *a priori*, cette possibilité devant nécessairement établir quelque chose à leur égard avant qu'ils nous soient donnés. Il en est ici comme de la première pensée de COPERNIC, lequel, voyant qu'il ne servait de rien pour expliquer les mouvements des corps célestes, de supposer que les astres se meuvent autour du spectateur, essaya s'il ne vaudrait pas mieux supposer que c'est le spectateur qui tourne et que les astres restent immobiles. Or, en métaphysique, on peut tenter la même chose en ce qui regarde l'*intuition* des objets. Si l'intuition devait se régler sur la nales bornes de l'expérience possible, ce qui est cependant l'affaire essentielle de la métaphysique. Mais ce qui sert précisément de contre-épreuve à la vérité du résultat de cette première application de la faculté de connaître *a priori*, c'est que cette faculté n'atteint que des phénomènes, sans pouvoir s'étendre aux choses *en elles-mêmes*, quoique du reste elles existent réellement *par elles-mêmes*, tout inconnues qu'elles soient de nous. Car ce qui nous oblige à sortir des bornes de l'expérience et de tous les phénomènes, c'est l'*inconditionné*, l'absolu que la raison exige nécessairement et avec toute justice dans les choses en elles-mêmes et pour tout conditionné, afin que la série des conditions soit parfaite. Si donc, en admettant que notre faculté de connaître en fait d'expérience se règle sur les objets comme choses en soi, l'on trouve que l'inconditionné ne peut *absolument pas* être *conçu sans contradiction;* si en admettant au contraire que notre représentation des choses, telles qu'elles nous sont données, ne se règle point sur elles comme choses en soi, mais que ces objets considérés comme phénomènes se règlent bien plutôt sur notre mode de représentation, l'on trouve alors que *la contradiction cesse,* et que par conséquent l'inconditionné doit être trouvé, non dans les choses telles que nous les connaissons (telles qu'elles nous sont données), mais bien en elles-mêmes en tant qu'elles nous sont inconnues, et comme choses en soi : il devient pour lors évident que ce que nous n'avons d'abord admis que provisoirement est fondé (1). Mais

---

(1) Cette expérience de la raison pure a beaucoup d'analogie avec celle que des *chimistes* appellent souvent essai de *réduction*, mais qui est en général une *opération synthétique*. L'*analyse* du *métaphysicien* divise la connaissance pure *a priori* en deux éléments de nature très

après avoir refusé à la raison spéculative le droit d'entrer dans le champ du sursensible, il reste encore à savoir si elle ne trouve pas dans sa connaissance pratique des données pour déterminer le concept rationnel transcendant de l'inconditionné, et si, de cette manière, elle peut, au gré de la métaphysique, franchir les bornes de toute expérience possible à l'aide de notre connaissance *a priori,* mais au point de vue pratique seulement. La raison spéculative, en procédant ainsi, nous a du moins laissé le champ libre pour nous étendre de la sorte, quoiqu'elle ait dû l'abandonner immédiatement. Il nous est donc encore permis, et nous y sommes même invités par elle, de l'occuper, si nous pouvons, par ses données *pratiques* (1).

C'est cette tentative de changer la marche adoptée jusqu'ici en métaphysique, à l'exemple de la révolution

diverse, savoir, l'élément des choses comme phénomènes, et celui des choses en elles-mêmes. La *dialectique* unit de nouveau ces deux éléments à l'idée rationnelle nécessaire de l'*inconditionné,* pour former du tout un *accord,* et trouve que cet accord n'est possible que par la distinction dont nous venons de parler, distinction qui est par conséquent vraie.

(1) C'est ainsi que les lois centrales du mouvement des corps célestes démontrèrent ce que *Copernic* n'admit d'abord qu'hypothétiquement, et établirent en même temps la force qui tient en rapport les pièces de l'édifice du monde (l'attraction de *Newton*), force qui n'aurait jamais été découverte si le premier de ces grands hommes n'avait pas osé rechercher, en se fondant sur la raison contre le témoignage des sens, non dans les corps célestes, mais dans le spectateur, l'explication des mouvements observés. Dans cette préface, je ne donne non plus la réforme dans la façon de penser sur la connaissance humaine, réforme analogue à l'hypothèse de Copernic, et que j'exposerai dans la critique, que comme une hypothèse. Mais cette hypothèse est démontrée, non pas hypothétiquement, mais apodictiquement, dans le traité de la nature de nos représentations de l'espace et du temps, et dans celui des concepts élémentaires de l'entendement. J'ai seulement voulu faire remarquer ici que les premières tentatives d'une pareille révolution sont nécessairement hypothétiques.

entreprise par les géomètres et les physiciens, qui constitue la Critique de la raison spéculative. C'est un traité de la méthode, non un système de la science même. Elle indique néanmoins la circonscription totale de la science, tant par rapport à ses limites que par rapport à l'ensemble systématique de ses parties. La raison spéculative pure a cela de particulier en effet, qu'elle doit et peut apprécier la portée de sa propre faculté d'après la manière diverse dont cette faculté se donne des objets à penser ; qu'elle peut et doit connaître parfaitement les différentes manières de se poser un problème et tracer ainsi l'esquisse entière d'un système de métaphysique. D'une part, en effet, rien dans la connaissance *a priori* ne peut être attribué aux objets que ce que le sujet pensant tire de lui-même ; et, d'autre part, la raison pure est, par rapport aux principes de la connaissance, une unité complétement distincte, subsistant par elle-même, dans laquelle chaque membre de la connaissance *a priori* est fait pour tous les autres comme dans un corps organisé, et dans laquelle aucun principe ne peut être pris avec certitude dans *un* rapport déterminé, si l'on n'en connaît en même temps le rapport *universel* à l'usage général de la raison pure. C'est pourquoi la métaphysique a aussi le rare bonheur, qui ne peut être le partage d'aucune autre science rationnelle s'occupant d'objets de la connaissance (car la Logique ne s'occupe que de la forme de la pensée en général), que, si elle est introduite par cette Critique dans la voie sûre de la science, elle peut saisir parfaitement tout le champ de la connaissance de son objet, par conséquent accomplir son œuvre et la léguer à la postérité comme un capital qui ne pourra jamais être augmenté, parce qu'elle s'occupe uniquement des principes et des limites de leur usage, limites qui sont déterminées par les principes mêmes. Comme science fondamentale, elle est tenue à cette perfection, et l'on doit pouvoir dire d'elle : *nihil actum reputans si quid superesset agendum*.

Mais on nous demandera, sans doute, quels sont les trésors de science que nous pensons laisser à nos neveux dans une métaphysique ainsi épurée par la Critique, et par là même réduite à l'immobilité ? On croira remarquer, en parcourant superficiellement cet ouvrage, que l'utilité en est purement *negative*, et qu'avec la raison spéculative nous n'allons jamais au delà des bornes de l'expérience; telle est en effet sa première utilité. Mais en y regardant de plus près on s'aperçoit qu'elle devient bientôt *positive*. Il suffit de remarquer que les principes dont se prévaut la raison spéculative pour tenter de franchir ses limites ont en réalité pour conséquence inévitable, non l'*extension*, mais la *restriction* de l'usage de notre raison. En effet, ces principes menacent de faire tout dominer par la sensibilité, à laquelle ils appartiennent proprement, et d'abolir ainsi l'usage pratique pur de la raison. La *Critique*, qui resserre et limite l'usage spéculatif de la raison, est donc bien *négative* jusque-là; mais puisqu'en même temps elle lève ainsi un obstacle qui circonscrivait l'usage pratique de la raison, et semble vouloir le faire complétement disparaître, elle a réellement une utilité *positive*, utilité qu'on trouvera très importante si l'on se persuade qu'il y a un usage pratique de la raison pure absolument nécessaire (l'usage moral), dans lequel la raison dépasse nécessairement les bornes de la sensibilité. Quoiqu'elle n'ait pas à cet effet le moindre besoin de la raison spéculative, elle doit néanmoins être rassurée contre la réaction de cette raison, pour ne pas tomber en contradiction avec elle-même. Contester une utilité *positive* dans le service rendu par la Critique, serait dire que la police n'a aucune utilité positive, attendu que sa principale attribution est d'empêcher que les citoyens ne se nuisent entre eux, et de faire en sorte que chacun puisse vaquer à ses affaires librement et sans crainte.

Il sera démontré dans la partie analytique de la Critique que l'espace et le temps ne sont que des formes de l'intuition sensible, par conséquent de simples conditions de l'existence des choses comme phénomènes ; qu'en outre nous n'avons des choses aucun concept intellectuel, et par suite aucun élément de leur connaissance qu'autant qu'une intuition qui corresponde à ces concepts nous est offerte ; que nous ne pouvons donc avoir aucune connaissance de quelque objet que ce puisse être comme chose en soi, mais en tant seulement que cet objet se trouve soumis à l'intuition sensible, c'est-à-dire en tant que phénomène. D'où il résulte que toute connaissance rationnelle spéculative possible se réduit nécessairement aux seuls objets de l'*expérience*. Néanmoins, ce qu'il faut bien remarquer, c'est qu'il nous est toujours libre de *penser* ces mêmes objets, comme existant en soi, bien qu'il ne nous soit jamais donné de les *connaître* ainsi (1). Si en effet cette pensée nous était interdite, il s'ensuivrait cette absurdité : qu'il y a des phé-

---

(1) Pour *connaître* une chose il faut que j'en puisse prouver la possibilité (soit par le témoignage de l'expérience de sa réalité, soit *a priori* par la raison). Mais je puis *penser* tout ce que je veux, pourvu que je ne me mette pas en contradiction avec moi-même, c'est-à-dire pourvu que mon concept soit une pensée possible, quoique, à la vérité, je ne puisse pas répondre qu'il y ait ou non, dans l'ensemble de toutes les

nomènes, des apparences, et rien cependant qui apparaisse. Si nous supposons maintenant que cette distinction nécessaire des choses par la Critique, en choses comme objets de l'expérience et en choses en soi, n'a pas été faite, alors le principe de causalité, et par conséquent le mécanisme de la nature dans la détermination de ce principe, valent par le fait pour toutes choses en général comme causes efficientes. Je ne pourrais donc pas dire d'un même être, par exemple de l'âme humaine, que sa volonté est libre, et qu'elle est en même temps soumise à la nécessité de la nature, c'est-à-dire qu'elle n'est pas libre, sans tomber dans une contradiction manifeste ; parce que, dans l'une et l'autre proposition, j'aurais donné au mot âme un même sens, celui de chose en général (comme chose en soi). Il y a plus : c'est que sans le secours préalable de la Critique, je ne pourrais pas même en donner un autre. Mais si la Critique n'est point en défaut lorsqu'elle prescrit d'envisager les objets dans *deux sens,* savoir, ou comme phénomènes, ou comme choses en soi ; si la déduction de ses concepts intellectuels est juste, et que par conséquent le principe de causalité ne se rapporte aux choses que dans le premier sens, c'est-à-dire en tant qu'elles sont l'objet de l'expérience; mais que les mêmes choses prises dans le second sens ne soient plus sujettes à ce principe : il s'ensuivra que la même volonté, considérée dans le phénomène (dans les actions sensibles) comme nécessairement con-

---

possibilités, un certain objet correspondant à cette pensée. Mais, pour attribuer à un tel concept une valeur objective (une possibilité ontologique, car la précédente n'est que logique), il faut plus encore. Mais il n'est pas nécessaire de chercher ce *plus* dans les sources théoriques de la connaissance; il peut se trouver également dans les sources pratiques.

forme à la loi physique, est par conséquent conçue comme *non libre* en ce sens; tandis que si elle est considérée, d'un autre côté, comme appartenant à une chose en soi, et comme indépendante de cette loi, elle est au contraire conçue *libre*, sans qu'il y ait ombre de contradiction. Or, quoique je ne puisse connaître mon âme, envisagée à ce dernier point de vue, par aucune raison spéculative (et bien moins encore par l'observation empirique), et que je ne puisse par conséquent connaître la liberté comme attribut d'un être auquel je rapporte cependant des effets dans le monde sensible, puisqu'il faudrait pour cela que je connusse positivement et déterminément cet être appelé âme, sans cependant le *connaître* dans le temps (ce qui est impossible, puisque je ne puis soumettre à mon concept une intuition que je n'ai pas); — cependant je puis *concevoir* la liberté, c'est-à-dire que sa représentation ne renferme du moins aucune contradiction dès qu'une fois l'on admet et la distinction critique de deux espèces de représentations (l'une sensible et l'autre intellectuelle), et, comme conséquence de cette distinction, la circonscription des concepts purs de l'entendement, et, par suite aussi, celle des principes qui en découlent.

Si maintenant nous admettons que la morale suppose nécessairement la liberté (dans le sens le plus strict), comme attribut de notre volonté, puisqu'elle présente des principes pratiques originellement dans notre raison comme en étant des *données a priori*, principes qui seraient tout à fait impossibles sans la supposition de la liberté; si nous supposons en même temps que la raison spéculative ait prouvé que cette liberté est absolument inconcevable : la première supposition, la supposition de la morale, devra certainement céder à la seconde, dont le contraire est visiblement contradictoire; et dès lors la *liberté*, et avec elle la moralité (dont le contraire n'est effectivement contradictoire qu'autant que la liberté est déjà supposée) font place au *mécanisme de la nature*. Mais, comme il suffit à la philosophie morale que la liberté ne se contredise point, et qu'elle se laisse au moins concevoir par voie de conséquence, sans qu'il soit nécessaire d'en apercevoir autre chose; qu'elle ne mette du reste aucun obstacle au mécanisme naturel d'une même action (prise à un autre point de vue) : alors la morale et la physique sont reconnues possibles en même temps. Ce qui n'aurait pas eu lieu si la Critique ne nous eût pas éclairés auparavant sur notre ignorance inévitable relativement aux choses en elles-mêmes, et n'eût restreint aux phénomènes seuls tout ce que nous pouvons *connaître* théoriquement.

Cette utilité positive des principes critiques de la raison pure pourrait être également démontrée par rapport au concept de *Dieu*, et à celui de la *simplicité* de notre *âme*; mais je ne le ferai pas, pour plus de brièveté. Je ne puis donc pas même *admettre Dieu*, ni la *liberté*, ni l'*immortalité*, en faveur de l'usage pratique nécessaire de ma raison, si je n'*enlève* en même temps à la raison spéculative ses prétentions aux aperçus transcendentaux. La raison en est que, pour les obtenir, elle a besoin de principes qui, par cela même qu'ils se rapportent uniquement aux objets de l'expérience possible, dès qu'ils viennent à être appliqués à des objets qui ne sont pas susceptibles d'expérience, les transforment toujours en phénomènes et déclarent ainsi toute *extension pratique* de la raison pure impossible. Je devais donc abolir la *science* pour faire place à la *foi*. Le dogmatisme de la métaphysique, c'est-à-dire le préjugé d'avancer dans cette science sans critique de la raison pure, est la vraie source de l'incrédulité qui combat la morale; car cette incrédulité est toujours très dogmatique.

 Si donc il n'est pas impossible de laisser à la postérité une métaphysique systématique établie sur la critique de la raison pure, le legs ne sera pas de peu de valeur, soit que l'on considère simplement la culture de la raison au moyen d'une science certaine en général, comparée au vain tâtonnement et à la divagation sans critique qui en est la suite; soit que l'on considère le meilleur emploi du temps d'une jeunesse avide de connaître, qui, en suivant la méthode dogmatique ordinaire, est jetée de si bonne heure et si violemment dans des matières où elle se plaît à subtiliser (mais auxquelles elle n'entend et n'entendra jamais rien, non plus que qui que ce soit au monde), ou à découvrir quelque pensée ou opinion nouvelle, et néglige ainsi l'étude d'une science solide. Mais le bienfait de cette science serait surtout sensible si elle fournissait l'avantage inappréciable d'en finir pour toujours, à la manière *socratique*, avec les objections contre la morale et la religion, en faisant ressortir l'ignorance des adversaires. Une métaphysique, en effet, a toujours été dans le monde et y sera toujours; mais avec elle aussi se trouve une dialectique de la raison pure, qui est naturelle à cette raison. Le premier et le plus grand soin de la philosophie est donc de tarir, une fois pour toutes, les sources de l'erreur; et de lui enlever ainsi toute influence pernicieuse.

Malgré cette importante révolution opérée dans le champ des sciences, et le *préjudice* que doit en éprouver la raison spéculative dans ce qu'elle avait regardé jusqu'ici comme sa possession, tout cependant reste dans le même état qu'auparavant par rapport aux affaires générales de l'humanité et à l'utilité que le monde a recueillie jusqu'à nous des doctrines de la raison pure; la perte n'atteint que le *monopole des écoles*, et nullement l'*intérêt du genre humain*. Je demande au plus obstiné dogmatiste si l'argument de l'immortalité de l'âme, tiré de la simplicité de la substance ; si celui de la liberté de la volonté contre le mécanisme universel, tiré de ces subtiles quoique impuissantes distinctions d'une nécessité pratique subjective et objective ; ou si l'argument de l'existence de Dieu, déduit du concept d'un être souverainement réel (de la contingence des choses muables, et de la nécessité d'un premier moteur) : je demande, dis-je, si toutes ces choses, depuis qu'elles sont sorties des écoles, ont jamais pu devenir le partage du vulgaire et avoir sur lui la moindre influence? S'il n'en a rien été jusqu'ici, et il n'en sera jamais rien, à cause de la faiblesse de l'intelligence du commun des hommes pour des spéculations si subtiles; si, au contraire, en ce qui concerne la première question, cet état remarquable de la nature humaine, de ne pouvoir être satisfaite de rien de temporel (comme insuffisant pour le besoin de sa complète destination), a dû faire naître tout simplement l'espérance d'une *vie future*; si, par rapport à la seconde question, la simple et claire exposition des devoirs, en opposition avec les exigences des inclinations, a dû produire la conscience de la *liberté*; et enfin si, pour ce qui est de la troisième question, l'ordre admirable, la beauté et la providence qui brillent dans la nature des choses, doivent seuls opérer la foi en un sage et grand *auteur du monde*, et la persuasion qui s'en répand parmi les peuples : — alors, non seulement cette possession n'est pas troublée, mais elle gagne d'autant plus en autorité que les écoles sont maintenant mieux apprises à ne pas prétendre à une vue plus élevée et plus étendue, dans une matière qui touche aux communs intérêts du genre humain, que celle à laquelle peut atteindre facilement le grand nombre (qui est très digne de notre estime), et à s'en tenir par conséquent au développement de ces preuves généralement faciles à comprendre pour tout le monde, et suffisantes au point de vue moral.

La réforme ne porte donc que sur les arrogantes prétentions des écoles, qui voudraient passer ici pour être (comme elles le sont effectivement avec raison dans beaucoup d'autres parties) les seules appréciatrices, les seules dépositaires de ces vérités dont elles partagent seulement l'usage avec le peuple, s'en réservant du reste la clef (*quod mecum nescit, solus vult scire videri*). Cependant les justes prétentions du philosophe spéculatif n'ont point été oubliées, car lui seul demeure toujours dépositaire d'une science utile au peuple, qui ne s'en doute pas, savoir de la Critique de la raison pure, science qui ne peut jamais devenir populaire et qui n'a pas besoin de l'être, parce que, moins le peuple est porté à prendre des arguments subtils pour des vérités utiles, moins il s'élève dans son esprit d'objections tout aussi subtiles contre elles. Au contraire, parce que l'école, ainsi que les individus qui s'élèvent à la spéculation, tombent nécessairement dans ce double inconvénient, il est du devoir de celle-là de prévenir une fois pour toutes, par la recherche fondamentale du droit de la raison spéculative, le scandale dont le peuple doit tôt ou tard être frappé par suite des controverses dans lesquelles les métaphysiciens sans critique (et comme tels enfin les théologiens) s'engagent nécessairement, controverses qui finissent par fausser leurs doctrines. La Critique est donc le seul moyen de couper les racines mêmes du *matérialisme,* du *fatalisme,* de l'*athéisme,* de l'*incrédulité* religieuse, du *fanatisme* et de la *superstition*, qui peuvent être généralement nuisibles, enfin celles aussi de l'*idéalisme* et du *scepticisme*, qui sont plus dangereuses pour les écoles, mais qui ne pénètrent que difficilement dans le public. Si les gouvernements croyaient jamais devoir se mêler des affaires des savants, il serait bien plus convenable à leur sollicitude pour les sciences et les hommes, de favoriser la liberté de cette Critique, à l'aide de laquelle seule les travaux de la raison peuvent être établis sur un pied solide, que de soutenir le despotisme ridicule des écoles, toujours disposées à voir la patrie en danger aussitôt qu'on brise leurs toiles d'araignées, dont le peuple n'eut jamais connaissance, et dont il ne ressentira par conséquent jamais la perte.

La Critique n'est pas contraire au *procédé dogmatique* de la raison dans sa connaissance pure comme science (car la science doit toujours être dogmatique, c'est-à-dire strictement démonstrative par des principes *a priori* certains et indubitables); mais elle est contraire au *dogmatisme*, c'est-à-dire à la prétention de ne procéder qu'avec une connaissance pure résultant de concepts (philosophiques) suivant des principes, tels que la raison en emploie depuis longtemps, sans avoir examiné ni la manière dont elle les a obtenus, ni leur légitimité. Le dogmatisme n'est donc autre chose que le procédé dogmatique de la raison pure *sans critique préalable de sa propre faculté*. Cette opposition ne doit donc pas plaider la cause de cette stérilité verbeuse qui prend mal à propos le nom de popularité, non plus que celle du scepticisme, qui condamne toute métaphysique sans l'entendre. La Critique est plutôt le préliminaire indispensable de l'établissement d'une métaphysique fondamentale, comme science qui doit nécessairement être traitée d'une manière dogmatique, rigoureusement systématique, et qui par conséquent doit être scolastique (et non populaire); car ces conditions sont tout à fait indispensables en métaphysique, puisque cette science s'engage à exécuter son œuvre entièrement *a priori*, et par conséquent à la satisfaction de la raison spéculative. Dans l'exécution du plan tracé par la Critique, c'est-à-dire dans l'exécution d'un futur système de métaphysique, nous devrons donc suivre à l'avenir la méthode sévère du célèbre *Wolf*, de tous les philosophes dogmatiques le plus distingué, et qui donna le premier l'exemple (et par cet exemple il créa l'esprit de profondeur que l'Allemagne n'a point encore perdu) de la manière dont, par l'établissement légitime des principes, par la claire détermination des concepts, par la sévérité dans les démonstrations, l'on peut, en évitant dans les conséquences les sauts téméraires, entrer dans la voie sûre de la science. Lui premier aurait été capable de réformer radicalement la métaphysique, si l'idée lui était venue de préparer auparavant le sol pour l'édifice par la critique de l'instrument, c'est-à-dire par la critique de la raison pure. Cette omission lui est moins imputable qu'à la manière dogmatique de philosopher de son temps, sur laquelle les philosophes de son siècle et de tous les siècles antérieurs n'avaient rien à se reprocher entre eux.

Ceux qui blâment sa méthode, en même temps que celle de la Critique de la raison pure, n'ont d'autre but que de se dégager entièrement des liens de la *science,* de convertir le travail en jeu, la certitude en opinion, la philosophie en philodoxie.

Quant à cette seconde édition, je n'ai pas voulu, comme de raison, négliger l'occasion qu'elle me fournit de faire disparaître, autant que possible, des difficultés et des obscurités qui ont donné lieu à plusieurs interprétations vicieuses dans lesquelles sont tombés, peut-être bien un peu par ma faute, des hommes pénétrants, dans le jugement qu'ils ont porté de ce livre. Je n'ai rien trouvé à changer dans les propositions, dans leurs preuves, non plus que dans la forme et l'ensemble du plan. Cette invariabilité doit être attribuée en partie à la longue méditation à laquelle j'ai soumis mon ouvrage avant de le livrer au public, en partie à la nature des matières mêmes, je veux dire à la nature d'une raison spéculative pure, qui contient un véritable enchaînement où tout est *organe,* c'est-à-dire où tout conspire à l'unité, et chaque partie au tout; où par conséquent le moindre vice possible, erreur ou omission, doit inévitablement se trahir dans l'usage. L'immutabilité de ce système se consolidera, je l'espère, de plus en plus à l'avenir. Ce qui me donne cette confiance, ce n'est point la présomption, mais l'évidence seule qui se manifeste par l'uniformité du résultat obtenu à l'issue de mon travail, soit que je parte des plus petits éléments pour m'élever jusqu'au tout de la raison pure, ou que je descende au contraire de ce tout jusqu'à ces éléments derniers (car ce tout est aussi donné en soi par la fin dernière de la raison dans la pratique); si bien que la tentation de changer la moindre partie amène aussitôt une contradiction, non seulement du système, mais de l'universelle raison humaine. Quant à l'EXPOSITION, il reste encore beaucoup à faire : j'ai essayé dans cette seconde édition des corrections qui doivent faire disparaître et les équivoques de l'Esthétique, surtout dans le concept de temps, — et l'obscurité de la déduction des concepts de l'entendement, et les prétendus défauts d'une suffisante évidence dans les preuves des principes de l'entendement pur, et enfin la fausse interprétation des paralogismes reprochés à la psychologie rationnelle. Je ne fais de changement que jusque-là (c'est-à-dire seulement jusqu'à la fin du premier chapitre de la dialectique transcendentale, mais pas plus loin); et ces changements ne consistent que dans des corrections de style (1). Si je n'en ai pas fait davantage, c'est que le temps me manquait, et que par rapport au reste rien ne doit être mal interprété des justes et habiles appréciateurs, qui, sans que je doive les nommer ici en leur donnant les éloges mérités, trouveront bien les endroits que j'ai retouchés d'après

(1) La seule addition proprement dite, mais toutefois seulement dans la manière de démontrer, serait peut-être ma nouvelle réfutation de l'*idéalisme* psychologique, et la démonstration rigoureuse (la seule, du reste, que je croie possible) de la réalité objective de l'intuition externe. Quelque innocent que l'idéalisme puisse être réputé par rapport au but essentiel de la métaphysique (ce qui n'est pas en effet), ce sera cependant toujours un scandale pour la philosophie et la raison humaine en général, de ne pouvoir admettre qu'au nom de la *foi* seule l'existence des choses qui nous sont extérieures (d'où cependant nous tirons toute la matière de nos connaissances, même pour notre sens intime), et de ne pouvoir en donner aucune preuve satisfaisante à quiconque serait tenté d'en douter. Comme il y a quelque obscurité dans la preuve, depuis la troisième ligne jusqu'à la sixième, je prie le lecteur de la remplacer par la suivante (*).

(*) Kant met ici cette preuve nouvelle; mais nous avons cru plus convenable de l'insérer dans le texte à la place que lui assigne l'auteur. — T.

leurs conseils. Mais cette correction entraîne pour le lecteur une légère perte, inévitable cependant, à moins de grossir considérablement le volume. Cette perte consiste en ce qu'un passage, qui, sans faire partie essentielle du tout, pourrait néanmoins être regretté de plus d'un lecteur, puisqu'il peut être utile sous un autre rapport, a dû être omis ou présenté en raccourci, pour rendre mon exposition plus lucide. Du reste, rien absolument n'a été changé au fond par rapport aux propositions, ni même à leurs démonstrations ; mais la méthode d'exposition primitive s'écarte trop de celle qui a été adoptée en dernier lieu pour qu'elle puisse être rapportée entre parenthèses. Cette faible perte, qui d'ailleurs peut être réparée, au gré de chacun, par la comparaison de cette édition avec la première (1), est surabondamment compensée, je l'espère, par une plus grande clarté. J'ai remarqué avec un plaisir mêlé de reconnaissance, dans différents écrits publics (soit à l'occasion du compte rendu de plusieurs ouvrages, soit dans des traités spéciaux), que l'esprit de profondeur n'est point perdu en Allemagne, mais seulement qu'il a été quelque temps étouffé par la mode d'une liberté de penser affectant le génie, et que les sentiers épineux de la Critique, sentiers qui conduisent à une science méthodique de la raison pure, à une science par conséquent durable et très nécessaire, n'ont point empêché les hommes courageux d'y entrer. Je laisse à ces hommes distingués, qui joignent si heureusement à la profondeur de l'aperçu le talent d'une exposition lumineuse (talent que je ne me sens pas), le soin de mettre la dernière main à mon ouvrage,

---

(1) Les appendices que nous donnons permettent de le faire aisément. — T.

encore imparfait sans doute à ce dernier point de vue. Le danger est ici non d'être réfuté, mais de n'être pas compris. Je ne puis, de mon côté, m'engager dès maintenant dans toutes les disputes que mon livre fera naître, quoique je fasse soigneusement attention à toutes les observations de mes adversaires et de mes amis, afin de les mettre à profit dans la future exécution du système de cette propédeutique. Comme ce travail m'a conduit à un âge déjà très avancé (j'ai 64 ans ce mois-ci), je dois être économe de mon temps, pour remplir mon plan, si je veux publier la métaphysique de la Physique et celle des Mœurs, comme confirmation de la légitimité de la Critique de la raison spéculative et de la raison pratique, et je dois attendre les éclaircissements des obscurités qu'il était difficile d'éviter tout d'abord dans cet ouvrage, ainsi que la défense du tout, par les hommes de mérite qui ont bien voulu le regarder comme le leur propre. Toute exposition philosophique peut se trouver défectueuse dans quelques parties (car elle ne peut pas être aussi sévère que le langage mathématique), sans cependant que l'organisation du système, considéré comme unité, puisse en souffrir. Mais peu d'esprits sont capables de s'élever à ce point de vue général, si le système est nouveau ; et un plus petit nombre encore s'en soucient, par cette autre raison que tout ce qui est nouveau est importun. Aussi croit-on découvrir des contradictions palpables dans toute espèce de composition, surtout dans les écrits d'une marche libre et indépendante, quand on compare entre eux quelques passages détachés de l'ensemble, et qui en reçoivent un jour défavorable aux yeux de celui qui se fie au jugement d'autrui ; mais pour celui qui s'est emparé des idées d'un tout, ces contradictions sont très faciles à résoudre. Si cependant une théorie a quelque solidité, l'action et la réaction, qui semblent d'abord la menacer d'un si grand péril, ne serviront enfin qu'à faire disparaître ses inégalités de lumière et à lui donner aussi dans peu de temps l'élégance requise, si les savants se montrent impartiaux, pénétrants, et amis de la vraie popularité (1).

(1) V. Append. n° II, Préface de la première édition. — T.

Kœnigsberg, avril 1787.

INTRODUCTION

I

1. Nul doute que toutes nos connaissances ne commencent par l'expérience; en effet, par quoi la faculté de connaître serait-elle portée à s'exercer, sinon par des objets qui affectent nos sens, et qui, d'un côté, occasionnent par eux-mêmes des représentations, en même temps que, de l'autre, ils excitent l'activité intellectuelle à comparer ces objets, à les unir ou à les séparer, et à mettre ainsi en œuvre la matière grossière des impressions extérieures pour en composer la connaissance des choses, connaissance que nous appelons expérience? Aucune de nos connaissances ne précède donc en nous l'expérience; toutes commencent avec elle.

2. Mais, quoique toutes nos connaissances commencent *avec* l'expérience, elles n'*en* procèdent toutes, car il se peut que la connaissance même qui nous vient de l'expérience soit un composé de ce que nous recevons dans les sensations, et de ce que produit d'elle-même notre propre faculté de connaître (simplement provoquée par des impressions sensibles), quoique nous ne puissions distinguer ce dernier élément du premier tant

qu'une longue expérience ne nous y a pas rendus attentifs et ne nous a pas appris à faire cette distinction.

3. C'est donc, pour le moins, une question qui demande à être examinée de près et qui ne peut se résoudre au premier coup d'œil, que celle de savoir s'il y a une connaissance indépendante de l'expérience, et même de toute impression des sens. On appelle cette sorte de connaissances des *connaissances a priori*, et on les distingue des connaissances *empiriques*, qui ont leur source *a posteriori*, c'est-à-dire dans l'expérience.

4. Toutefois, cette expression n'est pas encore assez déterminée pour faire comprendre parfaitement tout le sens de la question précédente; car on dit bien de plusieurs de nos connaissances dérivant de l'expérience, que nous en sommes capables ou que nous les possédons *a priori*, par la raison que nous les obtenons, non pas immédiatement de l'expérience, mais d'une règle générale que nous avons cependant tirée elle-même de l'expérience. C'est ainsi qu'on dit de quelqu'un qui mine les fondements de sa maison qu'il devait savoir *a priori* qu'elle s'écroulerait, ou, en d'autres termes, qu'il ne devait pas attendre l'événement de la chute pour en être certain. Cependant il ne pouvait réellement le savoir qu'*a posteriori* : ne fallait-il pas, en effet, que l'expérience lui fît voir que les corps gravitent et tombent quand ils sont abandonnés à leur propre poids?

5. Nous entendrons donc désormais par connaissances *a priori*, non celles qui ne dépendent point de telle ou telle expérience, mais celles qui ne dépendent absolument d'aucune. A ces connaissances sont opposées les connaissances empiriques, qui ne sont possibles qu'*a posteriori*, c'est-à-dire par l'expérience. Parmi les con-

naissances *a priori*, celles-là s'appellent *pures* qui ne contiennent rien d'empirique. Ainsi, par exemple, ce principe : tout changement a une cause, est un principe *a priori*, mais non pas pur, parce que l'idée de changement ne peut être fournie que par l'expérience.

II

Nous sommes en possession de certaines connaissances a priori, et le sens commun lui-même n'en est jamais dépourvu.

6. C'est ici le lieu de chercher une marque à laquelle nous puissions distinguer sûrement une connaissance pure d'une connaissance empirique. L'expérience nous apprend bien que quelque chose est de telle ou telle manière, mais elle ne nous apprend pas qu'il puisse en être autrement. *Premièrement* donc, toute proposition qui ne peut être conçue qu'avec la conception de la nécessité qu'il en soit ainsi, est un jugement *a priori*. Si, de plus, cette proposition n'est pas dérivée, si elle a par elle-même une valeur nécessaire, elle est alors absolument *a priori*. *Secondement*, l'expérience ne donne jamais ses jugements pour essentiellement et strictement universels; ils sont seulement d'une généralité supposée et comparative (au moyen de l'induction) : ce qui veut dire proprement qu'on n'a pas remarqué jusqu'ici d'exception à telle ou telle loi de la nature. Ainsi, un jugement conçu avec une rigoureuse universalité, c'est-à-dire de telle sorte qu'aucune exception n'est possible, ne dérive point de l'expérience, mais il est absolument valable *a priori*. L'universalité empirique n'est donc qu'une extension arbitraire de valeur, concluant d'une valeur donnée dans la plupart des cas, à une valeur pour tous les cas; comme, par exemple, dans cette proposition :

tous les corps sont pesants. Au contraire, dans le cas où une stricte universalité appartient essentiellement à un jugement, alors cette universalité indique une source particulière pour ce jugement, savoir : la faculté de connaître *a priori*. La nécessité et l'universalité absolue sont donc les caractères certains d'une connaissance *a priori*, et ces caractères se tiennent indissolublement l'un l'autre. Mais comme, dans la pratique, il est parfois plus facile de faire voir la limitation empirique d'une connaissance que sa contingence dans les jugements ; comme aussi l'on peut au contraire établir d'autres fois avec plus d'évidence l'universalité absolue que la nécessité : il est utile de pouvoir employer séparément ces deux critères dont chacun est à lui seul infaillible.

7. Il est très facile maintenant de prouver qu'il y a réellement dans les connaissances humaines de ces jugements nécessaires, universels, dans l'acception stricte du mot, et par conséquent des jugements purs *a priori*. En veut-on un exemple pris des sciences : il n'y a qu'à jeter un coup d'œil sur les propositions mathématiques. Si, au contraire, l'on en veut un qui soit pris de l'usage commun de l'entendement, le principe que tout changement requiert une cause peut en servir. Il y a plus : c'est que, dans ce dernier exemple, le concept d'une cause emporte si évidemment celui d'une nécessité de la liaison avec un effet, et de la stricte généralité de la règle, qu'il disparaîtrait complétement si, comme le fait Hume, on voulait le dériver de la fréquente liaison de ce qui suit avec ce qui précède, et de l'habitude (par conséquent de la nécessité purement subjective) d'associer les représentations que nous acquérons par là. On pourrait aussi, sans être obligé de recourir à ces exem-

ples pour prouver la réalité des principes purs *a priori* dans notre connaissance, la démontrer rationellement, en faisant voir la nécessité absolue de ces sortes de principes pour la possibilité de l'expérience même. Où l'expérience prendrait-elle en effet sa certitude, si toutes les règles suivant lesquelles elle procède étaient toujours empiriques, et par conséquent contingentes? C'est au contraire parce qu'elles sont empiriques, que les règles de cette dernière espèce sont difficilement érigées en premiers principes. Mais il nous suffit d'avoir ici montré l'usage pur de notre faculté de connaître, ainsi que les critères qui lui sont propres. Ce n'est pas seulement dans les jugements, mais encore dans les concepts que se manifeste l'origine de quelques connaissances *a priori*. En effet, ôtez successivement de votre concept expérimental de tout corps ce qu'il y a d'empirique, c'est-à-dire la couleur, la dureté, la mollesse, la pesanteur, l'impénétrabilité, il restera cependant l'espace qu'occupait ce corps (maintenant tout à fait disparu), et qui ne peut être anéanti par la pensée. De même, si vous retranchez de quelqu'un de vos concepts empiriques d'un objet, corporel ou non, toutes les qualités que vous en révèle l'expérience, vous ne pourrez cependant lui enlever mentalement la qualité par laquelle vous le pensez comme substance, ou comme inhérent à une substance (quoique ce concept de substance soit plus déterminé que celui d'un objet en général). Vous devez donc avouer, convaincu par la nécessité avec laquelle ce concept vous presse et s'impose à vous, qu'il a son siége *a priori* dans notre faculté de connaître (1).

(1) Les deux numéros précédents (I.-II.) remplacent l'appendice n° III. V. à la fin du volume. — T.

III

La philosophie a besoin d'une science qui détermine les principes et l'étendue de toutes nos connaissances a priori.

8. Une chose encore plus importante que tout ce qui précède, c'est que certaines connaissances sortent complétement du champ de toute expérience possible, et semblent, par le moyen de concepts qui n'ont nulle part un objet sensible correspondant, étendre l'enceinte de nos jugements au delà des limites de l'expérience.

9. Et c'est précisément dans ces dernières connaissances, qui s'élèvent au-dessus du monde sensible, où l'expérience ne peut ni guider ni rectifier le jugement, que se font les investigations de notre raison, investigations qui nous paraissent bien préférables et leur but bien supérieur à tout ce que l'entendement peut apprendre dans le champ des phénomènes. Nous tentons même tout, au risque de nous égarer, plutôt que d'abandonner par insuffisance de nos forces, par indifférence ou par mépris, de si importantes recherches. Ces inévitables questions de la raison pure sont : *Dieu*, la *liberté* et l'*immortalité*. La science dont le but et tous les procédés tendent à la solution de ces questions s'appelle *Métaphysique*. Sa marche est d'abord dogmatique, c'est-à-dire sans examen préalable de la puissance ou de l'impuissance de la raison pour une entreprise si grande, dont l'exécution est tentée avec une pleine confiance (1).

10. Il paraît cependant bien naturel qu'après avoir abandonné le champ de l'expérience on n'élève pas de

---

(1) La fin de cet alinéa, depuis : Ces inévitables...., est une addition faite à la seconde édition. — T.

suite un édifice avec les connaissances que l'on possède, sans savoir auparavant quelle confiance méritent des principes dont personne ne connaît l'origine; sans s'assurer d'abord, par des investigations soigneuses, de la solidité des fondements sur lesquels doit poser cet édifice. On a donc dû, à ce qu'il semble, agiter depuis longtemps la question de savoir comment l'entendement peut parvenir à toutes ces connaissances *a priori;* quelle étendue, quelle légitimité, quel prix ces connaissances peuvent avoir. Rien n'est plus naturel, en effet, si par le mot naturel il faut entendre ce qui doit raisonnablement se faire. Mais si l'on entend par là ce qui se fait ordinairement, rien n'est au contraire plus naturel et plus concevable que le long oubli de cette recherche; car une partie de ces connaissances, telles que les mathématiques, est depuis longtemps en possession de la certitude, et fait attendre les autres avec une ferme espérance, quoique celle-ci puissent ne ressembler en rien à celles-là. De plus, quand une fois les barrières de l'expérience sont franchies, on est bien sûr de n'être plus désormais contredit par elle. Le besoin d'étendre ses connaissances est si impérieux, que l'on ne peut être arrêté dans sa marche que par une évidente contradiction sur laquelle on s'achoppe; mais cette contradiction peut être évitée si l'on met de l'habileté dans ses fictions, sans cependant qu'elles perdent rien de leur caractère. Les mathématiques nous donnent un magnifique exemple de la manière dont nous pouvons nous étendre dans la connaissance *a priori* sans le concours de l'expérience. Elles ne s'occupent, il est vrai, des objets et de leur connaissance qu'autant que ces objets peuvent être représentés par l'intuition; mais cette circonstance est facilement négligée, parce que cette intuition peut être donnée même *a priori*, et peut par conséquent se distinguer à peine d'un concept parfaitement pur. Dans la passion d'étendre ses connaissances, la raison abusée par cette preuve de sa puissance, croit voir le champ de l'infini s'ouvrir devant elle. La colombe légère, lorsqu'elle fend d'un vol rapide et libre l'air dont elle sent la résistance, pourrait croire qu'elle volerait mieux encore dans le vide. C'est ainsi que Platon, dédaignant le monde sensible, qui tient la raison dans des bornes si étroites, se hasarde par delà, sur les ailes des idées, dans l'espace vide de l'entendement pur. Il n'aperçoit point qu'il n'avance pas malgré ses efforts; car il manque du point d'appui nécessaire pour se soutenir, et d'où il puisse déplacer l'entendement. Telle est donc la marche ordinaire de la raison humaine qui spécule : elle achève au plus vite son édifice, et ne s'avise que longtemps après de rechercher si le fondement en est solide. Mais, parvenus à ce point, nous trouvons toutes sortes de prétextes pour nous consoler du défaut de solidité de notre ouvrage, et même pour en rejeter la tardive et périlleuse vérification. Ce qui nous dispense de tout soin, nous délivre de toute appréhension, et nous impose par une apparente solidité dans l'édifice que nous élevons, c'est qu'une grande partie, et peut-être la plus grande partie du travail de notre raison, consiste dans l'analyse des concepts que nous avons déjà des objets. C'est le principe d'une foule de connaissances qui, bien qu'elles ne soient autre chose que des éclaircissements et des explications de ce qui a déjà été pensé dans nos concepts (quoique d'une manière confuse), sont cependant réputées des aperçus nouveaux, du moins quant à leur forme; elles n'ajoutent matériellement rien aux concepts que nous avons, elles les disposent seulement et les rendent plus clairs. Or, comme cette manière de procéder donne une connaissance réelle *a priori* qui comporte un progrès sûr et utile, la raison, cédant à son insu à cette illusion, se livre à des assertions de natures très diverses, en ajoutant à des concepts donnés d'autres concepts, à la vérité *a priori*, mais qui leur sont complétement étrangers, sans qu'elle sache comment elle s'en trouve en possession, et sans même qu'elle se le demande. Je traiterai donc, tout en commençant, de la différence de ces deux connaissances.

IV

De la différence entre les jugements analytiques et les jugements synthétiques.

11. Dans tous les jugements où est conçu le rapport d'un sujet à un prédicat (en ne considérant que les jugements affirmatifs, car l'application sera facile à faire ensuite aux jugements négatifs), ce rapport est possible de deux manières : ou le prédicat *b* appartient au sujet *a* comme quelque chose d'y contenu (d'une manière cachée); ou bien *b* est complétement étranger au concept *a*, quoique, à la vérité, en liaison avec lui. Dans le premier cas le jugement est *analytique*, dans le second il est *synthétique*. Les jugements analytiques (affirmatifs) sont donc ceux dans lesquels cette liaison du prédicat et du sujet se conçoit par identité; ceux au contraire dans lesquels cette liaison est conçue sans identité doivent prendre le nom de jugements synthétiques. On pourrait encore appeler les premiers, jugements *explicatifs*, et les

seconds, jugements *extensifs*, par la raison que ceux-là n'ajoutent rien au sujet par l'attribut, mais qu'ils décomposent seulement ce sujet en concepts partiels qui déjà y ont été conçus, quoique obscurément, tandis que, au contraire, les derniers ajoutent à l'idée du sujet un attribut qui n'y était pas encore conçu, et qui n'aurait pu en être dérivé par aucune décomposition. Quand je dis, par exemple : Tous les corps sont étendus, c'est un jugement analytique ; car je ne suis point obligé de sortir du concept de corps pour y trouver unie l'étendue ; je n'ai qu'à le décomposer, c'est-à-dire qu'il suffit d'avoir conscience de la diversité que nous pensons toujours dans ce concept pour y trouver l'attribut dont il s'agit. C'est donc là un jugement analytique. Au contraire, quand je dis : Tous les corps sont pesants, ici l'attribut est quelque chose de totalement différent de ce que je pense en général par le simple concept de corps. L'adjonction d'un tel attribut donne un jugement synthétique.

12. Les *jugements d'expérience*, comme tels, sont tous synthétiques ; car il serait absurde de fonder un jugement analytique sur l'expérience, puisque, pour former un pareil jugement, je n'ai pas besoin de sortir de mon concept, ni par conséquent de recourir à aucun témoignage de l'expérience. La proposition : Un corps est étendu, est une proposition *a priori*, et non un jugement de l'expérience. Car avant de m'adresser à l'expérience, j'ai déjà toutes les conditions de mon jugement dans le concept ; il ne me reste qu'à tirer de ce concept le prédicat, d'après le principe de contradiction, et à devenir en même temps conscient de la nécessité du jugement, nécessité que l'expérience ne m'apprendrait

jamais. Au contraire, quoique primitivement je ne comprenne pas du tout dans le concept de corps en général le prédicat de pesanteur, ce concept indique cependant un objet de l'expérience, une portion pour ainsi dire de l'expérience totale, à laquelle je puis ajouter encore : ce que je fais en reconnaissant par l'observation la pesanteur des corps. Je puis d'avance reconnaître analytiquement le concept de corps par les caractères d'étendue, d'impénétrabilité, de figure, etc., qui tous sont pensés dans ce concept. Mais si maintenant j'étends ma connaissance et que je reporte mes regards vers l'expérience qui m'a fourni ce concept de corps, j'y rencontre toujours aussi la pesanteur réunie aux caractères dont je viens de parler, et je la joins par conséquent d'une manière synthétique, comme prédicat, au concept de corps. C'est donc sur l'expérience que se fonde la possibilité de la synthèse du prédicat *pesanteur* avec le concept de corps, parce que ces deux concepts, quoique non renfermés l'un dans l'autre à la vérité, appartiennent cependant l'un à l'autre comme parties d'un tout, c'est-à-dire de l'expérience, qui n'est elle-même qu'une liaison synthétique contingente des intuitions (1).

13. Mais, dans les jugements synthétiques *a priori*, ce moyen fait absolument défaut. Si je dois sortir du concept *a* pour connaître un autre concept *b* comme lui étant uni, sur quoi m'appuierai-je, et comment la synthèse sera-t-elle possible, puisque je n'ai pas ici l'avantage de me retourner à cet effet dans le champ de l'expérience? Soit cette proposition : Tout ce qui arrive a sa cause. Dans le concept de quelque chose qui arrive je

(1) Ce dernier alinéa en remplace deux autres de la première édition. V. Supplém. IV. — T.

conçois, à la vérité, une existence postérieure à un temps, etc., d'où résultent des jugements analytiques. Mais le concept d'une cause indique quelque chose d'entièrement différent de ce qui arrive, et qui par conséquent n'est pas compris dans cette dernière représentation. Comment attribuerais-je en effet à ce qui arrive en général quelque chose qui en diffère entièrement? et comment connaître que le concept de cause, quoique n'y étant pas compris, s'y rattache cependant, et même nécessairement? Quel est l'inconnu $= x$, sur lequel s'appuie l'entendement quand il croit découvrir hors du concept a un prédicat qui lui est étranger, et qu'il conçoit néanmoins comme lui appartenant? Ce ne peut être une donnée de l'expérience, puisque le principe en question unit le concept d'effet à celui de cause, non seulement d'une manière plus générale que ne peut le faire l'expérience, mais encore avec l'expression de la nécessité, et par conséquent *a priori* et par simple concept. C'est sur ces sortes de principes systématiques, c'est-à-dire extensifs, que se fonde la fin suprême de notre connaissance spéculative *a priori;* car les jugements analytiques sont, à la vérité, très importants et très nécessaires, mais seulement dans l'intérêt de cette clarté d'idées requises pour une synthèse sûre et étendue, la seule qui puisse réellement ajouter à nos connaissances (1).

---

(1) V. appendice n° V, le morceau qui a été remplacé par les n°s V et VI suivants. — T.

V

Dans toutes les sciences théoriques de la raison sont contenus, comme principes, des jugements synthétiques a priori.

14. 1° Les jugements mathématiques sont tous synthétiques. Cette vérité, quoique certainement incontestable et très importante par ses suites, semble avoir échappé jusqu'ici à la sagacité des analystes de la raison humaine, et même être très contraire à leurs conjectures. Comme on trouvait que les raisonnements des mathématiciens procèdent suivant le principe de contradiction (ce qu'exige naturellement toute certitude apodictique), on se persuadait aussi que les principes étaient également reconnus en vertu de principe de contradiction : en quoi l'on se trompait indubitablement ; car, si une proposition synthétique peut être considérée suivant le principe de contradiction, ce n'est qu'autant qu'on présuppose une autre proposition synthétique d'où la contradiction puisse résulter, mais elle ne peut jamais être considérée de la sorte en elle-même.

15. Il faut remarquer, avant tout, que les propositions mathématiques proprement dites sont toujours des jugements *a priori*, et non des jugements empiriques, parce qu'elles emportent la nécessité, qui ne peut résulter de l'expérience. Si l'on ne veut pas me l'accorder, eh bien ! je restreins ma proposition aux mathématiques pures, dont le concept exige qu'elles ne contiennent qu'une connaissance pure *a priori*, mais aucune connaissance empirique.

16. On pourrait peut-être croire au premier abord que la proposition $7 + 5 = 12$, est une proposition purement

analytique résultant de l'idée de la somme de sept et de cinq, suivant le principe de contradiction. Mais si l'on y regarde de plus près, on trouve que le concept de la somme de sept et de cinq ne contient autre chose que la réunion de deux nombres en un seul ; ce qui n'emporte point du tout la pensée de ce qu'est ce nombre unique composé de deux autres. Le concept de douze n'est nullement pensé par cela seul que je conçois cette union de sept et de cinq, et je puis décomposer mon concept en autant de nombres possibles que je voudrai, sans que pour cela j'y trouve le nombre douze. Il faut donc quitter ces concepts et recourir à une intuition qui corresponde à l'un des deux nombres, comme aux cinq doigts de la main, ou (comme *Segner* l'a fait dans son arithmétique) à cinq points, et ajouter successivement au concept de sept les cinq unités données en intuition. Car je prends d'abord le nombre sept ; et, recourant à mes doigts comme à autant d'intuitions pour signifier le nombre cinq, j'ajoute successivement à sept, en les détachant de l'image totale qui les représentait, les unités que j'avais auparavant réunies en intuition au moyen de mes doigts pour former le nombre cinq, et je vois résulter de cette opération complexe le nombre douze. Par l'addition de sept à cinq, j'ai, à la vérité, l'idée d'une somme qui $= 7 + 5$, mais non pas l'idée que cette somme est égale au nombre 12. La proposition arithmétique est donc toujours synthétique ; ce qui s'aperçoit plus clairement encore lorsqu'on prend de plus grands nombres ; il est alors évident que, de quelque manière que nous retournions nos concepts, nous ne pouvons jamais former la somme par le moyen seul de la décomposition de nos concepts, ou sans recourir à l'intuition.

17. Un principe quelconque de la géométrie pure n'est pas plus analytique qu'un principe arithmétique. La proposition : Entre deux points la ligne droite est la plus courte possible, est une proposition synthétique. Car mon concept de *droit* ne renferme qu'une qualité, mais rien de relatif à la quantité. Le concept de *plus court* est donc complétement ajouté, et ne peut être dérivé par aucune analyse du concept de ligne droite. On a donc ici besoin de l'intuition comme de l'unique moyen de rendre la synthèse possible.

18. Un petit nombre de principes supposés par les géomètres sont, à la vérité, analytiques, et reposent sur le principe de contradiction; mais aussi ne servent-ils, comme propositions identiques, qu'à l'enchaînement de la méthode, et n'ont aucune valeur comme principes. Tel sont, par exemple, les axiomes $a = a$, un tout est égal à lui-même, ou $(a + b) > a$, c'est-à-dire le tout est plus grand que la partie. Et cependant, ces axiomes eux-mêmes, quoique valables suivant de simples concepts, ne sont reçus en mathématiques que parce qu'ils peuvent être représentés en intuition. Ce qui nous fait généralement croire que le prédicat, dans ces sortes de jugements apodictiques, se trouve déjà faire partie de notre concept, et que le jugement est par conséquent analytique, c'est tout simplement l'ambiguïté de l'expression. Nous sommes obligés d'ajouter un certain prédicat à un concept donné, et cette nécessité tient déjà aux concepts. Mais la question n'est pas celle-ci : Que *devons*-nous ajouter par la pensée à un concept donné? mais bien cette autre : Qu'y pensons-nous *réellement*, quoique obscurément? On voit alors que le prédicat adhère nécessairement à ce concept, non pas comme

conçu dans le concept même, mais au moyen d'une intuition qui doit s'y ajouter.

19. 2° *La physique contient, à titre de principes, des jugements synthétiques* a priori. Je prendrai seulement pour exemples ces deux propositions : Dans tous les changements du monde corporel, la quantité de la matière reste invariablement la même ; et : Dans toute communication du mouvement, l'action et la réaction doivent toujours être égales l'une à l'autre. Il est clair que ces deux propositions sont non seulement nécessaires, par conséquent qu'elles sont d'origine *a priori,* mais qu'elles sont encore synthétiques. Car dans le concept de matière je conçois, non la permanence de cette matière, mais uniquement sa présence dans l'espace qu'elle remplit. Par conséquent, j'outrepasse réellement le concept de matière pour y ajouter quelque chose *a priori* qui n'y était pas pensé. Cette proposition est donc synthétique, mais point analytique, quoique pensée *a priori*. Il en est de même des autres propositions de la partie pure de la physique.

20. Il doit aussi y *avoir des connaissances synthétiques* a priori *en métaphysique*, quand même l'on ne considèrerait cette science que comme cherchée jusqu'ici, et non comme faite, mais indispensable pourtant, par la nature de la raison humaine. La métaphysique ne s'occupe pas seulement de la décomposition des concepts que nous nous faisons *a priori* des choses ; mais nous voulons étendre par là notre connaissance *a priori*, et les jugements qui ajoutent aux concepts donnés quelque chose qui n'y était pas contenu servent à cet effet. Ce n'est qu'au moyen de jugements synthétiques *a priori* que nous allons si loin que l'expérience ne peut nous suivre ;

par exemple, dans la proposition : Le monde doit avoir un premier principe, etc. La métaphysique se compose donc, du moins *quant à son but*, de propositions purement synthétiques *a priori*.

VI

Problème général de la raison pure.

21. C'est avoir déjà beaucoup gagné que d'avoir pu réduire une foule de questions à un problème unique; par là, non seulement on facilite son propre travail, on le détermine avec précision, mais on en rend encore l'examen plus facile pour quiconque veut le contrôler, et voir si nous avons ou non rempli notre dessein. Or, le problème de la raison pure est ainsi conçu : *Comment les jugements synthétiques* a priori *sont-ils possibles?*

22. Si la métaphysique est restée jusqu'ici dans un état équivoque de doute et de contradiction, c'est uniquement parce que ce problème, et peut-être même la distinction des jugements *analytiques* et des jugements *synthétiques*, ne s'est pas présentée plus tôt à l'esprit des philosophes. L'existence ou le renversement de la métaphysique tient donc à la solution ou à l'impossibilité démontrée de la solution de ce *problème* fondamental. *David Hume* est, de tous les philosophes, celui qui a le plus approché de cette question ; mais il est loin de se l'être posée avec une précision suffisante; il ne l'a pas envisagée sous un point de vue assez général : il s'est arrêté au seul principe synthétique de la liaison de l'effet avec la cause (*principium causalitatis*), et a cru pouvoir conclure qu'un tel principe est absolument impossible

a priori. Si bien que, d'après son raisonnement, tout ce que nous appelons métaphysique ne reposerait que sur une simple opinion d'une prétendue connaissance rationnelle, qui aurait dans le fait pour objet ce qu'elle emprunte de l'expérience, et à quoi l'habitude donnerait l'apparence de la nécessité. Cette assertion, subversive de toute la philosophie pure, n'aurait jamais été émise par son auteur s'il avait eu sous les yeux notre problème dans sa généralité; car alors il aurait vu que, d'après ses arguments, il ne pourrait pas non plus y avoir de mathématiques pures, puisqu'elles renferment certainement des principes synthétiques *a priori*, et son excellente raison aurait reculé devant une pareille conséquence.

23. A la solution de la précédente question se rattache d'une part la possibilité de l'usage de la raison pure dans la fondation et la construction de toutes les sciences qui contiennent une science théorique *a priori* des objets, et par conséquent d'autre part la réponse à ces deux questions :

Comment les mathématiques pures sont-elles possibles?
Comment la physique pure est-elle possible?

Nous pouvons bien nous demander à l'égard de ces sciences, puisqu'elles existent, COMMENT elles sont possibles; car il est démontré par leur existence qu'elles peuvent être (1). Pour ce qui est de la métaphysique,

---

(1) On pourrait peut-être douter qu'il y ait une physique pure; mais si l'on fait seulement attention aux différentes propositions qui sont ordinairement traitées en tête des ouvrages de physique proprement dite, comme celle de la permanence de la quantité de la matière, de la force d'inertie, de l'égalité de l'action et de la réaction, etc., on sera bientôt persuadé qu'elles ont pour objet une physique pure (ou rationnelle), qui mériterait bien d'être exposée séparément dans toute son étendue, comme science spéciale.

ses progrès ont été si lents jusqu'ici, elle a si peu atteint le but qu'elle s'était proposé, qu'on ne peut contester à personne le droit de douter de sa possibilité.

24. Mais cependant cette *espèce de connaissance* doit, dans un certain sens, être considérée comme donnée; et la métaphysique est, sinon une science faite, du moins une science dont les matériaux existent réellement (*metaphysica naturalis*) : car la raison humaine, sans être aiguillonnée par la vanité de la science universelle, mais étant simplement stimulée par le besoin de connaître, marche sans relâche jusqu'à ces questions qui ne peuvent être résolues par aucun usage empirique de la raison, ni par aucun principe qui en émane. Une métaphysique a donc toujours été et sera toujours dans l'humanité, puisqu'elle est inhérente aux investigations de la raison humaine dans le champ de la spéculation. Telle est maintenant la question qui se présente : *Comment la métaphysique est-elle possible en tant que disposition naturelle*, c'est-à-dire comment naissent de l'intelligence humaine en général ces questions que s'adresse la raison pure, et auxquelles elle se sent si fortement portée à répondre de son mieux?

25. Mais comme toutes les tentatives faites jusqu'ici pour donner une solution aux questions très naturelles que la raison spéculative soulève, par exemple, de savoir si le monde a eu un commencement, ou s'il est éternel, etc., ne présentent que contradictions inévitables, on ne peut s'en tenir à la simple disposition naturelle pour la métaphysique, c'est-à-dire à la faculté rationnelle pure elle-même, d'où procède toujours, à la vérité, quelque métaphysique, quelle qu'elle soit; mais il doit être possible d'arriver avec elle à la certitude de

la science ou à celle de l'ignorance des choses, c'est-à-dire de pouvoir prononcer sur les objets de ces questions, ou sur la puissance ou l'impuissance de la raison d'en affirmer ou d'en nier quoi que ce soit, et par conséquent d'étendre avec certitude notre raison pure, ou de lui poser des bornes déterminées et sûres. Cette dernière question, qui découle de la question générale qui précède, se traduira donc très bien en celle-ci : *Comment la métaphysique est-elle possible comme science?*

26. La critique de la raison conduit donc enfin nécessairement à la science. L'usage dogmatique de la raison sans critique ne peut conduire, au contraire, qu'à des assertions sans fondement, auxquelles on peut toujours en opposer d'aussi vraisemblables, et par conséquent au *scepticisme*.

27. Cette science ne peut pas être non plus d'une longueur décourageante, puisqu'elle n'a pas affaire aux objets de la raison, dont le nombre est infini, mais seulement à la raison elle-même, aux problèmes qui sortent exclusivement de son sein, et qui lui sont proposés, non par la nature des choses qui sont différentes d'elles, mais par la sienne propre. Mais dès qu'elle est une fois parvenue à connaître parfaitement sa propre faculté par rapport aux objets qu'elle peut rencontrer dans l'expérience, il doit lui être facile de déterminer pleinement et sûrement l'étendue et les limites de son usage lorsqu'elle cherche à dépasser toutes les bornes de l'expérience.

28. On peut donc, et l'on doit même considérer comme non avenues les tentatives faites jusqu'ici pour constituer une métaphysique dogmatique; car ce qu'il y a d'analytique, savoir, la simple décomposition des

concepts qui résident *a priori* dans notre raison, n'est point du tout le but, mais seulement un moyen préliminaire de la métaphysique proprement dite, qui a pour objet d'étendre nos connaissances synthétiques *a priori*. Or, l'analyse est impropre à cela, puisqu'elle montre seulement ce qui est contenu dans ces concepts, mais non comment nous y parvenons *a priori*, pour pouvoir ensuite en déterminer aussi le légitime emploi par rapport aux objets de nos connaissance en général. Il ne faut pas beaucoup d'abnégation de soi-même pour renoncer à toutes ces prétentions, puisque les contradictions de la raison avec elle-même ont depuis longtemps discrédité la métaphysique employée jusqu'à ce jour. Il faudra plutôt de la fermeté pour ne pas se laisser détourner par la difficulté intrinsèque, ni par une opposition étrangère, et pour cultiver, faire grandir et féconder par une méthode entièrement opposée à celle qui a été suivie jusqu'à présent, une science indispensable à la raison humaine, une science dont on peut bien couper tous les rejetons qui ont poussé, mais dont on n'extirpera jamais les racines.

VII

Idée et division d'une science particulière sous le nom de Critique de la raison pure.

29. De tout ce qui précède résulte donc l'idée d'une science particulière qu'on peut appeler la *Critique de la raison pure* (1); car la raison est la faculté qui fournit

(1) Première édition : qui peut servir à la critique de la raison pure. Est *pure* toute connaissance qui n'est mêlée d'aucun principe

les *principes* de la connaissance *a priori*. La raison pure est donc la faculté qui donne les principes à l'aide desquels on connaît quelque chose absolument *a priori*. Un *Organe* de la raison pure serait l'ensemble des principes au moyen desquels toutes les connaissances pures *a priori* pourraient être acquises et réellement constituées. L'application étendue d'un tel organe donnerait un système de la raison pure. Mais comme ce serait beaucoup de demander un pareil système, et qu'il reste encore à savoir si l'extension de notre connaissance est possible et dans quels cas, nous pouvons considérer une science du simple jugement critique de la raison pure, de ses sources et de ses limites, comme la *Propédeutique* ou science préliminaire du système de la raison pure. Cette propédeutique devrait donc s'appeler, non pas une doctrine, mais simplement une critique de la raison pure. Son utilité au point de vue de la spéculation serait purement négative, et servirait non pas à l'extension mais à l'épuration de notre raison, qu'elle garantirait de l'erreur; ce qui serait déjà un grand avantage. J'appelle *transcendantale* toute connaissance qui, en général, s'occupe moins des objets que de la manière de les connaître, en tant que cette manière de connaître doit être possible *a priori* (1). Un système de ces concepts s'appelle *Philosophie transcendantale*. Mais cette philosophie serait encore trop pour commencer : car, comme cette science devrait contenir toute la connaissance, tant analytique que synthétique *a priori*, elle s'étendrait beau-

---

étranger. Mais est absolument pure toute connaissance en particulier où ne se trouve en général aucune expérience ou sensation, et qui est dès lors possible *a priori*. La raison est donc la faculté, etc. — T.

(1) Première édition : avec nos concepts *a priori* des objets. — T.

coup plus loin que ne le demande notre plan, puisque nous ne devons pousser l'analyse qu'autant qu'elle est nécessaire pour apercevoir les principes de la synthèse *a priori* dans toute leur étendue, synthèse qui est notre unique objet. Cette investigation que nous ne pouvons pas proprement appeler science, mais seulement critique transcendantale, puisquelle a pour but non l'accroissement des connaissances mêmes, mais seulement leur réforme définitive, et doit fournir la pierre de touche pour apprécier la valeur ou la non valeur de toutes les connaissances *a priori*, est le seul objet de notre travail actuel. Cette critique est donc, autant que possible, une introduction à un nouvel *Organum;* et, si ce nouvel *Organum* ne devait pas avoir lieu, elle en serait au moins un canon d'après lequel, en tout cas, le système complet de la philosophie de la raison pure, qu'il doive du reste consister à étendre ou simplement à limiter la connaissance rationnelle, pourrait quelque jour être exposé analytiquement et synthétiquement. Que ce système, en effet, soit possible, et qu'il ne soit pas même si vaste qu'on ne puisse espérer de l'achever, c'est ce qu'on peut déjà préjuger si l'on considère qu'il a pour objet, non la nature des choses, qui est infinie, mais l'entendement (qui juge de la nature des choses), et même cet entendement considéré seulement par rapport à ses connaissances *a priori*. Or, cet objet, qui ne peut nous être caché, puisque nous n'avons point à le chercher hors de nous, ne paraît pas être d'une étendue telle qu'on ne puisse l'embrasser complétement pour en juger la valeur ou la non valeur, et l'estimer ainsi à son juste prix. Il ne s'agit pas non plus ici d'une critique des livres ou des systèmes qui traitent de la raison pure; il n'est question que d'une critique de la faculté de la raison pure en elle-même. C'est seulement en prenant cette critique pour point de départ que l'on se trouve muni d'une pierre de touche infaillible pour apprécier la valeur des ouvrages anciens et des modernes; car sans elle l'historien et le juge, tous deux incompétents, déclarent vaines les assertions des autres au nom des leurs propres (1) qui n'ont pas plus de fondement.

30. La philosophie transcendantale est l'idée d'une science dont la critique de la raison pure doit esquisser tout le plan d'une manière architectonique, c'est-à-dire par principes et avec la pleine assurance de la perfection et de la solidité de toutes les parties qui composent cet édifice. Elle est le système de tous les principes de la raison pure (2). Si cette critique ne prend déjà pas elle-même le titre de philosophie transcendantale, c'est par l'unique raison qu'elle devrait, pour former un système complet, comprendre également une analyse détaillée de toutes les connaissances humaines *a priori*. Notre Critique doit sans doute mettre sous les yeux le dénombrement complet de tous les concepts fondamentaux qui constituent cette connaissance pure, mais elle s'abstient avec raison de l'analyse intégrale de ces concepts mêmes, ainsi que de la revue complète de ceux qui en émanent. La raison en est, d'une part, qu'elle se détournerait de son but en s'occupant de cette analyse qui, d'ailleurs, ne présente pas autant de difficulté que la synthèse qui est l'objet de cette critique, et d'autre part, qu'il serait contraire à l'unité du plan de justifier de

---

(1) Les mots qui suivent ne se trouvent pas dans la première édition. — T.
(2) Cette phrase n'était pas dans la première édition. — T.

l'intégralité de cette analyse et de cette dérivation, deux choses dont on peut du reste très bien se dispenser par rapport à l'objet qu'on se propose ici. Cette double intégralité de l'analyse et de la dérivation des concepts *a priori* qui en découlent ensuite est facile à suppléer, pourvu seulement qu'ils existent d'abord à titre de principes détaillés de la synthèse, et que rien ne leur manque par rapport à ce but essentiel.

31. En conséquence, tout ce qui constitue la philosophie transcendantale appartient à la Critique et la raison pure, qui est elle-même l'idée complète de cette philosophie proprement dite, mais non cette philosophie elle-même, parce qu'elle ne pénètre dans l'analyse qu'autant qu'il le faut pour juger parfaitement la connaissance synthétique *a priori*.

32. La principale attention qu'il faille avoir dans la détermination des parties de cette science, c'est de n'y pas faire entrer des concepts qui contiendraient quelque chose d'empirique; c'est-à-dire de faire en sorte que la connaissance *a priori* soit parfaitement pure. Par conséquent, quoique les premiers principes de la morale et ses concepts fondamentaux soient des connaissances *a priori*, ils n'appartiennent cependant pas à la philosophie transcendantale. En effet, bien que les concepts de plaisir et de peine, de désirs et d'inclinations, etc., qui tous sont d'origine empirique, ne servent pas eux-mêmes de fondement aux prescriptions morales, ils doivent néanmoins faire partie nécessaire d'un système de morale pure *a priori*, comme obstacles que, dans le concept du devoir, il faut surmonter, ou comme mobiles auxquels on ne doit pas s'abandonner. D'où il suit que la philosophe transcendantale est la philosophie de la

raison pure simplement spéculative ; car tout ce qui concerne la pratique, en tant qu'elle renferme des mobiles, se rapporte aux sentiments, qui sont des sources empiriques de connaissance.

33. Maintenant, si l'on veut diviser cette science de la raison pure d'après le point de vue général d'un système, elle doit comprendre : 1° Une THÉORIE ÉLÉMENTAIRE de la raison pure ; 2° Une THÉORIE DE LA MÉTHODE ou la *méthodologie* de la même raison. Chacune de ces parties principales aura ses subdivisions, dont les raisons ne pourraient pas être ici facilement exposées. Ce qui semble seulement convenir à une introduction, c'est que la connaissance humaine a deux souches, toutes deux sorties peut-être d'une racine commune, mais qui nous est inconnue ; ces deux souches sont la sensibilité et l'entendement. Les objets nous sont donnés par la sensibilité, et pensés ou conçus par l'entendement. Or, la sensibilité appartient à la philosophie transcendantale, en tant qu'elle doit contenir des représentations *a priori* qui sont les lois, les conditions sous lesquelles les objets nous sont donnés. La théorie transcendantale de la sensibilité doit appartenir à la première partie de la science élémentaire, parce que les conditions sous lesquelles seules les objets sont donnés à la connaissance humaine précèdent celles sous lesquelles ces mêmes objets sont conçus.

THÉORIE ÉLÉMENTAIRE

TRANSCENDANTALE

PREMIÈRE PARTIE

ESTHÉTIQUE TRANSCENDANTALE

§ I.

34. Quelle que soit la manière dont une connaissance peut toujours se rapporter à des objets, et par quelques moyens que ce puisse être, cette manière en vertu de laquelle la connaissance se rapporte immédiatement aux choses et que la pensée se propose toujours comme moyen, c'est l'*intuition*. Mais cette intuition n'a lieu qu'autant qu'un objet nous est donné; ce qui n'est possible, du moins pour nous autres hommes, qu'à la condition que l'esprit en soit affecté d'une certaine façon. La capacité (réceptivité) de recevoir des représentations par la manière dont les objets nous affectent, s'appelle *sensibilité*. C'est au moyen de la sensibilité que les objets nous sont donnés, elle seule nous fournit des intuitions; mais c'est par l'entendement qu'ils sont *con-*

çus, et c'est de là que viennent les concepts. Mais toute pensée doit en dernière analyse se rapporter directement ou indirectement, par le moyen de certains signes, à des intuitions et par conséquent à la sensibilité, parce que nul objet ne peut nous être donné autrement.

35. L'effet d'un objet sur la faculté représentative, en tant que nous en sommes affectés, est la *sensation*. Toute intuition qui se rapporte à un objet par le moyen de la sensation s'appelle *empirique*. L'objet indéterminé d'une intuition empirique s'appelle *phénomène*.

36. Ce qui, dans le phénomène, correspond à la sensation en est la *matière;* mais ce qui fait que la diversité dans les phénomènes peut être coordonnée dans certains rapports s'appelle *forme* du phénomène. Ce en quoi les sensations s'ordonnent et par quoi elles sont susceptibles d'être réduites à une certaine forme, ne peut être encore la sensation. Il n'y a donc que la matière seule de tout phénomène qui nous soit donnée *a posteriori;* sa forme, toute préparée *a priori* dans l'esprit, doit l'attendre, et par conséquent pouvoir être considérée indépendamment de toute sensation.

37. J'appelle *pures* (dans le sens transcendantal) toutes les représentations auxquelles rien de ce qui appartient à l'expérience ne se trouve mêlé. D'où il suit que la forme pure des intuitions sensibles en général se trouve *a priori* dans l'esprit, où toute la diversité des phénomènes est perçue dans de certains rapports. Cette forme pure de la sensibilité s'appelle aussi intuition pure. Ainsi, quand je détache de la représentation d'un corps ce que l'entendement en conçoit comme la substance, la force, la divisibilité, etc., ce que la sensation en reçoit, comme l'impénétrabilité, la dureté, la cou-

leur, etc., il me reste encore quelque chose de cette intuition empirique, savoir, l'étendue et la figure. Ces deux qualités appartiennent à l'intuition pure, qui a lieu *a priori* dans l'esprit, comme une pure forme de la sensibilité, et sans un objet réel des sens ou sans aucune sensation.

38. J'appelle *Esthétique* (1) *transcendantale* la science de tous les principes *a priori* de la sensibilité. Il doit donc y avoir une science qui forme la première partie de la philosophie élémentaire transcendantale, par opposition à la partie qui a pour objet les principes de la pensée pure, et qu'on appelle logique transcendantale.

39. Dans l'Esthétique transcendantale, nous dégagerons d'abord la sensibilité; c'est-à-dire que nous en distrairons tout ce que l'entendement y conçoit par ses concepts, afin qu'il ne reste rien que l'intuition empi-

---

(1) Les Allemands sont les seuls qui emploient le mot Esthétique pour signifier ce que d'autres appellent critique du goût. Cette dénomination est due à l'espérance trompée de l'excellent analyste Baumgartem, qui crut pouvoir soumettre le jugement critique du beau à des principes rationnels, et faire une science des règles de ce jugement critique. Peine perdue, car ces règles ou *critères* sont purement empiriques, quant à leurs sources principales, et ne peuvent par conséquent jamais servir à établir des lois *a priori* propres à diriger notre jugement en matière de goût. C'est bien plutôt ce jugement qui est la pierre de touche propre à estimer la légitimité des principes. Il est donc convenable, ou d'abandonner encore une fois cette dénomination et de la restreindre à cette partie de la philosophie qui est véritablement une science (on se rapproche ainsi du langage et du sens que les anciens donnaient aux mots quand ils divisaient la connaissance en connaissance de choses senties αἰσθητα, et en connaissance de choses connues καὶ νοητα) (1), ou d'en diviser le sens entre la philosophie spéculative et l'Esthétique, de manière à donner à ce mot une signification partie transcendantale, partie psychologique.

(1) La note finit ici dans la première édition. — T.

rique. En second lieu, nous écarterons encore de cette dernière tout ce qui appartient à la sensation, afin qu'il ne reste rien que l'intuition pure, la simple forme des phénomènes, seule chose que la sensibilité puisse donner *a priori*. Il résultera de cette recherche qu'il y a deux formes pures de nos intuitions sensibles, comme principes de la connaissance *à priori*, savoir, l'espace et le temps, que nous allons examiner.

SECTION I. — **De l'espace.**

§ II.

Exposition métaphysique de ce concept.

40. Au moyen du sens externe, qui est une qualité de notre esprit, nous nous représentons des objets comme hors de nous, et tous ensemble dans l'espace. C'est là que sont déterminés, ou que peuvent l'être, leur figure, leur grandeur et leurs rapports respectifs. Le sens interne, au moyen duquel l'esprit s'aperçoit lui-même ou sa manière d'être intérieure, ne donne, à la vérité, aucune intuition de l'âme elle-même, comme objet, mais c'est cependant une forme déterminée sous laquelle seule l'intuition de son état interne est possible; de telle sorte que tout ce qui constitue les déterminations intérieures est représenté dans les rapports du temps. Le temps ne peut être aperçu extérieurement, pas plus que l'espace ne peut être perçu comme quelque chose en nous. Qu'est-ce donc que l'espace et le temps? Sont-ce des êtres réels? sont-ce seulement des déterminations, ou bien encore des rapports des choses, — mais des dé-

terminations telles cependant qu'elles conviennent encore aux choses en soi quand même elles ne seraient pas perçues; — ou sont-elles au contraire de telle nature qu'elles appartiennent uniquement à la forme de l'intuition, et par conséquent à la qualité subjective de notre esprit, sans laquelle ces prédicats ne pourraient être attribués à aucune chose? Pour nous en assurer, nous exposerons d'abord le concept d'espace. Or, j'entends par *exposition* la représentation claire (quoique développée) de ce qui constitue un concept; et cette exposition est *métaphysique* quand elle contient ce qui présente le concept comme donné *a priori* (1).

41. 1° L'espace n'est pas un concept empirique dérivé d'intuitions extérieures. Car pour que certaines sensations soient rapportées à quelque chose d'extérieur à moi (c'est-à-dire à quelque chose qui est dans un lieu de l'espace différent de celui que j'occupe), et même pour que je puisse me représenter les choses comme extérieures les unes aux autres, c'est-à-dire non seulement comme différentes, mais comme occupant des lieux distincts, la représentation de l'espace doit déjà être posée en principe. D'où il suit que la représentation de l'espace ne peut dériver des rapports du phénomène extérieur par l'expérience, mais bien que l'expérience elle-même n'est jamais possible que par cette représentation.

42. 2° L'espace est une représentation nécessaire *a priori* qui sert de fondement à toutes les intuitions extérieures. On ne peut jamais concevoir qu'il n'y ait aucun espace quoiqu'on puisse fort bien penser qu'aucun

(1) Cette dernière phrase ne se trouve pas dans la première édition. — T.

objet n'y est contenu. L'espace est donc considéré comme la condition de la possibilité des phénomènes, et non comme une détermination qui en dépende. C'est donc une représentation *a priori*, qui est le fondement nécessaire des phénomènes extérieurs (1).

43. 3° L'espace n'est pas non plus un concept discursif, ou, comme on dit, un concept général des rapports des choses, mais une intuition pure. On ne peut, en effet, se représenter qu'un seul espace, et quand on parle de plusieurs espaces on entend seulement par là les parties d'un seul et même espace. Ces parties ne pourraient même pas précéder l'espace unique et universel, comme parties d'un tout qu'elles serviraient à composer par leur ensemble; elles ne peuvent, au contraire, être conçues qu'en lui. L'espace est essentiellement un; le multiple en lui, par conséquent aussi le concept général d'espace, tient uniquement à des limitations. D'où il suit qu'une intuition *a priori* qui n'est pas empirique, sert de fondement à tous les concepts que nous en avons. C'est ainsi que tous les principes de géométrie, par exemple, deux côtés d'un triangle pris ensemble sont plus grands que le troisième, seront toujours dérivés avec une certitude apodictique, non des concepts généraux de ligne et de triangle, mais de l'intuition, et d'une intuition *a priori*.

44. 4° L'espace est représenté comme une grandeur infinie donnée. Il est, à la vérité, nécessaire de concevoir chaque concept comme une représentation contenue dans une multitude infinie de différentes représentations possibles (comme leur signe commun), et qui par con-

---

(1) V. Appendice VI.

séquent les contient toutes; mais aucun concept ne peut, comme tel, être considéré comme contenant lui-même une infinité de représentations. Et cependant l'espace est conçu de cette manière (car toutes les parties de l'espace sont toutes ensemble dans l'infini). Donc la représentation primitive de l'espace est une intuition *a priori*, et non un concept (1).

§ III.

Exposition transcendantale du concept d'espace.

45. J'entends par *exposition transcendantale* l'explication d'un concept comme principe d'où la possibilité d'autres connaissances synthétiques *a priori* peut être déduite. Il faut donc, à cet effet : 1° que des connaissances de cette nature découlent du concept donné; 2° que ces connaissances ne soient possibles que sous la supposition d'une sorte d'explication de ce concept.

46. La géométrie est une science qui détermine synthétiquement, et cependant *a priori*, les propriétés de l'espace. Quelle doit être maintenant la représentation de l'espace pour que la connaissance de la géométrie soit possible? Elle doit être originellement une intuition, car d'un simple concept ne peuvent sortir des propositions qui outrepassent ce concept; ce qui cependant arrive en géométrie (Introduction, V) (2). Mais cette in-

---

(1) V. app. n. VII, qui présente quelque différence de rédaction.—T.
(2) Il y a plus en effet dans l'*intuition* d'un triangle que dans le *concept* de triangle. L'intuition comprend, outre le concept, sa détermination intuitive, v. g., sa figure, sa grandeur, etc. Mais comme toute figure géométrique veut néanmoins être déterminée par une

tuition doit se trouver en nous *a priori*, c'est-à-dire avant toute perception d'un objet. Elle doit par conséquent être pure et nullement empirique, puisque les propositions géométriques sont toutes apodictiques, c'est-à-dire liées à la conscience de leur nécessité, par exemple : L'espace n'a que trois dimensions. Mais des principes de cette nature ne peuvent être empiriques, ou être des jugements de l'expérience, ni en dériver (Introduct. II).

47. D'où vient maintenant qu'une intuition externe, antérieure aux objets mêmes, et dans laquelle le concept de ces objets est déterminé *a priori*, peut être dans l'esprit? Ce n'est évidemment qu'autant qu'elle est dans le sujet comme propriété formelle de ce sujet d'être affecté par les objets et d'en recevoir ainsi la *représentation immédiate*, c'est-à-dire l'intuition, par conséquent comme forme du *sens* extérieur en général.

48. Notre exposition seule rend donc intelligible la *possibilité* de la géométrie comme connaissance synthétique *a priori*. Toute espèce d'explication qui ne rend pas compte de ce fait, aurait-elle même en apparence la plus grande conformité avec la nôtre, peut en être distinguée par ce caractère très sûr.

Conséquences des concepts précédents.

49. *a*). L'espace ne représente aucune propriété essentielle de quoi que ce soit, ni de ce que les choses

---

intuition, et que cette intuition n'est pas le concept même qu'elle détermine, il y a donc alors synthèse, et synthèse *a priori*. La géométrie est donc rendue possible par l'intuition *a priori* pure de l'espace. L'espace est donc ce qui rend possibles les jugements synthétiques *a priori* en géométrie. — T.

sont en elles-mêmes, ni de ce qu'elles sont dans leur rapport aux autres choses : c'est-à-dire qu'il n'en représente aucune détermination qui affecte les objets eux-mêmes, et qui subsiste encore si l'on fait abstraction de toutes les conditions subjectives de l'intuition ; car des déterminations absolues ou relatives ne peuvent précéder l'existence des choses auxquelles elles conviennent, et par conséquent ne peuvent être perçues *a priori*.

50. *b*). L'espace n'est autre chose que la forme des phénomènes du sens extérieur, c'est-à-dire la condition subjective de la sensibilité, sous laquelle seulement l'intuition extérieure est possible pour nous *a priori*. Et comme la capacité d'être affecté des objets précède nécessairement dans le sujet toutes les intuitions de ces objets, on comprend sans peine comment la forme de tous les phénomènes peut être donnée dans l'esprit avant toutes les perceptions réelles, par conséquent *a priori*; et comment encore, en sa qualité d'intuition pure dans laquelle tous les objets doivent être déterminés, elle peut contenir avant toute expérience les raisons ou principes des rapports de ces objets.

51. Nous ne pouvons parler que comme hommes, de l'espace, des êtres étendus, etc. Sortons-nous de la condition subjective sous laquelle seulement nous pouvons recevoir l'intuition extérieure, d'après la manière dont nous pouvons être impressionnés par ces objets, alors la représentation de l'espace ne signifie plus rien du tout. Cet attribut n'est accordé aux choses qu'en tant qu'elles nous apparaissent, c'est-à-dire qu'en tant qu'elles sont les objets de la sensibilité. La forme constante de cette capacité que nous appelons sensibilité est une condition nécessaire de tous les rapports sous lesquels les objets

sont perçus comme extérieurs à nous; et si l'on fait abstraction de ces objets, cette forme est l'intuition pure qui prend le nom d'espace. Comme nous ne pouvons faire des conditions spéciales de la sensibilité celles de la possibilité des choses, mais seulement celles de leurs phénomènes (1), nous pouvons bien dire, à la vérité, que l'espace contient toutes les choses que nous pouvons percevoir extérieurement, mais non pas qu'il contienne toutes les choses en elles-mêmes, qu'elles puissent être du reste perçues ou ne l'être pas, et par quelque être que ce soit. Car nous ne pouvons dire si les intuitions des autres êtres pensants sont soumises aux lois qui limitent les nôtres, et qui sont pour nous d'une valeur universelle. Si nous ajoutons au concept du sujet la restriction d'un jugement, ce jugement est alors inconditionnel, absolu. La proposition : Toutes les choses sont juxtaposées dans l'espace, vaut, sous cette restriction : Si les choses, comme objets, frappent notre intuition sensible. Si j'ajoute ici la condition au concept et que je dise : Toutes les choses, comme phénomènes extérieurs, sont juxtaposées dans l'espace, alors cette règle vaut universellement et sans restriction. Notre exposition nous enseigne donc la *réalité* (c'est-à-dire la valeur objective) de l'espace par rapport à tout ce qui peut nous être présenté extérieurement comme objet; mais elle nous apprend en même temps l'*idéalité* de l'espace par rapport aux choses considérées en elles-mêmes par la raison, c'est-à-dire sans avoir égard à la condition de notre

---

(1) L'auteur use très fréquemment de ce tour de phrase, qui va du négatif au positif. Comme il est aisé, rapide et clair, nous l'emploierons nous-même sans trop de scrupule. — T.

sensibilité. Nous affirmons donc la *réalité empirique* (par rapport à toute expérience extérieure possible), quoique, à la vérité, nous reconnaissions l'*idéalité transcendantale* de ce même espace, c'est-à-dire quoiqu'il ne soit rien aussitôt que nous omettons les conditions de toute expérience, et que nous le prenons comme quelque chose qui servirait de fondement aux choses en elles-mêmes.

52. Mais aussi, à l'exception de l'espace, il n'y a pas d'autre représentation subjective et se rapportant à quelque chose d'extérieur qui puisse s'appeler objective *a priori*. On ne peut, en effet, dériver d'aucune d'elles des propositions synthétiques *a priori*, comme on le fait de l'intuition dans l'espace (§ 3). Aucune idéalité, pour parler exactement, ne leur convient donc, quoiqu'elles s'accordent avec la représentation de l'espace en ce qu'elles appartiennent à la nature subjective du sens, par exemple, de la vue, de l'ouïe, du tact, par les sensations de couleur, de son et de chaleur; mais ces sensations ne permettent pas du tout de connaître *a priori* quelque chose que ce soit en elle-même, parce que ce sont de pures sensations et non des intuitions (1).

53. Nous faisons cette observation pour qu'on ne soit pas tenté d'expliquer l'idéalité affirmée de l'espace par des comparaisons très insuffisantes, par exemple, par les couleurs, les saveurs, etc., toutes choses qui peuvent être considérées avec droit, non comme des qualités des objets, mais seulement comme des changements de notre sujet, changements qui peuvent passer pour différents, suivant les individus. Dans ce cas, en effet, ce qui primitivement n'est qu'un simple phénomène, par exem-

(1) V. Appendice VIII.

ple, une rose, vaut néanmoins dans le sens empirique comme une chose en soi, qui peut toutefois apparaître différemment à chaque œil en ce qui regarde la couleur. Au contraire, un concept transcendantal des phénomènes dans l'espace est un avertissement critique qu'en général rien de ce qui est perçu dans l'espace n'est une chose en soi ; que l'espace n'est point une forme des choses qui pût leur être propre si elles étaient considérées en elles-mêmes ; mais que les objets en soi nous sont complétement inconnus, et que ce que nous appelons objets extérieurs n'est autre chose que les représentations pures de notre sensibilité, dont la forme est l'espace, mais dont le corrélatif ou correspondant véritable, c'est-à-dire la chose en elle-même, est par cette raison tout à fait inconnu, et le sera toujours, mais sur lequel on n'interroge jamais non plus l'expérience.

SECTION II. — Du temps.

§ IV.

Exposition métaphysique du concept du temps.

54. 1° Le temps n'est pas un concept empirique fourni par une expérience quelconque, car la simultanéité ou la succession ne tomberait pas même sous l'observation si la représentation du temps ne leur servait de fondement *a priori*. Ce n'est que sous cette supposition du temps que l'on peut se représenter la simultanéité des choses ou leur succession.

55. 2° Le temps est une représentation nécessaire qui sert de fondement à toutes les intuitions. On ne peut,

par rapport aux phénomènes en général, supprimer le temps, quoiqu'on puisse très bien faire abstraction des phénomènes dans le temps. Le temps est donc donné *a priori*. En lui seulement est possible toute réalité des phénomènes. Ils peuvent tous être anéantis par la pensée, mais le temps lui-même (comme condition commune de leur possibilité) ne peut être détruit.

56. 3° Sur cette nécessité *a priori* se fonde également la possibilité des principes apodictiques relatifs aux rapports ou aux axiomes du temps en général, tel que : Le temps n'a qu'une dimension ; Les différents temps sont, non pas ensemble, mais successivement (de la même manière que différents espaces sont, non pas successifs, mais simultanés). Ces principes ne peuvent se tirer de l'expérience, qui ne donnerait ni une généralité sans restriction, ni une certitude apodictique. Nous pourrions dire seulement : Ainsi l'enseigne l'observation générale ; mais non : Il est nécessaire que la chose soit ainsi. Ces principes valent comme des règles suivant lesquelles l'expérience en général est possible, et ils nous instruisent avant elle, et non par elle.

57. 4° Le temps n'est point un concept discursif, ou, comme on dit, général ; c'est une forme pure de l'intuition sensible. Les différents temps ne sont que des parties d'un seul et même temps. Or, la représentation qui ne peut être donnée que par un seul objet est une intuition. Aussi la proposition que : Différents temps ne peuvent être en même temps, ne saurait être tirée d'un concept général. Cette proposition est synthétique et ne peut procéder de simples concepts. Elle est donc contenue immédiatement dans l'intuition et la représentation du temps.

58. 5° L'infinité du temps ne signifie autre chose si ce n'est que toutes les quantités déterminées du temps ne sont possibles que par la circonscription d'un temps unique qui leur sert de fondement. Par conséquent la représentation primitive du *temps* doit être donnée comme illimitée. Mais si les parties mêmes, et toute grandeur d'un objet, ne peuvent être représentées déterminément que par une limitation, alors la représentation entière ne peut être donnée par des concepts (car en ce cas les représentations partielles précéderaient); il faut, au contraire, leur donner l'intuition pour fondement immédiat.

§ V.

Exposition transcendantale du concept de temps (1).

59. Je puis renvoyer au n° III précédent, où, pour être court, j'ai placé ce qui est proprement transcendantal sous le titre d'exposition métaphysique. J'ajoute seulement que le concept de changement, celui du mouvement (comme changement de lieu) ne sont possibles que par et dans la représentation du temps; que si cette représentation n'était pas une intuition (interne) *a priori*, aucun concept, quel qu'il fût, ne pourrait faire comprendre la possibilité d'un changement, c'est-à-dire la possibilité d'une association d'attributs contradictoirement opposés dans un seul et même objet (v. g. qu'une seule et même chose est et n'est pas dans un seul et même lieu), deux déterminations contradictoirement opposées

---

(1) Ce paragraphe est une addition de la seconde édition. — T.

dans une chose ne pouvant se rencontrer que dans le temps, c'est-à-dire successivement. Par conséquent notre concept de temps nous explique la possibilité d'autant de connaissances synthétiques *a priori* que la science générale du mouvement, qui n'est pas peu féconde, en expose elle-même.

§ VI.

Conséquences de ces concepts.

60. *a*) Le temps n'est pas quelque chose qui subsiste par soi-même, ou qui appartienne aux choses comme détermination objective, et qui, par conséquent, reste quand on fait abstraction de toutes les conditions subjectives de leur intuition : autrement, dans le premier cas, il serait quelque chose qui, sans objet réel, serait cependant réellement; dans le second cas, c'est-à-dire s'il était une détermination inférieure aux choses mêmes, ou un ordre établi, il ne pourrait pas précéder les objets comme en étant la condition, ni être connu et perçu *a priori* par des propositions synthétiques. Ce dernier fait, au contraire, a lieu si le temps n'est que la condition subjective sous laquelle les intuitions sont possibles en nous; car alors cette forme de l'intuition intérieure peut être représentée avant les objets, et par conséquent *a priori*.

61. *b*) Le temps n'est autre chose que la forme du sens interne, c'est-à-dire de l'intuition de nous-mêmes et de notre état intérieur. Car le temps ne peut être une détermination des phénomènes extérieurs : il n'appartient ni à la forme, ni à la situation, ni, etc.; il détermine le rapport des représentations dans notre manière

d'être intérieure. Et comme cette intuition intérieure n'a aucune figure, nous cherchons à suppléer à ce défaut par l'analogie, et nous représentons la succession du temps par une ligne qui pourrait se prolonger à l'infini, dans laquelle la diversité compose une série qui est d'une seule dimension, et nous dérivons des propriétés de cette ligne toutes celles du temps, une seule exceptée : c'est que les parties de la ligne sont simultanées, tandis que celles du temps sont toujours successives. D'où il faut conclure encore que la représentation du temps lui-même est une intuition, puisque ses rapports peuvent être exprimés par une intuition extérieure.

62. *c*) Le temps est la condition formelle *a priori* de tous les phénomènes en général. L'espace, comme forme pure de toutes les intuitions externes, est restreint, à titre de condition *a priori*, aux seuls phénomènes extérieurs. Au contraire, puisque toutes les représentations, qu'elles aient ou non des choses extérieures pour objet, appartiennent cependant en elles-mêmes, comme déterminations de l'esprit, à l'état intérieur ; puisque cet état est sous la condition formelle de l'intuition interne et appartient au temps ; — le temps est une condition *a priori* de tous les phénomènes en général, savoir, la condition immédiate des phénomènes intérieurs (de nos âmes), et la condition médiate par conséquent des phénomènes extérieurs. Si je puis dire *a priori* : Tous les phénomènes extérieurs sont dans l'espace, et déterminés *a priori* suivant les rapports de l'espace, je puis dire aussi, dans un sens très général, en partant du principe du sens intime : Tous les phénomènes en général, c'est-à-dire tous les objets du sens, sont dans le temps, et tiennent nécessairement aux rapports du temps.

63. Si nous faisons abstraction de notre manière de nous percevoir nous-mêmes intérieurement et d'embrasser par cette intuition toutes les intuitions extérieures dans la faculté de représentation, et si par conséquent nous prenons les objets comme ils peuvent être en eux-mêmes, le temps alors n'est rien. Ce n'est que par rapport aux phénomènes qu'il a une valeur objective, parce que ce sont déjà des choses que nous regardons comme des *objets de nos sens ;* mais le temps n'est plus objectif quand on fait abstraction de la sensibilité de l'intuition, par conséquent de cette espèce de représentation qui est propre à notre esprit, et quand on parle de *choses en général.* Le temps n'est donc qu'une condition subjective de notre intuition (humaine, qui est toujours sensible, c'est-à-dire en tant que nous sommes affectés par des objets); mais en soi, hors du sujet, il n'est rien. Il est néanmoins objectivement nécessaire par rapport à tous les phénomènes, et par conséquent par rapport à toutes les choses que nous pouvons nous représenter dans l'expérience. Nous ne pouvons pas dire : Toutes les choses sont dans le temps, puisque dans le concept de choses en général on fait abstraction de toutes manières de les percevoir, et que l'intuition est la condition propre sous laquelle le temps appartient à la représentation des objets. Mais si cette condition est jointe au concept de choses, et si l'on dit : Toutes les choses comme phénomènes (objets de l'intuition sensible) sont dans le temps, alors ce principe a sa vérité objective et son universalité *a priori.*

64. Ce qui a été dit jusqu'ici prouve donc la *réalité empirique* du temps, c'est-à-dire sa valeur objective par rapport à tous les objets qui peuvent jamais s'offrir à nos

sens. Et comme notre intuition est toujours sensible, un objet ne peut donc jamais nous être donné en expérience sans tomber sous la condition du temps. Nous soutenons d'un autre côté la vanité de toute prétention du temps à la *réalité absolue,* c'est-à-dire à une réalité qui, abstraction faite de notre intuition sensible, adhèrerait simplement aux choses comme condition ou propriété. Les qualités des choses en soi ne peuvent jamais nous être données par les sens. L'*idéalité transcendantale* du temps suivant laquelle, si l'on fait abstraction des conditions subjectives des intuitions sensibles, le temps n'est absolument rien, consiste donc en ce que le temps ne peut être compté ni parmi les objets considérés en eux-mêmes (indépendamment de leur rapport à notre intuition), ni comme subsistant dans ces objets ou y adhérant. Cependant cette idéalité, non plus que celle de l'espace, ne doit pas être comparée aux subreptions des sensations. Ici l'on suppose au phénomène même auquel se rattachent ces attributs délusoires, une réalité objective. Là cette réalité manque complétement, excepté en tant qu'elle concerne l'objet lui-même comme pur phénomène. Voir à ce sujet la remarque de la section précédente.

§ VII.

Explication.

65. Il m'a été fait contre cette théorie, qui accorde la réalité empirique du temps, mais qui en combat la réalité absolue et transcendantale, une objection si unanime par des hommes pénétrants, que j'ai conclu qu'elle devait se présenter plus naturellement encore à tout

lecteur à qui ces sortes de matières sont peu familières. Cette objection consiste à dire qu'il y a des changements (ce que démontre la vicissitude de nos propres représentations, quand même on voudrait nier tous les phénomènes extérieurs ainsi que leurs changements). Or, des changements ne sont possibles que dans le temps ; par conséquent le temps est quelque chose de réel. La réponse n'est pas difficile : j'accorde tout l'argument. Le temps est sans doute quelque chose de réel, savoir, la forme réelle de l'intuition interne. Il a donc une réalité subjective par rapport à l'expérience interne ; c'est-à-dire qu'effectivement j'ai la représentation du temps et de mes propres déterminations dans le temps. Il ne doit donc pas être regardé réellement comme un objet, mais comme le mode de représentation de moi-même en tant qu'objet. Mais si moi-même je pouvais me percevoir ou être perçu par un autre être, sans cette condition de la sensibilité, les mêmes déterminations que nous nous représentons aujourd'hui comme des changements donneraient une connaissance dans laquelle la représentation du temps, et par conséquent aussi celle de changement, n'aurait plus lieu. Sa réalité empirique reste donc comme condition de toute notre expérience. Seulement la réalité absolue ne peut, d'après ce qui a été dit, être accordée au temps, qui n'est que la forme de notre intuition interne (1). Si l'on enlève au temps la qualité d'être la condition particulière de notre sensibilité,

---

(1) Je puis bien dire que mes représentations sont successives, mais cela signifie seulement que nous en avons conscience comme dans une succession, c'est-à-dire d'après la forme du sens interne. Le temps n'est pas pour cela quelque chose en lui-même, ni une détermination inhérente aux choses.

le concept de temps disparaît également : cette forme n'appartient point aux objets en eux-mêmes, mais seulement au sujet qui les perçoit.

66. Mais la raison de l'unanimité de cette objection, faite même par des personnes qui ne savaient rien d'évident à opposer à la doctrine de l'idéalité de l'espace, c'est qu'elles désespéraient de pouvoir prouver apodictiquement la réalité absolue de l'espace, attendu qu'elles ont contre elles l'idéalisme, suivant lequel la réalité des objets extérieurs n'est susceptible d'aucune démonstration. Au contraire, il est clairement et immédiatement démontré par la conscience qu'il existe un objet de notre sens interne (moi-même et mon état). Les objets des sens externes pourraient donc bien n'être qu'une pure apparence, tandis que, suivant l'opinion de ces mêmes personnes, l'objet du sens intime est indubitablement quelque chose de réel. Mais elles n'ont pas fait attention que ces deux sortes d'objets, sans qu'il soit besoin d'en attaquer la réalité comme représentations, n'appartiennent cependant qu'au phénomène, lequel a toujours deux faces : l'une, quand l'objet est considéré en lui-même (sans avoir égard à la manière de l'envisager, mais dont par cette raison la nature restera toujours problématique); l'autre, quand on considère la forme de l'intuition de cet objet, forme qui ne doit point être cherchée dans l'objet en soi, mais dans le sujet auquel il se présente, et qui néanmoins convient réellement et nécessairement au phénomène de cet objet.

67. Le temps et l'espace sont donc deux sources d'où peuvent être dérivées *a priori* différentes connaissances synthétiques, comme les mathématiques pures en particulier en donnent un exemple frappant relativement aux

connaissances de l'espace et de ses rapports. Le temps et l'espace pris ensemble sont deux formes pures de toute intuition sensible, et rendent par là possibles les propositions synthétiques *a priori*. Mais ces sources de connaissances *a priori*, par le fait seul qu'elles sont de simples conditions de la sensibilité, se posent à elles-mêmes leurs bornes, en ce sens qu'elles se rapportent purement aux objets considérés comme phénomènes, mais non point aux choses en elles-mêmes. Les phénomènes sont le seul champ de la valeur de l'espace et du temps; si l'on en sort, plus aucune valeur objective n'est possible pour eux. Cette réalité formelle de l'espace et du temps ne porte du reste aucune atteinte à la connaissance expérimentale; car nous en sommes également certains, que ces formes se rattachent nécessairement, soit aux choses en elles-mêmes, soit seulement à l'intuition que nous en avons. Ceux au contraire qui soutiennent la réalité absolue de l'espace et du temps, qu'ils les prennent comme substances ou simplement comme modifications, sont en contradiction avec les principes de l'expérience même; car ils sont obligés, s'ils regardent le temps et l'espace comme des choses en soi (et c'est le parti que prennent la plupart des physiciens mathématiciens), d'admettre deux non-êtres éternels et infinis (l'espace et le temps), qui n'existent (sans être cependant quelque chose de réel) que pour comprendre dans leur sein ce qui est réellement. S'ils prennent le second parti, celui de rattacher aux choses l'espace et le temps, comme le font quelques physiciens métaphysiciens, pour qui l'espace et le temps sont des rapports, des phénomènes (voisins dans l'espace ou successifs dans le temps) abstraits de l'expérience, quoique confusément représentés dans cet état de séparation ; alors ils doivent attaquer la validité des théories mathématiques *a priori*, par rapport aux choses réelles (*v. g.* dans l'espace) : ils doivent au moins en contester la certitude apodictique, puisqu'une semblable certitude n'a pas lieu *a posteriori*, et que les idées d'espace et de temps *a priori* sont, suivant cette opinion, de pures créations fantastiques, qui ont leur source réelle dans l'expérience, dont les rapports abstraits ont servi à l'imagination pour composer quelque chose qui comprend, à la vérité, ce qu'il y a de général dans ces rapports, mais qui ne peut avoir lieu sans les restrictions que la nature y attache. Les premiers ont sans doute l'avantage de rendre aux mathématiques le champ des phénomènes libre ; mais quand l'entendement veut sortir de ce champ, ces conditions mêmes, le temps et l'espace, considérés comme substances, les embarrassent fort. Les seconds gagnent, il est vrai, sous ce dernier rapport, en ce que les représentations d'espace et de temps ne les entravent pas quand ils veulent juger des objets, non comme phénomènes, mais simplement par rapport à l'entendement. D'un autre côté, ils ne peuvent *a priori* ni donner un fondement à la possibilité des connaissances mathématiques (puisqu'il leur manque une intuition *a priori* vraie et valable objectivement), ni former un système nécessaire des lois de l'expérience et des principes mathématiques. Dans notre théorie sur la véritable nature de ces deux formes primitives de la sensibilité, ces deux difficultés disparaissent.

68. Il est clair enfin que l'esthétique transcendantale ne peut contenir que ces deux éléments, l'espace et le temps, puisque tous les autres concepts qui appartiennent à la sensibilité, même celui du mouvement, qui

emporte les concepts d'espace et de temps, supposent quelque chose d'empirique; car le mouvement suppose la perception de quelque chose de mobile. Mais, dans l'espace considéré en lui-même, il n'y a rien de mobile : ce qui est mobile doit donc être quelque chose *qui* ne se trouve que *par l'expérience dans l'espace,* par conséquent une donnée empirique. L'esthétique transcendantale ne peut non plus compter parmi ses données *a priori* le concept de changement; car le temps lui-même ne change pas : ce qui change, c'est ce qui est dans le temps. Il faut donc pour cela la perception d'une existence quelconque et celle de la succession de ses déterminations, par conséquent l'expérience.

§ VIII.
Observations générales sur l'Esthétique transcendantale.

69. I. Avant tout, il est nécessaire d'exposer notre opinion aussi clairement que possible par rapport à la qualité fondamentale et à la nature de la connaissance qui nous vient des sens en général, afin de prévenir tout malentendu à ce sujet.

70. Nous avons donc voulu dire que toutes nos intuitions ne sont que des représentations de phénomènes; que les choses que nous percevons ne sont pas en elles-mêmes telles que nous les percevons; que leurs rapports ne sont pas essentiellement non plus ce qu'ils nous paraissent être; et que si nous faisions abstraction de notre sujet, ou simplement même de la qualité subjective des sens en général, c'en serait fait de toute propriété, de tout rapport des objets dans l'espace et le temps, de

l'espace et du temps eux-mêmes, car rien de tout cela ne peut exister en soi comme phénomène, mais seulement en nous. Nous ignorons complétement ce que peut être la nature des choses en soi, indépendamment de toute notre réceptivité [capacité]. Nous ne connaissons que notre manière de les percevoir, qui est tout à fait propre à notre esprit, et qui ne doit pas être nécessairement celle de tout être, bien cependant qu'elle soit celle de chacun de nous. C'est à cette manière de percevoir que nous devons uniquement nous attacher. L'espace et le temps sont les formes pures, et la sensation en général, la matière. Mais nous pouvons connaître l'espace et le temps *a priori*, c'est-à-dire avant toute perception actuelle; et c'est pour cela qu'on les appelle intuitions pures. La sensation, au contraire, est ce qui est connu *a posteriori*, et qu'on appelle intuition empirique. Ces formes de temps et d'espace appartiennent absolument et nécessairement à notre sensibilité, quelle que puisse être la nature de nos sensations; mais les sensations peuvent être très diverses. Quand même nous pourrions rendre notre intuition le plus claire possible, nous n'approcherions pas pour cela de plus près de la nature des choses en elles-mêmes, car jamais nous ne connaîtrons pleinement que notre mode d'intuition, c'est-à-dire notre sensibilité; et cela toujours uniquement sous les conditions de l'espace et du temps, conditions originairement inhérentes au sujet. Mais ce que les objets peuvent être en eux-mêmes ne nous serait cependant jamais connu par la connaissance parfaite de leurs phénomènes, qui seuls nous sont donnés.

71. C'est donc fausser, dénaturer les concepts de sensibilité et de phénomène, en rendre la connaissance inu-

tile et vaine, que de faire consister toute la sensibilité dans la représentation confuse des choses, représentation qui comprendrait simplement ce qu'elles sont en elles-mêmes, mais seulement sous un amas de caractères et de représentations partielles que nous ne pouvons distinguer les unes des autres dans la conscience. La différence d'une représentation claire est purement logique, et n'en atteint point la matière ou le contenu. Nul doute que le concept de DROIT, employé par la saine et commune intelligence, ne renferme tout ce que la plus subtile spéculation peut en tirer, quoique dans l'usage général et pratique on n'ait pas conscience dans cette pensée de ces représentations diverses. On ne peut cependant pas dire que le concept vulgaire de droit appartienne aux sens et ne contienne qu'un pur phénomène, car le droit ne peut réellement être perçu; son concept est dans l'entendement, et représente une qualité morale des actions, qui leur convient en elles-mêmes. Au contraire, la représentation intuitive d'un *corps* ne contient absolument rien qui puisse convenir à un objet en lui-même, mais simplement le phénomène de quelque chose, et la manière dont nous en sommes affectés. Or, cette capacité de notre faculté de connaître s'appelle sensibilité; elle est tout à fait distincte de la connaissance de l'objet en lui-même, pût-on d'ailleurs pénétrer jusqu'à la raison du phénomène.

72. La philosophie de *Leibniz* et de *Wolf* a donc assigné un point de vue entièrement faux à toutes les recherches sur la nature et l'origine de nos connaissances, quand elle a considéré la différence entre la sensibilité et l'entendement comme purement logique ; cette différence est visiblement transcendantale et ne

concerne pas simplement la forme de la clarté ou de l'obscurité, mais encore l'origine et la matière de nos connaissances : à tel point que, par la sensibilité, nous connaissons, je ne dis pas seulement d'une manière obscure, mais absolument pas les choses en elles-mêmes : dès que nous faisons abstraction de notre nature subjective, l'objet représenté ne se trouve ni ne peut se trouver nulle part, non plus que les propriétés à lui attribuées par l'intuition, parce que c'est cette qualité subjective seule qui détermine la forme de l'objet comme phénomène.

73. Nous distinguons bien d'ailleurs dans les phénomènes ce qui appartient essentiellement à leur intuition, et qui vaut en général pour chaque sens humain, de ce qui ne lui appartient qu'accidentellement : ceci ne se rencontre pas dans le rapport de la sensibilité en général, mais il dépend uniquement d'une disposition particulière, ou de l'organisation de tel ou tel sens. On dit de la première espèce de connaissance qu'elle représente l'objet en soi, et de la seconde, qu'elle n'en représente que le phénomène. Mais cette différence n'est qu'empirique : si l'on s'en tient là, comme il arrive souvent, et si l'on ne considère pas de nouveau, ainsi qu'on devrait le faire, cette intuition empirique comme un pur phénomène qui ne renferme rien de ce qui appartient à une chose en soi, c'en est fait de toute notre distinction transcendantale, et nous croyons alors connaître les choses en elles-mêmes, quoique partout (dans le monde sensible), même dans les plus profondes recherches, il ne puisse être question que de phénomènes. Si par exemple, dans une pluie de soleil, nous appelons l'arc-en-ciel un simple phénomène, et cette

pluie elle-même une chose en soi, la dénomination sera effectivement juste, en ce sens seulement que le dernier concept s'entend physiquement d'une chose qui, dans l'expérience générale, et suivant les expositions diverses par rapport aux sens, est cependant déterminée ainsi dans l'intuition seule, et non indépendamment d'elle. Mais si nous nous demandons d'une manière générale, et abstraction faite de l'accord qui existe entre ce quelque chose d'empirique et l'organisation humaine, s'il représente un objet en soi (je ne dis pas des gouttes de pluie, car elles sont déjà, comme phénomènes, des objets empiriques), la question devient alors transcendantale : et non seulement ces gouttes sont de purs phénomènes, mais encore leur forme ronde, l'espace même dans lequel elles tombent, ne sont rien en soi, ne sont que de simples modes, ou des dispositions fondamentales de notre intuition sensible, tandis que l'objet transcendantal nous reste inconnu.

74. Une autre chose importante dans notre esthétique transcendantale, c'est qu'elle doit être accueillie autrement que comme hypothèse probable, puisqu'elle est aussi certaine, aussi indubitable qu'on peut jamais l'exiger d'une théorie qui doit servir d'Organe. Pour nous en assurer parfaitement, prenons un cas où la valeur de cette esthétique devienne sensible et puisse jeter une nouvelle lumière sur ce qui a été dit au § III (1).

75. Supposé donc que l'espace et le temps soient en eux-mêmes objectivement, et [comme] des conditions de la possibilité des choses en soi ; il en résulte d'abord par rapport à l'un et à l'autre un très grand nombre de

---

(1) Cette dernière proposition est une addition. — T.

propositions apodictiques et synthétiques *à priori*, principalement au sujet de l'espace, que nous prendrons ici, par cette raison, pour exemple. Puisque les propositions de géométrie sont connues synthétiquement *a priori* et avec une certitude apodictique, je demande où cette science prend ces propositions, et sur quoi s'appuie notre entendement pour atteindre à ces vérités absolument nécessaires et universellement valables. Il n'y a que deux moyens, les concepts ou les intuitions. Mais ces deux moyens, comme tels, nous sont donnés ou *a priori,* ou *a posteriori*. Les concepts *a posteriori*, c'est-à-dire les concepts empiriques, ainsi que ce sur quoi ils se fondent, l'intuition empirique, ne peuvent donner aucune proposition synthétique, à moins que ce ne soit aussi une proposition purement empirique, c'est-à-dire une proposition de l'expérience. Mais une proposition empirique ne peut jamais renfermer la nécessité et l'universalité absolue, deux choses qui sont cependant le caractère de toutes les propositions de géométrie. Quant au premier et unique moyen d'acquérir ces connaissances, je veux dire par de simples concepts ou par des intuitions *a priori*, il est clair qu'il ne peut sortir de ces concepts aucune connaissance synthétique, mais seulement des connaissances analytiques. Soit seulemetn cette proposition : Un espace ne peut être renfermé dans deux lignes droites, et par conséquent deux lignes droites ne peuvent former une figure, et cherchons à déduire cette proposition des concepts de ligne droite et de nombre deux. Ou bien, supposez qu'une figure soit possible avec trois lignes, et cherchez à déduire cette vérité de ces seuls concepts. Peine inutile ; vous êtes forcé de recourir à l'intuition, comme la géométrie l'a toujours fait. Vous donnez-vous maintenant un objet en intuition : mais de quelle espèce est cette intuition? Est-elle pure *a priori*, ou empirique? Si elle est empirique, jamais une proposition universellement valable, et moins encore une proposition apodictique, n'en pourra sortir; car l'expérience n'en donne point de telles. Vous êtes donc obligé de vous donner votre objet *a priori* dans une intuition, et d'y fonder votre proposition synthétique. Or, s'il n'y avait pas en vous une faculté d'avoir des intuitions *a priori*, et si cette condition, subjective quant à la forme, n'était pas en même temps la condition *a priori* sous laquelle seule l'objet de cette intuition externe même est possible ; si enfin cet objet (le triangle) était quelque chose en soi, sans rapport à votre sujet, comment pourriez-vous dire que ce qui est nécessaire dans vos conditions subjectives pour la construction d'un triangle doit nécessairement faire partie du triangle en soi? Car vous ne pouvez rien ajouter de nouveau (la figure) à vos concepts (de trois lignes) qui doive se trouver nécessairement dans l'objet, puisque cet objet est donné avant votre connaissance, et non par elle. Par conséquent, si l'espace (ainsi que le temps) n'était pas une pure forme de votre intuition, qui contient des conditions *a priori* sous lesquelles seules des choses peuvent être pour vous des objets extérieurs (qui ne sont rien en eux-mêmes ou sans ces conditions subjectives), vous ne pourriez absolument rien prononcer synthétiquement sur ces objets. Il est donc certain de toute certitude, et non simplement possible ou bien encore vraisemblable, que l'espace et le temps, comme conditions nécessaires de toute expérience (tant interne qu'externe), sont des conditions purement subjectives de toute notre intuition. Il est donc également certain que tous les objets, par rapport à l'espace et au temps, ne sont que de simples phénomènes et non des choses en soi, à les considérer suivant la manière dont ils sont donnés. On peut dire *a priori* beaucoup de choses de la forme des objets, mais rien du tout de la chose en soi, qui doit servir de base à ces phénomènes.

76. II (1). A l'appui de cette théorie de l'idéalité du sens, tant externe qu'interne, par conséquent de l'idéalité de tous les objets des sens comme purs phénomènes, on peut surtout faire observer que tout ce qui, dans notre connaissance, appartient à l'intuition (excepté par conséquent le sentiment du plaisir et celui de la peine, ainsi que la volonté, deux choses qui ne sont pas des connaissances), ne contient que de simples rapports, des rapports de lieux dans une intuition (étendue), de changement de lieux (mouvement), et des lois suivant lesquelles ce changement s'opère (forces motrices). Mais ce qui est présent dans le lieu, ou ce qui s'opère dans les choses, excepté le changement de lieu, n'est pas donné dans l'intuition. Or, comme une chose en soi n'est pas connue par de simples rapports, on est bien obligé de juger que le sens externe, qui ne nous donne cependant que de simples représentations de rapports, ne peut comprendre dans sa représentation que le rapport d'un objet au sujet, et nullement la matière, le contenu de l'objet représenté. Il en est de même de l'intuition interne. Les représentations du *sens externe* ne sont pas les seules choses qui constituent la matière propre dont nous enrichissons notre esprit, mais encore

---

(1) Cet alinéa et les trois suivants ont été ajoutés dans la 2ᵉ éd. —T.

le temps, dans lequel nous plaçons ces représentations et qui en précèdent la conscience dans l'expérience; le temps qui, comme condition formelle de la manière dont nous disposons ces représentations dans notre esprit, leur sert de fondement, et comprend déjà des rapports de succession, de simultanéité et de ce qui est simultané à ce qui est successif (du permanent). Or ce qui, comme représentation, peut précéder toute action de la pensée d'un objet est l'intuition; et si cette intuition ne contient que des rapports, elle n'est plus que la forme de l'intuition; forme qui, puisqu'elle ne représente rien qu'autant qu'il y a quelque chose dans l'esprit, ne peut être que la manière dont l'esprit est affecté par sa propre activité, c'est-à-dire par le fait même de sa représentation, par conséquent par lui-même, ou un sens intime quant à sa forme. Tout ce qui est représenté par un sens est toujours à ce titre un phénomène; un sens intime devrait donc n'être point reconnu, ou bien le sujet qui en est ici l'objet même ne pourrait être représenté par ce sens que comme phénomène, et non comme il se jugerait lui-même si son intuition était simple spontanéité, c'est-à-dire intellectuelle. Toute la difficulté est ici de savoir comment un sujet peut s'apercevoir lui-même intérieurement : mais cette difficulté est commune à toutes les théories. La conscience de soi-même (apperception) est la représentation indivisible du *moi*; et si tout ce qu'il y a de divers dans le sujet nous était *spontanément* donné dans cette représentation, l'intuition interne serait intellectuelle. Cette conscience exige dans l'homme une perception intérieure de la diversité donnée par anticipation dans le sujet; et la manière dont cette diversité est donnée dans l'esprit sans spontanéité doit, à raison de cette différence, s'appeler sensibilité. Si la faculté d'être conscient de soi doit rechercher (saisir) ce qui est dans l'esprit, il est nécessaire qu'elle en soit affectée; c'est la seule manière dont l'intuition de soi puisse avoir lieu. Mais la forme de cette intuition, qui est originelle *dans* l'esprit, détermine, par la représentation du temps, la manière dont la diversité se compose dans l'esprit. L'esprit se perçoit en effet, non comme il se représenterait lui-même immédiatement en vertu de son activité propre, de sa spontanéité, mais d'après la manière dont il est intérieurement affecté, par conséquent comme il s'apparaît à lui-même, et non tel qu'il est.

77. III. Quand je dis que, dans l'espace et le temps, l'intuition des objets extérieurs et celle de l'esprit représentent ces deux choses telles qu'elles affectent nos sens, c'est-à-dire comme elles nous apparaissent, je ne veux pas dire par là que ces objets soient une pure *apparence*; car, dans le phénomène, les objets et même les propriétés que nous leur attribuons sont toujours considérés comme quelque chose de réellement donné; seulement, comme cette qualité d'être donné dépend uniquement de la manière de percevoir du sujet dans le rapport qu'il soutient avec l'objet donné, cet objet, comme *phénomène*, est différent de lui-même comme objet en soi. Ainsi, je ne dis pas que les corps semblent simplement m'être extérieurs, ou que mon âme semble simplement m'être donnée dans ma conscience, quand j'affirme que la qualité de l'espace et du temps (conformément à laquelle je pose le corps et l'âme comme étant la condition de leur existence) est uniquement dans mon mode d'intuition, et non dans ces objets en eux-mêmes. Ce serait ma faute propre si je faisais une pure apparence

de ce que je dois prendre pour un phénomène (1). Mais cela n'a pas lieu si l'on admet notre principe de l'idéalité de toutes nos intuitions sensibles. Si au contraire l'on attribue une *réalité objective* à toutes ces formes de représentation, on ne peut plus éviter que tout ne soit par là converti en pure *apparence*. Car si l'on considère l'espace et le temps comme des qualités qui doivent se trouver quant à leur possibilité, dans les choses en soi, et si l'on réfléchit aux absurdités dans lesquelles on tombe alors, puisque deux choses infinies, qui ne peuvent pas être des substances, ni quelque chose d'inhérent aux substances, mais qui sont cependant quelque chose d'existant et même la condition nécessaire de l'existence de toutes choses, subsisteraient encore, quand même tout le reste serait anéanti; alors on ne peut guère blâmer l'excellent *Berkeley* d'avoir réduit les corps à une pure apparence. Notre existence même, qui, de cette manière, dépendrait de la réalité subsistante en soi d'un non-être, tel que le temps, ne serait, non plus que lui, qu'une vaine apparence; absurdité que personne jusqu'ici n'a encore osé soutenir.

(1) Les prédicats du phénomène peuvent être attribués à l'objet lui-même en rapport avec nos sens, v. g. à la rose la couleur rouge, ou l'odeur. Mais l'apparence ne peut jamais, comme prédicat, être attribuée à l'objet, par la raison précisément qu'elle attribue à l'objet *en soi* ce qui ne lui convient que par rapport aux sens, ou en général par rapport au sujet, v. g. les deux anses attribuées primitivement à Saturne. Ce qui ne se trouve point du tout dans l'objet en lui-même, mais toujours dans son rapport avec le sujet, et qui est inséparable de la représentation de l'objet, est phénomène : ainsi, les prédicats d'espace et de temps sont attribués avec raison aux objets des sens comme tels; et en cela il n'y a aucune fausse apparence. Au contraire, quand j'attribue la rougeur à la rose *en soi*, à Saturne des anses, ou à tous les objets extérieurs l'étendue *en soi*, sans avoir égard au rapport déterminé de ces objets au sujet, et sans restreindre mon jugement en conséquence, alors seulement il y a fausse apparence.

78. IV. Dans la théologie naturelle, où il s'agit d'un objet qui ne peut absolument pas être un objet d'intuition sensible, non seulement pour nous, mais absolument pas, même pour lui, on a grand soin de ne pas attribuer à son intuition ou manière de voir, le temps et l'espace, conditions de nos intuitions humaines ; car toute la manière de connaître de Dieu doit être intuition, et non *pensée,* la pensée étant une preuve du fini. Mais de quel droit peut-on procéder ainsi, quand auparavant l'on a fait de l'espace et du temps les formes des choses en soi, et des formes telles que, comme conditions de l'existence des choses *a priori,* elles subsistent même après qu'on a tout anéanti par la pensée! Car, comme conditions de toute existence en général, elles doivent l'être aussi de l'existence de Dieu. Si l'on ne fait pas de l'espace et du temps des formes objectives de toutes choses, il ne reste qu'à en faire les formes subjectives de notre mode d'intuition, tant interne qu'externe; lequel mode s'appelle sensible, par la raison qu'il n'est point primitif, c'est-à-dire qu'il n'est pas tel que, par lui seul, l'existence même d'un objet soit donnée en intuition (un pareil mode ne peut, à ce qu'il me semble, appartenir qu'à l'Etre suprême); il dépend au contraire de l'existence de l'objet, et n'est par conséquent possible qu'à la condition que la capacité représentative du sujet en soit affectée.

79. Il est nécessaire aussi que nous restreignions l'espèce d'intuition dans l'espace et le temps à la sensibilité de l'homme. A supposer cependant que tout être pensant borné dût nécessairement en cela s'accorder avec l'homme (quoique nous ne puissions rien décider à cet égard), néanmoins cette universalité n'empêcherait pas

que le mode d'intuition n'appartînt à la sensibilité, par la raison précisément que l'intuition est dérivée (*intuitus derivativus*), et non primitive (*intuitus originarius*). Elle n'est donc pas non plus intellectuelle, comme celle qui semble appartenir, d'après ce que je viens de dire, à un être indépendant, à l'Être suprême seulement, intuition qui n'est jamais le partage d'un être dépendant quant à son existence et à son intuition (qui est déterminée par son existence relativement aux objets donnés). Cette dernière observation sur notre théorie esthétique ne doit être regardée que comme un éclaircissement, et non comme une preuve.

Conclusion de l'Esthétique transcendantale.

80. Nous avons maintenant une des données requises pour la solution de la question générale de la philosophie transcendantale : comment les *propositions synthétiques sont-elles possibles a priori ;* car nous avons établi que c'est par des intuitions pures *a priori,* l'espace et le temps, dans lesquels nous trouvons, si toutefois nous voulons, en jugeant *a priori,* sortir du concept donné, tout ce qui peut être découvert *a priori,* non dans le concept, mais dans l'intuition qui y correspond, et tout ce qui peut être uni synthétiquement à ce concept. Mais par cette raison, ces jugements ne s'étendent pas au-delà des objets des sens, et n'ont de valeur que relativement aux choses qui sont du ressort de l'expérience.

SECONDE PARTIE

LOGIQUE TRANSCENDANTALE.

INTRODUCTION

Idée d'une Logique transcendantale.

I

De la Logique en général.

81. Notre connaissance découle de deux principales sources intellectuelles : la première est la capacité de recevoir les représentations (la réceptivité des impressions) ; la seconde, la faculté de connaître un objet par ces représentations (la spontanéité des concepts). Par la première, un objet nous est donné ; par la seconde, il est *pensé* en rapport avec cette représentation (comme pure détermination de l'esprit). Une intuition et des concepts, voilà donc les éléments de toute notre connaissance : tellement que des concepts sans intuition correspondante, ou une intuition sans concepts, ne peuvent donner une connaissance. L'intuition et le concept sont ou purs, ou empiriques : *empiriques*, quand une sensation (qui suppose la présence réelle de l'objet) s'y trouve contenue ; *purs*, au contraire, quand aucune sensation ne se mêle à la représentation. On peut appeler la sensation, la matière de la connaissance sensible.

Une intuition pure ne contient donc que la forme sous laquelle quelque chose est perçu ; et un concept pur, la forme seule de la pensée d'un objet en général. Mais des intuitions pures ou des concepts purs ne sont possibles qu'*a priori;* des intuitions et des concepts empiriques ne le sont qu'*a posteriori.*

82. Nous appellerons *Sensibilité* la capacité (réceptivité) de notre esprit d'avoir des représentations, en tant qu'il est affecté d'une manière quelconque ; au contraire, la faculté de produire des représentations mêmes, ou la *spontanéité* de la connaissance, s'appellera *Entendement.* Il est donc de notre nature que l'intuition ne puisse être que *sensible,* c'est-à-dire qu'elle ne comprenne que la manière dont nous sommes affectés par des objets. L'*entendement*, au contraire, est la faculté de penser [concevoir] l'objet de l'intuition sensible. L'une de ces propriétés de l'âme n'est point préférable à l'autre : elles sont d'une égale importance : sans la sensibilité aucun objet ne nous serait donné, et sans l'entendement aucun ne serait pensé. Des pensées sans matière ou sans objet sont vaines, des intuitions sans concepts sont aveugles. Il est donc également indispensable, et de rendre ses concepts sensibles (c'est-à-dire de leur donner un objet en intuition), et de rendre intelligibles ses intuitions (en les soumettant à des concepts). Ces deux facultés ou capacités ne peuvent non plus se suppléer l'une l'autre, en changeant respectivement de rôle : l'entendement ne peut rien percevoir, et les sens rien penser. La connaissance ne résulte que de leur union. Il ne faut donc pas confondre leurs attributions ; il y a au contraire une grande raison de les séparer et de les distinguer soigneusement. Nous distinguons donc la science

des lois de la sensibilité en général, c'est-à-dire l'Esthétique, de la science des lois de l'entendement en général, c'est-à-dire de la Logique.

83. La Logique peut encore être envisagée sous deux points de vue, suivant qu'il s'agit, ou des opérations générales, ou des opérations particulières de l'entendement. De là une Logique générale et une Logique particulière. La première comprend les règles absolument nécessaires à la pensée, sans lesquelles toute opération intellectuelle est impossible, et n'a par conséquent point à s'occuper de la diversité des objets auxquels l'entendement peut s'appliquer. La Logique particulière comprend les règles pour penser convenablement sur une espèce d'objets déterminés. La première peut s'appeler Logique élémentaire; la seconde, Organe [Instrument] de telle ou telle science. Celle-ci est préalablement enseignée dans les écoles, comme propédeutique des sciences, quoiqu'elle soit la dernière chose à laquelle parvienne la raison humaine dans son développement, lorsque la science est déjà très avancée et n'attend que la dernière main pour être perfectionnée. En effet, il faut déjà connaître les choses à un degré passablement élevé pour pouvoir donner les règles qui les soumettent à une connaissance scientifique.

84. Maintenant, la Logique générale est pure ou appliquée. Dans la première, nous faisons abstraction de toutes les conditions empiriques sous lesquelles notre entendement s'exerce, par exemple de l'influence des sens, du jeu de l'imagination, des lois de la mémoire, du pouvoir de l'habitude, de celles de l'inclination, etc.; par conséquent aussi des sources des préjugés, et même en général de toutes les causes d'où nous viennent ou

d'où pourraient être supposées nous venir certaines connaissances; et cela, parce que ces causes ne concernent l'entendement que dans des circonstances déterminées de son application, et qu'elles ne peuvent être connues que par l'expérience. La *Logique générale*, mais *pure*, ne consiste donc que dans des principes purement *a priori*, et sert de *canon* ou de *règle à l'entendement* et à la raison, mais uniquement par rapport à la partie formelle de leur opération, de leur usage, quel qu'en soit du reste l'objet (empirique ou transcendantal). On dit d'une *Logique générale* qu'elle est *appliquée*, quand elle s'occupe des règles de l'usage de l'entendement sous les conditions subjectives et empiriques que nous enseigne la Psychologie. Quoique générale, en ce sens qu'elle concerne l'usage de l'entendement sans distinction d'objets, cette Logique a donc des principes empiriques. Elle n'est donc, par cette raison, ni une règle de l'entendement en général, ni un organe de sciences particulières, mais uniquement une cathartique de l'entendement commun.

85. Il faut donc soigneusement distinguer, dans la Logique générale, la partie qui doit composer la théorie pure de la raison, de celle tout à fait distincte de la précédente, qui constitue la Logique pratique ou appliquée (quoique celle-ci soit elle-même générale). La première seule, bien que courte et aride, telle, en un mot, que l'exige un traité scolastique de la science élémentaire de l'entendement, constitue à proprement parler la science. Dans cette partie de la science, les logiciens ne doivent donc jamais perdre de vue ces deux règles :

86. 1° Comme Logique générale, elle fait abstraction de toute matière de la connaissance de l'entendement

et de la diversité de ses objets, pour ne s'occuper que de la forme pure de la pensée.

87. 2° Comme Logique pure, elle n'a aucun principe empirique; elle ne tire conséquemment rien (comme on se l'est quelquefois persuadé faussement) de la Psychologie, qui n'a par conséquent pas la moindre influence sur le canon de l'entendement. Elle est une science démontrée, et tout en elle doit être parfaitement certain *a priori*.

88. Ce que j'appelle ici Logique appliquée (contrairement à la signification ordinaire de ce mot, par lequel on doit entendre certains exercices dont la Logique pure donne les règles), est donc une représentation de l'entendement et des règles de son usage nécessaire *in concreto*, c'est-à-dire, sous les conditions contingentes du sujet, qui peuvent entraver ou favoriser cet usage, et qui toutes ne sont données qu'empiriquement. Elle traite de l'attention, de ses obstacles et de ses effets, de l'origine de l'erreur, de l'état de doute, d'hésitation, de persuasion, etc. La Logique générale et pure soutient avec elle le même rapport que la morale pure, qui comprend uniquement les lois morales nécessaires d'une volonté libre en général, soutient avec la science propre de la vertu, laquelle considère ces lois par rapport aux entraves des sens, des inclinations et des passions auxquelles les hommes sont plus ou moins sujets, et ne peut jamais être une science véritable, une science démontrée, parce qu'elle a besoin, ainsi que la Logique appliquée, de principes empiriques et psychologiques.

II

De la Logique transcendantale.

89. La Logique générale s'abstient, comme nous l'avons dit, de toute matière de la connaissance, c'est-à-dire de tout rapport de la connaissance à son objet; elle ne considère que la forme logique sous le rapport des connaissances entre elles, c'est-à-dire la forme de la pensée en général. Mais comme il y a des intuitions pures et des intuitions empiriques (ainsi que le prouve l'Esthétique transcendantale), il pourrait bien y avoir aussi une différence entre la pensée pure et la pensée empirique des objets. Dans ce cas, il y aurait une Logique dans laquelle on ne ferait pas abstraction de toute matière de la connaissance; car celle qui comprendrait uniquement les lois de la pensée pure d'un objet exclurait toutes les connaissances provenant d'une matière empirique. Elle traiterait aussi de l'origine de nos connaissances des objets, en tant que cette origine ne peut être attribuée aux objets : tandis que la Logique générale, au contraire, ne s'occupe point de cette origine de nos connaissances; elle considère seulement les représentations suivant les lois d'après lesquelles l'entendement les emploie les unes par rapport aux autres quand il pense, qu'elles aient primitivement leur origine en nous-mêmes *a priori*, ou qu'elles n'aient qu'une origine *a posteriori*. Elle ne traite donc que de la forme intellectuelle qui peut être attribuée aux représentations, quelle que puisse être d'ailleurs leur origine.

90. Je ferai ici une observation qui s'applique à tout

ce qui doit suivre, et qu'il faut toujours avoir présente à l'esprit : c'est que toute connaissance *a priori* ne doit pas être appelée transcendantale, mais celle-là seule par laquelle nous connaissons que certaines représentations (intuitions ou concepts) ne sont appliquées ou possibles qu'*a priori* et comment elles le sont. Le caractère transcendantal des connaissances n'est donc que leur possibilité ou leur usage *a priori*. Par conséquent, ni l'espace ni une détermination géométrique quelconque de l'espace *a priori* ne peut être une représentation transcendantale : la connaissance de l'origine non empirique de ces représentations, et du comment il se fait cependant qu'elles se rapportent *a priori* à des objets de l'expérience, peut seule s'appeler transcendantale. L'application de l'espace aux objets en général serait de même transcendantale ; mais si cette application est restreinte aux objets des sens, on l'appelle alors empirique. La différence du transcendantal et de l'empirique n'appartient donc qu'à la critique des connaissances, et ne regarde point leur rapport à ce qui en est l'objet.

91. Dans la présomption qu'il peut y avoir des concepts qui se rapportent *a priori* aux objets, non comme des intuitions pures ou sensibles, mais simplement comme des actes de la pensée pure, concepts dont par conséquent l'origine n'est ni empirique, ni esthétique, nous nous faisons alors, par anticipation, l'idée d'une science de l'entendement pur, et d'une connaissance rationnelle par laquelle nous pensons des objets tout à fait *a priori*. Une science qui déterminerait l'origine, la circonscription et la valeur objective de ces connaissances, pourrait s'appeler *Logique transcendantale*, comme n'ayant affaire uniquement qu'aux lois de l'entende-

ment et de la raison. Cette logique ne s'occupe en effet des objets que d'une manière *a priori*, à la différence de la logique générale, qui s'occupe sans distinction des connaissances empiriques et des connaissances pures.

III.

De la division de la Logique générale en *Analytique* et en *Dialectique*.

92. L'ancienne et célèbre question par laquelle on prétendait pousser à bout les logiciens, en cherchant à les surprendre par un misérable diallèle, où à leur faire reconnaître leur ignorance, et par conséquent la vanité de tout leur art, est celle-ci : Qu'est-ce que la vérité? La définition nominale de la vérité, savoir, l'accord de la connaissance avec son objet, est admise et supposée dans cet ouvrage. Mais on voudrait savoir quel est l'universel et sûr critère de la vérité de toute connaissance.

93. C'est déjà une grande et indispensable preuve de sagesse et de lumière que de savoir ce qu'il faut raisonnablement demander ; car si la question est absurde et n'est susceptible d'aucune réponse sensée, elle emporte, outre la honte pour celui qui la fait, quelquefois aussi l'inconvénient pour celui qui répond imprudemment, d'être poussé à des réponses absurdes, et présente ainsi, sous un aspect ridicule, deux personnes dont l'une (comme disent les anciens) trait le bouc pendant que l'autre tient le baquet.

94. Si la vérité consiste dans la convenance d'une connaissance avec son objet, cet objet doit, par le fait, être distingué de tous autres ; car une connaissance est

fausse si elle ne s'accorde pas avec l'objet auquel elle est rapportée, contînt-elle du reste quelque chose qui pût valoir par rapport à d'autres objets. Or, un critère universel de la vérité serait celui qui vaudrait pour toutes les connaissances sans distinction de leur objet. Mais, puisqu'on fait alors abstraction de toute matière de la connaissance (de tout rapport de la connaissance avec son objet), quoiqu'il n'y ait cependant d'autre vérité que celle qui se rapporte à cette matière, il est clair qu'il est tout à fait impossible, absurde même, de demander un caractère de la vérité de cet objet de la connaissance, et que par conséquent une marque suffisante et néanmoins universelle de la vérité est impossible à donner. Comme nous avons déjà appelé ci-devant l'objet d'une connaissance sa matière, on devra donc dire de la vérité, quant à la connaissance de la matière, qu'il est contradictoire d'en demander un critère général.

95. Mais, pour ce qui est de la connaissance quant à la forme pure (sans faire attention à la matière), il est également clair qu'une Logique, en tant qu'elle traite des lois générales et nécessaires de l'entendement, doit exposer par là même les critères généraux de la vérité. Car tout ce qui les contredit est faux, parce qu'alors l'entendement, en allant contre ces lois générales de la pensée, se contredit lui-même. Mais ces critères ne concernent que la forme seule de la vérité, c'est-à-dire de la pensée en général ; ils sont justes à cet égard, il est vrai; mais aussi ils sont insuffisants : car, quoiqu'une connaissance puisse être parfaitement d'accord avec la forme logique, c'est-à-dire n'être pas contraire à elle-même, elle peut cependant contredire encore l'objet.

Le critère purement logique de la vérité, je veux dire l'accord de la connaissance avec les lois universelles et formelles de l'entendement et de la raison, est à la vérité la condition *sine quâ non* et par conséquent négative de toute vérité; mais la Logique ne peut aller plus loin, ni découvrir par une pierre de touche l'erreur qui atteindrait la matière et non la forme.

96. La Logique générale résout donc en ses éléments tout le travail formel de l'entendement et de la raison, et présente ces éléments comme des principes de tout jugement logique de notre connaissance. Cette partie de la Logique peut donc s'appeler Analytique, et devient par cette raison la pierre de touche, au moins négative, de la vérité, puisque toute connaissance doit être examinée et jugée d'après ces règles, quant à sa forme, avant d'être examinée quant à la matière pour savoir si, dans son rapport avec son objet, elle renferme une vérité positive. Mais comme la forme pure de la connaissance, quel qu'en puisse être l'accord avec les lois logiques, ne suffit pas à beaucoup près pour constituer la vérité matérielle (objective) de cette connaissance, on ne peut donc entreprendre à l'aide de la Logique seule de juger des objets et d'en affirmer quoi que ce soit, sans en avoir auparavant pris une idée approfondie, indépendamment de la Logique, sauf à rechercher ensuite leur usage et leur liaison en un tout systématique suivant des lois logiques, ou mieux encore, à les soumettre simplement à ces mêmes lois. Il y a toutefois quelque chose de si séduisant dans la possession de l'art spécieux de donner à toutes nos connaissances la forme de l'entendement, quoiqu'on soit encore infiniment pauvre sous le rapport de leur objet, que la Logique générale, qui n'est

qu'un simple *canon* pour juger critiquement, sert en quelque sorte comme d'*Organe* pour obtenir réellement, du moins en apparence, des assertions objectives, et par conséquent a été, dans le fait, employée d'une manière abusive. Or, cette Logique générale, comme prétendu Organe, s'appelle *Dialectique*.

97. Quelque différente que soit la signification que les anciens donnaient à ce mot, de celle que nous lui donnons, on peut néanmoins conclure, d'après l'emploi réel qu'ils en faisaient, que la dialectique n'était pour eux que la Logique de l'*apparence*. Art sophistique de donner à son ignorance, et même à des prestiges prémédités, la couleur du vrai, en imitant la méthode de fondamentalité prescrite par la Logique en général, et dont la Topique servait à pallier les plus vaines prétentions. Or, on peut remarquer, et c'est un avertissement non moins sûr qu'utile, que la Logique générale, *considérée comme Organe,* n'est jamais qu'une Logique de l'apparence, c'est-à-dire une Logique dialectique. Car, ne nous apprenant rien sur la matière de la connaissance et ne nous donnant que les conditions formelles de la convenance de cette connaissance avec l'entendement, conditions qui du reste sont parfaitement indifférentes par rapport aux objets, la prétention de s'en servir comme d'un Instrument (Organe) pour étendre ses connaissances et en acquérir de nouvelles, ne doit donc aboutir qu'à un verbiage inutile, par lequel on affirme ou l'on nie tout ce qu'on veut et avec une égale apparence de raison.

98. Un pareil enseignement n'est point conforme à la dignité de la philosophie. C'est pour cette raison qu'on a préféré donner à la Logique le nom de Dialectique,

dans le sens de *Critique de l'apparence dialectique*; et c'est aussi sous ce point de vue que nous l'envisagerons ici.

IV

Division de la Logique transcendantale en *Analytique* et en *Dialectique transcendantales*.

99. Dans la logique transcendantale, nous isolons l'entendement (comme nous avons isolé la sensibilité dans l'Esthétique transcendantale), et nous ne prenons de notre connaissance que la partie de la pensée qui a son origine dans l'entendement seul. Mais une condition essentielle pour l'emploi de cette connaissance pure, c'est que des objets auxquels elle puisse s'appliquer soient donnés en intuition : car, sans intuition, point d'objet de connaissance, et alors point de connaissance. La partie de la Logique transcendantale qui traite des éléments de la connaissance pure de l'entendement et des principes sans lesquels aucun objet ne peut jamais être pensé, est tout à la fois une Analytique transcendantale et une Logique de la vérité. Car aucune connaissance ne peut se trouver en opposition avec elle sans perdre aussitôt toute sa matière, c'est-à-dire tout rapport à un objet quelconque, par conséquent toute vérité. Mais, comme c'est une chose très séduisante que l'emploi de ces connaissances et de ces principes purs de l'entendement, même en dehors des bornes de l'expérience, quoique l'expérience seule puisse nous fournir la matière (les objets) à laquelle ces concepts purs de l'entendement peuvent être appliqués, l'entendement court alors le risque de faire, par de vains raisonnements, un usage matériel des principes purement formels de l'entende-

ment pur, et de juger indistinctement des objets qui ne nous sont pas donnés, et qui même ne le seront probablement jamais. Puis donc que la Logique doit proprement et uniquement servir de règle au jugement critique de l'usage empirique, ce serait en abuser que de la faire servir comme *Organe* d'un usage général et illimité, et de se hasarder avec le seul entendement pur à juger, à prononcer et à décider *synthétiquement* sur des objets en général. L'usage de l'entendement pur serait donc alors dialectique. La seconde partie de la Logique transcendantale doit donc être une critique de cette apparence dialectique, et s'appeler dialectique transcendantale. Non pas que ce soit l'art trompeur de susciter dogmatiquement cette apparence (art des différents prestiges métaphysiques malheureusement trop fréquents), mais parce qu'elle est une critique de l'entendement et de la raison par rapport à leur usage hyperphysique, critique propre à mettre à découvert la trompeuse apparence des vaines prétentions de ces deux facultés, et à modérer leur ambition démesurée de connaître la vérité et d'en étendre le domaine au moyen seulement de principes transcendantaux, critique propre encore à réduire cette prétention à un simple jugement critique et à une garantie de l'entendement pur contre les illusions sophistiques.

PREMIÈRE DIVISION.

ANALYTIQUE TRANSCENDANTALE.

100. Cette analytique est la décomposition de toute notre connaissance *a priori* en éléments de la connaissance de l'entendement pur. En quoi il faut faire attention

aux points suivants : 1° que les concepts soient purs et non empiriques ; 2° qu'ils n'appartiennent ni à l'intuition ni à la sensibilité, mais à la pensée et à l'entendement ; 3° qu'ils soient des concepts élémentaires, et tout différents des concepts dérivés ou de ceux qui en sont composés ; 4° que la table en soit complète et qu'ils forment tout le domaine de l'entendement pur. Or, cette intégralité d'une science ne peut être conclue avec certitude sur le comput d'un simple agrégat formé à la suite de recherches laborieuses, mais faites sans méthode : elle n'est donc possible qu'au moyen d'une *idée du tout* de la connaissance intellectuelle *a priori*, et par la division qui sera faite des concepts qui la composent ; par conséquent au moyen seulement de leur *enchaînement systématique*. L'entendement pur se distingue parfaitement, non seulement de tout empirisme, mais encore de toute sensibilité. Il forme donc une certaine unité qui se suffit à elle-même, et qui ne peut être augmentée par aucune addition étrangère. L'ensemble de sa connaissance formera donc un système qui devra être contenu et déterminé sous une seule idée, système dont l'intégralité et la distribution peuvent en même temps fournir une pierre de touche pour éprouver la légitimité et la valeur de toutes les parties de la connaissance qui le constituent. Mais cette partie de la Logique transcendantale forme *deux livres*, dont l'un comprend les *concepts*, l'autre les *principes* de l'entendement pur.

LIVRE PREMIER.

Analytique des concepts.

101. J'entends par Analytique des concepts, non pas leur analyse ou la méthode ordinairement suivie dans les recherches philosophiques, et qui consiste à décomposer, pour les rendre clairs, les concepts qui se présentent ; mais j'entends cette *décomposition*, encore peu usitée jusqu'ici, *de la faculté* même *de l'entendement*, pour reconnaître la possibilité des concepts *a priori*, en ne les recherchant que dans l'entendement seul, comme dans leur sol natal, et en analysant l'usage pur en général de cette faculté. Tel est précisément le but spécial de la philosophie transcendantale : le reste est l'objet du traité logique des concepts dans la philosophie en général. Nous poursuivrons donc les concepts purs jusque dans leurs premiers germes ou rudiments, nous pénètrerons dans les capacités intellectuelles qui leur correspondent, où ils sont préformés, en attendant qu'ils se développent à la faveur de l'expérience, et qu'affranchis par ce même entendement de toutes conditions empiriques à eux inhérentes, ils soient exposés dans toute leur pureté native.

CHAPITRE PREMIER.

Du fil conducteur pour découvrir tous les concepts purs de l'entendement.

102. Lorsqu'on met en jeu une faculté intellectuelle, différents concepts se manifestent suivant les différentes circonstances et font connaître cette faculté. Ils doivent

former une liste plus ou moins étendue, suivant qu'on aura mis plus ou moins de temps à leur recherche et qu'on y aura apporté plus ou moins de pénétration. On ne peut décider avec certitude par cette méthode, pour ainsi dire mécanique, le moment où une pareille investigation sera achevée. Aussi les concepts que l'on ne découvre ainsi qu'occasionnellement ne se présentent dans aucun ordre, n'ont aucune unité systématique; ils ne sont au contraire associés définitivement que d'après des ressemblances, et sont disposés par séries, suivant la quantité de leur matière, en allant des plus simples aux plus composés, séries qui sont loin de former un système, quoique composées suivant une certaine méthode.

103. La philosophie transcendantale a tout à la fois l'avantage et l'obligation de rechercher ses concepts suivant un principe, parce qu'ils sortent purs et sans mélange de l'entendement comme d'une unité absolue, et doivent par conséquent se lier entre eux suivant un concept ou une idée. Mais cette liaison fournit une règle suivant laquelle la place de chaque concept pur de l'entendement, ainsi que l'intégralité de leur nombre, peuvent être déterminées *a priori;* toutes choses qui autrement dépendraient de la fantaisie ou du hasard.

SECTION I.

De l'usage logique de l'entendement en général.

104. L'entendement a été défini plus haut d'une manière purement négative : Une faculté de connaître non sensible. Or, comme nous ne pouvons avoir aucune intuition indépendamment de la sensibilité, l'entende-

ment n'est donc point une faculté intuitive. Mais, ôté l'intuition, il n'y a pas d'autre manière de connaître que par concepts. Par conséquent la connaissance de toute intelligence, du moins de toute intelligence humaine, est une connaissance par concepts, non intuitive, mais discursive [générale]. Toutes les intuitions, comme sensibles, reposent sur des affections, et les concepts par conséquent sur des fonctions. J'entends par fonctions l'unité d'action nécessaire pour ordonner différentes représentations et en faire une représentation commune. Les concepts ont donc pour base la spontanéité de la pensée, comme les intuitions sensibles la réceptivité des impressions. Or, l'entendement ne peut faire d'autre usage de ces concepts que de *juger* par leur moyen. Et comme l'intuition est la seule représentation qui ait immédiatement un objet, jamais donc un concept ne se rapporte immédiatement à un objet, mais bien à quelque autre représentation de cet objet (qu'elle soit une intuition, ou déjà même un concept.) Le *jugement* est donc la connaissance médiate d'un objet, par conséquent la représentation d'une représentation de cet objet. Dans tout jugement est un concept applicable à plusieurs choses, et qui, sous cette pluralité, comprend aussi une représentation donnée, laquelle se rapporte immédiatement à l'objet. Ainsi dans le jugement : *tous les corps sont divisibles*, le concept divisible convient à différents autres concepts, parmi lesquels le concept de corps est celui auquel il se rapporte ici particulièrement. Mais ce concept de corps, à son tour, est relatif à certains phénomènes que nous avons sous les yeux. Ces objets sont donc médiatement représentés par le concept de divisibilité. Tous les jugements sont donc des fonctions de l'unité dans nos représentations, puisqu'au lieu d'une représentation immédiate, une autre plus élevée, et qui contient celle-ci avec beaucoup d'autres, sert à la connaissance de l'objet, et qu'ainsi un grand nombre de connaissances possibles sont ramenées à une seule. Mais nous pouvons réduire toutes les opérations de l'entendement au jugement, en sorte que l'*entendement* en général peut être représenté comme une *faculté de juger*. Car d'après ce qui précède, c'est la faculté de penser. La pensée est la connaissance par concepts. Mais les concepts, comme attributs de jugements possibles, se rapportent à une représentation quelconque d'un objet encore indéterminé. Ainsi, le concept de corps signifie quelque chose (par exemple un métal) qui peut être connu par ce concept. Ce concept n'est donc tel que parce qu'il contient en lui d'autres représentations au moyen desquelles il peut se rapporter à des objets. Il est donc l'attribut d'un jugement possible, par exemple de celui-ci: Tout métal est un corps. Les fonctions de l'entendement pourraient donc être toutes découvertes, s'il était possible d'exposer avec certitude les fonctions de l'unité dans le jugement. La section suivante fera voir que c'est chose très facile.

SECTION II.

De la fonction logique de l'entendement dans le jugement.

105. Si nous faisons abstraction de toute matière d'un jugement en général, et que nous n'y considérions que la forme seule de l'entendement, nous trouverons alors

que la fonction de la pensée peut être ramenée à quatre titres, dont chacun comprend trois moments ou degrés. Ils peuvent très bien être représentés par le tableau suivant :

1ᵉʳ — *Quantité des jugements.*
Généraux,
Particuliers,
Singuliers.

2°. — *Qualité.*
Affirmatifs,
Négatifs,
Indéfinis.

3° — *Relation.*
Catégoriques,
Hypothétiques,
Disjonctifs.

4°. — *Modalité.*
Problématiques,
Assertoriques,
Apodictiques.

106. Comme cette division semble différer, dans quelques parties, de la *Technique* ordinaire des logiciens, parties non essentielles il est vrai, les observations suivantes ne seront pas inutiles pour prévenir une confusion qui, autrement, serait à craindre.

107. Les Logiciens disent avec raison que, dans l'usage que l'on fait des jugements pour les raisonnements, on peut traiter les jugements singuliers comme les jugements généraux. Car, par cela même que ces jugements n'ont aucune pluralité, aucune extension, leur prédicat ne peut se rapporter à quelques-unes seulement des choses qui sont comprises sous le concept du sujet, il doit au contraire s'entendre du sujet tout entier. Il vaut

donc sans exception pour tout ce concept, de même que si c'était un concept général à l'entière circonscription duquel pût s'appliquer le prédicat. Mais si, au contraire, on compare un jugement singulier avec un jugement général, comme simple connaissance, quant à la quantité, le premier est au second commé l'unité à l'indéfini, et s'en distingue essentiellement. Si donc j'apprécie un jugement singulier (*iudicium singulare*), non seulement quant à sa valeur intrinsèque comme jugement, mais encore comme connaissance générale, d'après la quantité qu'il a par rapport à d'autres connaissances, il est certainement différent des jugements universels (*judicia communia*), et doit à ce titre avoir une place particulière dans une table complète des moments de la pensée en général (quoique assurément pas dans une Logique restreinte au simple usage des jugements entre eux).

108. 2° De même, dans la Logique transcendantale, les *jugements indéfinis* doivent être distingués des jugements *affirmatifs,* quoique dans la Logique générale ils en fassent justement partie et ne forment aucun membre de division particulier. Cette Logique fait abstraction de toute matière du prédicat (alors même qu'il est négatif); il considère seulement si cet attribut convient au sujet, ou s'il lui est opposé. Mais la Logique transcendantale envisage en outre le jugement quant à la matière ou contenu de cette affirmation logique qui se fait par un attribut purement négatif, et ce que cette affirmation fait gagner à la connaissance totale. Si je dis de l'âme: elle n'est pas mortelle, je me garantis au moins d'une erreur par un jugement négatif. J'affirme réellement, quant à la forme logique, en disant que

l'âme n'est pas mortelle, puisque je la place dans la circonscription indéterminée des êtres immortels. Or, comme ce qui est mortel comprend une partie du tout circonscrit des êtres possibles, et ce qui n'est pas mortel l'autre partie, je n'ai donc dit autre chose dans ma proposition, sinon que l'âme est un des êtres qui restent de la quantité indéfinie d'eux tous, après qu'on en a retranché tout ce qui est mortel. Mais la sphère indéfinie de tout le possible n'est par là restreinte qu'autant qu'il est nécessaire pour en séparer le mortel, et l'âme est placée dans la circonscription restante de l'étendue de cette sphère. Malgré ce retranchement, cette circonscription reste toujours indéfinie, et plusieurs parties pourraient encore en être supprimées, sans que pour cela le concept d'âme y gagnât le moins du monde, et fût déterminé affirmativement. Par conséquent ces jugements indéfinis par rapport à la circonscription logique, sont en réalité purement limitatifs quant à la matière de la connaissance en général, et en cette qualité ne doivent pas être omis dans la table transcendantale de tous les moments de la pensée dans les jugements, parce que la fonction qu'y exerce l'entendement peut bien avoir son importance dans le champ de sa connaissance pure *a priori*.

109. 3° Tous les rapports de la pensée dans les jugements sont ceux : 1° du prédicat au sujet, 2° du principe à la connaissance, 3° de la connaissance divisée et de tous les membres de la division entre eux. Dans la première espèce de jugement on ne considère que deux concepts seulement; dans la seconde, deux jugements; dans la troisième, plusieurs jugements entre eux. La proposition hypothétique suivante : si une parfaite jus-

tice existe celui qui persiste dans le mal est puni, contient proprement le rapport de deux propositions : Il y a une justice parfaite, et Celui qui persévère dans le mal est puni. Reste à savoir maintenant si chacune de ces propositions est vraie en elle-même ; c'est ce qu'on ne décide pas. La conséquence est donc la seule chose pensée par ce jugement. Enfin, le jugement disjonctif contient le rapport de deux ou de plusieurs propositions entre elles, non par un rapport de conséquence, mais par un rapport d'opposition logique, en tant que la sphère de l'une est exclue par la sphère de l'autre. Il contient en même temps un rapport de communauté, en ce que ces propositions réunies remplissent conjointement la sphère d'une connaissance spéciale. Il contient donc aussi un rapport des parties de la sphère [totale] d'une certaine connaissance, puisque la sphère de chacune de ces parties est la partie complémentaire de la sphère de l'autre partie relativement à l'ensemble de la connaissance particulière. Par exemple, le monde est, ou par une cause fortuite, ou par une nécessité interne, ou par une cause externe. Chacune de ces propositions comprend une partie de la sphère de la connaissance possible sur l'existence d'un monde en général. Toutes ensemble forment la sphère totale. Nier que la connaissance provienne de l'une de ces sphères, c'est la faire rentrer dans l'une des autres ; comme, au contraire, la placer dans l'une d'elles, c'est la retrancher des autres. Il y a donc dans un jugement disjonctif une certaine communauté des connaissances, qui consiste en ce qu'elles s'excluent mutuellement, mais déterminent néanmoins par là, dans le *tout*, la vraie connaissance, puisque, prises ensemble, elles constituent l'objet total d'une connaissance particulière donnée. C'est là seulement ce que je crois devoir faire observer pour l'intelligence de ce qui suit.

110. 4° La modalité des jugements en est encore une fonction toute particulière, qui a pour caractère distinctif de ne contribuer en rien à la matière du jugement (car cette matière ne se compose que de la quantité, de la qualité et du rapport), mais seulement de considérer la valeur de la copule par rapport à la pensée en général. Les jugements *problématiques* sont ceux où l'on prend soit l'affirmation, soit la négation, comme simplement *possible* (hypothétique). Les jugements *assertoriques* sont ceux dont l'affirmation ou la négation est considérée comme *réelle* (vraie). Les jugements *apodictiques* sont ceux dont l'affrmation ou la négation est considérée comme *nécessaire* (1). Ainsi, les jugements dont le rapport constitue d'un côté le jugement hypothétique (l'antécédent et le conséquent), et dont la réciprocité forme d'un autre côté la disjonction (membres de la division), sont deux sortes de jugements problématiques seulement. Dans l'exemple précédent, le jugement : *s'il y a une justice parfaite*, n'est point porté assertoriquement ; il n'est pensé que comme un jugement arbitraire que l'on peut admettre ; la conséquence seule est assertorique. D'où il suit que ces sortes de jugements peuvent être visiblement faux, et cependant, une fois pris problématiquement, devenir la condition de la connaissance de la vérité. C'est ainsi que le juge-

(1) Comme si la pensée, dans le premier cas, était une fonction de l'*entendement*; dans le second, une fonction du *jugement*; dans le troisième, de la *raison*. Cette remarque sera plus claire quand on aura vu ce qui suit.

ment : *le monde est l'effet d'une cause aveugle*, n'a qu'une signification problématique dans le jugement disjonctif, en ce sens qu'on peut d'abord l'admettre pour un instant, et qu'il sert cependant comme d'indication pour découvrir la véritable voie à prendre par le fait qu'il signale la fausse entre toutes celles dans lesquelles on peut s'engager. La proposition problématique est donc celle qui n'exprime qu'une possibilité logique (qui n'est point la possibilité (objective), c'est-à-dire la liberté de prendre une telle proposition pour valable. L'admission d'une semblable proposition dans l'entendement est donc purement arbitraire. Le jugement assertorique énonce une réalité ou vérité logique, à peu près comme dans un raisonnement hypothétique, où l'antécédent est problématique dans la majeure, assertorique dans la mineure, et montre que la proposition est déjà liée à l'entendement suivant des lois qui le régissent. La proposition apodictique, dans la conclusion, conçoit la proposition assertorique déterminée par ces lois de l'entendement même, et, affirmant par conséquent *a priori*, énonce ainsi une nécessité logique. Or, comme tout s'unit ici à l'entendement d'une manière progressive, de telle sorte qu'on juge d'abord quelque chose problématiquement, et qu'après on le prend assertoriquement comme vrai, pour l'unir enfin d'une manière intime à l'entendement, c'est-à-dire pour l'affirmer nécessaire et apodictique, on peut donc appeler ces trois fonctions de la modalité autant de moments de la pensée en général.

§ X.

SECTION III.

Des concepts purs de l'entendement ou Catégories.

111. La Logique générale fait abstraction, comme nous l'avons dit plusieurs fois, de toute matière de la connaissance, et attend que des représentations lui soient données d'ailleurs, d'où que ce soit, pour les convertir d'abord en concepts au moyen de l'analyse. La Logique transcendantale, au contraire, a pour objet une diversité de la sensibilité *a priori*, diversité qui lui est fournie par l'Esthétique transcendantale pour servir de matière aux concepts purs de l'entendement, concepts sans lesquels la Logique serait sans objet, et par conséquent tout à fait vaine. L'espace et le temps contiennent donc une diversité de l'intuition pure *a priori* ; mais ils font néanmoins partie des conditions de la réceptivité de notre esprit, conditions sous lesquelles seules il peut se représenter les objets, et qui par conséquent doivent toujours en affecter aussi le concept. Mais la spontanéité de notre pensée exige que cette diversité soit d'abord parcourue d'une certaine manière, qu'elle soit recueillie et liée pour en faire ensuite une connaissance. Cette opération s'appelle synthèse.

112. J'entends par *synthèse*, dans le sens le plus large, l'action d'ajouter les unes aux autres plusieurs représentations différentes, et d'en saisir la diversité en une seule connaissance. Cette synthèse est *pure*, si la diversité qui en est l'objet n'est pas empirique, mais au contraire donnée *a priori* (comme la diversité dans l'es-

pace et le temps). Ces représentations doivent nous être données avant toute analyse qui les a pour objet, et aucun concept, quant à la matière ou objet, n'est possible analytiquement. Mais la synthèse d'une diversité (donnée soit empiriquement, soit *a priori*) produit d'abord une connaissance qui, à la vérité, peut être grossière et confuse au premier moment, et qui a par conséquent besoin d'être analysée ; mais la synthèse n'en est pas moins ce qui rassemble à vrai dire les éléments propres à former des connaissances, et qui les réunit en une certaine matière. La synthèse est donc la première chose sur laquelle nous devons porter notre attention quand nous voulons juger de l'origine de nos connaissances.

113. La synthèse est en général, comme nous le verrons plus tard, l'œuvre pure et simple de l'imagination, fonction aveugle de l'âme, mais indispensable, puisque sans elle nous n'aurions aucune connaissance de quoi que ce soit ; fonction ....te dont nous avons rarement conscience. Mais l'action de réduire cette synthèse en *concepts* est la fonction de l'entendement, par laquelle nous avons, et pas avant, la connaissance proprement dite.

114. La *synthèse pure*, conçue d'une manière générale, nous donne donc le concept intellectuel pur. Mais j'entends par synthèse pure celle qui repose sur un principe de l'unité synthétique *a priori*. Ainsi notre manière de compter (ce qui est surtout facile à remarquer dans les nombres élevés, est une *synthèse suivant des concepts*, parce qu'elle a lieu d'après un principe commun de l'unité (par exemple le décimal). L'unité dans la synthèse de la diversité est donc nécessaire sous ce concept.

115. La Logique générale a pour objet de *soumettre*, à l'aide de l'analyse, des représentations différentes à un seul concept. La Logique transcendantale au contraire apprend à ramener à des concepts, non pas des représentations, mais la *synthèse pure* des représentations. La première chose qui doit nous être donnée pour faciliter la connaissance de tous les objets *a priori*, c'est la *diversité* de l'intuition pure. La *synthèse* de cette diversité par l'imagination est la seconde chose ; mais aucune connaissance n'est encore donnée jusque-là. Les concepts qui donnent l'*unité* à cette synthèse pure, et qui consistent dans la simple représentation de cette unité synthétique nécessaire, sont la troisième chose requise pour la connaissance d'un objet quelconque, et reposent sur l'entendement.

116. La fonction qui donne l'unité aux différentes représentations en *un jugement* est la même qui la donne aussi à la simple synthèse des différentes représentations en *une seule intuition* ; et cette unité, entendue dans un sens général, s'appelle concept pur de l'entendement. Par conséquent, le même entendement, exerçant précisément les mêmes opérations qui lui servent à donner aux concepts la forme logique d'un jugement, au moyen de l'unité analytique, introduit aussi une matière transcendantale dans ses représentations, par le moyen de l'unité synthétique de la diversité dans l'intuition en général : ce qui fait qu'on appelle concepts purs de l'entendement ceux qui se rapportent *a priori* aux objets, résultat que la Logique générale ne peut donner.

117. Il y a donc précisément autant de concepts purs de l'entendement qui se rapportent *a priori* aux objets de l'intuition en général, qu'il y a dans la table précédente de fonctions logiques dans tous les jugements possibles. Car l'entendement est complétement épuisé, et toute sa faculté parfaitement reconnue et mesurée par ces fonctions. Nous appellerons ces concepts *Catégories*, d'après Aristote, puisque son but était le nôtre, malgré la différence dans l'exécution.

TABLE DES CATÉGORIES.

1. — DE LA QUANTITÉ :

Unité,
Pluralité,
Totalité.

118. 2. — DE LA QUALITÉ :

Réalité,
Négation,
Limitation.

3. — DE LA RELATION :

Inhérence et *substance*, (*substantia et accidens*),
Causalité et *dépendance* (cause et effet),
Communauté (réciprocité entre l'agent et le patient).

4. — DE LA MODALITÉ :

Possibilité, — impossibilité ;
Existence, — non-existence ;
Nécessité, — contingence.

119. Tel est donc l'inventaire de tous les concepts originellement purs de la synthèse que l'entendement renferme en lui-même *a priori*, et à cause desquels seuls

on l'appelle entendement pur. Ce n'est en effet que par ces concepts seuls qu'il peut comprendre quelque chose dans la diversité de l'intuition, ou en penser l'objet. Cette division est systématiquement sortie d'un principe commun, savoir, de la faculté de *juger* (qui est la même chose que la faculté de penser); elle ne provient point d'une recherche fortuite et sans ordre des concepts purs, dont l'exactitude de l'énumération ne peut jamais être certaine par ce procédé, puisqu'alors cette énumération n'est conclue que par induction, sans faire attention que l'on ne s'aperçoit jamais, en agissant ainsi, pourquoi précisément les idées qu'on trouve, et non pas d'autres, sont inhérentes à l'entendement pur. Le dessein d'*Aristote*, de rechercher les concepts fondamentaux, était digne d'un si grand homme. Mais Aristote n'étant parti d'aucun principe, les recueillit comme ils se présentèrent à son esprit, et en rassembla d'abord dix qu'il appela *catégories* (prédicaments). Par la suite, il crut encore en avoir trouvé cinq autres, et les ajouta aux précédents sous le nom de post-prédicaments. Mais sa table n'en resta pas moins imparfaite. De plus, il y a parmi ses catégories quelques modes de la sensibilité pure (*quando, ubi, situs*, de même que *prius, simul*), ainsi qu'un mode empirique (*motus*), — qui ne font poit partie de cette table généalogique de l'entendement. Il fait même entrer des concepts dérivés (*actio, passio*) parmi les concepts primitifs, et quelques-uns de ces derniers manquent au contraire complétement.

120. Il faut donc remarquer encore, quant aux concepts primitifs ou catégories, que, comme *concepts* véritablement *fondamentaux* de l'entendement pur, ils ont aussi leurs *concepts* purs *dérivés*, qui ne peuvent par

conséquent pas être omis dans un système complet de philosophie transcendantale; mais je puis me contenter de les mentionner dans un essai purement critique.

121. Qu'il me soit permis d'appeler ces concepts purs de l'entendement, mais dérivés, les *prédicables* de l'entendement pur, par opposition aux prédicaments. Quand on a les concepts primitifs et originaux, les concepts dérivés et subordonnés sont faciles à obtenir ; l'arbre généalogique de l'entendement pur s'élève alors à toute sa hauteur comme de lui-même et sans peine aucune. Comme je n'ai pas ici pour objet de compléter un système, mais uniquement de poser des principes pour faire un système, je réserve ce complément pour un autre travail. Mais on peut remplir passablement ce cadre en prenant des manuels ontologiques, et en ajoutant, v. g., à la catégorie de causalité, les prédicables de force, d'action, de passion ; à la catégorie de communauté, ou de réciprocité, les prédicables de présence, de résistance ; aux prédicaments de modalité, les prédicables de naissance, de mort, de changement, et ainsi de suite. Les catégories combinées avec les *modes* de la sensibilité pure, ou entre elles, donnent une grande quantité de concepts dérivés *a priori*, qu'il serait utile et curieux d'exposer aussi complétement que possible ; mais on peut très bien s'en dispenser ici.

122. J'omets donc à dessein, dans ce traité, les définitions de ces catégories, quoiqu'il m'eût été facile de les donner. J'analyserai par la suite ces concepts d'une manière aussi fondamentale qu'il sera nécessaire par rapport à la méthodologie qui m'occupe. Dans un système de la raison pure, on pourrait justement exiger de moi ces définitions, mais ici elles ne feraient que détour-

ner l'attention du but principal de la recherche, parce qu'elles soulèveraient des doutes et des objections que nous pouvons très facilement renvoyer à une autre occasion sans manquer à notre objet. Il résulte toutefois visiblement du peu que nous avons dit à ce sujet, qu'un vocabulaire complet de ces concepts purs, contenant toutes les explications nécessaires, est non seulement possible, mais qu'il est même facile à exécuter. Déjà les cases sont prêtes, il ne s'agit plus que de les remplir; et une Topique systématique, telle que celle-ci, indique facilement la place qui convient à chaque concept, en même temps qu'elle fait apercevoir sans peine les cases encore vides.

§ XI (1).

123. On peut faire sur cette table des catégories des observations curieuses, et propres à conduire à des conséquences importantes par rapport à la forme scientifique de toutes les connaissances rationnelles. Car il est évident que cette table est de la plus grande utilité pour la partie théorétique de la philosophie, qu'elle est même indispensable pour tracer le plan *complet d'une science,* en tant que cette science repose sur des concepts *a priori,* et pour la *diviser* mathématiquement *suivant des principes déterminés.* Cette table contient évidemment tous les concepts élémentaires de l'entendement, même la forme de leur ensemble ou système dans l'esprit humain; elle indique donc tous les *moments* d'une science spéculative projetée; elle en donne même jusqu'à l'*or-*

(1) Ce § et le suivant sont des additions faites à la 2ᵉ édition. — T.

donnance, ainsi que nous l'avons prouvé dans une autre occasion (1). Je ne ferai pour le moment que quelques-unes de ces observations.

124. *Première observation.* — La table des catégories, qui comprend quatre classes de concepts intellectuels, se divise d'abord en deux parties, dont la première concerne les objets de l'intuition (pure ou empirique), la seconde, l'existence de ces objets (soit par rapport les uns aux autres, soit par rapport à l'entendement).

125. La première classe de concepts est celle des *catégories mathématiques*, la seconde celle des *catégories dynamiques*. La première, comme on le voit, manque de concepts corrélatifs; il n'y en a que dans la seconde. Cette différence doit cependant avoir une raison dans la nature de l'entendement.

126. *Deuxième observation.* — Dans chaque classe, le nombre des catégories est le même; elles sont au nombre de trois : ce qui est digne de remarque, puisque toute autre division *a priori* par concepts doit être dichotomique. Ajoutons encore que la troisième catégorie résulte toujours de l'union des deux premières de chaque classe à laquelle elle appartient.

127. Ainsi l'*universalité* (totalité) n'est que la multiplicité considérée comme unité; la *limitation* n'est autre chose non plus que la réalité jointe à la négation; la *réciprocité* est la *causalité* d'une substance en détermination mutuelle avec une autre; enfin la *nécessité* n'est que l'existence donnée par la possibilité elle-même. Mais il ne faut pas croire pour cela que la troisième catégorie ne soit qu'un concept purement dérivé, et non un con-

(1) Dans les *Principes métaphysiques de la physique.*

cept primitif de l'entendement pur ; car l'union de la première et de la seconde catégorie, pour former le troisième concept, exige de la part de l'entendement un acte particulier distinct de celui qui a lieu dans la première et la seconde catégorie. Ainsi, le concept d'un *nombre* (qui appartient à la catégorie de totalité) n'est pas toujours possible où se trouvent les concepts de pluralité et d'unité (v. g., dans la représentation de l'infini). De même, de ce que j'unis les deux concepts de *cause* et de *substance,* on ne comprend pas pour cela sur-le-champ l'*influence*, c'est-à-dire comment il est possible qu'une substance soit cause de quelque chose dans une autre substance. Il faut donc évidemment pour cela un acte spécial de l'entendement. Il en est de même des autres.

128. *Troisième observation.* — Quant à la catégorie de la *communauté*, qui se trouve sous le troisième titre, son accord avec la forme du jugement disjonctif qui lui correspond dans la table des fonctions logiques, n'est pas aussi évident que dans les autres classes.

129. Pour s'assurer de cet accord, il faut remarquer que dans tous les jugements disjonctifs, la sphère (l'ensemble de tout ce qui est compris dans un jugement de cette nature) est représentée comme un tout divisé en parties (les concepts subordonnés) ; et, comme l'une de ces parties ne peut être contenue dans l'autre, elles doivent être conçues entre elles comme coordonnées et non comme subordonnées ; de telle sorte qu'elles se déterminent les unes les autres, non pas successivement ni partiellement comme dans une série, mais mutuellement comme dans un agrégat. Si donc un membre de la division est affirmé, les autres sont niés, et réciproquement.

130. Or, dès qu'une semblable liaison est conçue dans un *tout des choses,* alors l'une de ces choses comme effet n'est pas subordonnée à l'autre comme cause de son existence ; mais toutes deux sont coordonnées en même temps et réciproquement comme causes l'une de l'autre par rapport à leur détermination (v. g., dans un corps dont les parties s'attirent ou se repoussent mutuellement). C'est là une tout autre espèce de liaison que celle qui se rencontre dans le simple rapport de cause à effet (de principe à conséquence), rapport dans lequel la conséquence ne détermine pas à son tour le principe, et par cette raison ne forme pas un tout avec lui (tel le créateur avec le monde). Ce procédé qu'emploie l'entendement lorsqu'il se représente la sphère d'un concept divisé, est encore le même quand une chose est conçue comme divisible; et de même que les membres de la division s'excluent les uns les autres dans le premier cas, quoiqu'ils soient cependant réunis en une sphère, de même l'entendement se représente les parties d'une chose divisible, auxquelles (comme substances) convient individuellement une existence indépendante de celle des autres parties, comme réunies cependant en un tout.

§ XII.

131. Mais on trouve encore un chapitre dans la philosophie transcendantale des anciens, qui comprend des concepts de l'entendement pur; concepts qui, bien qu'ils ne soient pas comptés parmi les catégories, étaient cependant regardés comme devant avoir une valeur ob-

jective *a priori*. Si cela devait être, ces concepts augmenteraient le nombre des catégories; ce qui est impossible. Ces concepts se trouvent compris dans cette proposition si fameuse parmi les scholastiques, tout être est *un, vrai, bon;* — *quodlibet ens est* UNUM, VERUM, BONUM. Mais quoique l'usage de ce principe fût presque nul par rapport aux conséquences (qui ne donnaient que des propositions tautologiques), à tel point que, dans ces derniers temps, il ne trouvait place dans les traités métaphysiques que par une sorte de respect; cependant une pensée qui a été si longtemps en crédit, quoiqu'en apparence tout à fait vaine, mérite toujours qu'on en recherche l'origine, et autorise à conjecturer qu'elle pourrait bien avoir sa raison dans une loi de l'entendement; raison qui, comme il arrive souvent, aurait été seulement mal interprétée. Ces prétendus attributs transcendantaux des *choses* ne sont que des exigences logiques, et des critères de toute *connaissance des choses* en général, connaissance à laquelle les catégories de quantité c'est-à-dire l'*unité*, la *multiplicité* et la *totalité*, servent de fondement. Ces catégories n'étaient employées que dans un sens formel comme si elles faisaient partie de la condition logique nécessaire pour toute connaissance, tandis qu'elles auraient dû être prises dans un sens proprement matériel, comme conditions de la possibilité des choses en elles-mêmes. D'un autre côté cependant ces critères de la pensée étaient inconsidérément convertis en des propriétés des choses en soi. Dans toute connaissance d'un objet il y a effectivement d'abord une *unité* de concept, qu'on peut appeler *unité qualitative,* en tant que l'ensemble de la diversité des connaissances est pensé sous cette unité à peu près comme l'unité du thème dans un drame, dans un discours, dans une fable. Ensuite il y a *vérité* par rapport aux conséquences. Plus y a de conséquences vraies qui découlent d'un concept donné, plus il y a de caractères de sa réalité objective. C'est ce qu'on pourrait appeler la *pluralité qualitative* des signes ou caractères (1) appartenant à un concept comme principe commun (sans que ces signes y soient pensés comme des quantités). Enfin il y a *perfection*. Elle consiste en ce que la multiplicité revient à son tour à l'unité de concept et s'accorde complétement et uniquement avec lui ; ce qu'on peut appeler *intégralité qualitative* (totalité). D'où il résulte que ces critères logiques de la possibilité de la connaissance en général ne transforment ici en une conscience unique par la qualité d'une connaissance comme principe, les trois catégories de la quantité dans lesquelles l'unité doit toujours être prise d'une nature homogène pour produire le quantum, que pour unir des éléments *hétérogènes* de connaissance. Le critère de la possibilité d'un concept (et non de l'objet de cette possibilité) est la définition, dans laquelle l'unité de ce concept, la vérité de tout ce qui peut en être immédiatement dérivé, enfin l'*intégralité* de ce qui en a été tiré, sont trois choses nécessaires à la formation du concept total. Ou bien encore, ce qui revient au même, le *criterium d'une hypothèse* est tout à la fois l'intelligibilité *du principe d'explication* admis ou son *unité* (sans hypothèse subsidiaire), la vérité (accord entre elles et avec l'expérience) des conséquences qui en dérivent ; enfin l'*intégralité* du principe d'explication des choses qui ne rendent ni plus ni moins que ce qui a été mis en hypothèse, et qui donnent analytiquement *a pos-*

---

(1) V. *Logique de Kant*, p. 37, 2ᵉ édit. en franç. — T.

teriori ce qui était auparavant pensé synthétiquement *a priori*. — La table transcendantale des catégories étant ainsi complète, elle n'a pas besoin pour le devenir des concepts d'unité, de vérité et de perfection absolue ; et, comme on considère ces concepts indépendamment des objets, il n'en doit être traité qu'en parlant des règles logiques générales de l'accord de la connaissance avec elle-même.

CHAPITRE II.

DE LA DÉDUCTION DES CONCEPTS PURS DE L'ENTENDEMENT.

SECTION I.

§ XIII.

Des principes d'une déduction transcendantale en général.

132. Quand les jurisconsultes parlent de droits à exercer et de réclamations judiciaires, ils distinguent dans une cause la question de droit (*quid juris*) de la question de fait (*quid facti*) ; et, comme ils exigent une preuve de chacunes d'elles, ils appellent *déduction* la preuve du droit tendant à démontrer la légitimité de la réclamation. Nous nous servons d'une foule de concepts empiriques sans contradiction de la part de personne ; et même nous nous croyons autorisés sans déduction à leur donner une signification figurée, parce que nous avons toujours l'expérience en main pour en démontrer la réalité objective. Il y a cependant d'autres concepts en circulation, tels que ceux de *fortune*, de *destin*, mais contre lesquels on réclame quelquefois par la question

quid juris, quoiqu'ils soient généralement employés. Et alors on n'est pas peu embarrassé d'en donner la déduction, puisqu'on ne peut alléguer aucun argument de droit évident, pris soit de l'expérience soit de la raison, qui en autorise l'usage.

133. Mais, parmi le grand nombre de concepts qui composent le tissu très compliqué de la connaissance humaine, il en est quelques-uns qui sont destinés à un usage pur *a priori* (parfaitement indépendant de toute expérience), et leur droit a toujours besoin d'une déduction : la légitimité d'un tel usage n'étant pas suffisamment établie par des preuves tirées de l'expérience, il faut cependant savoir comment ces concepts peuvent se rapporter à des objets qu'ils ne dérivent pas de l'expérience. C'est précisément l'explication de cette question : comment des concepts *a priori* peuvent-ils se rapporter à des objets, que j'appelle déduction transcendantale. Je la distingue de la déduction *empirique*, qui indique la manière dont un concept a été acquis par l'expérience et par la réflexion sur l'expérience, déduction qui ne concerne par conséquent pas le droit, mais le fait par lequel nous sommes en possession de ces concepts.

134. Nous avons déjà maintenant deux sortes de concepts bien différents, mais qui s'accordent néanmoins, en ce que les uns et les autres se rapportent complétement *a priori* à des objets ; savoir, les concepts d'espace et de temps comme formes de la sensibilité, et les catégories comme concepts de l'entendement. Si nous en voulions chercher une déduction empirique, ce serait peine perdue, parce que leur caractère propre consiste précisément à se rapporter à leurs objets sans rien devoir à l'expérience pour la représentation de ces objets. Si

donc leur déduction est nécessaire, elle doit toujours être transcendantale.

135. Cependant l'on peut chercher dans l'expérience, par rapport à ces concepts, comme par rapport à toute connaissance, sinon le principe de leur possibilité, du moins les causes occasionnelles de leur naissance ou manifestation. Les impressions des sens fournissent en effet la première occasion de développer toute la puissance cognitive en ce qui les regarde, et de constituer l'expérience. Or l'expérience contient deux éléments très différents, à savoir, une *matière* de connaissance: fournie par les sens, et une certaine *forme* propre à ordonner cette matière, laquelle forme dérive de la source interne de l'intuition pure et de la *pensée* : intuition et pensée qui, à l'occasion des impressions sensibles, entrent en exercice et produisent les concepts. Cette recherche des premiers efforts de notre faculté de connaître pour s'élever de perceptions particulières à des concepts généraux, est sans aucun doute de la plus grande utilité, et c'est au célèbre Locke qu'on a l'obligation d'en avoir le premier ouvert le chemin. Mais une *déduction* des concepts purs *a priori* n'aura jamais lieu de cette manière, car elle est tout à fait opposée à cette marche, parce que, relativement à leur usage futur, qui doit être entièrement indépendant de l'expérience, ils doivent avoir à produire un tout autre extrait de naissance que celui qui les ferait dériver de l'expérience. Cette tentative de dérivation psychologique, qu'on ne peut appeler proprement déduction, étant une question de fait, je l'appellerai explication de la *possession* d'une connaissance pure. Il est donc clair que, par rapport à ces concepts, il ne peut y avoir lieu qu'à une déduction

transcendantale, et point du tout à une déduction empirique ; et que cette dernière n'est, relativement aux concepts purs *a priori*, qu'une vaine tentative digne seulement de celui qui n'a rien compris à la nature exclusivement propre à ses connaissances.

136. Mais, quoiqu'il n'y ait qu'une seule manière possible de déduire la connaissance pure *a priori*, savoir, la déduction transcendantale, il ne s'ensuit cependant pas qu'elle soit absolument nécessaire. Nous avons précédemment poursuivi jusque dans leur source les concepts d'espace et de temps par une déduction transcendantale, et nous en avons expliqué et déterminé la valeur objective *a priori*. La géométrie ne laisse pas toutefois d'aller sûrement son droit chemin à travers les connaissances pures *a priori*, sans avoir besoin de demander à la philosophie un certificat d'authenticité relativement à l'origine pure et légitime de son concept fondamental d'espace. Mais, dans cette science, l'usage du concept d'espace n'a de rapport qu'avec le monde sensible extérieur, de l'intuition duquel l'espace est la forme pure, intuition dans laquelle toute connaissance géométrique a son évidence immédiate, attendu qu'elle se fonde sur l'intuition *a priori*, intuition dans laquelle encore les objets sont perçus *a priori* (quant à la forme), par la connaissance même. Au contraire, avec les *concepts intellectuels purs* commence la nécessité absolue de rechercher non seulement leur déduction transcendantale, mais encore celle de l'espace. La raison en est que ces concepts affirmés des objets, non par des prédicats de l'intuition et de la sensibilité, mais par des prédicats de la pensée pure *a priori*, se rapportent aux objets sans aucune des conditions de la sensibilité en général. Et

comme ils ne sont pas fondés sur l'expérience, ils ne peuvent non plus présenter dans l'intuition *a priori* aucun objet sur lequel se fonde leur synthèse avant toute expérience. De là résulte, non seulement quelque soupçon sur leur valeur objective et les limites de leur usage, mais encore une certaine équivoque sur le *concept d'espace*, porté qu'on est par ces concepts à l'employer en dehors des conditions de l'intuition sensible; ce qui a rendu nécessaire la déduction transcendantale précédente de ce concept. Le lecteur doit donc apercevoir l'indispensable nécessité d'une déduction transcendantale avant de faire un seul pas dans le champ de la raison pure, sous peine d'être emporté par un mouvement aveugle, et de revenir, après de nombreuses et graves erreurs, à l'ignorance d'où il était parti. Mais il doit aussi se persuader d'avance de l'inévitable difficulté de ce travail, s'il ne veut pas se plaindre plus tard de l'obscurité qui enveloppe profondément la matière, et surtout pour ne point se laisser fatiguer par les obstacles à vaincre, puisqu'il s'agit de désespérer tout à fait de la connaissance de la raison pure, comme d'un champ très agréable situé hors des limites de toute expérience possible, ou de conduire à bonne fin cette recherche critique.

137. Nous sommes parvenus à faire comprendre sans peine, en traitant précédemment des concepts d'espace et de temps, comment ils doivent, en tant que connaissances *a priori*, se rapporter néanmoins nécessairement aux objets, et comment ils en rendent possible une connaissance synthétique, indépendamment de toute expérience. Comme en effet ce n'est qu'au moyen de ces formes pures de la sensibilité qu'un objet peut nous

apparaître, c'est-à-dire être soumis à une intuition empirique, il s'ensuit que l'espace et le temps sont des intuitions pures qui contiennent *a priori* les conditions de la possibilité des objets comme phénomènes, et que la synthèse y jouit d'une valeur objective.

138. Au contraire, les catégories de l'entendement ne nous présentant pas les conditions sous lesquelles les objets sont donnés en intuition, ces objets peuvent très bien nous apparaître sans qu'ils doivent nécessairement se rapporter aux fonctions de l'entendement, et par conséquent sans que l'entendement contienne *a priori* les conditions de leur intuition. De là résulte une difficulté que nous ne rencontrons pas dans le champ de la sensibilité, celle de savoir *comment des conditions subjectives de la pensée peuvent avoir une valeur objective;* c'est-à-dire comment des conditions subjectives de la pensée peuvent donner des conditions de la possibilité de toute connaissance des objets : car les phénomènes peuvent très bien être donnés en intuition sans le secours des fonctions de l'entendement. Je prends pour exemple le concept de cause, désignant une espèce de synthèse qui a lieu quand quelque chose *b*, totalement différent de *a*, lui est cependant postposé suivant une règle. On ne voit pas clairement *a priori* pourquoi des phénomènes devraient contenir quelque chose de semblable (car on ne peut pas rapporter ici des expériences pour preuve, puisque la valeur objective de ce concept doit pouvoir être prouvée *a priori*) ; il est par conséquent douteux *a priori* si le concept de cause n'est pas chimérique, et s'il a quelque part un objet dans les phénomènes. Il est clair en effet que des objets de l'intuition sensible doivent être d'accord avec les conditions formelles de la sensibilité,

qui sont *a priori* dans l'esprit, puisque autrement ces objets n'en seraient pas pour nous ; mais il n'est pas aussi facile de concevoir comment il résulte nécessairement de là que ces objets s'accordent de plus avec les conditions dont l'entendement a besoin pour apercevoir synthétiquement la pensée. Car les phénomènes entre lesquels nous établissons le lien de causalité pourraient bien être de nature telle que l'entendement ne les trouvât nullement d'accord avec les conditions de son unité, et que tout fût dans un tel état de confusion que, par exemple, dans la succession des phénomènes, rien ne fournît matière à la règle de la synthèse; qu'il n'y eût rien par conséquent qui s'accordât avec la notion de cause et d'effet, de telle sorte enfin que ce concept fût chimérique et sans le moindre fondement. Et cependant des phénomènes n'en offriraient pas moins des objets à notre intuition, l'intuition n'ayant nul besoin des fonctions de la pensée.

139. Si l'on pense s'affranchir de ces investigations pénibles en disant que l'expérience présente sans cesse des exemples de cet ordre de phénomènes, qui donnent assez l'occasion d'en tirer le concept de cause et d'en confirmer en même temps la valeur objective, on ne fait pas attention que le concept de cause ne peut point du tout prendre naissance de cette manière, mais qu'il est fondé tout à fait *a priori* dans l'entendement, ou qu'il doit être rejeté comme entièrement illusoire. Car ce concept exige nécessairement que quelque chose a soit de telle sorte qu'une autre chose b s'ensuive nécessairement et suivant une *règle absolument universelle*. Des phénomènes, il est vrai, présentent des cas d'où l'on peut tirer une règle suivant laquelle quelque chose

arrive ordinairement, mais cette règle n'ira pas jusqu'à une conséquence *nécessaire*. La synthèse de cause et d'effet est donc marquée d'un caractère qu'on ne peut exprimer empiriquement, savoir, que l'effet ne s'ajoute pas simplement à la cause, mais qu'il est posé par elle-même et s'ensuit. La stricte universalité d'une règle n'est pas non plus une propriété des règles empiriques, qui ne peuvent recevoir par l'induction qu'une universalité comparative, c'est-à-dire une vaste application. L'usage des concepts purs de l'entendement serait donc tout différent de ce qu'il est, si l'on prétendait ne les traiter que comme des produits empiriques.

Passage à la Déduction transcendantale des catégories.

140. Il n'y a que deux cas où la représentation synthétique et ses objets peuvent coïncider, se convenir nécessairement, et aller pour ainsi dire mutuellement à leur rencontre, à savoir, quand l'objet seul rend la représentation possible, ou quand la représentation seule rend l'objet possible. Dans le premier cas le rapport n'est qu'empirique et la représentation n'est jamais possible *a priori*; c'est ce qui a lieu dans les phénomènes par rapport à ce qui appartient en eux à la sensation. Dans le second cas, quoique la représentation en elle-même (car il n'est point ici question de la causalité de la représentation au moyen de la volonté) ne produise pas son objet *quant à l'existence*, elle est néanmoins déterminante *a priori* par rapport à l'objet, lorsqu'on ne peut *connaître* que par elle quelque chose comme *objet*. Mais il y a deux conditions sous lesquelles la connaissance d'un objet est possible : premièrement, une intui-

tion par laquelle l'objet est donné, mais seulement comme phénomène; secondement, un concept par lequel est pensé un objet qui correspond à cette intuition. Mais il est clair, par ce qui précède, que la première condition, celle sous laquelle seule des objets peuvent être perçus, sert réellement dans l'esprit de fondement *a priori* aux objets quant à la forme. Tous les phénomènes s'accordent nécessairement avec cette condition formelle de la sensibilité, puisqu'ils n'apparaissent, c'est-à-dire ne peuvent être perçus et donnés empiriquement que par elle. Il s'agit maintenant de savoir si des concepts *a priori* ne précèdent pas aussi, comme des conditions sous lesquelles seules quelque chose, quoique non perçu, est cependant pensé en général comme objet : alors toute connaissance empirique des choses s'accorderait nécessairement avec des concepts de cette nature, parce que sans la supposition de ces concepts aucun *objet de l'expérience* ne serait possible. Or, outre l'intuition sensible par laquelle quelque chose est donné, toute expérience contient encore le concept d'un objet donné en intuition, ou qui apparaît. Des concepts d'objets en général servent donc, comme conditions *a priori*, de fondement à toute connaissance expérimentale. Par conséquent la valeur objective des catégories, comme concepts *a priori*, repose sur ce fait, que l'expérience, quant à la forme de la pensée, n'est possible que par elles. Car alors elles se rapportent nécessairement et *a priori* aux objets de l'expérience, puisqu'un objet de l'expérience en général ne peut être pensé que par leur intervention.

141. La déduction transcendantale de tous les concepts *a priori* a donc un principe auquel doit tendre toute in-

vestigation, savoir : que ces concepts doivent être reconnus comme condition *a priori* de la possibilité de l'expérience, qu'il s'agisse de l'intuition qui s'y rencontre ou de la pensée, peu importe. Des concepts qui donnent la raison ou le principe objectif de la possibilité de l'expérience sont par là-même nécessaires. Mais le développement de l'expérience dans lequel ils se trouvent n'est point leur déduction (seulement il les explique et les met dans un plus grand jour), parce qu'autrement ils ne seraient que fortuits. Sans ce rapport naturel et primitif des concepts à l'expérience possible, auquel sont soumis tous les objets de la connaissance, le rapport de ces concepts à un objet quelconque ne pourrait être compris.

142. Le célèbre *Locke*, pour ne pas avoir fait attention à cela, en dérivant de l'expérience, par la raison qu'il les y rencontrait, des concepts purs de l'entendement, fut cependant si *inconséquent* qu'il tenta des recherches pour rendre compte de connaissances qui dépassent de beaucoup les bornes de l'expérience. *David Hume* reconnut que, pour avoir le droit de sortir de l'expérience [et de chercher des concepts ailleurs], leur origine devrait être *a priori*. Mais ne pouvant pas s'expliquer la possibilité que l'entendement doive concevoir comme nécessairement liés dans un objet des concepts qui ne le sont pas dans l'entendement, et n'apercevant pas qu'il peut arriver que l'entendement lui-même soit, à l'aide de ces concepts, auteur de l'expérience dans laquelle ses objets se présentent, pressé cependant par la nécessité, il les dériva de l'expérience, c'est-à-dire d'une certaine nécessité particulière et subjective provenant d'une association fréquente dans l'expérience, et

qui serait enfin prise très faussement pour objective, c'est-à-dire, en un mot, de l'*habitude*. Mais il fut ensuite très conséquent, en ce qu'il fit ressortir l'impossibilité de franchir les bornes de l'expérience au moyen de ces concepts et des principes qu'ils constituent. Toutefois la dérivation empirique dans laquelle ces deux philosophes sont tombés ne peut se concilier avec la réalité des connaissances scientifiques *a priori* que nous avons des *Mathématiques* pures, ni avec celle de la *Physique générale;* elle se trouve par conséquent réfutée par le fait.

143. Le premier de ces deux hommes célèbres ouvrit toutes les portes à l'extravagance, parce que l'esprit, ayant une fois le droit de son côté, ne se laisse plus contenir par de vagues conseils de modération. Le second tomba complétement dans le *scepticisme* dès qu'une fois il crut avoir découvert qu'une illusion générale de notre faculté de penser était cependant regardée comme raison. — Nous voilà parvenus au moment de rechercher si la raison humaine peut passer saine et sauve entre ces deux écueils, si des bornes déterminées peuvent lui être assignées, et si cependant tout le champ légitime de son activité ne peut pas en même temps lui rester ouvert.

144. Avant de me livrer à cet examen, je rappellerai seulement la *définition* des *catégories*. Ce sont des concepts d'un objet en général, au moyen desquels l'intuition de cet objet est considérée comme *déterminée* par rapport à une des *fonctions logiques* du jugement. Ainsi la fonction du jugement *catégorique* est celle du rapport du sujet au prédicat; par exemple, tous les corps sont divisibles. Mais, par rapport au simple usage logique de

l'entendement, on ne détermine pas auquel des deux concepts la fonction de sujet ou de prédicat doit être dévolue ; car on peut dire également : quelque chose de divisible est un corps. Mais quand, par la catégorie de substance, je fais entrer sous ce quelque chose le concept de corps, je décide alors que l'intuition empirique de ce corps dans l'expérience ne doit toujours être considérée que comme sujet, jamais comme simple prédicat ; et ainsi pour toutes les autres catégories (1).

SECTION II (2).

Déduction transcendantale des concepts intellectuels purs.

§ XV.

De la possibilité d'une liaison ou synthèse en général.

145. Le divers des représentations peut être donné dans une intuition qui est purement sensible, c'est-à-dire qui n'est que la capacité de sentir ; et la forme de cette intuition peut se trouver *a priori* dans notre faculté représentative, sans être autre chose cependant qu'un mode d'affection du sujet. Mais la liaison (*conjunctio*) d'une diversité quelconque ne peut jamais nous venir des sens et ne peut par conséquent pas être contenue en même

---

(1) Au lieu des trois alinéas qui précèdent, la première édition contenait l'appendice n° IX. — T.

(2) Toute cette section (§§ XV-XXVII) a été profondément remaniée par l'auteur, de la première à la seconde édition. Ces différences ayant un intérêt tout particulier, nous donnons le texte de la première édition comme appendice sous le n° X. — T.

temps dans la forme pure de l'intuition sensible ; car elle est un acte spontané de la faculté représentative. Et, comme cette faculté doit s'appeler entendement, pour la distinguer de la sensibilité, alors toute liaison, que nous en soyons ou non conscients (que ce soit du reste une liaison de la diversité de l'intuition ou de différents concepts, et que dans le premier cas l'intuition soit empirique ou non empirique), est un acte intellectuel que nous appellerons du nom commun de *synthèse*, pour faire entendre en même temps par là que nous ne pouvons rien nous représenter comme lié dans un objet sans l'avoir lié auparavant même dans l'entendement, et que, dans toutes les représentations, la *liaison* est la seule qui n'est pas donnée par les objets ; qu'elle ne peut être opérée que par le sujet lui-même, parce qu'elle est un acte de sa spontanéité. On aperçoit facilement ici qu'elle doit être primitivement une et valoir indistinctement pour toute liaison, et que la décomposition *analytique* qui lui semble contraire la suppose cependant toujours ; car, où l'entendement n'a rien lié, composé, il ne peut rien décomposer, par ce qu'il a fallu que l'*entendement* seul *donnât* le composé à la faculté représentative.

146. Mais le concept de liaison emporte, outre le concept de diversité et de la synthèse de cette diversité, celui de l'unité de cette diversité même. La liaison est donc la représentation de l'unité *synthétique* de la diversité (1). La représentation de cette unité ne peut donc provenir

(1) Ce n'est pas ici le lieu de rechercher si les représentations mêmes sont identiques, et par conséquent si l'une peut être analytiquement pensée par le moyen de l'autre. La *conscience* de l'une, en tant qu'il est question de diversité, doit cependant toujours être distinguée de la conscience de l'autre ; il ne s'agit ici que de la synthèse de cette conscience (possible).

de la liaison ; elle seule au contraire rend enfin possible le concept de la liaison en s'ajoutant à la représentation de la diversité. Cette unité qui précède *a priori* tous les concepts de la liaison n'est assurément pas la catégorie de l'unité (§ X, p. 118); car toutes les catégories se fondent sur les fonctions logiques des jugements, et la liaison, par conséquent l'unité des concepts donnés, est déjà pensée dans ces jugements. La catégorie suppose donc déjà la liaison. Nous devons donc chercher plus haut cette unité (comme qualitative, § XII, p. 127), savoir, en ce qui contient le principe même de l'unité des différents concepts dans les jugements, par conséquent dans le principe de la possibilité de l'entendement même quant à son usage logique.

§ XVI.

De l'unité primitivement synthétique de l'apperception.

147. Le *je pense,* ou la conscience de ma pensée, doit *pouvoir* accompagner toutes mes autres représentations ; autrement quelque chose serait représenté en moi sans pouvoir être pensé, ce qui revient à dire, ou que la représentation serait impossible, ou tout au moins qu'elle ne serait rien pour moi. La représentation qui peut être donnée avant toute pensée s'appelle *intuition,* Toute diversité de l'intuition a un rapport nécessaire au *je pense,* dans le même sujet où se trouve cette diversité. Mais cette représentation est un acte de la *spontanéité*, c'està-dire qu'elle ne peut pas être considérée comme appartenant à la sensibilité. Je l'appelle *apperception pure,* pour la distinguer de l'apperception empirique ; ou bien en-

core *apperception primitive*, parce qu'elle est en cette conscience de soi-même qui, en donnant naissance à la représentation *je pense* (laquelle représentation doit pouvoir accompagner toutes les autres, puisqu'elle est la même dans toute conscience), ne peut plus être elle-même accompagnée d'aucune autre. J'appelle aussi son unité l'unité transcendantale de la conscience, pour indiquer la possibilité de la connaissance *a priori* qui en résulte ; car les représentations variées qui sont données dans une certaine intuition, ne seraient pas toutes mes représentations si elles n'appartenoient pas toutes à une même conscience. C'est-à-dire que, comme représentations miennes (quoique je n'en aie pas la conscience comme telles), elles doivent être nécessairement soumises à la condition sous laquelle seule elles peuvent être toutes dans une conscience générale du moi, parce que autrement elles ne seraient pas toutes miennes. De cette liaison primitive résultent plusieurs conséquences.

148. A savoir, que cette identité universelle de l'apperception d'une diversité donnée dans l'intuition contient la synthèse des représentations, et n'est possible que par la conscience de cette synthèse. Car la conscience empirique qui accompagne différentes représentations est en soi diverse et sans rapport à l'identité du sujet. Ce rapport ne s'opère donc pas encore parce que j'accompagne de ma conscience toutes mes représentations, mais parce que je les *ajoute* l'une à l'autre, et que je suis conscient de leur synthèse. Par conséquent, de cela seul que je puis unir en *une conscience unique* une diversité de représentations données, il est possible que je me représente l'*identité de la conscience* dans ces *représentations* mêmes ; c'est-à-dire que l'unité analytique

de l'apperception n'est possible que dans la supposition d'une unité synthétique (1). Quand je pense que ces représentations données en intuition m'appartiennent toutes, c'est comme si je les réunissais en une seule conscience ; au moins puis-je les unir de la sorte. Et, quoique cette pensée même ne soit pas encore la conscience de la *synthèse* des représentations, elle en suppose néanmoins la possibilité. C'est-à-dire que par cela seul que je puis comprendre en une seule conscience la diversité des représentations, je les appelle toutes mes représentations ; car autrement j'aurais un [moi] Même d'autant de variétés de couleurs que j'ai de représentations avec conscience. L'unité synthétique de la diversité des intuitions comme donnée *a priori* est donc le fondement de l'identité de l'apperception même qui précède *a prior* toute pensée déterminée en moi. La liaison n'est pas dans les objets et ne peut en être empruntée ni tirée par l'observation, pour être enfin reçue dans l'entendement, qui n'est lui-même que la faculté d'unir *a priori*, et de soumettre la diversité des représentations

(1) L'unité analytique de la conscience se rattache à tous les concepts communs, comme tels : par exemple, si je pense au *rouge* en général, je me représente par là une qualité qui peut être trouvée (comme signe) dans quelque chose, ou unie à d'autres représentations. Je ne puis donc concevoir l'unité analytique qu'à l'aide d'une certaine unité synthétique pensée auparavant. Une représentation qui doit être conçue commune à des choses *différentes* est considérée comme appartenant à des sujets qui ont d'ailleurs en eux quelque chose de *différent*. Elle doit donc être conçue en unité synthétique avec d'autres représentations (ne fussent-elles que possibles) avant que je puisse concevoir en elle l'unité analytique de la conscience qui la rend *conceptus communis*. Ainsi, l'unité synthétique de l'apperception est le point culminant auquel on doit rattacher toute opération intellectuelle, toute logique même, et d'après elle toute philosophie transcendantale. Il y a plus : cette faculté est l'entendement lui-même.

données à l'unité de l'apperception. Ce principe est le plus élevé de toute la connaissance humaine.

149. Ce principe de l'unité nécessaire de l'apperception est, à la vérité, une proposition identique, une proposition analytique par conséquent ; mais il explique cependant la nécessité d'une synthèse de la diversité donnée dans une intuition, puisque sans cette synthèse, l'identité constante de la conscience de soi-même ne peut être conçue. Car le *moi*, comme représentation simple, ne donne aucune diversité : le divers ne peut être donné que dans l'intuition, qui est différente de la représentation du moi, et ne peut être pensé que par une *liaison* en une seule conscience. Un entendement dans lequel toute diversité serait donnée en même temps par la conscience percevrait ; mais le nôtre ne peut que penser [ou concevoir] seulement, et doit chercher l'intuition dans les sens. J'ai donc conscience du [moi] Même identique, par rapport à la diversité des représentations à moi données dans une intuition, puisque je les appelle toutes mes représentations, et que toutes en constituent une seule. Ce qui est la même chose que si j'étais conscient d'une synthèse nécessaire *a priori* de ces représentations, synthèse que j'appelle unité synthétique primitive de l'apperception à laquelle sont soumises toutes les représentations qui me sont données, mais à laquelle elles doivent aussi être ramenées au moyen d'une synthèse.

§ XVII.

Le principe de l'unité synthétique de l'apperception est le principe suprême de tout usage de l'entendement.

150. Le principe suprême de la possibilité de toute intuition par rapport à la sensibilité, suivant l'Esthétique transcendantale, est, comme nous l'avons vu : la soumission de toute diversité de l'intuition aux conditions formelles de l'espace et du temps. Le principe suprême de la même possibilité par rapport à l'entendement est que : toute diversité de l'intuition est soumise aux conditions de l'unité originellement synthétique de l'apperception (1). Au premier de ces principes sont soumises toutes les représentations diverses des intuitions, en tant qu'elles nous sont données. Elles se rapportent au second principe, en tant qu'elles doivent pouvoir être liées en une seule conscience ; sans cela rien ne peut être pensé ou connu de la sorte, parce que les représentations données n'auraient pas en commun l'acte de l'apperception *je* pense, et par conséquent ne seraient pas liées en une seule et même conscience.

151. *L'entendement,* pour parler généralement, est la

---

(1) L'espace et le temps, et toutes leurs parties, sont des *intuitions*, par conséquent des représentations singulières, avec la diversité qu'elles renferment (Voy. l'Esthétique transcendantale). Ce ne sont donc pas de simples concepts au moyen desquels la même conscience soit comme comprise dans un grand nombre de représentations ; mais ce sont des représentations nombreuses qui sont comme comprises dans une seule, et dont la conscience est pour ainsi dire composée. Leur unité de conscience est donc manifestement *synthétique,* mais néanmoins primitive. Le caractère d'*unité individuelle* de cette conscience est important dans l'application (Voy. § XXV).

faculté des *connaissances*. Ces connaissances consistent dans le rapport déterminé des représentations données à un objet. Mais un *objet* est ce dans le concept de quoi la diversité d'une intuition donnée est liée. Or toute liaison des représentations exige unité de conscience dans leur synthèse. L'unité de conscience est donc la seule chose qui forme le rapport des représentations à un objet, par conséquent leur valeur objective ; c'est ce qui fait que ces représentations deviennent des connaissances, et ce sur quoi repose aussi la possibilité même de l'entendement.

152. La première connaissance pure de l'entendement, celle sur laquelle se fonde tout le reste de son usage et qui est indépendante de toutes les conditions de l'intuition sensible, c'est donc le principe de l'unité *synthétique* originelle de l'apperception. Ainsi la simple forme de l'intuition sensible extérieure, l'espace, n'est pas encore une connaissance ; l'espace ne donne que la diversité de l'intuition *a priori* pour la connaissance. Mais si je veux connaître quelque chose dans l'espace, par exemple une ligne, je dois la *tirer*, et par conséquent exécuter synthétiquement une certaine liaison de la diversité donnée, de telle sorte que l'unité de cette action soit en même temps l'unité de conscience (dans le concept d'une ligne), et que par là, et pas avant, un objet (un espace déterminé) soit connu. L'unité synthétique de la conscience est donc une condition objective de toute connaissance, dont je n'ai pas simplement besoin pour connaître un objet, mais à laquelle toute intuition doit être soumise, pour qu'elle puisse devenir un *objet* pour moi, parce qu'autrement, sans cette synthèse, la diversité ne pourrait se lier en une conscience.

153. Cette dernière proposition est même, comme on l'a dit, une proposition analytique, qnoiqu'elle fasse, à la vérité, de l'unité synthétique la condition de toute pensée; car elle signifie seulement que toutes mes représentations dans une intuition donnée quelconque doivent être soumises à la condition sous laquelle seule je puis les rapporter comme représentations miennes, au Même identique, et par conséquent les unir synthétiquement comme dans une seule apperception par l'expression générale *je* pense.

154. Ce principe ne vaut cependant pas nécessairement pour tout entendement possible en général, mais seulement pour celui par l'apperception pure duquel rien de divers n'est encore donné dans la représentation *je* suis. Un entendement dont la conscience donnerait en même temps la diversité de l'intuition, entendement par la représentation duquel les objets de cette représentation existeraient en même temps, n'aurait pas besoin d'un acte particulier de la synthèse de la diversité pour obtenir l'unité de conscience nécessaire à l'entendement humain, qui pense purement et simplement sans percevoir. Mais, pour l'entendement humain, ce principe est nécessairement le premier principe; tellement qu'il ne peut se faire la moindre notion d'un autre entendement possible, c'est-à-dire d'un entendement, ou qui perçoive lui-même, ou qui ait quelque autre intuition sensible, différente de celle qui a son principe dans l'espace et le temps.

§ XVIII.

Ce que c'est que l'Unité objective de la conscience de soi-même.

155. L'*unité* transcendantale de l'apperception est celle par laquelle toute diversité donnée dans une intuition est réunie en un concept de l'objet. C'est pour cette raison qu'on l'appelle *objective*. Elle doit être distinguée de l'*unité subjective* de la conscience, qui est une *détermination* du *sens* intime, par laquelle cette diversité d'intuition est empiriquement donnée, pour ensuite être liée de la sorte. Les circonstances ou conditions expérimentales font que je puis être *empiriquement* conscient le la diversité, comme simultanée ou successive. Par conséquent l'unité empirique de la conscience, par l'association des représentations, se rapporte au phénomène lui-même, et son caractère est tout à fait contingent. Au contraire, la forme pure de l'intuition dans le temps, comme simple intuition en général contenant une diversité donnée, n'est soumise à l'unité primitive de la conscience que par le rapport nécessaire de la diversité de l'intuition à un *je* pense unique ; ce qui n'a lieu par conséquent qu'au moyen de la synthèse pure de l'entendement, qui sert de fondement *a priori* à la synthèse empirique. L'unité [de la synthèse pure] n'est valable qu'objectivement ; l'unité de la synthèse empirique de l'apperception, que nous ne considérerons pas ici, et qui n'est qu'une dérivation de la première, sous des conditions donnée *in concreto*, n'a qu'une valeur subjective : une personne rattache à une chose la représentation d'un certain mot, une autre la rattache à une autre

chose (1) ; et l'unité de conscience, dans ce qui est empirique, ne vaut ni nécessairement, ni universellement par rapport à ce qui est donné.

§ XIX.

La forme logique de tous les jugements consiste dans l'unité objective de l'apperception des concepts contenus dans ces jugements.

156. Je n'ai jamais été satisfait de la définition que les logiciens donnent du jugement en général. Un jugement, suivant eux, est la représentation d'un rapport entre deux concepts. Or, sans disputer ici avec eux sur le vice de cette définition, qui ne cadre, en tous cas, qu'avec les jugements catégoriques, et nullement avec les jugements hypothétiques et les disjonctifs (ces derniers contenant, non un rapport de concepts, mais un rapport de jugements), je me contenterai de remarquer, quoiqu'il soit résulté de ce vice logique des conséquences fâcheuses (2), qu'on ne détermine point dans cette définition en quoi consiste ce *rapport*.

157. Mais quand j'examine plus attentivement le rapport des connaissances données dans un jugement quel-

---

(1) L'interprétation de ce passage m'est fournie par Mellin, *Encyclop. Woerterbuch*, t. II, p. 248. — T.

(2) Cette longue théorie des quatre formes syllogistiques ne concerne que les raisonnements catégoriques; et, quoiqu'elle ne soit que l'art de surprendre, en cachant des conséquences immédiates (*consequentiæ immediatæ*), sous les prémisses d'un raisonnement rationnel pur, l'apparence de plus d'espèces de conséquences qu'il n'y en a dans celui de la première figure, elle n'aurait cependant pas gagné grand'chose si elle n'était pas parvenue à présenter les seuls jugements catégoriques comme ceux auxquels tous les autres devraient se rapporter; ce qui n'est cependant pas vrai, suivant le § IX, p. 111 et suiv.

conque, et que je le distingue comme propre à l'entendement du rapport opéré d'après les lois de l'imagination reproductive (lequel n'a qu'une valeur subjective), je trouve alors qu'un jugement n'est qu'une manière de réduire des connaissances données à l'unité *objective* de l'apperception. Telle est en effet la fonction que remplit la copule *est* dans les jugements, pour distinguer l'unité objective des représentations données, de l'unité subjective. Car cette copule indique la relation de ces représentations à l'apperception primitive et leur *unité* nécessaire, quoique le jugement soit empirique, par conséquent contingent; par exemple : Les corps sont pesants. Je ne veux pas dire par là que ces représentations s'appartiennent *nécessairement* entre elles dans l'intuition empirique, mais qu'elles s'appartiennent réciproquement dans la synthèse des intuitions, à cause de l'*unité nécessaire* de l'apperception. C'est-à-dire qu'elles se tiennent suivant les principes de la détermination objective de toutes les représentations, en tant que la connaissance peut en résulter, principes qui tous dérivent de celui de l'unité transcendantale de l'apperception. Par là seulement un *jugement* naît de ce rapport; c'est-à-dire qu'il en résulte un rapport qui est valable objectivement, et qui se distingue suffisamment du rapport de ces mêmes représentations où il n'entre qu'une valeur subjective, par exemple, d'après les lois de l'association. Suivant ces dernières lois, je pourrais seulement dire : Quand je supporte un corps, je sens la force de la pesanteur; mais je ne pourrais pas dire : Ce corps est pesant; ce qui signifie que ces deux représentations existent conjointement dans l'objet, c'est-à-dire sans distinction de l'état du sujet, et non pas seulement liées dans la perception (aussi souvent qu'elle peut être répétée).

§ XX.

Toutes les intuitions sensibles sont soumises aux catégories, comme à des conditions sous lesquelles seulement leur diversité peut être ramenée à l'unité de conscience.

158. La diversité donnée dans une intuition sensible est nécessairement soumise à l'unité synthétique primitive de l'apperception, parce que l'*unité* de l'intuition n'est possible que par elle (§ XVII). Mais l'action de l'entendement par laquelle la diversité des représentations données (qu'elles soient des intuitions ou des concepts) est soumise à une apperception en général, est la fonction logique des jugements (§ XIX). Par conséquent toute diversité, comme donnée dans une seule intuition empirique, est *déterminée* par rapport à l'une des fonctions logiques du jugement, au moyen de laquelle cette diversité est ramenée à l'unité de conscience. Or, les *catégories* ne sont précisément que ces mêmes fonctions du jugement, en ce sens que la diversité d'une intuition donnée est déterminée par rapport à elles (§ XII). La diversité d'une intuition donnée est donc aussi nécessairement soumise aux catégories.

§ XXI.

Observation.

159. Une diversité contenue dans l'intuition que j'appelle mienne est représentée par la synthèse de l'entendement comme appartenant à l'unité nécessaire de la

conscience ; ce qui se fait par la catégorie (1). Cette catégorie montre donc que la conscience empirique de la diversité donnée d'une intuition une est soumise à une conscience pure *a priori,* de la même manière qu'une intuition empirique est soumise à une intuition sensible pure, qui a également lieu *a priori*. Dans la proposition précédente se trouve donc le commencement d'une *déduction* des concepts purs de l'entendement. Comme les catégories n'apparaissent que dans l'entendement, *indépendamment de la sensibilité,* on doit encore, dans cette déduction, faire abstraction de la manière dont la diversité est donnée en intuition empirique, pour n'avoir égard qu'à l'unité qui survient dans l'intuition par le moyen des catégories de l'entendement. On fera voir plus bas (§ XXVI), par la manière dont l'intuition empirique est donnée dans la sensibilité, que son unité n'est pas différente de celle qui est imposée par la catégorie, d'après le § XX précédent, à la diversité d'une intuition donnée quelconque, et par conséquent que le but de la déduction n'est complétement atteint qu'autant que la valeur *a priori* en est une fois expliquée par rapport à tous les objets de nos sens.

160. Je n'ai cependant pas pu faire abstraction d'une chose dans la démonstration précédente, savoir : que la diversité de la matière de l'intuition doit être donnée avant que la synthèse de l'entendement ait lieu et indépendamment de cette synthèse. Mais le comment reste ici sans solution ; car si je voulais concevoir un

---

(1) L'argument se fonde sur l'*unité* représentée *de l'intuition,* unité par laquelle un objet est donné, et qui renferme toujours en soi une synthèse de la diversité fournie en intuition, plus le rapport de cette diversité à l'unité de l'apperception.

entendement qui perçût par lui-même (comme peut être l'entendement divin, qui ne se représenterait pas des objets donnés, mais dont la représentation les donnerait ou produirait), les catégories ne serviraient à rien pour une telle connaissance. Elles ne sont que des règles pour un entendement dont toute la faculté est dans la pensée, c'est-à-dire dans l'action de ramener la synthèse d'une diversité qui lui est donnée d'ailleurs en intuition, à l'unité de l'apperception; entendement qui, par conséquent, ne connaît rien par lui-même, mais seulement unit et ordonne la matière de la connaissance, c'est-à-dire l'intuition, qui doit lui être donnée par l'objet. Mais quant à la propriété de notre entendement de ne donner l'unité de l'apperception *a priori* qu'au moyen des catégories, et par ces catégories plutôt que par d'autres, et par ce nombre de catégories plutôt que par un plus ou moins grand nombre, c'est ce dont on ne peut pas plus rendre raison que de la question de savoir pourquoi nous sommes doués de ces mêmes fonctions du jugement et non pas de telles autres, ou pourquoi l'espace et le temps sont les seules formes de toutes nos intuitions possibles.

§ XXII.

La catégorie n'a d'autre usage dans la connaissance des choses que d'être appliquée aux objets de l'expérience.

161. Penser un objet et connaître un objet, ce n'est donc pas une même chose. La connaissance renferme deux parties : premièrement, le concept par lequel en général un objet est pensé (la catégorie); secondement, l'intuition par laquelle le concept est donné; car si une

intuition correspondant à un concept ne pouvait être donnée, ce concept serait alors une pensée quant à la forme, mais une pensée sans objet. Or, nulle connaissance des choses ne serait possible par un tel concept, puisque par hypothèse il n'y aurait rien, il ne pourrait rien y avoir à quoi la pensée pût être appliquée. Or, toute intuition sensible (Esthétique) à nous possible, par conséquent la pensée d'un objet en général par un concept pur de l'entendement, ne peut devenir une connaissance en nous qu'autant que ce concept se rapporte à des objets des sens. L'intuition sensible est ou intuition pure (l'espace et le temps), ou intuition empirique de ce qui est immédiatement représenté comme réel dans l'espace et le temps au moyen de la sensation. Nous pouvons acquérir par la détermination de l'intuition pure une connaissance *a priori* des objets (dans les mathématiques), et quant à leur forme seulement comme phénomènes; mais il est encore incertain s'il est possible qu'il y ait des choses qui puissent être perçues dans cette forme. Les concepts mathématiques, comme tels, ne sont donc pas des connaissances ; ils ne le sont du moins qu'autant que l'on suppose qu'il est des choses qui ne peuvent nous être représentées que suivant la forme de cette intuition sensible pure. Mais les choses dans l'espace et le temps ne sont données qu'autant qu'elles sont des perceptions (représentation), et par conséquent au moyen d'une représentation empirique. Les concepts purs de l'entendement, lors même qu'ils sont appliqués aux intuitions *a priori* (comme dans les mathématiques), ne donnent donc la connaissance qu'autant que ces intuitions pures, et par voie de conséquence, les concepts de l'entendement, peuvent être appliqués aux intuitions empiriques. Les catégories ne nous donnent donc, par le moyen de l'intuition même, quelque connaissance des choses qu'autant qu'elles sont appliquées à l'*intuition* empirique; c'est-à-dire qu'elles ne servent qu'à la possibilité de la *connaissance* empirique. Or, cette connaissance s'appelle *expérience*. Par conséquent, les catégories n'ont d'autre usage pour la connaissance des choses qu'autant que les choses sont considérées seulement comme objets de l'expérience possible.

§ XXIII.

Observation.

162. La proposition précédente est de la plus haute importance; elle détermine les bornes de l'usage des concepts purs de l'entendement par rapport aux objets, de la même manière que l'Esthétique transcendantale a déterminé les bornes de l'usage de la forme pure de notre intuition sensible. L'espace et le temps, comme conditions sous lesquelles les choses peuvent nous être données, n'ont de valeur que par rapport aux objets sensibles, à l'expérience. Au-delà de ces limites ils ne représentent rien, car ils sont seulement dans les sens et n'ont aucune réalité au dehors. Les concepts purs de l'entendement sont affranchis de cette circonscription, et se rapportent aux objets de l'intuition en général, qu'elle soit ou non semblable à la nôtre, pourvu seulement qu'elle soit sensible et non *intellectuelle*. Mais cette extension des concepts au-delà de notre intuition sensible ne nous est utile en rien; car alors ce sont des

concepts vides d'objets qui ne peuvent pas même servir à juger si de tels objets sont ou ne sont pas possibles. Ils ne sont donc que de pures formes de la pensée, dépourvues de toute réalité objective, parce que nous n'avons aucune intuition à laquelle l'unité synthétique de l'apperception, seule chose que contiennent ces concepts [ou formes], puisse être appliquée pour déterminer ainsi un objet. *Notre* intuition sensible et empirique peut seule leur donner un sens et une valeur.

163. Si donc on suppose un objet d'une intuition non sensible comme donné, on peut certainement le représenter alors par tous les prédicats qui entrent déjà dans la supposition ; c'est-à-dire que *rien de ce qui appartient à l'intuition sensible ne lui convient* ; qu'il n'est par conséquent pas étendu, ou qu'il n'est point dans l'espace ; que sa durée est en dehors de tout temps, qu'il ne subit aucun changement (conséquence des déterminations dans le temps), et ainsi de suite. Mais indiquer comment l'intuition de l'objet *n'est pas,* sans pouvoir dire ce qu'elle contient, ce n'est pas encore une connaissance proprement dite; car alors je n'ai pas du tout présente à l'esprit la possibilité d'un objet pour mon concept *intellectuel* pur, parce que je n'ai pu donner aucune intuition qui lui correspondît ; j'ai pu dire seulement que notre intuition ne lui convient pas. L'essentiel ici, c'est que pas une seule catégorie ne soit applicable à quelque chose de cette nature ; v. g. le concept d'une substance, c'est-à-dire de quelque chose qui peut exister comme sujet, mais jamais comme prédicat pur, et à l'égard de quoi j'ignore complétement s'il peut y avoir une chose qui corresponde à cette détermination de la pensée, à moins que l'intuition empirique ne me le fasse

voir. Nous reviendrons plus longuement par la suite sur ce sujet.

§ XXIV.

De l'application des catégories aux objets des sens en général.

164. — Les concepts intellectuels purs sont rapportés par le seul entendement aux objets de l'intuition en général, sans distinguer si cette intuition nous est propre ou si elle nous est étrangère, pourvu qu'elle soit sensible ; mais ils sont par là même de simples *formes de la pensée* au moyen desquelles aucun objet déterminé n'est encore connu. La synthèse ou la liaison de la diversité dans ces concepts se rapporte uniquement, avons-nous dit, à l'unité de l'apperception, et devient, par ce moyen, la raison de la possibilité de la connaissance *a priori*, en tant que cette connaissance repose sur l'entendement ; elle n'est donc pas seulement transcendantale ; elle est encore simplement intellectuelle pure. Mais comme il y a en nous une certaine forme fondamentale *a priori* de l'intuition sensible, qui repose sur la réceptivité de la faculté représentative (la sensibilité), l'entendement peut, comme spontanéité, déterminer le sens intime suivant l'unité synthétique de l'apperception par la diversité des représentations données, et concevoir ainsi *a priori* l'unité synthétique de l'apperception du divers fourni par l'*intuition sensible*, comme la condition à laquelle doivent être nécessairement soumis tous les objets de notre humaine intuition. De cette manière donc, les catégories, comme simples formes de pensée, reçoivent une réalité objective, c'est-à-dire une application aux objets qui peuvent être donnés en intui-

tion, mais seulement comme phénomènes. Car ce n'est qu'à l'égard des phénomènes seulement que nous sommes capables d'intuition *a priori*.

165. Cette *synthèse* de la diversité de l'intuition sensible, qui est possible et nécessaire *a priori*, peut être dite figurée (*synthesis speciosa*), pour la distinguer de celle qui serait conçue par rapport à la diversité d'une intuition en général dans les simples catégories, et qui s'appelle liaison ou synthèse intellectuelle (*synthesis intellectualis*); toutes deux sont transcendantales, non simplement parce qu'elles précèdent *a priori*, mais encore parce qu'elles sont le principe *a priori* de la possibilité des autres connaissances.

166. Mais la synthèse figurée, quand elle se rapporte simplement à l'unité synthétique originelle de l'apperception, c'est-à-dire à cette unité transcendantale qui est pensée dans les catégories, doit, par opposition à la synthèse purement intellectuelle, s'appeler *synthèse transcendantale de l'imagination*. L'IMAGINATION est la faculté de représenter en intuition un objet *même absent*. Mais, comme toute notre intuition est sensible, l'*imagination* appartient à la *sensibilité*, à cause de la condition subjective sous laquelle seulement elle peut donner une intuition correspondante aux concepts de l'entendement. Mais cependant, en tant que sa synthèse est une fonction de la spontanéité (qui est déterminante, et non simplement déterminable, comme le sentiment, et qui peut par conséquent déterminer *a priori*, conformément à l'unité de l'apperception, le sentiment quant à sa forme), l'imagination est alors une faculté de déterminer la sensibilité *a priori*; et sa synthèse des intuitions doit, *conformément aux catégories*, être la synthèse transcen-

dantale de l'*imagination* : ce qui est un effet de l'entendement sur la sensibilité et sa première application (et en même temps le principe de toutes les autres) à des objets dont l'intuition nous est possible. Cette synthèse, comme figurée, diffère de la synthèse intellectuelle qui s'opère par l'entendement seul sans le secours de l'imagination. En tant donc que l'imagination est spontanéité, je l'appelle aussi quelquefois imagination *productive*, pour la distinguer de l'imagination *reproductive*, dont la synthèse est soumise aux seules lois empiriques, je veux dire aux lois de l'association ; synthèse qui, par cette raison, ne donne aucun secours pour l'explication de la possibilité de la connaissance *a priori*, et n'appartient par conséquent pas à la philosophie transcendantale, mais à la psychologie.

* * *

167. C'est ici le lieu d'expliquer le paradoxe dont on a dû être frappé dans l'exposition de la forme du sens interne (§ VI,) à savoir, que le sens interne nous expose nous-mêmes à notre conscience, non comme nous sommes essentiellement en nous-mêmes, mais comme nous nous apparaissons, parce que nous ne pouvons nous percevoir nous-mêmes que comme nous sommes *affectés* intérieurement ; ce qui semble contradictoire, puisque nous devrions être comme passifs vis-à-vis de nous-mêmes. Aussi est-ce là ce qui fait volontiers donner comme identiques, dans les systèmes de psychologie, le *sens intime* et la faculté *apperceptive* (deux choses que nous distinguons soigneusement).

168. Ce qui détermine le sens intime, c'est l'entendement et sa faculté originelle de lier le divers de l'intuition, c'est-à-dire de le ramener à une apperception (qui est le principe de la possibilité même de cette faculté). Or, comme l'entendement, dans nous autres hommes, n'est pas lui-même une faculté intuitive, et que l'intuition, fût-elle donnée dans la sensibilité, ne pourrait cependant se charger de réunir en quelque sorte en un tout la diversité de *sa propre* intuition, la synthèse de l'entendement considéré seulement en lui-même n'est donc autre chose que l'unité de l'action dont il a conscience comme telle, même sans sensibilité, mais par laquelle cependant il peut déterminer ultérieurement la sensibilité par rapport à sa diversité possible d'après la forme de son intuition. Sous le titre de *synthèse transcendantale de l'imagination*, il exerce donc sur le sujet passif dont il est la *faculté*, une action telle que nous pouvons dire avec raison qu'elle affecte le sens intime. Tant s'en faut que l'apperception et son unité synthétique soient une seule chose avec le sens intime, que l'apperception, comme source de toute liaison, se rapporte plutôt à la diversité des *intuitions en général*, sous le nom de catégories, avant toute intuition sensible, qu'aux objets en général. Au contraire, le sens intime contient la simple *forme* de l'intuition, mais sans liaison de la diversité en elle ; il ne renferme donc encore aucune intuition *déterminée*, une intuition de cette nature n'étant possible que par la conscience de la détermination de ce sens en vertu de l'action transcendantale de l'imagination (action synthétique de l'entendement sur le sens intime) que j'ai appelée synthèse figurée.

169. C'est aussi ce que nous observons toujours en nous : nous ne pouvons concevoir aucune ligne sans la tirer par la pensée, aucun cercle sans le décrire, ni nous représenter les trois dimensions de l'espace sans *faire partir* d'un même point trois perpendiculaires entre elles. Nous ne pouvons même nous représenter le temps sans que, *tirant* une ligne droite (qui doit être la représentation intérieurement figurée du temps), nous fassions simplement attention à l'acte de la synthèse du divers, par lequel nous déterminons successivement le sens intime, et sans remarquer ainsi la succession de cette détermination en lui. Le mouvement, comme action du sujet (non comme détermination d'un objet) (1), par conséquent la synthèse de la diversité dans l'espace, lorsque nous faisons abstraction de cet espace pour ne considérer que l'action par laquelle nous déterminons le *sens intime* quant à sa forme, produit d'abord le concept de succession. L'entendement ne *trouve* donc pas déjà dans ce concept cette liaison de la variété, il *la produit lui-même* en *s'appliquant* à ce concept. Mais de savoir comment le *moi*, celui qui pense, est différent du *moi* qui se perçoit lui-même (puisque je puis me représenter encore d'autres modes d'intuitions, au moins comme possibles), sans cependant cesser d'être un seul et même sujet avec ce dernier ; comment je puis dire

---

(1) Le mouvement d'un *objet* dans l'espace ne fait pas partie d'une science pure, ni par conséquent de la géométrie ; parce que nous ne pouvons pas savoir *a priori*, mais seulement par l'expérience, que quelque chose est mobile. Mais le mouvement, comme *description* d'un espace, est un acte pur de la synthèse successive de la diversité dans l'intuition externe en général par l'imagination productive, et n'appartient pas à la géométrie seulement, mais encore à la philosophie transcendantale.

par conséquent que *moi*, comme intelligence et sujet *pensant*, je me connais *moi*-même comme objet *pensé*, en tant que je suis de plus donné à moi-même en intuition, non pas tel que je suis indépendamment de l'entendement, mais comme je m'apparais, ou de la même manière seulement que les autres phénomènes : c'est ce qui n'est ni plus ni moins difficile que de dire comment je puis être à moi-même un objet, et même un objet d'intuition et de perceptions internes. Si l'on accorde que l'espace n'est que la simple forme des phénomènes des sens externes, il ne sera cependant pas difficile de faire voir que la chose peut et doit se passer réellement ainsi, par la raison que nous ne pouvons nous représenter le temps, bien qu'il ne soit pas un objet d'intuition externe, que sous la forme d'une ligne que nous tirons, représentation sans laquelle nous ne pouvons absolument pas connaître l'unité de sa dimension ; parce que, encore, nous sommes toujours obligés d'emprunter la détermination des périodes ou des époques pour toutes les perceptions internes, de ce que des choses extérieures nous présentent de variable. D'où il suit que les déterminations du sens intime doivent s'ordonner exactement comme des phénomènes dans le temps, de la même manière que nous ordonnons les déterminations des sens extérieurs dans l'espace. Si donc nous permettons à ces dernières de nous servir de moyen pour connaître les objets en tant seulement que nous en sommes extérieurement affectés, il faudra bien avouer aussi du sens intime que nous ne nous percevons par là que comme nous sommes intérieurement affectés par nous-mêmes ; c'est-à-dire que, pour ce qui est de l'intuition interne, nous ne connaissons notre propre sujet que comme phénomène, mais non quant à ce qu'il est en lui-même (1).

§ XXV.

170. Au contraire, j'ai la conscience de moi-même dans la synthèse transcendantale de la diversité des représentations en général, par conséquent dans l'unité synthétique primitive de l'apperception, non comme je m'apparais, ni comme je suis en moi-même, mais j'ai simplement conscience que je suis. *Cette représentation* est une *pensée,* non une *intuition.* Or, de ce qu'il faut pour la *connaissance* de nous-mêmes, outre l'acte de la pensée, qui réduit la diversité de toute intuition possible à l'unité de l'apperception, une espèce déterminée d'intuition qui donne cette diversité, alors mon existence propre n'est pas un phénomène (bien moins encore une simple apparence) à la vérité, mais la détermination de mon existence (2) n'est cependant possible que d'après la forme du sens intime, suivant la manière particulière dont la diversité que je lie est donnée dans l'intuition interne ; en sorte que je n'obtiens par là

---

(1) Je ne vois pas comment l'on peut trouver tant de difficulté à reconnaître le sens intime comme affecté par nous-mêmes, quand chaque acte de l'*attention* peut nous en fournir un exemple. L'entendement y détermine toujours le sens intime d'après la liaison qu'il pense, de manière à former une intuition interne, intuition qui correspond à la diversité dans la synthèse de l'entendement. Chacun peut observer en soi-même combien l'esprit est communément affecté de cette manière.

(2) Le *je pense* exprime l'*acte* qui détermine mon existence. L'existence est donc déjà donnée par là, mais non la manière dont je dois la déterminer en posant en moi la diversité qui lui appartient. Il faut pour cela une intuition de soi-même basée sur la forme donnée

aucune *connaissance* de moi tel que je suis, mais simplement comme je m'apparais à moi-même. La conscience de soi-même n'est donc pas à beaucoup près la connaissance de soi-même, nonobstant toutes les catégories qui composent la pensée d'un objet en général par la liaison de la diversité en une apperception. Mais comme il me faut, pour la connaissance d'un objet différent de moi, outre la pensée d'un objet en général (dans la catégorie), une intuition par laquelle je détermine ce concept général; j'ai aussi besoin pour la connaissance de moi-même, indépendamment de la conscience ou de la pensée réfléchie, d'une intuition de la diversité en moi par laquelle je détermine cette pensée. J'existe donc ainsi comme une intelligence qui a seulement conscience de sa faculté synthétique, mais qui, par rapport à la diversité à lier, est soumise à une détermination restrictive appelée sens intime, et qui ne peut rendre sensible ou intuitive cette liaison, et par conséquent se connaître elle-même, que suivant des rapports de temps tout à fait étrangers aux concepts propres de l'entendement. Je ne puis donc me connaître moi-même relativement à une intuition (qui ne peut être intellectuelle et donnée par l'entendement) que comme une intelli-

---

a priori, c'est-à-dire sur le temps, laquelle forme est sensible et appartient à la réceptivité du déterminable. Si donc je n'ai pas de plus une autre intuition de moi-même, qui donne le déterminant en moi (dont la spontanéité est la seule chose de laquelle j'ai conscience), et avant l'acte de la *détermination*, de la même manière précisément que le temps donne le déterminable; alors je ne puis déterminer mon existence, en tant qu'existence d'un être spontané, mais je me représente seulement la spontanéité de ma pensée, c'est-à-dire de mon acte de détermination, et mon existence n'est jamais déterminable que d'une manière sensible, c'est-à-dire comme l'existence d'un phénomène. Cette spontanéité fait cependant que je m'appelle *intelligence*.

gence qui s'apparaît simplement, et non comme elle se connaîtrait si elle avait d'elle-même une *intuition* intellectuelle.

§ XXVI.

Déduction transcendantale de l'usage expérimental universellement possible des concepts purs de l'entendement.

171. Dans la *Déduction métaphysique* nous avons prouvé l'origine des catégories *a priori* en général par leur accord parfait avec les fonctions logiques générales de la pensée; mais dans la déduction *transcendantale*, nous en avons prouvé la possibilité comme connaissances *a priori* des objets d'une intuition en général (§§ XX, XXI). Maintenant nous expliquerons la possibilité de connaître *a priori* par le moyen des catégories, non pas, il est vrai, quant à la forme de leur intuition, mais quant aux lois de leur liaison [ou synthèse], les objets qui ne *peuvent se présenter* qu'*à nos sens*. Nous ferons voir par conséquent la possibilité de donner pour ainsi dire des lois à la nature, et de la rendre en quelque sorte possible. Car si elle n'en était pas susceptible on n'apercevrait pas comment tout ce qui se présente à nos sens doit être soumis aux lois qui dérivent *a priori* de l'entendement seul.

172. J'observe d'abord que j'entends par *synthèse de l'appréhension* la composition de la diversité en une intuition empirique, par laquelle la perception, c'est-à-dire la conscience empirique de cette intuition (comme phénomène) est possible.

173. Nous avons *a priori* des formes de l'intuition tant intérieure qu'extérieure dans les représentations

de temps et d'espace; et la synthèse de l'appréhension de la diversité du phénomène y doit toujours être conforme, parce que cette synthèse elle-même ne peut avoir lieu que suivant ces formes. Mais l'espace et le temps ne sont pas simplement représentés comme des *formes* de l'intuition sensible, ils le sont encore comme des *intuitions* mêmes (qui contiennent une diversité), par conséquent avec la détermination de l'*unité* de cette diversité en eux *a priori* (V. l'Esthétique transc.) (1). L'*unité* même de la *synthèse* de la diversité hors de nous ou en nous, par conséquent aussi une *liaison* à laquelle tout ce qui doit être représenté déterminément dans l'espace et le temps doit être conforme, est donc *déjà* donnée en même temps *a priori* comme condition de la synthèse de toute *appréhension avec* (et non dans) ces intuitions. Mais cette unité synthétique ne peut être que celle de l'union de la diversité d'une *intuition en général* donnée dans une conscience primitive, appliquée, conformément aux catégories, à notre *intuition sensible* seulement. Par conséquent, toute synthèse par laquelle même la perception devient possible, est soumise aux

(1) L'espace, représenté comme objet (ainsi qu'on est obligé de le faire en géométrie), contient, outre la simple forme de l'intuition, la *compréhension* ou composition de la diversité donnée en une représentation *intuitive* suivant la forme de la sensibilité; tellement que la *forme de l'intuition* donne seulement la diversité, et l'*intuition formelle*, l'unité de la représentation. Dans l'Esthétique, j'ai simplement regardé cette unité comme appartenant à la sensibilité, voulant indiquer seulement qu'elle précède tout concept, bien qu'elle suppose, à la vérité, une synthèse qui ne regarde point les sens, mais par laquelle seule tous les concepts d'espace et de temps sont possibles. Car, puisque par cette synthèse (qui a lieu lorsque l'entendement détermine la sensibilité) l'espace et le temps sont d'abord *donnés* comme des intuitions, l'unité de cette intuition *a priori* appartient donc à l'espace et au temps, et non point au concept de l'entendement (§ XXIV).

catégories; et comme l'expérience est la connaissance au moyen de perceptions réunies, les catégories sont donc des conditions de la possibilité de l'expérience, et valent par conséquent aussi *a priori* relativement à tous les objets de l'expérience.

* * *

174. Quand donc, par exemple, je convertis en perception l'intuition empirique d'une maison par l'apperception de sa diversité, j'ai pour point de départ l'*unité nécessaire* de l'espace et de l'intuition sensible extérieure en général, et je décris en quelque sorte la forme de cette maison d'après cette unité synthétique de la diversité dans l'espace. Mais cette même unité synthétique, abstraction faite de la forme de l'espace, a son siége dans mon entendement, et consiste dans la catégorie de la *synthèse de l'homogène* en une intuition en général, c'est-à-dire dans la catégorie de la *quantité*, à laquelle par conséquent cette synthèse de l'appréhension, c'est-à-dire la perception, doit être entièrement conforme (1).

175. Si, pour prendre un autre exemple, j'observe la congélation de l'eau, je trouve deux états (celui de fluidité et celui de solidité) qui, comme tels, sont dans une relation mutuelle de temps. Mais en donnant un fondement au phénomène en tant qu'*intuition interne*, je me représente nécessairement dans le temps l'*unité* synthétique

---

(1) On prouve de cette manière que la synthèse de l'appréhension, qui est empirique, doit être nécessairement conforme à la synthèse de l'apperception qui est intellectuelle et entièrement contenue *a priori* dans la catégorie. C'est une seule et même spontanéité qui, tantôt sous le nom d'imagination, tantôt sous celui d'entendement, produit l'unité dans la diversité de l'intuition.

nécessaire de la diversité, unité sans laquelle cette relation ne pourrait être donnée *déterminément* en une intuition (par rapport à la succession). Mais maintenant cette unité synthétique, comme condition *a priori* sous laquelle je lie la diversité d'une *intuition en général*, est (si je fais abstraction de la forme constante de mon intuition interne, du temps), la catégorie de *cause*, qui, appliquée à ma sensibilité, *détermine tout ce qui arrive quant à sa relation en général* dans le *temps*. Par conséquent l'appréhension dans cet événement, et cet événement lui-même, quant à la perception possible, sont soumis au concept du *rapport des effets* et *des causes*. Il en est de même pour tous les autres cas.

* * *

176. Des catégories sont des concepts qui prescrivent des lois *a priori* aux phénomènes, par conséquent à la nature, comme ensemble de tous les phénomènes (*natura materialiter spectata*). Or, il est question de savoir, puisqu'elles ne sont pas dérivées de la nature et qu'elles ne se règlent pas sur elle comme sur leur modèle (parce qu'autrement elles seraient purement empiriques), comment l'on peut concevoir que la nature doive se régler sur elles, c'est-à-dire comment elles peuvent déterminer *a priori* l'union de la diversité de la nature plutôt que de la prendre d'elle? Voici le mot de cette énigme.

177. Quelque étrange que soit l'accord des lois des phénomènes dans la nature avec l'entendement et sa forme *a priori*, c'est-à-dire avec sa faculté de *lier* la diversité en général, néanmoins la manière dont les phénomènes mêmes doivent s'accorder avec les formes de

l'intuition sensible *a priori* est quelque chose de plus étonnant encore ; car des lois n'existent pas plus dans les phénomènes que des phénomènes n'existent par eux-mêmes ; elles n'existent que par rapport au sujet auquel les phénomènes se rattachent en tant qu'il est intelligent, comme les phénomènes n'existent que par rapport à un être sensible. Les choses seraient encore par elles-mêmes et nécessairement susceptibles de lois, quand même il n'y aurait pas d'entendement qui les connût. Mais les phénomènes n'étant que des représentations de choses qui sont inconnues quant à ce qu'elles peuvent être en elles-mêmes, ils ne sont soumis, comme simples représentations, à aucune autre loi d'union qu'à celle imposée par la faculté synthétique. Or, ce qui lie la diversité de l'intuition sensible, c'est l'imagination qui dépend de l'entendement quant à l'unité de sa synthèse intellectuelle, et de la sensibilité quant à la diversité de l'appréhension. Mais, comme toute perception possible dépend de la synthèse de l'appréhension et que cette synthèse empirique dépend elle-même de la synthèse transcendantale, par conséquent aussi des catégories, dont la nature (considérée purement comme nature en général) dépend, comme de la raison primitive de sa légitimité nécessaire (*tanquam natura formaliter spectata*). Mais l'entendement pur ne peut prescrire *a priori* d'autres lois aux phénomènes, par le moyen des catégories, que celles qui servent de fondement à une *nature en général*, comme légitimité des phénomènes dans l'espace et le temps. Des lois particulières, attendu qu'elles concernent des phénomènes déterminés empiriquement, ne peuvent complétement dériver de ces catégories de l'entendement, quoiqu'elles y soient toutes soumises. Il est donc nécessaire que l'expérience intervienne pour apprendre à connaître ces dernières lois en général ; mais les premières lois seules apprennent *a priori* la manière de s'instruire par l'expérience et d'en connaître un objet.

§ XXVII.

Résultat de cette déduction des concepts de l'entendement.

178. Nous ne pouvons penser un objet par le moyen des catégories, comme nous ne pouvons connaître aucun objet pensé par le secours d'intuitions correspondantes à ces concepts catégoriques. Or, toutes nos intuitions sont sensibles, et la connaissance, en tant que son objet est donné, est empirique. Mais la connaissance empirique est l'expérience. Par conséquent aucune connaissance *a priori* n'est possible en nous que par rapport aux *objets* dont l'expérience est en elle-même possible (1).

179. Mais cette connaissance qui ne se borne qu'aux objets de l'expérience n'en est pas pour cela tirée tout

(1) Crainte que l'on ne s'offense mal à propos des conséquences prétendues fâcheuses de cette proposition, je dois avertir que ces catégories, dans la *pensée*, ne sont point limitées par les conditions de notre intuition sensible, mais qu'elles ont un champ indéfini, et qu'il n'y a que le fait de *connaître* ce que nous pensons, c'est-à-dire la détermination de l'objet, qui ait besoin d'intuition ; mais qu'à défaut de cette intuition, la pensée de l'objet peut du reste toujours avoir ses conséquences vraies et utiles dans *l'usage de la raison* du sujet. Mais je ne puis pas encore parler maintenant de cet usage, parce qu'il ne se rapporte pas toujours à la détermination de l'objet, ni par conséquent à la connaissance ; il peut concerner aussi la détermination du sujet et de sa volonté.

entière; les intuitions pures et les concepts intellectuels purs sont aussi des éléments de la connaissance qui se trouvent en nous *a priori*. Or, il n'y a que deux moyens de penser l'accord nécessaire de l'expérience avec les concepts de ses objets : ou l'expérience rend ces concepts possibles, ou ces concepts rendent l'expérience possible. Le premier de ces moyens n'a pas lieu pour les catégories (non plus que pour les intuitions pures), car elles sont des concepts *a priori*, par conséquent indépendants de l'expérience (la reconnaissance d'une origine empirique tendrait à une espèce de *generatio œquivoca*). Reste donc seulement le second cas (comme une sorte de *système épigénésique* de la raison pure), savoir : que les catégories contiennent, du côté de l'entendement, les principes de la possibilité de toute expérience en général. Mais de savoir comment elles rendent l'expérience possible, et comment elles fournissent le fondement de sa possibilité dans leur application à l'usage, c'est-à-dire dans les phénomènes, c'est ce qu'on fera voir amplement dans le chapitre qui suit, sur l'usage transcendantal de la faculté de juger.

180. Voudrait-on introduire un troisième moyen, outre les deux qui viennent d'être exposés, et prétendrait-on que les catégories ne sont ni des premiers principes en soi ou *spontanés* de notre connaissance *a priori*, ni des principes tirés de l'expérience, mais qu'elles sont seulement subjectives ; qu'avec notre existence nous a été donnée en même temps l'aptitude à la pensée, et une aptitude tellement conçue et exécutée par l'auteur de notre être, que son usage fût en parfait accord avec les lois de la nature à l'aide desquelles se forme l'expérience (aptitude qui serait ainsi une espèce de *préforma-*

tion du système de la raison pure)? Mais, dans cette hypothèse, on ne voit pas jusqu'où il faudrait faire remonter la supposition d'aptitudes prédéterminées pour des jugements à venir. Il y a plus, et ceci est péremptoire contre ce troisième moyen imaginé, c'est que les catégories manqueraient alors de la *nécessité* qui fait partie essentielle de leurs concepts. Car, par exemple, le concept de cause, qui énonce une nécessité de conséquence sous une condition préposée, serait faux s'il ne reposait que sur une nécessité subjective, arbitraire, innée en nous, d'unir certaines représentations empiriques suivant un certain rapport. Je ne pourrais pas dire : l'effet est lié avec la cause dans l'objet, c'est-à-dire nécessairement ; mais je pourrais dire seulement que je suis fait de telle sorte que je ne puis penser cette représentation autrement que conjointe ; et c'est précisément ce que le scepticisme demande. Car alors toute notre science sur la valeur objective de nos jugements ne serait qu'une vaine apparence, et il ne manquerait pas de gens qui n'avoueraient pas même cette nécessité subjective (qui doit être sentie). Au moins ne pourrait-on disputer avec personne sur la manière dont son sujet est organisé.

Résumé de cette déduction.

181. Elle est l'exposition des concepts purs de l'entendement (et avec eux de toute connaissance théorique *a priori*), comme principes de la possibilité de l'expérience ; mais de l'expérience comme *détermination* des phénomènes dans l'espace et le temps *en général*; et de cette détermination enfin par le principe de l'unité

synthétique *primitive* de l'aperception, comme forme de l'entendement en rapport avec l'espace et le temps, formes originelles de la sensibilité.

* * *

182. La division en paragraphes n'était nécessaire que jusqu'ici, parce qu'il s'agissait de concepts élémentaires. Mais, comme il faut maintenant en montrer l'usage, les chapitres ne seront plus coupés par des paragraphes.

ANALYTIQUE TRANSCENDANTALE.

LIVRE DEUXIÈME.

Analytique des principes.

183. La logique générale s'élève sur un fondement qui s'accorde parfaitement avec la division précédente des facultés supérieures de connaître, qui sont : *l'entendement*, le *jugement*, la *raison*. Cette science traite donc, dans son analytique, des *concepts*, des *jugements*, et des *raisonnements*, d'après les fonctions et l'ordre des facultés intellectuelles comprises en général sous la dénomination large d'entendement.

184. Cette Logique purement formelle, faisant abstraction de toute matière de la connaissance (pure ou empirique), et ne s'occupant en général que de la forme de la pensée (de la connaissance discursive), peut comprendre aussi dans sa partie analytique le canon de la raison, dont la forme a sa règle certaine,

qui, sans que l'on considère la nature particulière de la connaissance qu'on y traite, peut être aperçue *a priori*, par la simple décomposition des actes de la raison en leurs divers moments.

185. La Logique transcendantale étant restreinte à un objet déterminé, à la connaissance pure *a priori*, ne peut imiter la Logique générale dans cette division ; on comprend en effet que l'usage transcendantal de la raison ne vaut point objectivement, et n'appartient par conséquent pas à la *logique de la vérité*, c'est-à-dire à l'Analytique ; mais que, comme *logique de l'apparence*, elle réclame une partie spéciale de la science scolastique, sous le nom de *Dialectique transcendantale*.

186. L'entendement et le jugement sont donc susceptibles d'un canon pour leur usage objectivement valable, et par conséquent vrai, dans la Logique transcendantale, et appartiennent en conséquence à la partie analytique de cette logique. Mais la *raison*, dans ses tentatives pour décider quelque chose *a priori* sur les objets, et étendre la connaissance au-delà des bornes de l'expérience possible, est toute *dialectique*, et ses affirmations d'apparence ne peuvent absolument s'adapter à un canon tel cependant que doit le contenir l'Analytique.

187. L'*Analytique des principes* n'est donc simplement qu'un canon pour la *faculté de juger*. Elle apprend au jugement à faire aux phénomènes l'application des concepts intellectuels qui contiennent la condition de règles *a priori*. Me proposant de traiter des *Principes* propres de *l'entendement*, je me servirai donc des mots *Théorie du jugement* pour désigner plus particulièrement ce traité.

INTRODUCTION

Du jugement transcendantal en général.

188. Si je fais de l'entendement en général la faculté des règles, la faculté de juger sera la faculté de *subsumer*, c'est-à-dire de distinguer si quelque chose est ou n'est pas soumis à une règle donnée (*casus datæ legis*). La Logique générale ne contient pas de préceptes pour le jugement et n'en peut pas même contenir ; car, *faisant abstraction de toute matière de la connaissance*, il ne lui reste qu'à exposer analytiquement la simple forme de la connaissance dans les concepts, dans les jugements et les raisonnements, et à établir par là les règles formelles de tout usage de l'entendement. Si donc elle voulait faire voir en général comment on doit subsumer à ces règles, c'est-à-dire comment on doit distinguer si quelque chose y est ou non soumis, il est évident qu'elle ne le pourrait encore qu'en suivant quelque règle. Mais cette règle, par là même qu'elle en serait une, exigerait une nouvelle instruction pour le jugement. D'où l'on voit que l'entendement est, à la vérité, capable d'instruction au moyen de règles, mais que le jugement est un don naturel particulier qui ne peut absolument pas être appris, mais qui veut seulement être cultivé. Cette faculté est donc aussi la partie constitutive du bon sens, dont le défaut ne peut être réparé par aucune étude ; car quoique cette étude puisse donner, inoculer, pour ainsi dire, à une intelligence bornée de nombreuses règles empruntées à un esprit étranger, cependant la faculté de s'en servir convena-

blement appartient à l'élève lui-même, et aucune des règles qu'on peut prescrire à ce sujet n'est un sûr garant contre le mauvais usage qu'il pourrait faire des premières par suite du défaut de ce don de la nature (1). C'est pourquoi un juge, un publiciste peut avoir dans la tête un grand nombre de règles pathologiques, juridiques ou politiques, au point d'être en cela même un profond docteur, et cependant faillir très facilement dans leur application, soit parce qu'il manque de jugement naturel (quelque sain que soit son entendement), pouvant en effet apercevoir le général *in abstracto*, sans pouvoir plus rien distinguer dans un cas particulier *in concreto*; ou bien encore parce qu'il a été accoutumé à juger par des exemples et dans des affaires réelles. Les exemples ont une grande et unique utilité, celle d'exercer le jugement; mais, pour ce qui regarde la justesse et la précision de l'aperçu intellectuel, ils lui portent en général un grand préjudice, parce qu'ils cadrent rarement d'une manière parfaite avec la condition de la règle (comme *casus in terminis*), et affaiblissent souvent en outre la contention d'esprit nécessaire pour apercevoir abstraitement les règles dans toute leur unité, indépendamment des cas particuliers de l'expérience, et font enfin que l'esprit s'accomode à l'usage de ces règles plutôt comme à des formules que comme à des

---

(1) L'absence de jugement est proprement ce qu'on appelle stupidité. Il n'y a pas de remède à un tel *vice*. Une tête obtuse et bornée, qui ne manque d'entendement et de concepts intellectuels qu'à un certain degré, est très susceptible de s'orner par l'instuction, même jusqu'à l'érudition. Mais, comme le plus souvent l'entendement même (la *secunda Petri*) fait aussi défaut, il n'est pas rare de trouver des hommes très instruits qui laissent apercevoir dans l'emploi de leur science ce vice irrémédiale.

principes. Les exemples sont donc en quelque sorte l'instrument qui sert à aiguiser le jugement, et dont ne peut jamais se passer celui à qui cette faculté n'a point été départie par la nature.

189. Mais, si la *Logique générale* ne peut donner des préceptes pour le jugement, il en est tout autrement de la Logique transcendantale; à tel point que celle-ci semble avoir pour attribution propre de redresser et de garantir le jugement dans l'usage de l'entendement pur par des règles déterminées. Car la philosophie ne semble pas être nécessaire, ou plutôt elle paraît être abusivement employée, pour donner de l'extension à l'entendement dans le champ de la connaissance pure *a priori*, et par conséquent lorsqu'on la fait servir comme doctrine, puisqu'en fait on a peu ou point gagné de terrain, malgré toutes les tentatives faites jusqu'ici pour arriver à ce but. Mais comme Critique, c'est-à-dire comme moyen de prévenir les faux pas du jugement (*lapsus judicii*) dans l'usage du peu de concepts intellectuels purs que nous avons, la philosophie s'offre avec toute sa pénétration et toute son habileté d'examen : en quoi son utilité est purement négative.

190. Mais la philosophie transcendantale a cela de propre, qu'outre la règle (ou plutôt la condition générale des règles) qui est donnée dans le concept pur de l'entendement, elle peut en même temps faire voir *a priori* le cas auquel ces règles doivent être appliquées. La cause de sa supériorité en cela par rapport à toutes les autres sciences enseignantes (excepté les mathématiques), c'est qu'elle traite de concepts qui doivent se rapporter *a priori* à leurs objets, et dont par conséquent la valeur objective ne peut pas être démontrée *a poste-*

riori ; car il ne s'agirait pas là de la valeur objective expérimentale de ces concepts. Mais la philosophie transcendantale doit cependant fournir en même temps dans des caractères généraux, et néanmoins suffisants, des conditions sous lesquelles des objets puissent être donnés en accord avec ces concepts, autrement ils manqueraient d'objets, et ne seraient que de simples formes logiques et non des concepts purs de l'entendement.

191. Cette *théorie transcendantale de la faculté de juger* se réduit donc à deux chapitres : le premier, qui traite de la condition sensible sous laquelle seule des concepts purs de l'entendement peuvent êtres employés c'est-à-dire du *schématisme* de l'entendement pur ; le second, qui traite des jugements synthétiques dérivant des concepts purs de l'entendement sous cette condition *a priori*, et qui servent de fondement aux autres connaissances *a priori*, c'est-à-dire des principes de l'entendement pur.

CHAPITRE PREMIER.
Du schématisme des concepts intellectuels purs.

192. Dans toute subsomption d'un objet sous un concept, la représentation de l'objet doit être d'une *nature analogue* à celle du concept ; c'est-à-dire que le concept doit contenir ce qui est représenté dans l'objet à subsumer, car c'est précisément ce que signifie la proposition qu'un objet est contenu sous un concept. Ainsi le concept empirique d'un *plat* a de l'analogie avec le concept géométrique pur d'un cercle, puisque la rondeur qui est conçue dans le premier peut être perçue dans le second.

193. Mais les concepts purs de l'entendement, en comparaison avec des intuitions empiriques (avec des intuitions sensibles en général) en sont tout à fait *différents* et ne peuvent jamais se trouver dans une intuition. D'où vient donc la *subsomption* des intuitions sous les concepts, par conséquent l'*application* des catégories aux phénomènes, quand cependant personne ne peut dire que ces catégories, par exemple la causalité, puissent aussi être perçues par les sens, être comprises dans le phénomène? Cette question, si naturelle et si importante, est donc proprement la raison qui rend nécessaire la théorie transcendantale du jugement, pour faire voir comment des *concepts purs de l'entendement* peuvent en général être appliqués à des phénomènes. Dans toutes les autres sciences où les concepts par lesquels l'objet en général est pensé ne sont pas essentiellement différents de ceux qui le représentent *in concreto* comme il est donné, il n'est pas nécessaire, pour l'application du concept à l'objet, de donner une explication particulière.

194. Il est clair maintenant qu'il doit y avoir un moyen terme qui ressemble en partie à la catégorie, en partie au phénomène, et qui rende possible l'application de la première au dernier. Cette représentation intermédiaire doit être pure (n'avoir rien d'empirique), et cependant, d'une part, être *intellectuelle*, et de l'autre *sensible*. Tel est le *schème transcendantal*.

195. Le concept intellectuel renferme l'unité synthétique pure de la diversité en général. Le temps, comme condition formelle de la diversité du sens intime, par conséquent de la liaison de toutes les représentations, contient une diversité *a priori* dans l'intuition pure. Or, une détermination transcendantale de temps, comme

analogue à la *catégorie* (qui en fait l'unité), est universelle aussi bien qu'elle, et repose sur une règle *a priori*. Mais, d'un autre côté, elle est analogue au *phénomène*, puisque le temps est compris dans toute représentation empirique de la diversité. Une application de la catégorie à des phénomènes devient donc possible par le moyen de la détermination transcendantale du temps; et cette détermination, comme schème des concepts de l'entendement, rend possible la subsomption des phénomènes à la catégorie.

196. D'après ce qui a été démontré dans la déduction des catégories, personne, je pense, n'hésitera à prononcer sur la question : Si l'usage de ces concepts purs est seulement empirique, ou bien encore s'il est transcendantal, c'est-à-dire si ces concepts, comme conditions d'une expérience possible, se rapportent *a priori* seulement à des phénomènes; ou si, comme conditions de la possibilité des choses en général, ils peuvent se rapporter à des objets en soi (sans aucun égard à notre sensibilité). Car nous avons vu que des concepts sont tout à fait impossibles et qu'ils ne peuvent avoir aucun sens quand un objet ne leur est pas donné soit à eux-mêmes, soit aux éléments dont ils se composent; que par conséquent ils ne peuvent concerner les choses en soi (sans considérer si et comment ces choses peuvent nous être données). Nous avons vu, de plus, que la seule manière dont ces choses nous sont données est la modification de notre sensibilité; enfin, que des concepts purs *a priori* doivent contenir *a priori*, indépendamment de la fonction de l'entendement dans la catégorie, des conditions formelles de la sensibilité (particulièrement du sens intime), conditions qui en renferment une autre

générale sous laquelle seule la catégorie peut être appliquée à un objet quelconque. Nous appellerons cette condition formelle et pure de la sensibilité, à laquelle le concept intellectuel est restreint dans son usage, le *schème* de ce concept intellectuel ; et le procédé de l'entendement relatif à ce *schème*, le *schématisme* de l'entendement pur.

197. Le schème n'est toujours en lui-même qu'un produit de l'imagination ; mais comme la synthèse de cette dernière n'a pour but aucune intuition particulière, mais seulement l'unité dans la détermination de la sensibilité, le schème doit être distingué de l'image. Ainsi, quand je dispose cinq points l'un après l'autre de cette manière . . . . . , j'ai une image du nombre cinq. Au contraire, quand je conçois seulement un nombre en général, qui peut être ou cinq, ou cent, cette pensée est plutôt alors la représentation d'une méthode pour représenter en une image une multiplicité (v. g. mille) conformément à un certain concept, que pour représenter cette image même, qu'il me serait d'ailleurs très difficile, dans le dernier cas, de parcourir des yeux et de comparer avec le concept. Or, cette représentation d'un procédé général de l'imagination, pour donner à un concept son image, s'appelle le schème de ce concept.

198. En effet, nos concepts sensibles purs n'ont point pour fondement des images des objets, mais des schèmes. Aucune image d'un triangle quelconque ne pourrait jamais être adéquate au concept d'un triangle en général ; jamais elle n'atteindrait la généralité du concept qui fait qu'il vaut pour tous les triangles, rectangles, isocèles, etc. ; elle serait toujours restreinte à une seule

partie de cette sphère. Le schème du triangle ne peut exister ailleurs que dans la pensée, et indique une règle de la synthèse de l'imagination par rapport aux figures pures dans l'espace. Un objet de l'expérience ou son image atteint bien moins encore le concept empirique; ce concept se rapporte toujours immédiatement au schème de l'imagination, comme à une règle de la détermination de notre intuition, suivant un certain concept général. Le concept de chien désigne une règle d'après laquelle mon imagination peut décrire la figure d'un quadrupède en général sans être restreinte à une figure particulière que nous offre l'expérience, non plus qu'à une image possible quelconque que je pourrais me représenter *in concreto*. Ce schématisme de notre entendement, par rapport aux phènomènes et à leurs simples formes, est un art secret dans les profondeurs de l'âme humaine, dont nous aurons de la peine à jamais arracher le vrai procédé à la nature pour le mettre en quelque sorte sous les yeux. Seulement, il nous est permis de dire que l'*image* de la faculté empirique est un produit de l'imagination productive, et que le *schème* des concepts sensibles (comme de figures dans l'espace) est un produit, et comme un monogramme de l'imagination pure *a priori*, par lequel et suivant lequel seul les images sont définitivement possibles. Mais ces images ne peuvent jamais être liées au concept que par l'intervention du schème qu'elles indiquent et auquel elles ne sont point en elles-mêmes parfaitement adéquates. Au contraire, le schème d'un concept pur de l'entendement est quelque chose qui ne peut être réduit à aucune image; il n'est que la synthèse pure, réalisée suivant une règle de l'unité, d'accord avec des concepts en général, et qu'exprime la catégorie. C'est un produit transcendantal de l'imagination, qui concerne la détermination du sens intime en général, suivant les conditions de sa forme (du temps) par rapport à toutes les représentations, en tant qu'elles doivent être *a priori* liées en un concept en conséquence de l'unité de l'apperception.

199. Sans nous arrêter à une aride et fastidieuse analyse de ce qui est exigé pour des schèmes transcendantaux des concepts purs de l'entendement en général, nous exposerons plus volontiers ces schèmes suivant l'ordre des catégories et en rapport avec elles.

200. L'image pure de toutes les quantités ou grandeurs (*quantorum*), pour le sens externe, est l'espace; celle de tous les objets des sens en général, c'est le temps. Mais le *schème* pur de la *quantité* (*quantitatis*) comme concept de l'entendement, c'est le *nombre*, qui est une représentation comprenant l'addition successive de un à un (des choses de même espèce). Le nombre n'est donc autre chose que l'unité de la synthèse de la diversité d'une intuition homogène en général, par le fait que je produis le temps lui-même dans l'appréhension de l'intuition.

201. Une réalité dans un concept pur de l'entendement est ce qui correspond en général à une sensation quelconque, par conséquent ce dont le concept désigne un être en soi (dans le temps). Une négation est ce dont le concept représente un non-être (dans le temps). L'opposition de ces deux choses consiste dans la différence du même temps, comme plein ou vide. Puisque le temps consiste uniquement dans la forme de l'intuition, par conséquent dans la forme des objets, comme phéno-

mènes, il s'ensuit que ce qui répond en eux à la sensation est la matière transcendantale de tous les objets comme choses en soi (réalité essentielle). Or, toute sensation a un degré ou une intensité par laquelle elle peut plus ou moins remplir le même temps, c'est-à-dire le sens intime, par rapport à une représentation d'un objet, jusqu'à ce qu'elle se réduise à rien ($= 0 = negatio$). Il y a donc un rapport et un enchaînement, ou plutôt un passage de la réalité à la négation, qui rend représentable toute réalité comme quantité; et le schème d'une réalité, comme de la quantité de quelque chose, en tant que cette chose remplit le temps, est purement la production continue et uniforme de cette réalité dans le temps, lorsqu'on descend chronologiquement de la sensation, qui a un certain degré, jusqu'à son évanouissement, ou qu'on s'élève insensiblement de la négation de la sensation à sa quantité.

202. Le schème de la substance est la permanence du réel dans le temps, c'est-à-dire sa représentation comme un substratum de la détermination empirique du temps en général, lequel substratum, par conséquent, reste quand tout change. Le temps ne passe pas, mais en lui passe l'existence du muable. Donc au temps, qui est par lui-même immuable et permanent, correspond dans le phénomène, l'immuable dans l'existence; c'est-à-dire la substance; en elle seule peuvent être déterminées la succession et la simultanéité du phénomène quant au temps.

203. Le schème de la cause et de la causalité d'une chose en général est le réel, qui, s'il est posé à volonté, est toujours suivi de quelque autre chose. Il consiste donc dans la succession de la diversité en tant qu'elle est soumise à une règle.

204. Le schème de la réciprocité de l'action et de la réaction, ou de la causalité mutuelle des substances par rapport à leurs accidents, est le rapport simultané des déterminations de l'un avec les déterminations de l'autre, suivant une règle générale.

205. Le schème de la possibilité est l'accord de la synthèse de différentes représentations avec les conditions du temps en général (le contraire, par exemple, ne pouvant exister en même temps dans une chose, mais seulement d'une manière successive); par conséquent la détermination de la représentation d'une chose en un certain temps.

206. Le schème de la réalité essentielle est l'existence dans un temps déterminé.

207. Le schème de la nécessité est l'existence d'un objet en tout temps.

208. On voit donc par tout cela que le schème de chaque catégorie, tel que celui de la quantité, contient et représente la production (la synthèse) du temps lui-même dans l'appréhension successive d'un objet ; le schème de la qualité, la synthèse de la sensation (perception) avec la représentation du temps, ou l'occupation, le plein du temps; le schème de la relation, le rapport des perceptions entre elles en tout temps (c'est-à-dire suivant une règle de la détermination de temps); enfin le schème de la modalité et de ses catégories, le temps lui-même, comme le corrélatif de la détermination d'un objet, si et comment cet objet appartient au temps. Les schèmes ne sont donc que des *déterminations de temps a priori* d'après des règles qui, suivant l'ordre des catégories, ont pour objet la *série du temps*, la

matière du temps, l'*ordre du temps*, et enfin l'*ensemble du temps* par rapport à toutes les choses possibles.

209. D'où il résulte que le schématisme de l'entendement par la synthèse transcendantale de l'imagination ne concerne que l'unité de toute diversité de l'intuition dans le sens intime, et indirectement l'unité de l'apperception, comme fonction correspondante au sens intime (à une réceptivité). Les schèmes des concepts purs de l'entendement sont donc les vraies et uniques conditions pour donner à ces concepts un rapport aux objets, et par conséquent pour leur donner une *signification* ; en sorte que les catégories n'ont en définitive qu'un usage empirique possible, puisqu'elles servent simplement à soumettre les phénomènes aux règles générales de la synthèse à l'aide de principes d'une unité nécessaire *a priori* (à cause de la liaison nécessaire de toute conscience en une seule apperception originelle), et à rendre ainsi les phénomènes susceptibles d'une liaison universelle en une expérience.

210. Mais dans cet ensemble de toute expérience possible sont toutes nos connaissances; et dans le rapport général à cette expérience, consiste la vérité transcendantale qui précède toute vérité empirique et la rend possible.

211. Il est cependant visible que les schèmes de la sensibilité, quoique réalisant avant tout les catégories, les restreignent néanmoins, c'est-à-dire les réduisent à des conditions étrangères à l'entendement (savoir, à la sensibilité). C'est pourquoi le schème n'est proprement qu'un phénomène, ou le concept sensible d'un objet, d'accord avec la catégorie (NUMERUS *est quantitas* phænomenon ; SENSATIO, *realitas phænomenon*, CONSTANS

et perdurabile rerum substantia phœnomenon. — — Æternitas, necessitas, *phœnomena, etc.*). Si donc nous omettions une condition restrictive, nous étendrions par le fait, à ce qu'il semble, le concept limité auparavant; et ainsi les catégories devraient valoir dans leur signification pure sans toutes les conditions de la sensibilité à l'égard des objets en général, *tels qu'ils sont,* au lieu que leurs schèmes *représentent* ces objets seulement *comme ils apparaissent.* Elles auraient donc une valeur indépendante de tout schème, valeur beaucoup plus étendue que celle des schèmes. Dans le fait, cependant, si l'on opère cette suppression, et que l'on fasse abstraction de toute condition sensible, les concepts purs de l'entendement n'auront plus qu'une valeur purement logique, celle de la seule unité des représentations, mais de représentations sans objet ; c'est-à-dire que ces concepts ne pourront se rapporter à aucun objet, ne signifieront rien. La substance, par exemple, si l'on omet la détermination sensible de la permanence, ne signifiera plus que quelque chose qui peut être pensé comme sujet (sans être le prédicat de quelque autre chose). Or, je ne puis rien faire de cette représentation, puisqu'elle ne me montre pas les déterminations de la chose qui, comme telle, doit valoir à titre de premier sujet. Les catégories sans schèmes ne sont donc que des fonctions de l'entendement pour les concepts et ne représentent aucun objet. Cette signification d'un objet leur vient de la sensibilité, qui réalise l'entendement en le restreignant.

CHAPITRE II.

Système de tous les principes de l'entendement pur.

212. Dans le chapitre précédent nous n'avons considéré la faculté transcendantale de juger que d'après les conditions générales sous lesquelles seules elle peut faire un légitime usage des concepts purs de l'entendement dans les jugements synthétiques. Nous devons maintenant exposer en un tout systématique les jugements que l'entendement forme réellement *a priori*, avec cette circonspection critique. Notre table des catégories doit infailliblement donner pour ce travail un guide naturel et sûr; car elles sont précisément ce dont le rapport à une expérience possible doit constituer *a priori* toute connaissance pure de l'entendement, et ce dont le rapport à la sensibilité en général fera connaître intégralement et en un système tous les principes transcendantaux de l'usage de l'entendement.

213. Des principes *a priori* sont ainsi appelés, non seulement parce qu'ils sont la base d'autres jugements, mais encore parce qu'ils ne sont pas eux-mêmes fondés sur des connaissances plus élevées et plus générales. Cette propriété ne les dispense cependant pas toujours d'une preuve. Car, quoique cette preuve ne puisse être établie plus objectivement et qu'elle serve plutôt de base à toute connaissance de son objet, cela n'empêche pas qu'une preuve ne puisse être prise des sources subjectives de la possibilité d'une connaissance de l'objet en général, et même que cette preuve ne soit nécessaire;

autrement le principe encourrait le grave soupçon d'être une affirmation gratuite.

214. Ensuite, nous nous bornerons simplement aux principes qui se rapportent aux catégories. Par conséquent les principes de l'Esthétique transcendantale, suivant lesquels l'espace et le temps sont les conditions de la possibilité de toutes choses comme phénomènes, de même que la restriction de ces principes, consistant en ce qu'ils ne peuvent se rapporter aux choses en soi, n'appartiennent pas au champ de notre investigation. Les principes mathématiques ne font pas non plus partie de ce système, parce qu'ils ne sont pris que de l'intuition et non des concepts de l'entendement. Cependant comme ils sont des jugements synthétiques *a priori*, leur possibilité trouvera nécessairement ici sa place; non pas, à la vérité, pour démontrer leur justesse et leur certitude apodictique, ce qui n'est pas nécessaire, mais seulement pour faire comprendre et pour déduire *a priori* la possibilité de ces connaissances évidentes.

215. Nous parlerons aussi du principe des jugements analytiques, mais à la vérité, par opposition aux jugements synthétiques, qui sont ceux dont nous avons proprement à nous occuper, parce que cette opposition même affranchit de toute équivoque la théorie de ces derniers jugements, et l'expose clairement dans sa nature propre.

SECTION I.

Du principe suprême de tous les jugements analytiques.

216. Quelle que soit la matière de notre connaissance, et de quelque manière qu'elle se rapporte à l'ob-

jet, cependant la condition générale, quoique purement négative, de tous nos jugements, est qu'ils ne se contredisent pas eux-mêmes ; autrement ils ne sont rien par eux-mêmes (sans égard à l'objet). Mais quoiqu'il n'y ait aucune contradiction dans notre jugement, il peut cependant lier des concepts d'une manière qui répugne à l'objet, ou sans raisons suffisantes à nous connues, soit *a priori,* soit *a posteriori.* Un jugement peut donc être faux ou non fondé, sans du reste renfermer aucune contradition.

217. Le principe : un attribut qui répugne à une chose, ne lui convient point, s'appelle donc principe de contradiction. C'est un criterium universel de toute vérité, quoique purement négatif ; mais il appartient par là même exclusivement à la Logique, puisqu'il vaut pour les connaissances, purement comme connaissances en général, sans égard à leur objet, et déclare que la contradiction fait complétement disparaître ces connaissances.

218. On en peut cependant faire un usage positif, c'est-à-dire le faire servir, non simplement à découvrir l'erreur (en tant qu'elle porte sur une contradiction), mais encore à connaître la vérité. Car si le *jugement est analytique,* qu'il soit négatif ou affirmatif, la vérité doit toujours pouvoir en être connue parfaitement en vertu du principe de contradiction. A l'égard de ce qui est déjà dans la connaissance de l'objet comme concept, et qui se trouve déjà pensé, le contraire en est effectivement toujours nié avec raison ; et alors ce concept doit s'affirmer nécessairement, par le fait que le contraire de ce concept répugnerait à cet objet.

219. Nous devons donc faire valoir le *principe de contradiction* comme *principe* général et parfaitement suffisant pour *toute connaissance analytique*; mais son autorité et son usage comme un criterium suffisant de la vérité ne vont pas plus loin. Ce qui fait que ce principe est la condition *sine quâ non* mais non un principe de détermination de la vérité de nos connaissances, c'est qu'aucune ne peut lui être contraire sous peine de s'anéantir elle-même. Comme nous n'avons proprement affaire maintenant qu'à la partie synthétique de notre connaissance, nous devrons toujours avoir soin de n'agir jamais contre cet inviolable principe, sans cependant pouvoir en espérer aucun éclaircissement par rapport à la vérité de cette même espèce de connaissance, la vérité synthétique.

220. Il y a cependant une formule de ce principe célèbre, purement formel et dépourvu de contenu, formule qui renferme une synthèse mal à propos confondue avec le principe lui-même et sans la moindre nécessité; la voici : Il est impossible qu'une chose soit et ne soit pas *en même temps*. Outre qu'ici la certitude apodictique a été ajoutée inutilement (par le mot *impossible*), certitude qui doit se comprendre d'elle-même par la proposition, ce jugement est encore affecté par la condition du temps, et signifie en quelque sorte : une chose $= A$, qui est quelque chose $= B$, ne peut pas en même temps être non B. Mais elle peut très bien être successivement l'un et l'autre (B et non B); par exemple, un homme qui est jeune ne peut être vieux en même temps, mais ce même homme peut très bien être jeune dans un temps, et n'être pas jeune ou être vieux dans un autre temps. Or, le principe de contradiction, comme

principe purement logique, ne doit pas restreindre ces énoncés aux rapports de temps ; par conséquent une semblable formule est tout à fait contraire à son but. Le malentendu vient uniquement de ce que l'on sépare d'abord un prédicat d'une chose, du concept de cette chose, et qu'ensuite on joint à ce même prédicat son contraire ; ce qui ne donne jamais une contradiction avec le sujet, mais seulement avec son prédicat qui lui est uni synthétiquement : contradiction qui n'a même lieu qu'autant que le premier et le second prédicat sont posés dans le même temps. Si je dis : un homme qui est ignorant n'est pas instruit, la condition *en même temps* doit être exprimée, car celui qui est ignorant dans un temps peut très bien être instruit dans un autre. Mais si je dis : aucun homme ignorant n'est instruit, la proposition sera analytique, parce que le caractère (de l'ignorance) constitue maintenant le concept du sujet ; et alors la proposition qui nie découle immédiatement de la proposition contradictoire sans que la condition *en même temps* doive intervenir. Telle est aussi la raison pour laquelle j'ai changé plus haut la formule de contradiction, de manière que la nature d'une proposition analytique fût par là expliquée clairement.

SECTION II.

Du principe suprême de tous les jugements synthétiques.

221. L'explication de la possibilité de tous les jugements synthétiques est un problème dont la Logique générale n'a pas à s'occuper, dont elle n'a pas même besoin de connaître le nom. Mais dans la Logique trans-

cendantale, c'est la chose de toutes la plus importante, et même la seule quand il est question de la possibilité des jugements synthétiques *a priori*, ainsi que des conditions et de l'étendue de leur application. Car une fois cette question décidée, elle atteindra complétement son but, qui est de déterminer la circonscription et les bornes de l'entendement pur.

222. Dans le jugement analytique je m'attache à un concept donné pour décider quelque chose à son égard. Doit-il être affirmatif : je n'attribue alors à ce concept que ce qui y était déjà pensé. Doit-il être négatif : je ne sépare du concept que ce qui lui est opposé. Mais dans les jugements synthétiques je dois aller au delà du concept donné pour considérer en rapport avec ce concept quelque chose tout différent de ce qui y était pensé : ce qui, par conséquent, ne donne jamais un rapport d'identité ni de contradiction; et, en cela, le jugement ne peut présenter en lui-même ni vérité ni erreur.

223. Par conséquent si l'on accorde qu'il faut sortir d'un concept donné pour le comparer synthétiquement avec quelque autre, il faudra un certain moyen terme dans lequel seul la synthèse de deux concepts puisse s'opérer. Mais quel est ce terme moyen de tous les jugements synthétiques ? Ce ne peut être qu'un ensemble dans lequel toutes nos représentations sont comprises, savoir : le sens intime et sa forme *a priori*, le temps. La synthèse des représentations repose sur l'imagination, mais leur unité synthétique (qui est requise pour le jugement) repose sur l'unité de l'apperception. C'est donc là qu'il faut chercher la possibilité des jugements synthétiques. Et comme ces trois choses sont les sources des représentations *a priori*, la possibilité des jugements

synthétiques purs y doit être également cherchée. Ils en dérivent même nécessairement lorsqu'il doit y avoir une connaissance des objets qui ne repose que sur la synthèse des représentations.

224. Pour qu'une connaissance puisse avoir une réalité objective, c'est-à-dire se rapporter à un objet, elle doit avoir un sens et une signification par rapport à lui; l'objet doit donc pouvoir être donné d'une manière quelconque : sans cela les concepts sont vains. Et quoiqu'il y ait pensée, rien cependant n'est réellement connu par cette pensée; on aurait seulement joué avec des représentations. Donner un objet, si l'on n'entend pas seulement par là une intuition médiate, mais bien l'intuition immédiate de cet objet, ce n'est pas faire autre chose que d'en rapporter la représentation à l'expérience (réelle ou possible). L'espace et le temps même, en tant que concepts purs, sont exempts de tout empirisme; et bien qu'il soit certain qu'ils sont représentés parfaitement *a priori* dans l'esprit, ils seraient cependant sans valeur objective, sans signification ni sens, si leur usage ne se montrait nécessaire dans les objets de l'expérience. Leur représentation même est un pur schème qui se rapporte toujours à l'imagination reproductive. Cette imagination rappelle les objets de l'expérience qui, sans elle, n'auraient aucune signification; il en est de même de tous les concepts sans distinction.

225. La *possibilité de l'expérience* est donc ce qui donne à toutes nos connaissances *a priori* une réalité objective. Or, l'expérience repose sur l'unité synthétique des phénomènes, c'est-à-dire sur une synthèse [faite] suivant des concepts de l'objet des phénomènes en

général, synthèse sans laquelle l'expérience ne serait pas même une connaissance, mais seulement un assemblage de perceptions qui n'auraient entre elles aucune liaison selon des règles d'une conscience universellement conjointe (possible), et qui, par conséquent, ne se prêteraient point à l'unité transcendantale nécessaire de l'apperception. L'expérience a donc posé pour fondement des principes de sa forme *a priori*, je veux dire des règles générales de l'unité dans la synthèse des phénomènes, règles dont la réalité objective et la possibilité même peuvent toujours être démontrées dans l'expérience, à titre de conditions nécessaires. Mais, en dehors de ce rapport, les propositions synthétiques *a priori* sont absolument impossibles, puisqu'elles n'ont aucun troisième terme, aucun objet pur dans lequel l'unité synthétique de leurs concepts puisse établir la réalité objective.

226. C'est pourquoi, bien que nous connaissions plusieurs choses *a priori* dans les jugements synthétiques relativement à l'espace en général ou relativement aux figures que l'imagination productive décrit dans l'espace, sans que nous ayons réellement besoin pour cela d'aucune expérience; cependant cette connaissance ne serait qu'une pure chimère si l'espace ne devait pas être pris comme condition des phénomènes qui sont la matière de l'expérience externe. D'où il suit que les jugements synthétiques purs se rapportent, quoique d'une manière médiate seulement, à l'expérience possible, ou plutôt à sa possibilité même, et fondent uniquement là-dessus la validité objective de leur synthèse.

227. Puis donc que l'expérience, comme synthèse empirique, est, dans sa possibilité, la seule manière de

connaître qui donne de la réalité à toute autre synthèse, celle-ci, comme connaissance *a priori*, n'a donc de vérité (accord avec l'objet) qu'autant qu'elle ne contient rien que ce qui est indispensable à l'unité synthétique de l'expérience en général.

228. Par conséquent, le premier principe de tous les jugements synthétiques est que : tout objet est soumis aux conditions nécessaires de l'unité synthétique de la diversité de l'intuition dans une expérience possible.

229. De cette manière les jugements synthétiques *a priori* sont possibles lorsque nous rapportons les conditions formelles de l'intuition *a priori*, la synthèse de l'imagination et son unité nécessaire dans une apperception transcendantale, à une connaissance expérimentale possible en général, et que nous disons : les conditions de la *possibilité de l'expérience* en général sont en même temps des conditions de la *possibilité des objets de l'expérience*, et possèdent par cette raison une valeur objective dans un jugement synthétique *a priori*.

SECTION III.

Exposition systématique de tous les principes synthétiques de l'entendement pur.

230. Partout où il y a lieu à des principes c'est l'effet du seul entendement pur, qui est non seulement la faculté des règles par rapport à ce qui arrive, mais encore la source des principes. Suivant cette source, tout (ce qui peut se présenter à nous seulement comme objet) est nécessairement soumis à des règles, parce que sans elles jamais une connaissance d'un objet correspondant aux phénomènes ne conviendrait à ces phéno-

mènes. Les lois mêmes de la nature, quand elles sont considérées comme principes de l'usage empirique de l'entendement, emportent en même temps une expression de nécessité, par conséquent au moins la présomption d'une détermination d'après des principes qui valent en soi *a priori* et avant toute expérience. Mais toutes les lois de la nature sans distinction sont soumises à des principes supérieurs de l'entendement, puisqu'elles n'en sont que des applications à des cas particuliers du phénomène. Par conséquent ces principes seuls donnent le concept qui comprend la condition et comme l'exposant d'une règle générale, tandis que l'expérience donne le cas soumis à la règle.

231. Mais il n'y a pas à craindre à ce sujet que des principes purement empiriques soient pris pour des principes de l'entendement pur, ou réciproquement; car la nécessité intellectuelle ontologique qui distingue les principes de l'entendement pur, et dont le défaut dans toute proposition empirique, si générale qu'elle puisse être, est facilement remarqué, peut toujours prévenir la confusion. Toutefois il y a des principes purs *a priori* que je ne puis proprement attribuer à l'entendement pur, parce qu'ils ne dérivent pas de concepts purs, mais d'intuitions pures (quoique par l'intervention de l'entendement), tandis que l'entendement est la faculté des concepts. Les mathématiques ont des principes de ce genre; mais cependant leur application à l'expérience, par conséquent leur valeur objective, et même la possibilité d'une telle connaissance synthétique *a priori* (sa déduction) repose toujours sur l'entendement pur.

232. C'est pour cette raison que je ne ferai pas entrer

dans mes principes ceux des mathématiques, mais bien ceux sur lesquels se fonde leur possibilité et leur valeur objective *a priori*, et qui peuvent en conséquence être regardés comme le principe de ceux des mathématiques, allant des *concepts* à l'intuition, et non de l'*intuition* aux concepts.

233. Dans l'application des concepts purs de l'entendement à l'expérience possible, l'usage de leur synthèse est ou *mathématique*, ou *dynamique*; car elle concerne en partie l'*intuition*, en partie l'*existence* d'un phénomène en général. Mais les conditions *a priori* de l'intuition sont tout à fait nécessaires par rapport à une expérience possible; celles de l'existence des objets d'une intuition empirique possible en soi ne sont que contingentes. Les principes de l'usage mathématique sont donc absolument nécessaires, c'est-à-dire qu'ils prononcent apodictiquement. Les principes de l'usage dynamique emportent aussi, à la vérité, le caractère d'une nécessité *a priori*, mais seulement sous la condition d'une pensée empirique dans une expérience, par conséquent d'une manière médiate et indirecte seulement. Ils ne contiennent donc pas cette évidence immédiate, propre aux principes mathématiques (sans préjudice cependant de leur certitude par rapport à l'expérience en général). Toutefois, ceci sera plus sensible à la fin du présent traité des principes.

234. La table des catégories nous donne le plan tout naturel de celle des principes, parce qu'ils ne sont autre chose que les règles de l'usage objectif des catégories. Tous les principes de l'entendement pur sont donc :

1. — AXIOMES
de
l'intuition.

2. — ANTICIPATIONS
de la
perception.

3. — ANALOGIES
de
l'expérience.

4. — POSTULATS
de la
pensée empirique
en général.

235. J'ai choisi ces dénominations à dessein, pour faire ressortir les différences par rapport à l'évidence et à l'usage de ces principes. Mais on verra bientôt, quant à l'évidence et de la détermination *a priori* des phénomènes suivant les catégories de *quantité* et de *qualité* (pour ne faire attention qu'à la forme de ces derniers), que les principes de ces deux catégories diffèrent considérablement de ceux des deux autres ; les premiers sont susceptibles d'une certitude intuitive, et les seconds d'une certitude purement discursive, bien qu'ils soient indistinctement d'une parfaite certitude. Par cette raison j'appelle les premiers, principes *mathématiques*, et ceux-ci principes *dynamiques* (1). Mais on

(1) *Toute union* (conjunctio) est ou *composition* (compositio) ou *connexion* (nexus). La première est la synthèse d'une diversité dont les éléments ne s'appartiennent pas *nécessairement les uns aux autres*; c'est ainsi, v. g., que les deux triangles résultant d'un carré partagé par la diagonale ne s'appartiennent pas nécessairement l'un à l'autre. A cette sorte de synthèse appartient celle de l'homogène dans tout ce qui peut être considéré *mathématiquement* (laquelle synthèse peut être distinguée de nouveau en synthèse d'*agrégation* et en synthèse de *coalition*, dont la première concerne les quantités *extensives*, la seconde les

remarquera que je considère aussi peu les principes des mathématiques dans l'un de ces cas, que les principes de la dynamique générale (Physique) dans l'autre ; je ne m'occupe que des principes de l'entendement pur par rapport au sens intime (sans distinction des représentations données en lui), dont ils reçoivent tous indistinctement leur possibilité. Je les appelle donc ainsi plutôt en considération de leur application que de leur matière, et j'en aborde l'examen dans l'ordre même où la table les présente.

I

AXIOMES DE L'INTUITION.

236. Leur principe est que : *Toutes les intuitions* sont des quantités extensives (1).

Preuve.

237. Tous les phénomènes comprennent, quant à la forme, une intuition dans l'espace et le temps, qui leur sert à tous de fondement *a priori*. Ils ne peuvent donc être appréhendés, c'est-à-dire reçus dans la conscience empirique, que par la synthèse de la diversité (synthèse

---

quantités *intensives*). Mais la seconde espèce d'union ou la *connexion* (nexus) est la synthèse de la diversité, en tant que les objets divers appartiennent *nécessairement les uns aux autres*, comme l'accident à la substance ou l'effet à la cause, — par conséquent aussi comme *hétérogène* cependant uni *a priori*. Cette union s'appelle *dynamique* parce qu'elle n'est pas arbitraire, et parce qu'elle concerne l'union de l'*existence* de la diversité. Elle peut se subdiviser encore en synthèse *physique* des phénomènes entre eux, et en synthèse *métaphysique* ou union de ces phénomènes dans la faculté de connaître *a priori*.

(1) Première édit. : *Principe de l'entendement pur.* Tous les phénomènes sont, quant à leur intuition, des quantités *extensives*. — T.

par laquelle sont données les représentations d'un espace ou d'un temps déterminés), c'est-à-dire par la composition de l'homogène et par la conscience de l'unité synthétique de cette diversité (homogène). Or, la conscience de la diversité homogène dans l'intuition en général, en tant que la représentation d'un objet n'est possible que par là, consiste dans le concept d'une *quantité* (*quanti*). Par conséquent la perception même d'un objet comme phénomène n'est possible que par l'unité synthétique de la diversité de l'intuition sensible donnée, unité par laquelle celle de la composition de l'homogène divers est pensée dans le concept d'une *quantité*; c'est-à-dire que les phénomènes sont tous des quantités, et même des *quantités extensives*, parce qu'ils doivent être représentés comme phénomènes dans l'espace et le temps par la synthèse en vertu de laquelle l'espace et le temps sont en général déterminés (1).

238. J'appelle quantité extensive celle dans laquelle la représentation des parties rend possible celle du tout (et par conséquent la précède nécessairement). Je ne puis me représenter une ligne, si petite qu'elle soit, sans la tirer par la pensée, c'est-à-dire sans en produire successivement toutes les parties d'un point à un autre, et sans par là rendre enfin sensible cette intuition. Il en est exactement de même de toutes les parties du temps, même de la plus petite. Je n'y pense que la progression successive d'un instant à un autre, d'où résulte enfin, au moyen de toutes les parties du temps et de leur addition, une quantité de temps déterminée. Puisque la simple intuition dans tous les phénomènes est ou l'es-

---

(1) Cet alinéa n'est pas dans la première édition. — T.

pace ou le temps, tout phénomène est, comme intuition, une quantité extensive, par la raison qu'il ne peut être connu dans l'appréhension que par la synthèse successive de partie à partie. Tous les phénomènes sont donc perçus d'abord comme agrégats (multitude de parties données primitivement) ; ce qui n'arrive pas toujours dans toute espèce de quantité, mais seulement pour celles que nous nous représentons et que nous saisissons *extensivement* comme telles.

239. Sur cette synthèse successive de l'imagination *productive* dans la création des figures se fondent les mathématiques de l'étendue (la géométrie) avec leurs axiomes, qui expriment les conditions de l'intuition sensible *a priori*, sous lesquelles seules le schème d'un concept pur du phénomène extérieur est possible; par exemple: entre deux points il n'y a qu'une seule ligne droite possible; deux lignes droites ne renferment aucun espace, etc. Ce sont là des axiomes qui ne concernent proprement que des grandeurs (*quanta*), comme telles.

240. Pour ce qui est de la quantité (*quantitas*), c'est-à-dire de la réponse à la question : quelle est la grandeur d'une chose, il faut remarquer que sous ce rapport il n'y a proprement aucun axiome, quoique plusieurs de ces sortes de propositions soient *synthétiquement* et immédiatement certaines (*indemonstrabilia*) : car, que le pair ajouté au pair ou retranché du pair donne le pair, ce sont là des propositions analytiques, puisque je suis immédiatement certain de l'identité de la production d'une quantité avec l'autre, au lieu que les axiomes doivent être des principes synthétiques *a priori*. Au contraire, les propositions évidentes exprimant les rapports numériques, telles que les propositions géométriques,

sont il est vrai absolument synthétiques, mais non générales, et ne peuvent, précisément pour cette raison, s'appeler axiomes, mais seulement formules numériques. Que 7 + 5 = 12, il n'y a rien là d'analytique. Car je ne pense 12 ni dans la représentation de 5, ni dans la représentation de ces deux nombres (il ne s'agit pas ici de savoir si 12 doit être pensé *dans* l'*addition* de ces deux nombres; dans la proposition analytique il est seulement question de savoir si je pense réellement l'attribut dans la représentation du sujet). Quoique cette proposition soit synthétique, elle n'est cependant qu'une proposition singulière. En tant que la synthèse de l'homogène (des unités) est la seule chose que l'on considère ici, elle ne peut avoir lieu que d'une seule manière, quoique l'*usage* de ces nombres soit ensuite général. Quand je dis : Un triangle peut-être construit avec trois lignes, dont deux prises ensemble sont plus grandes que la troisième, il n'y a ici qu'une pure fonction de l'imagination productive, qui peut tracer des lignes plus grandes ou plus petites, et construire des angles à volonté. Au contraire, le nombre 7 n'est possible que d'une seule manière; il en est de même du nombre 12 qui se forme par la synthèse de 7 et de 5. De telles propositions ne doivent donc pas être nommées axiomes (autrement il y en aurait une infinité), mais formules numériques.

241. Ce principe transcendantal des mathématiques des phénomènes agrandit beaucoup notre connaissance *a priori;* car seul il rend les mathématiques pures applicables dans toute leur précision aux objets de l'expérience : ce qui non seulement ne serait pas évident de soi sans ce principe, mais qui a même occasionné plu-

sieurs contradictions. Des phénomènes ne sont rien en eux-mêmes. L'intuition empirique n'est possible que par l'intuition pure (de l'espace et du temps); par conséquent, ce que les géomètres disent de celle-ci vaut aussi, sans contredit, à l'égard de la première. On ne peut prétexter que les objets des sens ne doivent pas se conformer aux lois de la construction dans l'espace (v. g., à l'infinie divisibilité des lignes ou des angles); car on contesterait par là même toute valeur objective à l'espace et à toutes les mathématiques, et l'on ne saurait plus pourquoi ni jusqu'à quel point ces dernières sont applicables aux phénomènes. La synthèse des espaces et des temps, comme formes essentielles de toute intuition, est ce qui rend en même temps possible l'appréhension du phénomène, par conséquent toute expérience extérieure, et par suite aussi, toute connaissance expérimentale des objets : ce que prouvent les mathématiques dans leur application pure à cette synthèse sera également valable par rapport à l'expérience. Toutes les objections qu'on fait là-contre ne sont que des chicanes d'une raison mal éclairée, qui pense à tort affranchir les objets des sens de la loi formelle de notre sensibilité, et les représente comme objets en soi donnés à l'entendement, bien qu'ils ne soient que de purs phénomènes. S'il en était ainsi, rien sans doute n'en pourrait être connu synthétiquement *a priori*, et par conséquent par des concepts purs d'espace; et la science qui les détermine, la géométrie en un mot, serait elle-même impossible.

II

ANTICIPATIONS DE LA PERCEPTION.

242. Leur principe est que : *Dans tous les phénomènes le réel, ce qui est un objet de la sensation, a une quantité intensive*, c'est-à-dire un degré (1).

Preuve.

243. La perception est la conscience empirique, c'est-à-dire une conscience qui est accompagnée de sensation. Des phénomènes comme objets de la perception ne sont pas des intuitions pures (simplement formelles) comme l'espace et le temps (qui ne peuvent pas être observés en eux-mêmes). Ils contiennent donc, outre l'intuition, les matériaux d'un objet en général (par quoi ce qui existe dans l'espace ou le temps est représenté), c'est-à-dire le réel de la sensation, comme représentation purement subjective qui seule nous donne conscience de l'affection du sujet, et que nous rapportons toujours à un objet quelconque. Or, il peut y avoir une espèce de conversion graduée de la conscience empirique en conscience pure, dans laquelle le réel de la première disparaît entièrement et laisse une conscience purement formelle *a priori* de la diversité dans l'espace et le temps. Une synthèse de la production de l'intensité d'une sensation peut donc varier depuis son commencement, depuis l'intuition pure = 0, jusqu'à une grandeur [in-

---

(1) Première édit. : Le *principe* qui anticipe toutes les perceptions comme telles est celui-ci : Dans tous les phénomènes la sensation, et le *réel* qui y correspond dans l'objet (*realitas phænomenon*), a une *quantité intensive*, c'est-à-dire un degré. — T.

tentive] arbitraire quelconque. Et, comme la sensation en soi n'est point une représentation objective, et qu'en elle il n'y a ni intuition de l'espace, ni intuition du temps, elle n'a aucune quantité extensive à la vérité, mais elle a cependant une certaine quantité (ce qui a lieu, il est vrai, au moyen de son appréhension, dans laquelle la conscience empirique peut grandir dans un certain temps de rien = 0 jusqu'à un degré déterminé), par conséquent une *quantité intensive* correspondant à tous les objets de la perception, en tant que celle-ci contient une sensation, c'est-à-dire un degré d'influence sur les sens (1).

244. On peut appeler anticipation toute connaissance par laquelle je puis connaître et déterminer *a priori* ce qui appartient à la connaissance empirique; c'est sans doute la signification que donnait Epicure au mot πρόληψις. Mais, comme il y a quelque chose dans les phénomènes qui n'est jamais connu *a priori*, et qui par conséquent constitue aussi la différence propre de l'empirisme et de la connaissance *a priori*, je veux dire la sensation (comme matière de la perception), la sensation est donc proprement ce qui ne peut être anticipé. Au contraire, nous pourrons appeler les déterminations pures dans l'espace et le temps, tant par rapport à la figure qu'à la quantité, anticipation des phénomènes, parce qu'elles représentent *a priori* ce qui peut toujours être donné *a posteriori* dans l'expérience. Mais, supposé qu'il se trouve pourtant quelque chose susceptible d'être connu *a priori* dans une sensation, comme sensation en général (sans qu'une sensation particulière soit donnée), cela pourrait être

---

(1) Cet alinéa n'est pas dans la première édition. — T.

appelé anticipation dans un sens extraordinaire. Je dis extraordinaire, parce qu'il paraît surprenant d'anticiper sur l'expérience en cela même qui constitue sa matière et qu'on ne peut tirer que d'elle seule. Et c'est cependant ce qui a lieu ici.

245. L'appréhension ne remplit, avec la sensation seule, qu'un instant (si l'on n'a pas égard à la succession d'un grand nombre de sensations). Comme il y a dans le phénomène quelque chose dont l'appréhension n'est point une synthèse successive, laquelle va des parties à la représentation totale, cette appréhension par conséquent manque de quantité extensive; l'absence de la sensation dans le même instant le représenterait comme vide, comme = 0. Ce qui, dans l'intuition empirique, correspond à la sensation, est donc réalité (*realitas phœnomenon*); ce qui répond à l'absence ou défaut de la sensation, c'est la négation = zéro. Mais toute sensation est susceptible de plus ou de moins, tellement qu'elle peut décroître et disparaître insensiblement. De là, entre la réalité phénoménale et la négation, une suite continue de beaucoup de sensations intermédiaires possibles dont la différence des unes aux autres est toujours moindre que la différence entre une sensation donnée et zéro ou la parfaite négation. C'est-à-dire que le réel dans le phénomène a toujours une quantité, mais qui ne ne se trouve pas dans l'appréhension, puisque celle-ci s'opère en un clin d'œil par le moyen de la seule sensation, et non par la synthèse successive de plusieurs sensations, et par conséquent ne va pas des parties au tout : il a donc une quantité, mais pas extensive.

246. Or, j'appelle cette quantité, qui est appréhendée

seulement comme unité, et dans laquelle la multiplicité, ne peut être représentée que par approximation à la négation $= 0$, *quantité intensive*. La réalité dans le phénomène a donc une quantité intensive, c'est-à-dire un degré. Quand on considère cette réalité comme *cause* (soit de la sensation ou d'une autre réalité dans le phénomène, v. g., d'un changement), on l'appelle moment, v. g., le moment de la pesanteur. Toutefois, cette dénomination n'est usitée que pour indiquer que le degré désigne seulement une quantité dont l'appréhension n'est point successive, mais instantanée. Je ne fais qu'effleurer cette matière en passant, car je n'ai pas encore à m'occuper de la causalité.

247. Ainsi toute sensation, par conséquent toute réalité dans le phénomène, si petite qu'elle soit, a un degré, c'est-à-dire une quantité intensive, qui peut cependant toujours être diminuée; et entre la réalité et la négation il y a un enchaînement continu de réalités possibles et de petites perceptions possibles. Une couleur quelconque, v. g., le rouge, a un degré qui, si petit qu'il puisse être, n'est jamais le plus petit possible; il en est de même de la chaleur, du moment de la pesanteur, etc., partout où il y a lieu.

248. La propriété des quantités qui fait qu'aucune de leurs parties n'est en elles la plus petite possible (aucune partie simple) est ce qu'on appelle leur *continuité*. L'espace et le temps sont des *quantités continues* (*quanta continua*), parce qu'aucune de leurs parties ne peut être donnée sans être renfermée dans des limites (des points et des instants), de telle sorte par conséquent que cette partie même n'est encore qu'un espace et qu'un temps. L'espace ne se compose donc que d'espaces, le temps

que de temps. Des points et des instants ne sont que des limites c'est-à-dire simplement les endroits de leur circonscription ; et ces endroits supposent toujours des intuitions qui doivent les limiter ou les déterminer, et ni l'espace ni le temps ne peuvent être conçus composés de simples parties qu'on supposerait déjà données avant l'espace ou le temps. Les quantités de cette nature peuvent être appelées *fluentes* parce que la synthèse (de l'imagination productive) les produit par une progression dans le temps, dont la continuité peut être rendue par le mot *fluxion*.

249. Tous les phénomènes en général sont donc des quantités continues, tant par leur intuition que par leur simple perception (sensation et par conséquent réalité). Dans le premier cas, ce sont des quantités extensives ; dans le second, des quantités intensives. Lorsque la synthèse de la diversité des phénomènes est interrompue, cette diversité n'est alors qu'un agrégat d'un certain nombre de phénomènes, et non proprement un phénomène, comme un certain *quantum* qui n'est point produit par la simple progression de la synthèse *productive* d'une certaine espèce, mais par la répétition d'une synthèse toujours interrompue. Quand je dis que 13 thalers font une quantité d'argent, je veux seulement faire entendre par là que je comprends sous cette dénomination la valeur d'un marc d'argent fin ; ce marc d'argent est certainement une quantité continue dans laquelle il n'y a aucune partie qui soit la plus petite possible, et dont chaque partie pourrait former une pièce de monnaie qui contiendrait toujours la matière de plus petites parties. Mais si par la dénomination de 13 thalers j'entends comme autant de pièces rondes (quelle qu'en soit la

valeur), c'est improprement que j'appelle cela une quantité (*quantum*) de thalers; il faut l'appeler un agrégat, c'est-à-dire un nombre de pièces d'argent. Et comme dans tout nombre une unité quelconque doit servir de principe, le phénomène, comme unité, est un *quantum*, et, comme tel, toujours un *continu*.

250. Or, si tous les phénomènes considérés, soit extensivement, soit intensivement, sont des quantités continues, il s'ensuit que la proposition : Tout changement (passage d'une chose d'un état à un autre) est continu, pourrait être ici facilement prouvée avec une évidence mathématique, si la causalité ne plaçait pas un changement en général tout à fait en dehors d'une philosophie transcendantale, et ne supposait pas des principes empiriques. Car, qu'une cause qui change l'état des choses, c'est-à-dire qui les détermine en sens contraire d'un certain état donné, soit possible, c'est ce dont l'entendement ne nous donne aucune connaissance *a priori*, non seulement parce qu'il n'en voit pas la possibilité (car cette vue nous manque dans un grand nombre de connaissances *a priori*), mais encore parce que la mutabilité n'atteint que certaines déterminations des phénomènes, que l'expérience seule peut enseigner, puisque la cause en est cachée dans l'immuable. Mais comme nous n'avons rien ici dont nous puissions nous servir, excepté les concepts fondamentaux purs de toute expérience possible, qui ne doivent rien contenir d'empirique, nous ne pouvons, sans altérer l'unité du système, anticiper sur la physique générale qui a pour fondement des principes d'expérience certains.

251. Nous ne manquons cependant pas d'arguments qui établissent la grande influence de notre principe

dans l'anticipation des perceptions ; ce principe fait même suppléer au défaut des perceptions de manière à prévenir les fausses conséquences qui pourraient en résulter.

252. Si toute réalité dans la perception a un degré, entre ce degré et la négation se trouve une série infinie de degrés inférieurs ; et néanmoins chaque sens doit avoir un degré déterminé de réceptivité pour la sensation. Il n'y a donc pas de perception, par conséquent pas d'expérience possible qui démontre une absence totale de toute réalité dans le phénomène, soit médiatement soit immédiatement (quel que soit le détour par lequel on arriverait à cette conclusion) ; c'est-à-dire qu'il ne pourra jamais être tiré de l'expérience une preuve de la vacuité de l'espace ou du temps ; car le manque total de réalité dans l'intuition sensible d'abord ne peut être lui-même perçu ; en second lieu, il ne peut se déduire d'aucun phénomène singulier, ni de la différence de son degré de réalité, et ne doit jamais être pris pour l'explication de cette réalité. En effet, quoique l'entière intuition d'un espace ou d'un temps déterminé soit tout à fait réelle, c'est-à-dire qu'aucune partie n'en soit vide, cependant, comme chaque réalité a son degré qui peut décroître suivant une infinité d'autres degrés jusqu'à zéro (jusqu'au vide) sans que la quantité extensive des phénomènes cesse d'être la même, il faut bien qu'il y ait une infinité de degrés différents qui remplissent l'espace et le temps, et que dans les divers phénomènes il puisse y avoir une quantité intensive plus ou moins grande, bien que la quantité extensive du phénomène n'éprouve aucun changement.

253. Nous en donnerons un exemple. Presque tous

les physiciens, en remarquant la grande différence d'une quantité de matières de diverse nature sous un volume égal (soit par rapport au moment de la pesanteur, soit par rapport au moment de la résistance à une autre matière en mouvement), concluent d'une seule voix que ce volume (quantité extensive du phénomène) doit contenir du vide dans toutes les sortes de matières, quoique dans des proportions différentes. Mais qui penserait jamais que ces scrutateurs de la nature, la plupart mathématiciens et mécaniciens, fondent leurs conclusions sur une simple hypothèse métaphysique, sorte d'hypothèse qu'il se montrent si jaloux d'éviter? Et cependant ils prétendent que le *réel* dans l'espace (que je ne puis appeler ici ni impénétrabilité, ni pesanteur, puisque ce sont là des concepts empiriques) est *partout identique*, et qu'il ne peut être distingué que par la quantité *extensive*, c'est-à-dire par la multiplicité. A cette supposition, qui ne peut avoir aucun fondement dans l'expérience, et qui par conséquent n'est que métaphysique, j'oppose une démonstration transcendantale qui, à la vérité, ne doit pas expliquer la différence trouvée dans les espaces étendus solides, mais qui cependant fait disparaître la prétendue nécessité de cette supposition : qu'on ne peut expliquer la différence en question qu'en admettant des espaces vides, et qui a du moins l'avantage de donner à l'entendement la liberté de concevoir d'une autre manière cette différence entre les corps, si toutefois l'explication physique exigeait ici une hypothèse. En effet, nous le voyons, quoique des espaces égaux puissent être parfaitement remplis par des matières différentes, de telle sorte qu'il n'y ait dans chacun d'eux aucun point où la matière ne soit présente, tout réel de même quantité a néanmoins un certain degré (de résistance ou de pesanteur) qui, sans que la quantité extensive ou la multiplicité diminue, peut être de plus en plus petit à l'infini, avant que cette quantité soit réduite au vide et à zéro. Ainsi, une expansion qui remplit un espace. v. g., le calorique ou toute autre réalité (dans le phénomène), sans que la moindre partie de cet espace reste vide, peut décroître par degrés à l'infini, et cependant remplir aussi bien cet espace par des degrés moindres que le ferait un autre phénomène par des degrés plus grands. Mon but n'est point ici d'affirmer que telle soit en effet la raison de la différence des corps, quant à leur pesanteur spécifique, mais seulement de faire voir, par un principe de l'entendement pur, que la nature de nos perceptions rend une telle explication plausible, et que l'on prend faussement le réel du phénomène comme égal quant au degré, et différent quant à son agrégation et à sa quantité extensive seulement, et que c'est à tort qu'on l'affirme *a priori* par un principe de l'entendement.

254. Cette anticipation de la perception a néanmoins quelque chose qui choque toujours un scrutateur devenu d'autant plus circonspect qu'il est plus accoutumé à l'anticipation transcendantale. Il ne peut donc manquer d'être porté à réfléchir sur le fait que l'entendement peut anticiper une proposition synthétique, telle que celle du degré de toute réalité dans les phénomènes (et par conséquent celle de la possibilité de la distinction intrinsèque de la sensation elle-même, en faisant abstraction de sa qualité empirique) [1]. C'est donc une

---

[1] Les textes de la phrase précédente ne sont pas d'accord : nous avons suivi la correction proposée par le dr Schopenhauer (note de M. R.), et, pour la parenthèse, l'édition de M. Hartenstein. — T.

question qui mérite d'être résolue, que celle de savoir comment l'entendement peut ici prononcer synthétiquement *a priori* sur les phénomènes, et les anticiper jusque dans ce qui est proprement et purement empirique, dans ce qui touche à la sensation.

255. La *qualité* de la sensation est toujours purement empirique, et ne peut être représentée *a priori* (v. g., des couleurs, des saveurs, etc.) Mais le réel qui correspond aux sensations en général en opposition avec la négation = 0, représente seulement quelque chose dont le concept contient en soi une existence, et ne signifie que la synthèse dans une conscience empirique en général ; car la conscience empirique peut s'élever dans le sens intime depuis zéro jusqu'à un degré supérieur quelconque ; de sorte que la même quantité extensive de l'intuition (comme une surface éclairée) excite une sensation aussi grande que plusieurs autres (surfaces moins éclairées) prises ensemble. On peut donc faire complétement abstraction de la quantité extensive du phénomène, et se représenter néanmoins dans la seule sensation, à un certain moment, une synthèse d'augmentation uniforme depuis zéro jusqu'à la conscience empirique donnée. Toutes les sensations sont donc, comme telles, données seulement *a posteriori*; mais la propriété qui les rend susceptibles de degrés peut être connue *a priori*. Il est donc à remarquer que nous ne pouvons connaître *a priori* dans une quantité en général qu'une seule qualité, savoir : la *continuité* ; mais que dans toute qualité (dans le réel des phénomènes) nous n'en connaissons *a priori* que la *quantité* intensive, c'est-à-dire qu'elle a un certain degré. Tout le reste est du domaine de l'expérience.

III.

ANALOGIES DE L'EXPÉRIENCE.

256. Leur principe est que : *l'expérience n'est possible que par la représentation de l'union nécessaire des perceptions* (1).

Preuve.

257. L'expérience est une connaissance empirique, c'est-à-dire une connaissance qui détermine un objet par des perceptions. Elle est donc une synthèse de perceptions, qui n'est point elle-même contenue dans les perceptions, mais qui renferme l'unité synthétique de leur diversité dans une conscience ; unité qui constitue l'essentiel de la connaissance des *objets* de la sensibilité, c'est-à-dire de l'expérience (et non de l'intuition ou de la sensation seulement). Or, les perceptions ne se rapportent que fortuitement les unes aux autres dans l'expérience, de sorte qu'aucune nécessité de leur union ne résulte ni ne peut résulter des perceptions elles-mêmes, parce que l'appréhension n'est qu'une composition de la diversité de l'intuition empirique, et qu'aucune représentation de la nécessité de l'union des phénomènes qu'elle assemble ne se trouve dans l'espace et le temps avec cette appréhension. Mais, comme l'expérience est une connaissance des objets au moyen des perceptions, et que par conséquent le rapport dans l'existence du divers doit être représenté dans l'expérience, non comme ce divers est

---

(1) Prem. édit. : Leur *principe* universel est : tous les phénomènes sont soumis, quant à leur existence, à des règles *a priori* qui en déterminent les rapports respectifs *dans un temps*. — T.

composé dans le temps, mais comme il est objectivement dans le temps ; et comme le temps lui-même ne peut point être perçu, il s'ensuit que la détermination de l'existence des objets dans le temps ne peut avoir lieu que par leur union dans le temps en général, et conséquemment par la seule synthèse des concepts ayant vertu d'unir *a priori*. Or, comme ces concepts emportent toujours en même temps la nécessité, il suit que l'expérience n'est possible que par la représentation de l'union nécessaire des perceptions (1).

258. Les trois modes du temps sont : la *perpétuité*, la *succession* et la *simultanéité*. De là trois lois chronologiques de tous les rapports des phénomènes, au moyen desquelles l'existence de chacun d'eux peut être déterminée relativement à l'unité de tout le temps, lois qui précèdent toute expérience et qui la rendent seules possible.

259. Le principe général de ces trois analogies repose sur l'*unité* nécessaire de l'apperception, par rapport à toute conscience empirique possible (de la perception) *pour chaque temps* ; et, comme cette unité est un fondement *a priori*, le principe en question repose par conséquent sur l'unité synthétique *a priori* de tous les phénomènes suivant leur rapport dans le temps. Car l'apperception originelle se rapporte au sens intime (ensemble de toutes les représentations), et *a priori* à sa forme, c'est-à-dire au rapport de la conscience empirique diversifiée dans le temps. Or, dans l'apperception originelle, toute cette diversité doit être réunie suivant ses rapports de temps ; c'est ce que signifie son unité transcendantale *a priori*,

---

(1) Cet alinéa n'est pas dans la première édition. — T.

à laquelle est soumis tout ce qui doit faire partie de ma connaissance (c'est-à-dire de ma connaissance propre), et qui par conséquent peut devenir un objet par rapport à moi. Cette *unité synthétique* dans le rapport chronologique de toutes les perceptions, unité qui *est déterminée a priori*, est donc la loi qui veut que toutes les déterminations empiriques du temps soient soumises aux lois de la détermination générale du temps, et que les analogies de l'expérience dont nous devons parler maintenant, y soient elles-mêmes soumises.

260. Ces principes ont cela de particulier, qu'ils ne s'occupent pas des phénomènes, ni de la synthèse de leur intuition empirique, mais seulement de leur *existence* et de leur *rapport* entre eux relativement à cette existence. Or, la manière dont quelque chose est appréhendé dans le phénomène peut être déterminée *a priori*, de telle sorte que la loi de la synthèse de ce phénomène peut donner en même temps cette intuition *a priori* dans tout cas empirique particulier, c'est-à-dire effectuer l'intuition en partant de la synthèse. Mais l'existence des phénomènes ne peut être connue *a priori*, et, quoique nous puissions arriver de cette manière à conclure quelque existence, nous ne la connaissons cependant pas déterminément, c'est-à-dire que nous ne pouvons anticiper ce qui en distingue l'intuition empirique de celle de tous les autres phénomènes.

261. Les deux principes précédents, que j'ai appelés mathématiques, par la considération qu'ils autorisent à appliquer les mathématiques à l'expérience, ont pour objet les phénomènes quant à leur simple possibilité, et enseignent comment ces phénomènes peuvent être engendrés suivant les règles d'une synthèse mathématique,

soit quant à leur intuition, soit par rapport à la réalité de leur perception. C'est pourquoi les quantités numériques, et avec elles par conséquent la détermination du phénomène comme quantité, peuvent être appliquées sous ces deux points de vue. Nous pourrions, par exemple, construire et donner déterminément *a priori* le degré de la sensation de la lumière solaire en ajoutant environ deux cent mille fois à elle-même celle de la lune. Nous pouvons donc appeler *constitutifs* ces premiers principes.

262. Il en est tout différemment des principes qui doivent soumettre l'existence des phénomènes à des règles *a priori*. Car, comme elle ne peut se construire, il en résulte que ces principes n'atteignent que le rapport de l'existence et ne peuvent être que des principes *régulateurs*. Il ne faut par conséquent chercher ici ni axiomes, ni anticipations : il s'agit au contraire de savoir si lorsqu'une perception nous est donnée dans un rapport de temps relativement à une autre perception (quoiqu'indéterminée) nous ne pourrons dire *a priori qu'elle est cette autre* perception, *qu'elle en est* la *quantité*, mais seulement comment elle est nécessairement liée à la première, quant à l'existence, dans ce *mode* de temps. En philosophie, les analogies ont une signification bien différente de celle qu'elles ont en mathématiques. Dans cette dernière science, ce sont des formules qui énoncent l'égalité de deux rapports de quantité, et toujours *constitutivement*; de telle sorte que, si deux membres de la proportion sont donnés, le troisième peut aussi être donné ou construit à l'aide de ces formules. En philosophie, l'analogie n'est pas l'égalité de deux rapports de *quantité*, mais celle de deux rapports de *qualité*, rapports dans

lesquels je puis seulement, à l'aide de trois membres donnés, connaître et déterminer *a priori* le rapport à un quatrième, et non *ce* quatrième *membre* lui-même ; j'ai une règle pour le chercher dans l'expérience et un signe auquel on peut l'y reconnaître. L'analogie de l'expérience ne sera donc qu'une règle suivant laquelle l'unité de l'expérience (et non la perception elle-même comme intuition empirique en général) doit résulter de perceptions ; elle vaudra donc à l'égard des objets (des phénomènes) comme principe, non pas *constitutif*, mais purement *régulateur*. Il en est de même des postulats de la pensée empirique en général ; ils se rapportent en même temps et à la synthèse de la simple intuition (de la forme du phénomène), et à la synthèse de la perception (à sa matière), et à la synthèse de l'expérience (du rapport de ces perceptions). Ils valent donc comme principes régulateurs seulement, et se distinguent des principes mathématiques (qui sont constitutifs), non pas, à la vérité, par la certitude qui est *a priori* dans les uns et dans les autres, mais cependant par l'espèce d'évidence, c'est-à-dire par la nature de leur intuition (par conséquent aussi par la nature de leur démonstration).

263. Mais ce que l'on a rappelé dans tous les principes synthétiques, et qui doit être ici remarqué plus particulièrement encore, c'est que ces analogies, comme principes, non de l'usage transcendantal de l'entendement, mais simplement de son usage empirique, ont leur signification et leur valeur exclusive, et par conséquent ne peuvent être démontrées qu'à ce titre ; que par conséquent les phénomènes ne peuvent absolument pas être subsumés aux catégories, mais aux schèmes seulement. Car, si les objets auxquels ces principes doi-

vent être rapportés étaient des choses en soi, il serait absolument impossible d'en connaître quelque chose synthétiquement *a priori*. Mais ils ne sont que les phénomènes dont la parfaite connaissance, à laquelle tous les principes *a priori* doivent cependant toujours aboutir en définitive, n'est que l'expérience possible : ces principes ne peuvent donc avoir pour but que les simples conditions de l'unité de la connaissance empirique dans la synthèse des phénomènes. Or cette synthèse n'est pensée que dans le seul schème du concept intellectuel pur, dont la catégorie de l'unité, comme catégorie de l'unité d'une synthèse quelconque, contient la fonction, que ne restreint aucune condition sensible. Nous serons donc autorisés par ces principes à ne composer les phénomènes que suivant une analogie avec l'unité logique et générale des concepts, et par conséquent à nous servir de la catégorie jusque dans le principe même, sauf dans l'exécution (l'application aux phénomènes), à mettre le schème des concepts, comme clef de leur usage, à la place du principe, ou plutôt à côté de la catégorie, et comme condition restrictive, sous le nom d'une formule de ce principe.

PREMIÈRE ANALOGIE.

PRINCIPE DE LA PERMANENCE DES SUBSTANCES.

264. *La substance est permanente dans toute vicissitude phénoménale, et sa quantité n'augmente ni ne diminue dans la nature.*

Preuve.

265. Tous les phénomènes sont dans le temps, dans lequel seul peuvent être représentées la *simultanéité* et la *succession* comme dans leur substratum (ou forme permanente de l'intuition interne). Le temps, dans lequel tout changement phénoménal doit être pensé, reste donc et ne change point, parce qu'il est ce en quoi seulement l'existence successive et simultanée peut être représentée comme en étant les déterminations. Or, le temps ne peut être perçu en lui-même. Il doit donc y avoir dans les objets de la perception, c'est-à-dire dans les phénomènes, un substratum qui représente le temps en général, et dans lequel toute succession ou simultanéité puisse être perçue dans l'appréhension, au moyen du rapport des phénomènes à ce substratum. Mais le substratum de tout réel, c'est-à-dire de tout ce qui fait partie de l'existence des choses, est la *substance*, dans laquelle tout ce qui appartient à l'existence ne peut être conçu que comme détermination. Par conséquent le permanent, au moyen duquel seul tous les rapports chronologiques des phénomènes peuvent être déterminés, est la substance dans le phénomène, c'est-à-dire le réel du phénomène; réel qui, comme substratum de tout changement, demeure toujours le même. Et, comme la substance ne peut changer dans son existence, son *quantum* dans la nature ne peut donc augmenter ni diminuer (1).

266. Notre *appréhension* de la diversité du phénomène est toujours successive, et par conséquent toujours chan-

(1) V. app. XI, l'alinéa qui a été remplacé par celui qu'on vient de lire. — T.

geante. Nous ne pouvons donc jamais décider par elle seule si cette diversité, comme objet de l'expérience, est simultanée ou successive, à moins qu'elle n'ait pour fondement quelque chose qui *est toujours,* c'est-à-dire quelque chose de *permanent* et de *constant,* à l'égard duquel tout changement et toute simultanéité ne sont que comme autant de manières (modes du temps) d'exister du permanent. Les rapports de temps ne sont donc possibles que dans le permanent (car la simultanéité et la succession sont les seuls rapports dans le temps) : c'est-à-dire que dans le permanent est le *substratum* de la représentation empirique du temps permanent lui-même, dans lequel seul toute détermination de temps est possible. La permanence exprime en général le temps, comme le corrélatif constant de toute existence des phénomènes, de tout changement et de toute coexistence; car le changement ne concerne pas le temps lui-même, mais seulement les phénomènes dans le temps (de même que la simultanéité n'est point un mode du temps lui-même, qui ne contient aucune partie en même temps qu'une autre, toutes les parties en étant successives). Si l'on attribuait une succession au temps lui-même il faudrait alors concevoir encore un autre temps dans lequel cette succession fût possible. Par le permanent seul l'*existence* reçoit dans les différentes parties de la série successive du temps une *quantité* qu'on appelle *durée.* Car, dans la simple succession, l'existence finit et recommence sans cesse, n'ayant jamais la moindre quantité. Il n'y a donc aucun rapport de temps sans le permanent. Or, le temps ne pouvant être perçu en lui-même, ce permanent dans les phénomènes est donc le substratum de toute détermination de temps, par conséquent aussi la condition de la possibilité de toute unité synthétique des perceptions, c'est-à-dire de l'expérience. Et toute existence, tout changement de ce permanent dans le temps, ne peut être considéré que comme un mode de ce qui demeure et continue. Le permanent est donc dans tous les phénomènes l'objet même, c'est-à-dire la substance (*phænomenon*); mais tout ce qui change ou peut changer n'appartient qu'à la manière dont cette substance existe, et par conséquent à ses déterminations.

267. Je trouve que, dans tous les temps, non seulement le philosophe, mais le vulgaire même, a supposé cette permanence comme un substratum de tout changement, et il le supposera toujours comme indubitable. Il y a cependant cette différence, que le philosophe s'exprime d'une manière un peu plus précise sur ce sujet quand il dit : dans tous les changements qui arrivent en ce monde la *substance* reste, l'*accident* seul change. Mais nulle part je ne trouve la moindre tentative pour démontrer cette proposition synthétique; elle se trouve même rarement en tête des ouvrages qui traitent des lois pures de la nature, valant universellement *a priori*, quoique ce soit là sa place. En effet, la proposition : la substance est permanente, est tautologique. Car cette permanence seule est la raison pour laquelle nous appliquons la catégorie de substance au phénomène, et l'on aurait dû prouver que dans tous les phénomènes il y a quelque chose de permanent dans lequel le muable n'est que la détermination de son existence. Mais comme cette preuve ne peut être dogmatique c'est-à-dire tirée de concepts, puisqu'elle a pour objet une proposition synthétique, et que jamais personne n'a

pensé que de telles propositions ne valussent que par rapport à l'expérience possible, et qu'elles ne pussent par conséquent être démontrées que par une déduction de la possibilité de l'expérience, il n'est pas étonnant que cette proposition synthétique, quoique servant de fondement à toute expérience (parce qu'on en a besoin dans la connaissance empirique), n'ait jamais été démontrée.

268. Un philosophe à qui l'on demandait quel est le poids de la fumée répondit : retranchez du poids du bois brûlé celui de la cendre, et vous aurez le poids de la fumée. Il supposait donc comme incontestable que la matière (substance) ne perd rien, même dans le feu, mais seulement que la forme éprouve un changement. De même la proposition : rien ne se fait de rien, n'était que la conséquence du principe de la permanence, ou plutôt de l'existence continuée du sujet propre dans les phénomènes. Car, si ce que l'on appelle substance dans le phénomène, doit être le substratum propre de toute détermination de temps, il s'ensuit que toute existence, soit dans le temps passé, soit dans le temps à venir, doit pouvoir être déterminée seulement et uniquement dans ce substratum. Nous ne pouvons donc donner à un phénomène le nom de substance que parce que nous lui opposons l'existence en tout temps; ce qui n'est pas convenablement exprimé par le mot permanence, qui semble plutôt se rapporter au temps à venir. Cependant, comme la nécessité interne de continuer est indissolublement attachée à la nécessité d'avoir toujours été, l'expression peut rester. *Gigni de nihilo nihil, in nihilum nil posse reverti*, étaient deux propositions intimement liées entre elles dans l'esprit des anciens, et que l'on sépare

quelquefois maintenant mal à propos, attendu qu'on croit percevoir les choses en elles-mêmes, et qu'on s'imagine que la première de ces deux propositions est contraire à la dépendance où est le monde d'une cause suprême (même quant à sa substance). Crainte sans fondement, puisqu'il n'est ici question que des phénomènes dans le champ de l'expérience, dont l'unité ne serait jamais possible si l'on voulait qu'il existât des choses nouvelles (quant à la substance). Car alors disparaîtrait ce qui peut seul représenter l'unité du temps, je veux dire l'identité du substratum, comme ce en quoi seul tout changement a une unité universelle. Cette qualité de durer n'est pourtant rien autre que la manière dont nous nous représentons l'existence des choses (dans le phénomène).

269. Les déterminations d'une substance qui ne sont que des modes particuliers de son existence s'appellent *accidents*. Elles sont toujours réelles, parce qu'elles concernent toujours l'existence de la substance (des négations ne sont que des déterminations exprimant la non-existence de quelque chose dans la substance). Quand donc on attribue une existence particulière à ce réel dans la substance (v. g., au mouvement, comme à un accident de la matière), on appelle alors cette existence *inhérence*, pour la distinguer de l'existence de la substance, qu'on nomme *subsistence* (*Subsistenz*). Mais il résulte de là plusieurs interprétations vicieuses, et l'on s'exprimerait avec plus de précision et de justesse si, par accident, l'on entendait seulement la manière dont l'existence d'une substance est positivement déterminée. Cependant, eu égard aux conditions de l'usage logique de notre entendement, il est inévitable de considérer isolément ce

qui peut changer dans l'existence d'une substance, quand la substance reste; de l'isoler en quelque sorte et de le mettre en rapport avec le permanent propre, le radical. Par conséquent cette catégorie se trouve précisément aussi sous le titre des rapports, plutôt comme condition de ces rapports que comme contenant elle-même un rapport.

270. Sur cette permanence se fonde donc aussi la légitimité du concept de *changement*. La naissance et la mort ne sont pas des changements de ce qui naît ou de ce qui périt. Le changement est un mode d'existence qui succède à une autre manière d'être du même objet. Par conséquent tout ce qui change est *permanent*, son *état* seul *change*. Et comme ce changement ne se rapporte qu'aux déterminations qui peuvent finir ou commencer, on peut dire (quoique avec une apparence de paradoxe) que le permanent seul (la substance) est changé; que le muable n'éprouve aucun changement, mais seulement une *vicissitude,* puisque certaines déterminations commencent quand d'autres cessent.

271. Le changement ne peut donc être perçu que dans des substances; et si le naître et le mourir n'est pas une simple détermination du permanent, il ne peut être l'objet d'aucune perception possible ; parce que c'est précisément le permanent qui rend possible la représentation du passage d'un état à un autre, et du non-être à l'être; passage qui, conséquemment, ne peut être connu que d'une manière empirique comme mode variable de ce qui reste. A supposer que quelque chose commence d'être absolument, il est nécessaire qu'il y ait un instant où il n'était pas. Mais à quoi rattacherait-on cet instant, si ce n'est à ce qui était déjà? car un temps vide anté-

rieur n'est l'objet d'aucune perception. Mais si l'on rattache cette naissance à des choses qui étaient auparavant et qui durent jusqu'à cette naissance, alors celle-ci n'a été qu'une détermination de la première, comme du permanent. Il en est de même de la cessation d'être; elle suppose la représentation empirique d'un temps où un phénomène n'est plus.

272. Les substances (dans le phénomène) sont le substratum de toutes les déterminations de temps. La naissance des unes et l'anéantissement des autres feraient disparaître jusqu'à la condition propre de l'unité empirique du temps, et les phénomènes se rapporteraient alors à deux sortes de temps dont l'existence s'écoulerait conjointement; ce qui est absurde. Car il n'est qu'*un seul* temps, dans lequel tous les différents temps ne doivent pas être posés ensemble, mais successivement.

273. La permanence est donc une condition nécessaire sous laquelle seule des phénomènes, comme choses (*Dinge*), ou des objets, sont déterminables dans une expérience possible. Mais on recherchera plus tard quel est le criterium empirique de cette permanence nécessaire, ainsi que de la substantialité des phénomènes.

SECONDE ANALOGIE.

PRINCIPE DE LA SUCCESSION DES TEMPS SUIVANT LA LOI DE CAUSALITÉ.

274. *Tous les changemens arrivent suivant la loi de la liaison de la cause et de l'effet* (1).

---

(1) Prem. édit.: *Principe de la causation.* Tout ce qui arrive (commence d'être) suppose quelque chose qu'il suit *d'après une règle.* — T.

Preuve.

275. (Nous avons établi dans le principe précédent que tous les phénomènes de la succession du temps ne sont que des *changements*, c'est-à-dire l'existence et la non-existence successive des déterminations de la substance permanente, par conséquent l'existence de la substance elle-même, qui en suit la non-existence, ou la non-existence de la substance qui en suit l'existence; en d'autres termes, que la naissance ou la mort de la substance même n'a pas lieu. Ce principe aurait pu s'énoncer de la manière suivante : *Toute vicissitude (succession) des phénomènes n'est que changement;* car la naissance ou la mort d'une substance n'en est point un changement, parce que le concept de changement suppose le même sujet existant avec deux déterminations opposées, par conséquent permanent. — Cet avertissement donné, passons à la preuve).

276. J'observe que des phénomènes se succèdent les uns les autres, c'est-à-dire qu'un état des choses est dans un temps et que son contraire était dans un état antérieur. Je réunis donc à proprement parler deux perceptions dans le temps. Or, une liaison n'est ni l'ouvrage des sens seuls, ni celui de l'intuition, c'est le produit d'une faculté synthétique de l'imagination, qui détermine le sens intérieur relativement au rapport de temps. Mais l'imagination peut unir d'une manière identique ces deux états, tellement que l'un ou l'autre précède dans le temps, car le temps en lui-même ne peut être perçu; et, par rapport au temps, ce qui précède et ce

qui suit peut être déterminé, pour ainsi dire, empiriquement dans l'objet. J'ai donc conscience seulement que mon imagination place l'un avant, l'autre après, et non que dans un objet un état précède l'autre. En d'autres termes, le rapport objectif des phénomènes successifs n'est point déterminé par la simple perception. Afin donc que ces phénomènes soient connus comme déterminés, il faut que le rapport entre les deux états soit conçu de telle manière qu'il soit comme nécessairement décidé par-là lequel de ces deux états doit être placé avant, lequel doit être placé après, et non réciproquement. Mais le concept emportant la nécessité de l'unité synthétique ne peut être qu'un concept pur de l'entendement, concept qui ne se trouve point dans la perception ; et ce concept est celui du *rapport de la cause* et *de l'effet*, dont le premier terme détermine le second dans le temps comme conséquence et non comme quelque chose qui peut précéder simplement en image (ou n'être absolument perçu nulle part). Par cela seul donc que nous soumettons la succession des phénomènes, par conséquent tout changement, à la loi de la causalité, leur expérience même, c'est-à-dire leur connaissance empirique, est possible; ils ne sont donc possibles comme objets de l'expérience que précisément suivant cette loi (1).

277. L'appréhension de la diversité du phénomène est toujours successive. Les représentations des parties succèdent les unes les autres. De savoir si elles se succèdent aussi dans l'objet, c'est là un second point de la

---

(1) Les deux alinéas qui précèdent n'étaient pas dans la première édition. — T.

réflexion qui n'est pas contenu dans le premier. Or, on peut, à la vérité, appeler objet toute chose, même toute représentation, en tant que nous en avons conscience ; mais de savoir ce que ce mot doit signifier en fait de phénomènes, non en tant qu'ils sont objets (comme représentations), mais seulement en tant qu'ils désignent un objet, c'est ce qui est une question plus profonde. N'étant, comme simples représentations, que des objets de la conscience, ils ne diffèrent nullement de l'appréhension, c'est-à-dire de l'admission dans la synthèse de l'imagination ; et l'on peut dire, conséquemment, que le divers des phénomènes est toujours produit successivement dans l'esprit. Si les phénomènes étaient des choses en soi, personne ne pourrait comprendre, par la succession des représentations de leur diversité, comment cette diversité est liée dans l'objet. Car nous n'avons affaire qu'à nos représentations ; il est tout à fait en dehors de la sphère de nos connaissances de savoir comment les choses en soi (sans égard aux représentations par lesquelles nous en sommes affectés) sont possibles. Or, quoique les phénomènes ne soient pas des choses en soi, et bien qu'ils soient cependant la seule chose dont nous puissions avoir connaissance, je dois cependant faire voir quelle liaison convient dans le temps à la diversité elle-même des phénomènes, tandis que la représentation en est toujours successive dans l'appréhension. Ainsi, par exemple, l'appréhension de la diversité dans le phénomène d'une maison en face de moi est successive. Or, la question est de savoir si le divers de cette maison est aussi successif en soi ; ce que personne assurément n'accordera. Si maintenant j'élève mes concepts d'un objet au point de vue transcendantal, la maison n'est certainement pas un objet en soi, mais seulement un phénomène, c'est-à-dire une représentation dont l'objet transcendantal m'est inconnu. Qu'entends-je donc par cette question, comment la diversité dans le phénomène même (qui cependant n'est jamais rien en soi) peut-elle être liée ? Ici, ce qui se trouve dans l'appréhension successive est considéré comme représentation ; mais le phénomène qui m'est donné, quoique n'étant qu'un ensemble de ces représentations, est considéré comme l'objet de cette représentation, avec lequel mon concept tiré des représentations de l'appréhension doit s'accorder. On voit de suite que, puisque l'accord de la connaissance avec l'objet constitue la vérité, on ne peut rechercher ici que les conditions formelles de la vérité empirique ; et que le phénomène, considéré par opposition aux représentations de l'appréhension, ne peut être représenté que comme objet différent d'elle, lorsque l'appréhension est soumise à une règle qui la fait distinguer de toute autre appréhension, et qui rend nécessaire une sorte de synthèse de la diversité. Ce qui, dans le phénomène, contient la condition de cette règle nécessaire de l'appréhension, est l'objet.

278. Arrivons donc à notre question. Qu'il arrive quelque chose, c'est-à-dire que quelque chose, ou un état qui n'était pas auparavant, survienne, c'est ce qui ne peut être perçu empiriquement dans le cas où il n'y a pas auparavant un phénomène qui contienne cet état ; car une réalité qui suit un temps vide, par conséquent une naissance que ne précède aucun état des choses, est aussi peu appréhensible que le temps vide lui-même. Toute appréhension d'un certain événement est donc une perception qui en suit une autre. Mais, comme dans

toute synthèse de l'appréhension il y a répétition de ce que j'ai fait voir plus haut dans le phénomène de la maison, celle-ci ne diffère donc en rien des autres. Mais je remarque encore que si, dans un phénomène qui contient un événement, j'appelle *a* l'état qui précède la perception, et *b* l'état qui suit, *b* ne peut que suivre *a* dans l'appréhension, mais que la perception *a* ne peut pas suivre *b*, qu'elle ne peut au contraire que le précéder. Je vois, par exemple, un bateau se diriger suivant le cours d'un fleuve : ma perception de l'endroit qu'il occupe plus bas succède à la perception de l'endroit du cours du fleuve qu'il occupait plus haut ; et il est même impossible que, dans l'appréhension de ce phénomène, le bateau puisse être observé d'abord plus bas, ensuite plus haut. L'ordre successif des perceptions dans l'appréhension est donc ici déterminé, et cette appréhension est liée à l'ordre des perceptions. Dans l'exemple précédent de la maison, mes perceptions pouvaient commencer dans l'appréhension par le faîte et finir par les fondements, mais elles pouvaient commencer aussi par le bas et finir par le haut ; elles pouvaient de même appréhender la diversité de l'intuition empirique par la droite ou par la gauche. Il n'y avait donc dans la série de ces perceptions aucun ordre déterminé qui m'obligeât, si j'étais dans la nécessité de commencer l'appréhension, à synthétiser empiriquement le divers. Mais cette règle doit toujours se trouver dans la perception de ce qui arrive, et rend *nécessaire* l'ordre des perceptions successives (dans l'appréhension de ce phénomène).

279. Je dériverai donc, dans le cas qui nous occupe, la *succession subjective* de l'appréhension, de la *succession objective* des phénomènes ; parce que, d'ailleurs, la pre-

mière est absolument indéterminée et ne distingue aucun phénomène d'un autre. La première ne prouve rien concernant la liaison de la diversité dans l'objet, parce qu'elle est totalement arbitraire. La seconde consistera donc dans l'ordre de la diversité du phénomène, suivant lequel ordre l'appréhension d'une chose (qui arrive) suit, conformément à *une règle*, l'appréhension d'une autre chose (qui précède). Je puis donc dire avec raison du phénomène lui-même, et non simplement de mon appréhension, qu'il y a succession : ce qui signifie que je ne puis établir l'appréhension que dans cette succession.

280. Il faut donc, suivant cette règle, que, dans ce qui précède en général un événement, se trouve la condition de la règle suivant laquelle cet événement suit toujours et nécessairement; mais je ne puis réciproquement remonter de l'événement, et déterminer (par l'appréhension) ce qui précède. Car du point de temps qui suit ne part aucun phénomène vers le temps qui précède, quoiqu'il se rapporte cependant à quelque chose d'antérieur : au contraire, d'un temps donné il y a progression nécessaire à un temps suivant déterminé. C'est pourquoi de cela seul que ce qui suit est quelque chose, il faut nécessairement que je le rapporte à quelque autre chose qui précède et qu'il suit conformément à une règle, c'est-à-dire nécessairement; de sorte que l'événement, comme *conditionné*, indique avec certitude une condition par laquelle il est déterminé.

281. Supposons qu'un événement ne soit précédé de rien qu'il puisse suivre conformément à une loi; alors toute succession de la perception ne serait que dans l'appréhension, c'est-à-dire d'une manière subjective seulement; et il ne serait pas du tout décidé objective-

ment par là quelle chose doit suivre dans les perceptions. Nous n'aurions de cette manière qu'un jeu de représentations qui ne se rapporteraient à aucun objet : c'est-à-dire qu'un phénomène ne différerait point par notre perception de tout autre, quant au rapport de temps, parce que la succession dans l'acte d'appréhender est partout la même, partout identique, et qu'il n'y a rien dans le phénomène qui la détermine de manière à en faire une succession certaine et comme objectivement nécessaire. Je ne dirai donc pas que dans le phénomène deux états se succèdent, mais seulement qu'une appréhension en suit une autre : ce qui est purement *subjectif* et ne détermine aucun objet, et ne peut par conséquent valoir comme connaissance d'un objet (pas même dans le phénomène).

282. Quand donc nous voyons quelque chose arriver, nous supposons toujours alors que quelque autre chose précède, après quoi vient, suivant une loi, ce qui arrive. Car autrement, je ne pourrais pas dire d'un objet qu'il suit, attendu que la simple succession dans mon appréhension, si elle n'est pas déterminée par une règle relativement à quelque chose de précédent, n'autorise aucune succession dans l'objet. Il arrive donc toujours, par rapport à une règle suivant laquelle les phénomènes sont déterminés dans leur succession par un état précédent, c'est-à-dire suivant leur avénement, que je rends objective ma synthèse subjective (de l'appréhension) : ce n'est même que sous cette supposition que l'expérience de quelque chose qui arrive est possible.

283. Ceci semble à la vérité contredire toutes les remarques qu'on a toujours faites sur la marche de l'usage de notre entendement. Suivant ces remarques, nous au-

rions d'abord été conduits, par les successions perçues et comparées de plusieurs événements concordant avec les phénomènes précédents, à concevoir une règle suivant laquelle certains événements succèdent toujours à certains phénomènes; ce qui nous aurait enfin portés à nous faire le concept de cause. De cette manière, ce concept serait purement empirique, et la règle qu'il donne, que tout ce qui arrive a une cause, serait fortuite comme l'expérience elle-même; sa généralité et sa nécessité ne seraient alors que fictives et n'auraient aucune valeur vraiment universelle, parce qu'elles ne seraient pas fondées *a priori*, mais seulement sur l'induction. Il en est ici comme de toutes les représentations pures *a priori* (v. g., l'espace et le temps), que nous ne pouvons, pour cette raison, dériver de l'expérience comme concepts clairs, que parce que nous les y avons mis et que nous avons réalisé l'expérience au moyen de ces concepts mêmes. Sans doute que la clarté logique de cette représentation d'une règle qui, comme concept de cause, détermine la série des événements, n'est possible qu'autant que nous en avons fait usage dans l'expérience; mais la connaissance de cette règle, comme condition de l'unité synthétique des phénomènes dans le temps, était le fondement de l'expérience même, et par conséquent l'a précédée *a priori*.

284. Il faut donc faire voir par un exemple, que dans l'expérience même, nous n'attribuons jamais à l'objet la succession (d'un événement où arrive quelque chose qui n'était pas auparavant), que nous la distinguons de notre appréhension subjective, comme si une règle servant de principe nous forçait à garder cet ordre de perception plutôt qu'un autre, et même que cette contrainte

est proprement ce qui rend enfin possible la représentation d'une succession dans l'objet.

285. Nous avons en nous des représentations dont nous pouvons aussi avoir conscience. Mais si étendue et si fidèle que cette conscience puisse être, les représentations ne sont cependant toujours que des représentations, c'est-à-dire des déterminations intérieures de l'esprit dans tel ou tel rapport de temps. D'où vient donc que nous faisons de ces représentations un objet, ou, qu'indépendamment de leur réalité subjective comme modifications, nous leur attribuons encore je ne sais quelle réalité objective? La valeur objective ne peut consister dans le rapport avec une autre représentation (de ce qu'on voudrait être celle de l'objet), car autrement, reviendrait la question : comment cette représentation sort-elle de nouveau d'elle-même et acquiert-elle une valeur objective outre cette valeur subjective qui lui est propre comme détermination de l'état de l'esprit? Si nous cherchons quelle propriété nouvelle le *rapport à un objet* donne à nos représentations et quelle importance elles en retirent, nous trouvons qu'il ne fait que rendre nécessaire une certaine liaison des représentations et la soumettre à une règle ; et que réciproquement, par cela seul qu'un certain ordre de nos représentations est nécessaire dans le rapport de temps, elles ont une valeur objective.

286. Dans la synthèse des phénomènes, le divers des représentations est toujours successif. Aucun objet n'est représenté par là, puisque par la succession, qui est commune à toute appréhension, rien n'est distingué de rien. Mais dès que je perçois ou que je suppose dans cette succession un rapport à un état précédent d'où ré-

sulte la représentation suivant une règle, alors quelque chose se présente comme événement ou comme arrivant ; c'est-à-dire que je connais un objet que je dois placer dans le temps en un certain point déterminé qui ne peut lui être échu autrement, en conséquence d'un état précédent. Quand j'aperçois que quelque chose arrive, cette représentation implique d'abord que quelque chose précède, puisque ce n'est précisément qu'à cette condition que le phénomène acquiert un rapport de temps, ou qu'il existe par rapport à un temps passé dans lequel il n'était pas encore. Mais il ne reçoit dans ce rapport sa place de temps déterminée qu'en supposant dans un état passé quelque chose que suit toujours ce phénomène, c'est-à-dire conformément à une règle. D'où il résulte d'abord que je ne puis intervertir la série en mettant avant ce qui vient après; secondement, que, posé l'état antérieur, cet événement déterminé arrive immanquablement et nécessairement. Il suit de là qu'il est un certain ordre dans nos représentations, suivant lequel le présent (en tant qu'arrivé) indique un état précédent, comme corrélatif, quoique encore indéterminé, de l'événement donné, mais qui se rattache à celui-ci comme à sa conséquence, et se le rattache nécessairement dans la série du temps.

287. Si donc c'est une loi nécessaire de notre sensibilité, par conséquent *une condition formelle* de toutes les perceptions, que le temps qui précède détermine nécessairement celui qui suit (puisque je ne puis arriver au temps qui suit que par celui qui précède), c'est encore une loi inévitable de la *représentation empirique* de la succession, que les phénomènes du temps passé déterminent toutes les existences dans le temps qui suit, et

que ces phénomènes, comme événements, n'aient lieu qu'autant que d'autres événements les ont déterminés quant à l'existence dans le temps, c'est-à-dire les ont fixés suivant une règle. Car nous ne *pouvons connaître empiriquement cette continuité dans l'enchaînement des temps, que dans le phénomène.*

288. L'entendement est indispensable pour toute expérience et même pour la possibilité de l'expérience; et la première chose qu'il ait à faire à cet égard n'est pas de rendre claire la représentation d'un objet, mais de rendre possible la représentation d'un objet en général. D'où il arrive par conséquent qu'il transporte l'ordre du temps aux phénomènes et à leur existence, en assignant à chacun d'eux, comme successif par rapport aux phénomènes précédents, une place déterminée *a priori* dans le temps, sans laquelle un phénomène ne s'accorderait point avec le temps même qui détermine *a priori* une place pour toutes les parties de ce phénomène. Cette détermination des places ne peut donc provenir du rapport des phénomènes à un temps absolu (car il n'est point un objet de perception); mais au contraire, les phénomènes doivent déterminer entre eux réciproquement leur place dans le temps même, et la rendre nécessaire dans l'ordre du temps. C'est-à-dire que ce qui suit ou arrive, doit suivre suivant une règle générale ce qui était contenu dans un temps antérieur. De là une série de phénomènes, qui, au moyen de l'entendement, produit et rend nécessaires précisément le même ordre et le même enchaînement continu dans la série des perceptions possibles, que l'ordre et l'enchaînement trouvés *a priori* dans la forme de l'intuition interne (du temps), dans laquelle toutes les perceptions doivent avoir leur place.

289. L'avénement de quelque chose est donc une perception qui appartient à une expérience possible, et qui est réelle dès que j'aperçois le phénomène comme déterminé quant à sa place dans le temps, par conséquent comme un objet qui peut toujours être trouvé suivant une règle dans l'enchaînement des perceptions. Or, cette règle, servant à déterminer quelque chose quant à la succession du temps, est que : dans ce qui précède se trouve la condition sous laquelle l'événement suit toujours (c'est-à-dire nécessairement). Par conséquent le principe d'une raison suffisante est le principe de l'expérience possible, savoir de la connaissance objective des phénomènes, eu égard à leur rapport dans la succession du temps.

290. Mais le fondement de cette proposition ne porte que sur les moments suivants. A toute connaissance empirique appartient essentiellement la synthèse de la diversité par l'imagination, synthèse toujours successive, c'est-à-dire dans laquelle les représentations viennent toujours les unes après les autres. Mais la succession n'est point déterminée dans l'imagination quant à l'ordre (de ce qui doit précéder ou qui doit suivre), et la série de l'une des représentations qui se suivent peut être prise soit de ce qui précède à ce qui suit, soit de ce qui suit à ce qui précède. Mais si cette synthèse est une synthèse de l'appréhension (de la diversité d'un phénomène donné), l'ordre est alors déterminé dans l'objet; ou, pour parler plus exactement, il y a là un ordre de la synthèse successive qui détermine un objet, et suivant lequel quelque chose précède nécessairement; suivant lequel encore, ce quelque chose posé, quelque autre chose suit nécessairement. Si donc ma perception doit renfermer la connais-

sance d'un événement quand il arrive effectivement quelque chose, elle doit donc être un jugement empirique par lequel on pense que la succession est déterminée ; c'est-à-dire qu'elle suppose un autre phénomène antérieur, quant au temps, auquel le phénomène actuel succède nécessairement ou suivant une loi. Au contraire, si je supposais le phénomène antérieur, et que l'événement ne suivît pas nécessairement, je devrais le tenir pour un jeu purement subjectif de mon imagination, et le regarder comme un songe si j'y voyais quelque chose d'objectif. Par conséquent, le rapport des phénomènes (comme perceptions possibles) suivant lequel le subséquent (ce qui arrive) est rendu nécessaire quant à l'existence par quelque chose qui précède et se trouve déterminé dans le temps suivant une règle, ce rapport, dis-je, celui de la cause à l'effet, est la condition de la valeur objective de nos jugements empiriques relativement à la série des perceptions, et par suite relativement à leur vérité empirique ainsi qu'à l'expérience. Le principe du rapport de causalité dans la succession des phénomènes vaut donc aussi à l'égard de tous les objets de l'expérience (sans les conditions de la succession), puisqu'il est lui-même la cause de la possibilité de cette expérience.

291. Il se présente encore ici une difficulté qui doit être résolue. Le principe de la liaison causale entre les phénomènes est restreint dans notre formule à la succession de leurs séries, quoique dans son usage on trouve cependant qu'il convient aussi lorsqu'ils s'accompagnent et que la cause et l'effet peuvent être en même temps. Telle est, par exemple dans une chambre, une chaleur qu'on ne trouve pas à l'air libre. J'en cherche la cause,

et je trouve un foyer allumé. Or, ce foyer, comme cause, est en même temps que son effet, la chaleur de la chambre; il n'y a donc ici aucune succession quant au temps entre la cause et l'effet; ces deux choses sont simultanées, et cependant le principe est applicable. La majeure partie des causes actives dans la nature sont en même temps que leurs effets, et la succession des effets tient seulement à ce que la cause ne peut opérer en un clin-d'œil son effet tout entier. Mais dans l'instant même où cet effet se manifeste il est toujours en même temps avec la causalité de sa cause, puisque si cette cause eût cessé d'être un instant auparavant, l'effet n'aurait pas eu lieu. Il faut bien remarquer ici qu'il ne s'agit que de l'*ordre* du temps et non de son *cours;* le rapport reste, quoiqu'aucun temps ne soit écoulé. Le temps entre la causalité de la cause et son effet immédiat peut s'évanouir (et par conséquent la cause et l'effet en même temps); mais le rapport de la cause à l'effet n'en reste pas moins déterminable quant au temps. Si je considère une boule posée sur un duvet comme cause de l'enfoncement qu'elle y occasionne, alors l'effet sera en même temps que la cause. Cependant je les distingue l'un de l'autre par le rapport de temps qui existe entre leur liaison dynamique. Car si je mets la boule sur le duvet, alors la dépression du duvet succède à l'uni de sa surface et se modèle sur la boule; mais si le duvet présente déjà un enfoncement (peu importe à quelle occasion), alors il ne suit plus les contours de cette boule.

292. La succession est donc absolument l'unique criterium empirique de l'effet par rapport à la causalité de la cause qui précède. Le verre est la cause de l'élévation de l'eau au-dessus de sa surface horizontale, quoique les

deux phénomènes soient simultanés. Car je n'ai pas plutôt puisé l'eau avec le verre dans un plus grand vase, qu'il suit quelque chose, savoir, le changement de l'état horizontal que l'eau affectait dans ce vase, et un état concave qu'elle prend dans le verre.

293. Cette causalité conduit au concept d'action, celui-ci au concept de force ou de faculté, et par là au concept de substance. Comme je ne veux pas mêler à mon plan critique, qui concerne seulement les sources de la connaissance synthétique *a priori*, l'analyse des concepts, qui n'a pour objet que leur explication (non leur extension), j'en renvoie l'exposition détaillée à un système futur de la raison pure, quoiqu'on trouve déjà en grande partie cette analyse dans les auteurs classiques de ce genre qui ont paru jusqu'ici. Mais je ne puis passer sous silence le criterium empirique d'une substance en tant qu'elle semble se montrer, non par la permanence du phénomène, mais plutôt et plus facilement par l'action.

294. Là où est l'action, par conséquent l'activité et la force, là est aussi la substance; et dans celle-ci seule doit être cherchée la source féconde des phénomènes. C'est bien : mais s'il faut expliquer à ce sujet ce que l'on entend par substance, et que l'on veuille éviter un cercle vicieux, la réponse n'est pas si facile. Comment conclure de l'action à la *permanence* de l'agent, ce qui est cependant un criterium essentiel et propre de la substance (*phœnomenon*)? Mais d'après ce que nous avons dit plus haut, la question n'est point embarrassante ; tout insoluble qu'elle puisse être par la manière ordinaire (de traiter ses concepts par l'analyse seule). Le mot action désigne déjà le rapport du sujet de la causalité à l'effet. Or, comme tout effet consiste dans ce qui arrive, par

conséquent dans le muable qui caractérise le temps sous le rapport successif, le dernier sujet de ce qui change est le *permanent*, comme substratum de toute vicissitude, c'est-à-dire la substance. Car, suivant le principe de causalité, les actions sont toujours le premier fondement de toute vicissitude des phénomènes, et ne peuvent par conséquent se trouver dans aucun sujet qui change lui-même, parce qu'autrement d'autres actions et un autre sujet seraient nécessaires pour déterminer ce changement. La force du sujet actuellement en action en démontre donc, comme criterium empirique suffisant, la substantialité, sans qu'il soit nécessaire d'en rechercher avant tout la permanence par les perceptions comparées; ce qui d'ailleurs ne pourrait se faire par ce moyen avec le détail nécessaire pour établir la stricte généralité du concept. Que le premier sujet de la causalité de toute naissance et de toute mort ne puisse lui-même (dans le champ des phénomènes) ni naître, ni mourir, c'est effectivement là une conséquence certaine qui aboutit à la nécessité empirique et à la permanence dans l'existence, par conséquent au concept d'une substance comme phénomène.

295. Quand quelque chose arrive, alors l'événement seul, sans égard à ce qui arrive, est déjà par lui-même un objet de recherche. Le passage de la non-existence d'un état à l'état actuel, supposé que cet état ne contienne aucune qualité phénoménale, doit à lui seul être recherché. Cet événement, comme nous l'avons fait voir plus haut dans la première analogie, ne regarde pas la substance (car il ne s'en forme point), mais son état. C'est donc un pur changement, et non point l'origine de quelque chose tiré de rien. Si cette origine est considérée comme effet

d'une cause étrangère, elle s'appelle alors création. Mais cette création comme événement ne peut point être admise dans les phénomènes, puisque sa possibilité seule romprait déjà l'unité de l'expérience. Néanmoins, en regardant toutes les choses non comme phénomènes, mais comme des choses en soi et comme objets de l'entendement seul, elles peuvent cependant, quoique substances, être considérées quant à leur existence comme dépendantes d'une cause étrangère. Mais alors la signification des mots serait tout à fait différente, et ce point de vue ne conviendrait pas aux phénomènes comme objets possibles de l'expérience.

296. Comment donc en général quelque chose peut-il être changé? d'où vient qu'à un état peut succéder en un instant un autre état opposé? Nous n'en avons pas moindre notion *a priori*. La connaissance des forces réelles est ici nécessaire, connaissance qui ne peut être donnée qu'empiriquement; par exemple la connaissance des forces motrices, ou, ce qui revient au même, de certains phénomènes successifs (comme mouvements) par lesquels ces forces se révèlent. Mais la forme de tout changement, la condition sous laquelle ce changement, comme contingence d'un autre état, peut s'opérer (quelle que soit la matière, c'est-à-dire quel que puisse être l'état qui est changé), par conséquent la succession des états mêmes (l'événement) peut toutefois être considérée *a priori* par rapport à la loi de la causalité et aux conditions du temps (1).

(1) Il faut bien remarquer que je ne parle pas du changement de certaines relations en général, mais du changement d'état. Par conséquent si un corps se meut uniformément, son état (le mouvement) ne change point; mais cet état change seulement dans le cas où le mouvement s'accroît ou diminue.

297. Quand une substance passe d'un état *a* à un autre état *b*, alors l'instant du second état est différent de l'instant du premier et le suit. De même le second état, comme réalité (dans le phénomène) diffère du premier dans lequel cette réalité n'était pas, comme *b* diffère de zéro ; c'est-à-dire que si l'état *b* ne se distingue de l'état *a* que par la quantité, alors le changement est la naissance de *b* — *a*, qui n'était pas dans le premier état, par rapport auquel *b* — *a* était = 0.

298. On demande donc comment une chose peut passer d'un état = *a* à un autre état = *b* ? Entre deux moments se trouve toujours un certain temps, et entre deux états est toujours quelque différence ayant une quantité (car toutes les parties des phénomènes sont encore des quantités). Par conséquent le passage d'un état à un autre s'opère toujours dans un temps compris entre deux instants dont le premier détermine l'état que la chose quitte, et le second celui qu'elle prend. Tous deux sont donc les limites du temps d'un changement, par conséquent d'un état mitoyen entre deux états, et appartiennent comme tels au changement total. Or, tout changement a une cause qui démontre sa causalité dans le temps total pendant lequel le changement s'opère. Cette cause ne produit donc pas son changement tout d'un coup (dans un instant indivisible), mais dans un temps; tellement que, de même que le temps croît depuis le premier instant *a* jusqu'à son intégralité *b*, de même aussi la quantité de réalité (*b* — *a*) s'engendre par tous les petits degrés qui séparent le premier moment du second. Tout changement n'est donc possible que par une action continue de la causalité, qui en tant qu'uniforme s'appelle un moment. Le changement ne se

compose pas de ces moments, mais il en est produit comme leur effet.

299. Telle est donc la loi de la continuité de tout changement, dont le principe est : que ni le temps ni le phénomène ne se composent de parties qui soient les plus petites possibles, et que cependant l'état de la chose qui change n'arrive à son second état qu'en passant par toutes ces parties comme par autant d'éléments. Il n'y a *aucune différence* du réel dans le phénomène, non plus que dans la quantité des temps, qui soit la *plus petite possible*. Ainsi le nouvel état de la réalité sort du premier, dans lequel cette réalité n'était point, en passant par tous les degrés infinis de cette même réalité, dont les différences des uns aux autres sont toutes moindres que celle qui sépare zéro de a.

300. Il n'est pas ici question de chercher quelle utilité ce principe peut avoir dans l'investigation de la nature. Mais ce qui mérite notre examen, quoiqu'on voie au premier abord que ce principe est réel et légitime, et qu'on puisse par conséquent se croire dispensé de répondre à la question de savoir comment la chose est possible, c'est de comprendre cependant comment un tel principe, qui semble étendre ainsi notre connaissance de la nature, est parfaitement possible *a priori*. Car il y a tant de prétentions non fondées d'étendre notre connaissance par la raison pure, qu'on doit se faire une règle générale d'être défiant, de ne rien croire, de ne rien accepter, même sur un argument dogmatique très-clair, sans des faits (*Documente*) antécédents qui puissent fournir une déduction fondamentale.

301. Tout accroissement de la connaissance empirique, toute progression de la perception n'est qu'une extension

de la détermination du sens interne, c'est-à-dire un progressus dans le temps, quels que soient les objets, phénomènes ou intuitions pures. Cette progression dans le temps détermine tout et n'est elle-même déterminée par rien; c'est-à-dire que ses parties sont seulement dans le temps et données par la synthèse du temps, mais non avant elle. Dans une perception, tout passage à quelque chose qui suit dans le temps est donc une détermination du temps par la production de cette perception; et comme cette détermination du temps est toujours une quantité et dans toutes ces parties, il en est de la production d'une perception comme d'une quantité qui passe par une infinité de degrés dont aucun n'est le plus petit possible, de zéro jusqu'à son degré déterminé. Il est donc clair par là que nous pouvons connaître *a priori* la loi des changements quant à leurs formes. Nous anticipons seulement notre propre appréhension, dont la condition formelle doit nécessairement pouvoir être connue *a priori*, puisque elle-même est en nous avant tous les phénomènes donnés.

302. C'est pourquoi, de même que le temps contient la condition sensible *a priori* de la possibilité de la progression continue de ce qui existe à ce qui doit suivre, de même l'entendement contient, par le moyen de l'unité de l'apperception, la condition *a priori* de la possibilité d'une détermination continue de tous les instants des phénomènes dans ce temps, par la série de causes et d'effets, dans laquelle les causes se rattachent inévitablement aux effets pour en expliquer l'existence, et rendent ainsi valable objectivement la connaissance empirique des rapports de temps dans chaque temps (en général).

TROISIÈME ANALOGIE.

PRINCIPE DE LA SIMULTANÉITÉ D'APRÈS LA LOI DE L'ACTION ET DE LA RÉACTION, OU DE LA RÉCIPROCITÉ.

303. *Toutes les substances, en tant qu'elles peuvent être perçues en même temps dans l'espace, sont dans une action réciproque universelle* (1).

Preuve.

304. Des choses sont en même temps quand, dans l'intuition empirique, la perception de l'une peut suivre la perception de l'autre, et réciproquement; ce qui ne peut arriver dans la succession des phénomènes, comme nous l'avons fait voir dans le second principe. Ainsi, je puis commencer ma perception d'abord par la lune et la continuer par la terre, ou réciproquement d'abord par la terre et ensuite par la lune; et, comme les perceptions de ces objets peuvent se suivre réciproquement les unes les autres, je dis qu'ils existent en même temps. Le simultané est donc l'existence de la diversité dans le même temps. Mais on ne peut percevoir le temps lui-même pour en conclure que les choses sont placées dans le même temps, que leurs perceptions peuvent se succéder réciproquement. La synthèse de l'imagination dans l'appréhension indiquerait seulement que chacune de ces représentations est dans le sujet quand l'autre n'y est pas et réciproquement, mais non pas que les objets soient en même temps, c'est-à-dire que quand l'un est

---

(1) Prem. édit. : *Principe de la réciprocité.* Toutes les substances, en tant que coexistantes, sont en commerce universel (c'est-à-dire en action et réaction mutuelle). — T.

l'autre soit aussi dans le même temps, et que cela soit nécessaire pour que les perceptions puissent se succéder réciproquement. Il faut donc un concept intellectuel touchant la succession réciproque des déterminations des choses qui existent en même temps les unes hors des autres, pour pouvoir dire que la succession réciproque des perceptions a son fondement dans l'objet, et pour que le simultané soit représenté par là comme objectif. Or, le rapport des substances dans lequel l'une comprend les déterminations dont la cause est contenue dans l'autre, est le rapport de l'influence ; et si réciproquement cette influence contient la cause des déterminations de l'autre, il est le rapport [de mutualité, de réciprocité] d'action et de réaction ou de commerce. Le simultané des substances dans l'espace ne peut donc être connu expérimentalement que dans la supposition d'une action mutuelle des unes aux autres ; telle est aussi la condition de la possibilité des choses mêmes comme objets de l'expérience (1).

305. Des choses sont en même temps, lorsqu'elles existent dans un seul et même temps. Mais comment connaître qu'elles sont dans un seul et même temps, si l'ordre dans la synthèse de l'appréhension de cette diversité est indifférent, c'est-à-dire si l'on peut passer de *a* par *b, c, d,* en *e,* ou réciproquement de *e* en *a*? Car si cet ordre était chronologique (qu'il commençât par *a* et finît en *e*), il serait impossible que l'appréhension dans la perception commençât par *e*, et se continuât en *a*, puisque *a* appartiendrait à un temps passé, et ne pourrait par conséquent plus être un objet de l'appréhension.

---

(1) Cet alinéa n'est pas dans la première édition. — T.

306. Si donc on suppose que dans la diversité des substances comme phénomènes chacune d'elles soit complétement isolée, c'est-à-dire qu'aucune n'agisse sur l'autre et n'en soit à son tour nullement influencée, je dis que leur *simultanéité* ne peut être l'objet d'aucune perception, et que l'existence de l'une ne peut conduire par aucun moyen de la synthèse empirique à l'existence de l'autre. Car si on se les figure séparées par un espace parfaitement vide, alors la perception qui passe de l'une à l'autre dans le temps pourrait, à la vérité, déterminer l'existence de la seconde par une perception subséquente, mais on ne pourrait distinguer si le phénomène succède objectivement à la première, ou si plutôt il n'est pas en même temps qu'elle.

307. Il faut donc qu'il y ait quelque autre chose que l'existence seule, par quoi a détermine à b sa place dans le temps, et réciproquement b à a; ce n'est qu'à cette seule condition que les substances pensées peuvent être représentées empiriquement comme existant *simultanément*. Or, cela seul qui est la cause d'une chose ou de ses déterminations en assigne la place dans le temps. Par conséquent toute substance (puisqu'elle ne peut être conséquence que par rapport à ses déterminations) doit comprendre en soi la causalité de certaines déterminations dans d'autres substances, et en même temps les effets de la causalité des autres substances en elle; c'est-à-dire qu'elles devront être en commerce dynamique (immédiatement ou médiatement), pour que le simultané puisse être connu dans une expérience possible. Or, tout cela est nécessaire par rapport aux objets de l'expérience, sans quoi l'expérience même de ces objets serait impossible. Il est donc nécessaire que toutes

substances dans le phénomène, en tant qu'elles sont ensemble, soient en commerce universel d'action mutuelle.

308. Dans notre langue, le mot commerce [*Gemeinschaft*, qui signifie proprement *société*], a une double signification, et veut dire d'abord commerce (*commercium*) et aussi communauté (*communio*). Nous l'employons ici dans le premier sens, pour signifier une société dynamique sans laquelle précisément la communauté locale (*communio spatii*) ne serait jamais connue empiriquement. Il est facile de remarquer dans nos expériences que les influences continues dans toutes les parties de l'espace peuvent seules conduire nos sens d'un objet à un autre; que la lumière qui brille entre nos yeux et les corps célestes entretient un commerce médiat entre eux et nous, et que par là le simultané des premiers se trouve prouvé; que nous ne pouvons changer d'aucun lieu empiriquement (percevoir ce changement) sans que partout la matière nous rende possible la perception des lieux que nous occupons; qu'elle ne peut faire connaître sa simultanéité que par le moyen de son influence réciproque, et qu'elle peut aussi par là donner à connaître (quoique d'une manière médiate seulement) la coexistence des objets les plus éloignés. Sans commerce toute perception (du phénomène dans l'espace) est isolée d'une autre, et la chaîne des représentations empiriques, c'est-à-dire l'expérience, commencerait tout de nouveau par un autre objet, sans que le précédent pût constituer un rapport de temps avec le second ni s'y rattacher le moins du monde. Mon intention n'est pas pour cela de combattre la vacuité de l'espace : car il peut toujours être sans qu'il y ait en lui des perceptions,

et par conséquent sans qu'il y ait aucune connaissance empirique de la simultanéité; mais alors il n'est point un objet de l'expérience possible.

309. Il faut remarquer pour plus de clarté que, dans notre esprit, tous les phénomènes doivent, comme compris dans une expérience possible, être en communauté (*communio*) d'apperception, et qu'en tant que les objets doivent être représentés comme liés ensemble, il est nécessaire qu'ils déterminent réciproquement leur place dans un temps, afin de composer un tout. Pour que ce commerce subjectif repose sur un fondement objectif ou soit rapporté aux phénomènes comme substances, la perception de l'un, comme principe, doit rendre possible la perception de l'autre et réciproquement, afin que la succession, qui est toujours dans les perceptions comme appréhensions, ne soit pas attribuée aux objets, mais que ceux-ci puissent être représentés comme coexistants. C'est là une influence mutuelle, c'est-à-dire un commerce réel des substances, sans lequel le rapport empirique de la simultanéité ne pourrait avoir lieu dans l'expérience. Au moyen de ce commerce, les phénomènes, en tant qu'extérieurs les uns aux autres, et cependant liés ensemble, forment un composé (*compositum reale*) dont il peut exister de plusieurs sortes. Les trois rapports dynamiques qui donnent naissance à tous les autres sont donc l'inhérence, la conséquence et la composition.

* * *

310. Telles sont donc les trois analogies de l'expérience. Elles ne sont autre chose que les principes de la détermination de l'existence des phénomènes dans le

temps d'après ses trois modes, c'est-à-dire d'après le rapport au temps lui-même comme quantité (la quantité de l'existence, c'est-à-dire la durée), d'après le rapport dans le temps comme série (succession), et d'après le temps en lui-même comme ensemble de toute existence (simultanéité). Cette unité de la détermination du temps est toute dynamique; c'est-à-dire que le temps n'est pas considéré comme ce en quoi l'expérience détermine immédiatement la place de chaque existence, ce qui est impossible, parce que le temps absolu n'est point un objet de la perception au moyen duquel les phénomènes puissent être comparés entre eux ; mais la loi de l'entendement par laquelle seule l'existence des phénomènes devient susceptible de l'unité synthétique suivant les rapports de temps, détermine à chacun d'eux sa place dans le temps, par conséquent *a priori* et valablement pour tous les temps et pour chaque temps.

311. Par le mot nature (dans le sens empirique), nous comprenons l'ensemble des phénomènes quant à leur existence, d'après des règles nécessaires, c'est-à-dire des lois. Ce sont donc certaines lois, et même *a priori*, qui, en définitive, rendent la nature possible ; les lois empiriques ne peuvent avoir lieu ni être découvertes que par le moyen de l'expérience, et même en vertu de ces lois primordiales suivant lesquelles seules l'expérience elle-même est possible. Nos analogies font donc proprement connaître l'unité de la nature dans l'enchaînement de tous les phénomènes sous certains exposants qui n'expriment que le rapport du temps (comme embrassant toute existence) à l'unité de l'apperception, unité qui n'a lieu que dans la synthèse suivant des règles. Leur signification commune est donc celle-ci : tous les

phénomènes sont dans une nature unique et doivent y être, puisque sans cette unité *a priori* aucune unité expérimentale, par conséquent aucune détermination des objets, ne serait possible dans l'expérience.

312. Mais il y a encore une remarque à faire sur la manière dont nous avons prouvé ces lois naturelles transcendantales, et sur le caractère propre de ce genre de preuves ; et cette remarque doit être très importante en même temps comme règle pour toute autre tentative de démontrer *a priori* des thèses intellectuelles qui sont en même temps synthétiques. Si nous avions démontré ces analogies dogmatiquement, c'est-à-dire si nous avions voulu établir par concepts que tout ce qui existe ne se rencontre que dans ce qui est permanent ; que tout événement suppose quelque chose dans un état précédent, à quoi il succède suivant une règle ; enfin, que dans la diversité qui existe en même temps les états sont ensemble en rapport entre eux suivant une certaine loi (sont en commerce) : alors notre peine eût été entièrement perdue. Car on ne peut aller d'un objet et de son existence à l'existence d'un autre ou à sa manière d'être, par les seuls concepts de ces choses, de quelque façon qu'on en fasse l'analyse. Que nous restait-il donc? la possibilité de l'expérience, comme connaissance dans laquelle tous les objets doivent pouvoir nous être enfin donnés, si leur représentation doit avoir pour nous une réalité objective. Dans ce moyen terme, dont la forme essentielle consiste dans l'*unité* synthétique de l'apperception de tous les phénomènes, nous avons donc trouvé les conditions *a priori* de la détermination chronologique nécessaire et permanente de toute existence dans le phénomène; sans laquelle même la détermination empirique

du temps serait impossible, et nous avons découvert les règles de l'unité synthétique *a priori* au moyen desquelles nous pouvons anticiper l'expérience. A défaut de cette méthode, et dans la fausse persuasion que des propositions synthétiques que l'usage de l'expérience de l'entendement recommandait comme ses principes, pouvaient être prouvées dogmatiquement, il est arrivé que l'on a souvent cherché, mais toujours en vain, une démonstration du principe de la raison suffisante. Personne n'a pensé aux deux autres analogies, quoiqu'on s'en servît toujours sans s'en douter (1). Si l'on n'y a pas songé, c'est que le fil conducteur des catégories manquait, et qu'il est le seul qui puisse découvrir et rendre sensibles les lacunes de l'entendement, soit dans les concepts, soit dans les principes.

IV.

POSTULATS DE LA PENSÉE EMPIRIQUE EN GÉNÉRAL.

313. 1. Ce qui s'accorde avec les conditions formelles de l'expérience (quant à l'intuition et aux concepts) est *possible*.

---

(1) L'unité de l'univers, dans lequel tous les phénomènes doivent être liés, n'est manifestement qu'une conséquence du principe tacitement admis du commerce de toutes les substances, qui sont en même temps; car si elles étaient isolées elles ne formeraient point un tout comme parties, et si leur union (action réciproque de la diversité) n'était déjà pas nécessaire pour la simultanéité, on ne pourrait pas conclure de celle-ci comme d'un rappprt purement idéal à cette union comme à quelque chose de réel. Nous avons fait voir en son lieu que ce commerce est proprement la cause de la possibilité d'une connaissance empirique, de la coexistence, et que par conséquent on conclut proprement et exclusivement de celle-ci à celui-là comme à sa condition.

314. 2. Ce qui se rattache aux conditions matérielles de l'expérience (de la sensation) est *réel*.

315. 3. Ce dont la connexion avec le réel est déterminée suivant des conditions générales de l'expérience est (existe) *nécessairement*.

Développement.

316. Les catégories de la modalité ont cela de particuculier, qu'elles n'ajoutent rien comme détermination de l'objet au concept auquel elles se rattachent comme attributs, mais qu'elles expriment seulement le rapport à la faculté de connaître. Lorsque le concept d'une chose est déjà parfait, ne puis-je pas cependant demander encore à l'occasion de cette chose : — ou si elle est simplement possible, — ou si de plus elle existe, — ou si, existant, elle est encore nécessaire ? Tout cela ne fait penser aucune détermination de plus dans la chose ; seulement il est question de savoir par là quel est le rapport de cette chose (et de toutes ses déterminations) avec l'entendement et son usage empirique, avec le jugement empirique et avec la raison (dans son application à l'expérience).

317. Par cette raison donc, les principes de la modalité ne sont que les explications des concepts de la possibilité, de la réalité et de la nécessité dans leur usage empirique, et en même temps la restriction de toutes les catégories au seul usage empirique, sans en admettre ni en permettre l'usage transcendantal. Car, si elles n'ont pas une valeur purement logique, et qu'elles ne doivent pas exprimer analogiquement la forme de la *pensée*, mais qu'elles doivent, au contraire, concerner des *choses*, leur

possibilité, leur réalité ou leur nécessité, elles doivent se rapporter à l'expérience possible et à son unité synthétique, dans laquelle seule les objets de la connaissance sont donnés.

318. Le postulat de la possibilité des choses exige donc que leur concept s'accorde avec les conditions formelles de l'expérience en général. Mais l'expérience en général, c'est-à-dire la forme objective de l'expérience en général, contient toute synthèse requise pour la connaissance des objets. Un concept qui comprend une synthèse, ou est vain et ne se rapporte à aucun objet, si cette synthèse n'appartient pas à l'expérience ; ou, s'il en est comme emprunté, il s'appelle alors un *concept empirique*. Mais si cette synthèse, comme condition *a priori*, sert de base à l'expérience en général (en est la forme), alors le concept est un *concept pur* qui appartient cependant à l'expérience, puisque son objet ne peut être trouvé qu'en elle. Car, où prendre le caractère de la possibilité d'un objet conçu par un concept synthétique *a priori*, si ce n'est de la synthèse qui constitue la forme de la connaissance empirique des objets ? C'est même une condition logique nécessaire, qu'il ne doit y avoir dans ce concept aucune contradiction. Mais il s'en faut beaucoup que cela suffise pour la réalité objective du concept, c'est-à-dire pour la possibilité d'un objet tel qu'il est pensé par le concept. Ainsi il n'y a aucune contradiction dans le concept d'une figure contenue entre deux lignes droites; car le concept de lignes droites et de leur rencontre ne contient pas la négation d'une figure. L'impossibilité ne tient donc point au concept lui-même, mais à sa construction dans l'espace, c'est-à-dire aux conditions de l'espace et de ses déterminations ; et celles-ci ont à leur

tour leur réalité objective, c'est-à-dire qu'elles se rapportent à des choses possibles, puisqu'elles contiennent *a priori* la forme de l'expérience en général.

319. Faisons donc voir la grande utilité et l'influence de ce postulat de la possibilité. Si je me représente une chose qui soit permanente, en sorte que tout ce qui s'y passe appartienne seulement à son état, je ne puis jamais connaître par ce concept si cette chose est possible. De même, si je me représente quelque chose qui doive être de telle nature que, s'il est posé, quelque autre chose doive suivre immanquablement, sans doute cela pourra se concevoir sans contradiction ; mais on ne peut juger par là si cette propriété (comme causalité) se trouve dans une chose possible. Enfin, je puis concevoir des choses (substances) différentes, qui sont telles que l'état de l'une amène une conséquence dans l'état de l'autre, et réciproquement ; mais on ne comprend point par ces concepts qui contiennent une simple synthèse arbitraire, si un tel rapport peut appartenir aux choses. Seulement de ce que ces concepts expriment *a priori* les rapports des perceptions dans toute expérience, on connaît la réalité objective de ces concepts, c'est-à-dire leur vérité transcendantale, et même sans le secours de l'expérience, mais cependant pas indépendamment de tout rapport à la forme d'une expérience en général. On en connaît aux mêmes conditions l'unité synthétique, dans laquelle seule ces objets peuvent être empiriquement donnés.

320. Mais si l'on voulait se former de nouveaux concepts de substances, de forces et de réciprocités, avec la matière que la perception nous fournit et sans prendre de l'expérience même l'exemple de leur liaison, on tomberait alors dans de vraies chimères ; leur possibilité n'au-

rait en soi aucun criterium, puisqu'on n'aurait pas pris dans ces concepts l'expérience pour guide, et qu'ils n'en dérivent point. De tels concepts fictifs ne peuvent, à l'exemple des catégories, recevoir la marque de leur possibilité *a priori*, comme conditions d'où dépend toute expérience, mais seulement *a posteriori*, comme donnés par l'expérience. Leur possibilité même doit être connue *a posteriori* ou empiriquement, sans quoi elle ne peut pas l'être du tout. Une substance qui serait constamment présente dans l'espace, sans cependant le remplir (comme ce milieu entre la matière et le principe pensant que quelques-uns ont voulu introduire), ou une faculté particulière de notre esprit de voir l'avenir (non pas simplement par voie de conséquence), ou enfin une faculté de cet esprit de soutenir avec les autres hommes un commerce de pensées (quelque éloignés les uns des autres qu'ils puissent être); ce sont là des concepts dont la possibilité est tout à fait dépourvue de fondement, puisqu'elle ne peut pas reposer sur l'expérience ou sur ses lois connues, sans lesquelles cette possibilité n'est qu'une association de pensées arbitraires, qui, quoiqu'à la vérité exempte de contradiction, ne peut cependant prétendre à la réalité objective, ni par conséquent à la possibilité d'un objet tel qu'on le conçoit ici. Pour ce qui est de la réalité, on ne peut la concevoir comme telle *in concreto* sans avoir recours à l'expérience, parce qu'elle n'a rapport qu'à la sensation comme matière de l'expérience, et ne regarde nullement la forme du rapport, forme avec laquelle l'esprit pourrait peut-être se jouer dans des fictions.

321. Je laisse de côté tout ce dont la possibilité ne peut être comprise que par la réalité dans l'expérience,

pour ne considérer ici que la possibilité des choses par concepts *a priori*. Or, je persiste à dire que ces concepts seuls et en soi ne peuvent jamais donner les choses, qu'ils ne les donnent du moins qu'à titre de conditions formelles et objectives d'une expérience en général.

322. Il semble, à la vérité, que la possibilité d'un triangle puisse être connue par son concept pris en lui-même (qui est certainement indépendant de l'expérience) : car, en fait, nous pouvons lui donner un objet complétement *a priori*, c'est-à-dire le construire. Mais, comme cette construction n'est que la forme d'un objet, le triangle n'est toujours qu'un produit de l'imagination. Or, la possibilité de l'objet produit par cette faculté reste encore douteuse, puisqu'il faudrait en outre, pour qu'elle eût lieu, que cette figure fût conçue sous les seules conditions qui servent de fondement à tous les objets de l'expérience. Or, la seule chose qui ajoute à ce concept la notion de la possibilité de son objet, c'est l'intervention de l'espace comme condition formelle *a priori* de l'expérience extérieure, et l'identité de la synthèse représentative (au moyen de laquelle nous construisons un triangle dans l'imagination), avec celle que nous formons dans l'appréhension d'un phénomène pour nous en faire un concept empirique. Ainsi la possibilité des quantités continues, même des quantités en général, puisque leurs concepts sont tous synthétiques, ne sera jamais expliquée par les concepts seuls, mais par les concepts comme conditions formelles de la détermination des objets dans l'expérience en général. Et où faudra-t-il chercher des objets correspondants aux concepts, si ce n'est dans l'expérience, par laquelle seule les objets nous sont donnés ? Nous pouvons, à la vérité,

sans expérience préalable, connaître et caractériser la possibilité des choses, mais seulement par rapport aux conditions formelles sous lesquelles quelque chose en général est déterminé dans l'expérience comme objet, par conséquent *a priori,* quoique toujours par rapport à cette expérience et dans ses limites.

323. Le postulat, pour connaître la *réalité* des choses, exige *perception*, par conséquent sensation avec conscience au moins médiate de l'objet dont l'existence doit être connue ; mais il faut cependant qu'il y ait connexion entre cet objet et une perception réelle, et cela suivant les analogies de l'expérience, qui font connaître toute liaison réelle dans l'expérience en général.

324. Le caractère de l'existence d'une chose ne peut absolument se trouver dans son *seul concept ;* car, quoique le concept soit si parfait qu'il n'y manque absolument rien pour penser une chose avec toutes ses déterminations intrinsèques, il n'y a rien de commun entre l'existence et ces déterminations, mais bien entre l'existence et la question de savoir si une chose nous est donnée de telle sorte que sa perception puisse précéder en tout cas le concept. Car l'antériorité du concept relativement à la perception établit seulement la possibilité de la chose ; la perception qui fournit la matière pour le concept est le seul caractère de la réalité. Mais on peut aussi, avant d'avoir la perception de la chose, et par conséquent comparativement *a priori,* en connaître l'existence, pourvu seulement qu'elle se rattache à quelques perceptions, suivant les principes de leur union empirique (les analogies). Car alors l'existence de la chose est rattachée à nos perceptions dans une expérience possible, et nous pouvons parvenir, en suivant le

fil de ces analogies, dans la série des perceptions possibles, de notre perception réelle jusqu'à la chose. C'est ainsi que nous connaissons l'existence de la matière magnétique circulant par tous les corps, en partant de la perception de la limaille de fer attirée, quoiqu'une perception immédiate de cette matière nous soit impossible par la nature de nos organes. Car, en général, dans une expérience, nous aboutirions, suivant les lois de la sensibilité et le contexte de nos perceptions, à une intuition empirique immédiate de ce corps, si nos sens étaient plus pénétrants ; mais la forme de l'expérience possible en général n'a rien à démêler avec leur grossièreté. Là où, par conséquent, la perception et ses dépendances ont lieu suivant des lois empiriques, là aussi s'étend notre connaissance de l'existence des choses. A moins donc de partir de l'expérience, et de suivre les lois de la liaison empirique des phénomènes, en vain nous espérons pouvoir deviner ou connaître l'existence de quoi que ce soit. Comme l'*Idéalisme* fait une grave objection contre ces règles de la démonstration médiate de l'existence. c'est ici l'occasion de le réfuter.

* * *

Réfutation de l'Idéalisme.

325. L'idéalisme (j'entends le *matériel*) est la théorie qui déclare l'existence des objets dans l'espace hors de nous, ou simplement douteuse et indémontrable, où même fausse et impossible. La *première* de ces opinions est l'opinion *problématique* de *Descartes*, qui ne tient pour indubitable que la seule affirmation empirique, *je suis;* la *seconde* est l'opinion *dogmatique* de *Berkeley*, qui con-

sidère l'espace et toutes les choses auxquelles il tient en qualité de condition inséparable comme impossibles absolument, et conclut par conséquent que les choses dans l'espace ne sont que de pures chimères. L'idéalisme dogmatique est inévitable si l'on considère l'espace comme propriété des choses en elles-mêmes ; car alors il est, avec tout ce dont il est la condition, un non-être. Mais le fondement de cet idéalisme a été renversé par nous dans l'Esthétique transcendantale. L'idéalisme problématique, qui n'affirme rien à ce sujet, mais qui fait seulement voir notre impuissance à démontrer par l'expérience immédiate une existence étrangère à la nôtre, est tout rationnel et conforme à une investigation philosophique fondamentale, qui a pour principe de ne pas juger avant d'avoir trouvé une preuve suffisante. Il s'agit donc de démontrer que non seulement nous *imaginons* les choses extérieures, mais encore que nous les *percevons* ; ce qui ne peut se faire qu'en prouvant que notre expérience interne elle-même, indubitable pour *Descartes*, n'est possible que dans la supposition d'une expérience externe.

THÉORÈME.

326. *La simple conscience de ma propre existence, mais empiriquement déterminée, prouve l'existence d'objets hors de moi dans l'espace.*

Preuve.

327. Je suis conscient de mon existence comme déterminée dans le temps. Toute détermination de temps

présuppose quelque chose de *permanent* dans la perception. Mais ce permanent ne peut pas être quelque chose en moi, par la raison précisément que mon existence ne peut d'abord être déterminée dans le temps que par le permanent (1). La perception de ce permanent n'est donc possible que par le moyen d'une *chose* hors de moi, et non par la simple *représentation* d'une chose hors de moi. La détermination de mon existence n'est donc possible dans le temps que par l'existence de choses réelles que je perçois hors de moi. Or, la conscience

(1) Cette dernière phrase : « par la raison... » a été remplacée par celle-ci, que l'auteur propose dans la dernière note de sa préface à la seconde édition, et que nous rapportons dans la présente note : « Car toutes les causes de détermination de mon existence, qui peuvent se trouver en moi, sont des représentations, et, comme telles, ont elles-mêmes besoin d'un permanent différent d'elles, sur lequel par conséquent mon existence puisse être déterminée par rapport à leur changement dans le temps dans lequel elles changent. On dira sans doute, contre cette démonstration, que je n'ai toutefois conscience immédiate que de ce qui est en moi, c'est-à-dire de ma *représentation* des choses extérieures, et qu'il reste toujours à savoir si quelque chose d'extérieur à moi correspond ou non à cette représentation. Mais j'ai conscience, par une *expérience* interne, de mon existence dans le *temps* (par conséquent aussi de sa déterminabilité dans ce temps) : ce qui est plus que la simple conscience de ma représentation, mais c'est cependant identique à la conscience empirique de mon existence, laquelle n'est déterminable que par son rapport à quelque chose d'*extérieur à moi* qui se lie à mon existence. Cette conscience de mon existence dans le temps est donc identiquement liée à la conscience d'un rapport à quelque chose hors de moi : c'est par conséquent l'expérience et non la fiction, le sentiment et non l'imagination, qui rattache indissolublement l'extérieur à mon sens interne; car le sens externe est déjà en soi un rapport de l'intuition à quelque chose de réel extérieur à moi, et dont la réalité, à la différence de la fiction, consiste à être inséparablement unie à l'expérience interne même, comme à la condition de sa possibilité, ainsi qu'il arrive ici. Si, dans la représentation *je suis*, qui accompagne tous mes jugements et tous les actes de mon entendement, je pouvais en même temps, par une *intuition intellectuelle*, rattacher à la *conscience intellectuelle* de mon existence une détermination de cette existence, la conscience d'un rapport à quelque chose d'extérieur à moi n'appartiendrait pas nécessairement à la con-

dans le temps est nécessairement liée à la conscience de la possibilité de cette détermination de temps : elle est donc aussi intimement liée à l'existence des choses hors de moi, comme à la condition de la détermination de temps ; c'est-à-dire que la conscience de mon existence propre est en même temps une conscience immédiate de l'existence d'autres choses hors de moi.

328. *Première observation.* On peut remarquer dans cette preuve que le jeu de l'idéalisme lui est rendu à son tour avec plus de raison. Il a reconnu que la seule expé-

science de mon être. Or, cette conscience intellectuelle précède, à la vérité, mais l'intuition interne dans laquelle seule mon existence peut être déterminée est sensible et liée à la condition du temps. Cette détermination, par conséquent l'expérience interne elle-même, dépendent donc de quelque chose de permanent qui n'est point en moi, qui est par conséquent dans quelque chose hors de moi, et avec quoi je dois me considérer en relation. Ainsi la réalité du sentiment extérieur est nécessairement liée à celle du sentiment intérieur pour la possibilité d'une expérience en général : c'est-à-dire que je suis aussi conscient qu'il y a une chose extérieure à moi, qui se rapporte à mon sentiment, que je suis conscient de mon existence déterminée dans le temps. Mais maintenant à quelles intuitions données correspondent en réalité les objets extérieurs, objets qui par conséquent appartiennent *au sens extérieur,* auquel ils doivent être attribués, et non à l'imagination? C'est ce qui doit être décidé dans chaque cas particulier suivant les règles d'après lesquelles l'expérience en général (même l'interne) diffère de l'imagination et en prenant toujours pour fondement le principe que : il y a réellement une expérience extérieure. On peut ajouter à cela que la représentation de quelque chose de *permanent* dans l'existence n'est point identique à la *représentation permanente*; car la représentation peut être très inconstante et très variable comme toutes nos représentations, même celle de la matière, et cependant se rapporter à quelque chose de permanent, qui par conséquent doit être une chose toute différente de mes représentations, une chose extérieure et dont l'existence est nécessairement comprise dans la détermination de la mienne propre, et ne forme avec elle qu'une seule expérience qui n'aurait pas même lieu intérieurement si elle n'était pas (en partie) également extérieure. Quant au comment, il n'est pas plus explicable que le comment nous pensons dans le temps en général l'immuable dont la simultanéité produit avec le muable l'idée de changement. »

rience immédiate est l'expérience interne, et que de là on *conclut* seulement à l'existence de choses extérieures, mais sans certitude, comme partout où l'on conclut d'effets donnés à des causes *déterminées*, puisque la cause des représentations peut aussi être en nous, et qu'il peut très bien arriver que nous l'attribuions faussement à des choses extérieures. Mais nous venons de prouver que l'expérience externe est proprement immédiate (1) ; qu'elle seule rend possible la détermination de la conscience de notre propre existence (non pas à la vérité la conscience de notre propre existence), mais cependant sa détermination dans le temps, c'est-à-dire l'expérience interne. Sans doute que la représentation *je suis*, exprimant la conscience qui peut accompagner toute pensée, est ce qui renferme immédiatement l'existence d'un sujet, mais non sa *connaissance*, et par conséquent pas non plus la connaissance empirique, c'est-à-dire l'expérience ; car pour cela il faut, outre la pensée de quelque chose d'existant, l'intuition, et ici l'intuition intérieure, par rapport à laquelle, c'est-à-dire au temps, le sujet doit être déterminé ; ce qui ne peut se faire qu'à l'aide des objets extérieurs : de sorte que l'expérience interne elle-

---

(1) La conscience *immédiate* de l'existence des choses extérieures n'est pas supposée dans ce théorème, mais prouvée ; peu importe que nous apercevions ou non la possibilité de cette conscience. La question de cette possibilité serait : Si nous n'avons que le sens interne et pas de sens externe, mais simplement une imagination externe? Mais il est clair que pour imaginer simplement quelque chose comme externe, c'est-à-dire pour l'exposer en intuition au sens, il faut déjà distinguer immédiatement un sens externe, et par là la simple capacité (réceptivité) d'une intuition externe, de la spontanéité qui caractérise toute imagination ; car si l'on se créait un sens externe par l'imagination seule, on anéantirait la faculté d'intuition qui devrait être déterminée par l'imagination.

même n'est possible que médiatement ou par le moyen de l'expérience externe.

329. *Deuxième observation*. Ce que nous venons de dire est donc parfaitement d'accord avec tout usage empirique de notre faculté de connaître dans la détermination du temps, savoir, que non seulement nous ne pouvons percevoir toute détermination de temps que par le changement dans les rapports extérieurs (le mouvement) relativement au permanent dans l'espace (v. g. le mouvement du soleil par rapport aux objets de la terre), en sorte que la *matière* seule est l'unique chose permanente que nous puissions soumettre au concept d'une substance comme intuition, et que cette permanence même n'est point prise de l'expérience extérieure, mais supposée *a priori*, comme condition nécessaire de toute détermination de temps, par conséquent aussi comme détermination du sens interne par rapport à notre existence propre par l'existence des choses extérieures. La conscience de moi-même, dans la représentation *moi*, n'est pas une intuition, mais une simple représentation *intellectuelle* de la spontanéité d'un sujet pensant. Ce moi n'a donc pas le moindre prédicat de l'intuition, qui, comme permanent, puisse servir de corrélatif à la détermination de temps dans le sens intime, telle à peu près que *l'impénétrabilité* dans la matière comme intuition *empirique*.

330. *Troisième observation*. De ce que l'existence des objets extérieurs est nécessaire pour la possibilité de la conscience déterminée de nous-mêmes, il ne s'en suit pas que toute représentation intuitive des choses extérieures renferme en même temps l'existence; car elle peut bien n'être qu'un simple effet de l'imagination (tant

dans les rêves que dans le délire) ; mais elle n'a lieu cependant que par la reproduction des perceptions extérieures passées, qui, comme nous l'avons fait voir, ne sont possibles que par la *réalité* des objets *extérieurs*. Il a donc suffi de prouver ici que l'expérience intérieure en général n'est possible que par l'expérience extérieure en général. Il faut donc s'assurer si, par ses déterminations particulières et par son rapport avec les criterium de toute expérience réelle, telle ou telle expérience présumée n'est pas une pure imagination.

* * *

334. Enfin, le troisième postulat considère la nécessité matérielle dans l'existence, et non la nécessité purement formelle et logique dans la liaison des concepts. Or, comme nulle existence des objets des sens ne peut être connue absolument *a priori*, mais cependant *a priori*, c'est-à-dire relativement à une autre existence déjà donnée (ne pouvant toutefois se rapporter qu'à une existence qui doit être comprise dans l'ensemble de l'expérience dont la perception donnée fait partie), alors, la nécessité de l'existence ne peut jamais être connue par concepts, mais seulement par la liaison avec ce qui est observé, conformément aux lois générales de l'expérience. Or, il n'est aucune existence qui puisse être connue en tant que nécessaire sous la condition d'autres phénomènes donnés, si ce n'est l'existence des effets par des causes données suivant les lois de la causalité. Ce n'est donc pas l'existence des choses (substances), mais seulement la nécessité de leur état que nous pouvons con-

naître, et même par d'autres états donnés en perception, suivant les lois empiriques de la causalité. D'où il suit que le criterium de la nécessité ne se trouve que dans cette loi de l'expérience possible : tout ce qui arrive est déterminé *a priori* dans le phénomène par sa cause. Nous ne pouvons donc connaître que la nécessité des *effets* dans la nature lorsque des causes nous en sont données ; et la marque de cette nécessité dans l'existence ne s'étend pas au-delà du champ de l'expérience possible : elle n'y a même pas de valeur touchant l'existence des choses comme substances, parce qu'elles ne peuvent jamais être considérées comme effets empiriques, ou comme quelque chose qui arrive ou qui naît. La nécessité ne concerne donc que le rapport des phénomènes suivant la loi dynamique de la causalité, et la possibilité fondée sur cette loi de conclure *a priori*, d'une existence donnée (d'une cause) à une autre existence (à l'effet). Tout ce qui arrive est hypothétiquement nécessaire ; c'est un principe qui soumet le changement dans le monde à une loi, c'est-à-dire à une règle de l'existence nécessaire, loi sans laquelle une nature n'aurait pas même lieu. Ce qui fait que le principe, rien n'arrive par une *cause aveugle* (*in mundo non datur casus*), est une loi *a priori* de la nature. Il en est de même de la proposition : aucune nécessité dans la nature n'est aveugle, mais elle est conditionnée, c'est-à-dire une nécessité intelligente (*non datur fatum*). Ces deux propositions sont des lois qui soumettent le jeu des révolutions à *une nature des choses* (comme phénomènes), ou, ce qui revient au même, à l'unité intellectuelle, dans laquelle seule, comme unité synthétique des phénomènes, elles peuvent faire partie de l'expérience. Ces deux rincipes fondamentaux sont donc dynamiques. Le premier est proprement une conséquence du principe de causalité (parmi les analogies de l'expérience). Le second appartient aux principes de la modalité, qui ajoute à la détermination causale le concept de la nécessité, mais d'une nécessité soumise cependant à une règle de l'entendement. Le principe de la continuité interdit tout saut *(in mundo non datur saltus)* dans la série des phénomènes (des changements), toute lacune ou hiatus entre deux phénomènes *(non datur hiatus)* dans l'ensemble de toutes les intuitions empiriques dans l'espace; ce principe peut en effet s'énoncer ainsi : rien ne peut se présenter dans l'expérience qui prouve un *vacuum*, ou même qui le permette seulement comme une partie de la synthèse empirique. Car ce vide que l'on peut concevoir hors du champ de l'expérience possible (du monde), n'est pas soumis à la juridiction du seul entendement, qui ne prononce que sur les questions concernant l'usage des phénomènes donnés par rapport à la connaissance empirique ; c'est de plus un problème pour la raison idéale, qui sort de la sphère de l'expérience possible pour juger de ce qui environne et limite cette sphère. Cette question doit donc être examinée dans la dialectique transcendantale. Nous pourrions facilement exposer d'une manière suivie, en nous conformant à l'ordre des catégories, ces quatre principes *(in mundo non datur hiatus, non datur saltus, non datur casus, non datur fatum)* comme tous les principes d'origine transcendantale, et trouver la place de chacun d'eux; mais le lecteur déjà exercé le fera de lui-même, ou en trouvera facilement le fil conducteur. Ces principes s'accordent tous en cela seulement, qu'ils ne permettent rien à la synthèse empirique qui puisse porter atteinte ou déroger à l'entendement et à l'enchaînement continu de tous les phénomènes, c'est-à-dire à l'unité de ses concepts. Car l'entendement est la seule chose en quoi seul l'unité des expériences soit possible, en quoi toutes les perceptions doivent trouver leur place.

332. Le champ de la possibilité est-il plus grand que celui de la réalité; celui-ci plus grand que celui de la nécessité? Ce sont là des questions curieuses, et qui exigent une solution synthétique, mais qui retombent ainsi sous la seule juridiction de la raison, car elles reviennent à peu près à celle-ci : toutes les choses, comme phénomènes, font-elles partie de l'ensemble et du contexte d'une seule expérience, dont toute perception donnée ne serait qu'une partie qui, par conséquent, ne pourrait être liée à d'autres phénomènes; ou bien mes perceptions peuvent-elles (dans leur enchaînement général) se rapporter à quelque chose de plus qu'à *une seule* expérience possible? L'entendement ne donne *a priori* à l'expérience en général que les règles qui seules la rendent possible, suivant les conditions subjectives et formelles de la sensibilité et de l'apperception. D'autres formes de l'intuition que l'espace et le temps, de même que d'autres formes de l'entendement (que les formes discursives de la pensée ou de la connaissance par concepts), fussent-elles possibles, ne peuvent cependant être inventées ni comprises par nous d'aucune manière, et quand même elles le pourraient, elles n'appartiendraient cependant pas à l'expérience comme seule connaissance dans laquelle les objets nous sont donnés. L'entendement n'ayant affaire qu'à la synthèse de ce qui est donné, ne peut décider si d'autres perceptions que celles qui sont en général propres à toute notre expé-

rience possible peuvent être données, et si par conséquent il peut y avoir encore un champ de la matière tout différent. D'ailleurs, la pauvreté de nos raisonnements ordinaires par lesquels nous créons le grand empire du possible, dont le réel (tout objet de l'expérience) n'est qu'une faible partie, est évidente. Tout réel est possible, d'où suit naturellement, suivant les lois logiques de la conversion, cette proposition purement particulière : quelques-unes des choses possibles sont réelles. Ce qui signifie qu'il y a beaucoup de choses possibles qui ne sont pas réelles. Il semble, à la vérité, que l'on puisse concevoir le nombre du possible plus grand que celui du réel, puisqu'il doit être ajouté quelque chose au possible pour qu'il y ait existence. Mais je ne reconnais point cette accession au possible, puisque ce qui devrait y être ajouté serait impossible. Tout ce qui peut être ajouté dans mon entendement à la convenance avec les conditions formelles de l'expérience, c'est la liaison avec telle ou telle perception. Mais ce qui est joint à cette perception, suivant des lois empiriques, est réel, quoique non immédiatement perçu. Toutefois, on ne peut conclure de ce qui est donné, et moins encore si rien n'est donné (puisque rien, absolument rien, ne peut être pensé sans matière), que dans l'enchaînement universel avec ce qui est donné en perception, il puisse y avoir une autre série de phénomènes, et que par conséquent plus d'une seule expérience comprenant tous les phénomènes soit possible. Mais ce qui n'est possible que sous des conditions simplement possibles elles-mêmes ne l'est pas sous *tous les rapports*. Et cependant la question doit être envisagée en ce sens [c'est-à-dire sous tous les rapports], quand il s'agit de savoir si la possibilité des choses s'étend plus loin que l'expérience.

333. Je n'ai fait mention de ces questions que pour ne laisser aucune lacune dans ce qui appartient, suivant l'opinion commune, aux concepts de l'entendement. Mais en fait la possibilité absolue (qui vaut sous tous les rapports) ne peut être un simple concept intellectuel, ni être d'aucun usage empirique ; ce concept appartient proprement à la raison, qui dépasse tout usage intellectuel possible. Nous avons donc dû nous borner ici à une remarque simplement critique, nous réservant du reste d'expliquer la chose dans le traité suivant.

334. Avant d'achever ce quatrième numéro, et en même temps le système de tous les concepts de l'entendement pur, je dois dire pourquoi j'ai appelé postulats les principes de la modalité. Je ne prends pas ici ce mot dans le sens que lui ont donné quelques philosophes modernes, contre l'acception des mathématiciens, auxquels cependant il appartient en propre, à savoir en ce sens que postulat veuille dire : prendre un principe pour immédiatement certain, sans l'accompagner de sa déduction ou preuve. Car s'il fallait reconnaître qu'on doit accorder un assentiment absolu sans déduction préalable, et sur la simple autorité de leur propre énoncé, à des propositions synthétiques, quelque évidentes qu'elles puissent être, c'en serait fait de toute critique de l'entendement. Et comme il ne manque pas de prétentions hardies qui ne souffrent cependant pas difficulté pour la foi commune (mais qui n'a pas d'autorité), notre entendement serait ainsi ouvert à toute opinion, sans qu'il pût refuser son assentiment à des propositions qui, quoique illégitimes, n'en demandent pas

moins à être admises avec la même assurance que des axiomes véritables. Lors donc qu'une détermination synthétique *a priori* s'ajoute au concept de quelque chose, alors doit suivre nécessairement, sinon la preuve d'une telle proposition, du moins la déduction de la légitimité de son assertion.

335. Mais les principes de la modalité ne sont pas objectivement synthétiques, parce que les prédicats de la possibilité, de la réalité et de la nécessité n'ajoutent rien du tout au concept dont ils sont énoncés, et n'étendent en aucune manière la représentation de l'objet. Quoiqu'ils soient cependant toujours synthétiques, ils ne le sont donc que d'une manière purement subjective, c'est-à-dire qu'ils ajoutent au concept d'une chose (du réel), dont ils n'énoncent rien de plus d'ailleurs, la faculté de connaître dans laquelle ce concept a son origine et son siége. De telle sorte que si ce concept est simplement uni dans l'entendement aux conditions formelles de l'expérience, on dit alors que son objet est possible; s'il est simplement lié à la perception (la sensation comme matière des sens) et s'il est déterminé par elle au moyen de l'entendement, son objet est appelé réel; si enfin il est déterminé par l'enchaînement des perceptions suivant des concepts, son objet est alors nécessaire. Les principes de la modalité n'expriment donc à l'égard d'un concept que l'action de la faculté de connaître qui lui donne naissance. Or, on appelle postulat, en mathématiques, la proposition pratique qui ne contient que la synthèse par laquelle nous nous donnons d'abord un objet, et par laquelle nous en créons la conception : par exemple, avec une ligne donnée décrire d'un point donné un cercle sur une surface. Une semblable pro-

position ne peut pas être démontrée, par la raison que le procédé qu'elle exige est précisément ce par quoi nous créons d'abord le concept d'une telle figure. Nous pouvons donc, avec le même droit, postuler les principes de la modalité, parce qu'ils n'ajoutent rien aux concepts des choses (1) ; ils montrent seulement la manière dont ce concept en général est lié à la faculté de connaître.

Observation générale sur le système des principes (2).

336. C'est un fait très remarquable, que nous ne pouvons apercevoir la possibilité d'aucune chose d'après la catégorie seule, mais que nous devons toujours avoir une intuition pour nous faire voir la réalité objective du concept intellectuel pur. Soit, par exemple, les catégories de relation. Comment, 1° quelque chose peut-il exister seulement comme *sujet*, non comme simple détermination d'une autre chose, c'est-à-dire, comment peut-il être *substance*; — ou comment, 2° parce que quelque chose est, quelque autre chose doit-il être ; par conséquent, comment en général quelque chose peut-il être cause ; — ou comment, 3° si plusieurs choses sont, se fait-il, de ce que l'une est, que quelque chose s'en suive dans les autres et réciproquement, et qu'un commerce

---

(1) La *réalité* d'une chose dit plus sans doute que sa possibilité, mais ce plus n'est pas *dans la chose*, car la chose ne peut jamais contenir en réalité plus qu'il n'était compris dans sa possibilité absolue. Et comme la possibilité était la simple position de la chose par rapport à l'entendement (à son usage empirique), de même la réalité est l'union de la chose et de la perception.

(2) Cette observation, comprenant quatre alinéas, n'était pas dans la première édition. — T.

de substances puisse ainsi avoir lieu? C'est ce que l'on ne peut apercevoir par les concepts seuls. Il en est de même pour toutes les autres catégories : par exemple, comment une chose peut-elle être identique à beaucoup d'autres, c'est-à-dire comment peut-elle être une quantité, etc.? Ainsi, tant que l'intuition manque, on ne sait pas si par les catégories l'on pense un objet, et si un objet peut en général leur convenir. Il est donc prouvé qu'elles ne sont par par elles-mêmes des *connaissances,* mais seulement des *formes de pensée* qui donnent naissance aux connaissances dont la matière est fournie par des intuitions données.—Il suit encore de là que rien ne peut être énoncé synthétiquement par les seules catégories. Par exemple : dans toute existence est une seule substance, c'est-à-dire quelque chose qui ne peut exister que comme sujet, et non comme simple prédicat; ou bien : une chose quelconque est un quantum; etc. : tous cas où rien ne peut nous aider à sortir d'un concept donné et y en ajouter un autre. Il n'est donc jamais arrivé de démontrer une proposition synthétique par de simples concepts de l'entendement, par exemple, le principe : tout ce qui existe fortuitement a une cause. Tout ce qu'on a pu faire ici a été de démontrer que sans ce rapport nous ne comprenons point du tout l'existence du fortuit; c'est-à-dire que nous ne pouvons connaître *a priori* par l'entendement l'existence d'une chose de cette nature. Mais il ne suit pas de là que ce rapport soit la condition de la possibilité de la chose en soi. Si donc on veut bien se rappeler notre preuve du principe de causalité : tout ce qui arrive (tout événement) suppose une cause, — on sera convaincu que nous n'avons pu l'établir que par rapport aux objets de l'expérience possible, et même comme principe de la possibilité de l'expérience, par conséquent comme principe de la *connaissance* d'un objet donné dans l'*intuition empirique*, et non par des concepts seuls. Néanmoins on ne peut pas nier que la proposition : tout accident doit avoir une cause, ne soit claire pour tout le monde par simples concepts ; mais alors le concept de l'accident, du fortuit, est entendu de telle sorte qu'il comprend, non pas la catégorie de la modalité (comme quelque chose dont le non-être ne peut être pensé), mais celle de la relation (comme quelque chose qui ne peut exister qu'à titre de conséquence d'une autre); et dans ce cas cette proposition est indubitablement identique à celle-ci, Tout ce qui ne peut exister que comme conséquence d'autre chose a sa cause. En effet, quand nous voulons donner des exemples d'existence fortuite, nous citons toujours des *changements*, et non la simple possibilité de la *pensée du contraire* (1). Mais changement est événement et, comme tel, n'est possible que par une cause, dont le non-être est par conséquent possible en soi. On reconnaît donc la contingence, à ce que quelque chose ne peut exister que comme effet d'une cause : dire

---

(1) On peut facilement concevoir le non-être de la matière, et cependant les anciens ne la firent pas pour cela fortuite. Mais la vicissitude même de l'être et du non-être d'un état donné d'une chose, vicissitude qui comprend tout changement, ne prouve pas la contingence de cet état d'une manière indirecte ou comme par la réalité de son opposé : par exemple, de ce que le repos qui succède au mouvement dans un corps est opposé à ce mouvement, il ne s'ensuit pas que le mouvement soit fortuit ; car cet opposé n'est ici que logique, et n'est point *opposé* réellement à l'autre état. Pour démontrer la contingence du mouvement de ce corps, il faudrait donc prouver que, *au lieu* du mouvement dans l'instant précédent, il aurait été possible que le corps eût *alors* été en repos, mais non pas qu'il est *ensuite* en repos; car dans ce cas les deux contraires peuvent très bien coexister.

qu'une chose est prise comme fortuite, c'est donc énoncer analytiquement qu'elle a une cause.

337. Mais il est plus remarquable encore que, pour comprendre la possibilité des choses par les catégories et pour en prouver la *réalité objective*, nous avons toujours besoin, non seulement d'intuitions, mais encore d'*intuitions extérieures*. Si, par exemple, nous prenons les concepts purs de la *relation*, nous trouvons : 1° que, pour donner au concept de substance quelque chose de *permanent* qui lui corresponde dans l'intuition (et pour prouver par là la réalité objective de ce concept), nous avons besoin d'une intuition dans l'espace (de la matière), parce que l'espace seul détermine constamment, tandis que le temps, par conséquent tout ce qui est dans le sens interne, s'écoule sans cesse. Nous trouvons, 2° que, pour établir le *changement*, comme intuition correspondant au concept de la *causalité*, nous sommes obligés de prendre pour exemple le mouvement, comme changement dans l'espace ; et ce n'est même que par là que nous pouvons rendre sensibles pour nous les changements dont aucun entendement pur ne peut comprendre la possibilité. Changement est union de déterminations contradictoirement opposées entre elles dans l'existence d'une seule et même chose. Comment est-il possible maintenant que d'un état donné suive, dans la même chose, un état qui lui soit opposé? C'est ce que non seulement aucune raison ne peut comprendre sans exemple, mais encore ce qu'elle ne peut jamais rendre intelligible sans intuition, et cette intuition est celle du mouvement d'un point dans l'espace, dont la seule existence en différents lieux (comme conséquence de déterminations contraires) nous rend le changement

sensible; car, pour pouvoir penser aussi les changements internes mêmes, nous sommes obligés de nous figurer le temps comme forme du sens intime, par une ligne, et les changements intérieurs, par le tracé de cette ligne (par le mouvement), et par conséquent l'existence successive de nous-mêmes dans différents états, par l'intuition extérieure. La raison en est que tout changement suppose quelque chose de constant dans l'intuition pour que ce changement puisse lui-même être perçu seulement comme tel, et qu'aucune intuition constante ne peut être trouvée dans le sens intime. — Enfin, la catégorie de la *réciprocité*, quant à sa possibilité, ne peut être comprise par la raison seule; par conséquent la réalité objective de ce concept ne peut être saisie sans intuition, même extérieure, dans l'espace. Comment en effet concevoir la possibilité que, s'il existe plusieurs substances, de l'existence de l'une, quelque chose (comme effet) suive dans l'existence de l'autre, et réciproquement; et que par conséquent, par la raison qu'il y a quelque chose dans la première qui ne peut être compris que par l'existence de la seconde, il doive aussi y avoir quelque chose dans la seconde qui ne puisse être compris que par la seule existence de la première? Car il faut cela pour la *réciprocité*; mais c'est ce qui ne peut se comprendre dans les choses qui sont chacune complétement isolées par leur substance. Si donc *Leibniz*, tout en accordant une réciprocité aux substances du monde, eut besoin à cet effet de l'intervention de la Divinité, c'est qu'il ne les considérait que comme les conçoit l'entendement pur; car il s'aperçut avec raison que la seule existence de ces substances n'en rend pas la réciprocité compréhensible. Mais nous pouvons facilement rendre concevable la possibilité de cette réciprocité (des substances comme phénomènes) en nous les représentant dans l'espace, par conséquent dans l'intuition externe ; car l'espace contient déjà *a priori* des rapports extérieurs formels, comme conditions de la possibilité des rapports réels en soi (dans l'action et la réaction, et par conséquent des rapports de réciprocité). — De même, il peut être facilement prouvé que la possibilité des choses comme *quantités*, et par conséquent la réalité objective de la catégorie de la *quantité*, ne peut être exposée que dans l'intuition extérieure, et n'être ensuite appropriée au sens interne, d'après cette catégorie, que par le moyen de cette intuition. — Mais je dois, pour éviter d'être trop long, abandonner les exemples à la réflexion du lecteur.

338. Toute cette observation est de la plus grande importance, non seulement pour confirmer notre précédente réfutation de l'idéalisme, mais bien plus encore pour, quand on parle de la *connaissance de soi-même* tirée de la conscience interne seule et de la détermination de notre nature sans le secours des intuitions empiriques, nous faire voir les bornes étroites de la possibilité d'une telle connaissance.

339. La dernière conséquence de toute cette section est donc celle-ci : tous les principes de l'entendement pur ne sont que des principes *a priori* de la possibilité de l'expérience, et à cette dernière seule se rapportent tous les principes synthétiques *a priori*; leur possibilité même repose entièrement sur cette relation.

CHAPITRE III.

Du fondement de la distinction de tous les objets en général en PHÉNOMÈNES et en NOUMÈNES.

340. Jusqu'ici nous avons non seulement parcouru le domaine de l'entendement pur, examiné chaque partie avec soin, nous l'avons encore mesuré, et nous y avons déterminé la place de chaque chose. Mais ce pays est une île renfermée par la nature même dans des bornes qui ne peuvent être déplacées. C'est le champ de la vérité (mot flatteur), mais entouré d'un vaste et tempêtueux océan, empire de l'illusion, où beaucoup de nuages et de bancs de glace, sur le point de disparaître, simulent à chaque instant un pays nouveau, et attirent sans cesse, par un espoir toujours trompé, le nautonier vagabond qui cherche de nouvelles terres à travers des périls continuels qu'il ne peut s'empêcher de courir et dont il ne verra jamais la fin. Mais avant de nous confier à cette mer, pour l'explorer dans toute son étendue, et pour nous assurer s'il y a quelque chose à y espérer, il ne sera pas inutile de jeter auparavant un coup d'œil sur la carte du pays que nous allons quitter, et de voir d'abord si nous ne pourrions pas nous contenter en tout cas de ce qu'il nous offre ; ou si nous ne devrions pas aussi être satisfaits, par nécessité, pour le cas où il n'y aurait nulle part ailleurs quelque autre terre où nous pussions nous établir, de nous assurer ensuite à quel titre nous possédons ce pays, et comment nous pouvons nous y maintenir contre toutes les prétentions ennemies. Quoi-

que nous ayons déjà suffisamment répondu à ces questions dans le traité de l'Analytique, cependant la conviction se fortifiera encore par un court résumé de ces solutions, d'autant plus que les moments de cette Analytique seront réunis comme en un seul point.

341. Nous avons vu en effet que tout ce que l'entendement tire de lui-même, sans l'emprunter de l'expérience, il ne l'a pour aucun autre usage que pour celui de l'expérience. Les principes de l'entendement pur, qu'ils soient constitutifs *a priori* (comme les principes mathématiques), ou purement régulateurs (comme les principes dynamiques), ne contiennent en quelque sorte que le pur schème de l'expérience possible; car elle tire exclusivement son unité de l'unité synthétique, que l'entendement donne de lui-même et originellement à la synthèse de l'imagination en rapport avec l'apperception, et avec laquelle les phénomènes, comme données pour la connaissance possible, doivent être *a priori*, en rapport et en harmonie. Or, quoique les règles de l'entendement soient non seulement vraies *a priori*, mais encore la source de toute vérité, c'est-à-dire de l'accord de notre connaissance avec les objets, en ce qu'elles contiennent la cause de la possibilité de l'expérience comme de l'ensemble de toute connaissance dans laquelle les objets peuvent nous être donnés, il nous semble cependant qu'il ne suffit pas d'exposer ce qui est vrai, qu'il faut encore exposer ce que l'on désire savoir. Si donc par cette recherche critique, nous n'apprenons rien de plus que ce que nous aurions très bien appris de nous-mêmes dans l'usage empirique de l'entendement, sans une si subtile investigation, l'avantage qui en résulte ne paraît pas compenser les peines qu'il coûte. On peut, à

la vérité, répondre à cela qu'aucune témérité n'est plus préjudiciable à l'agrandissement de notre connaissance, que celle qui exige toujours de voir une utilité avant qu'on se soit mis à la recherche de cette connaissance, et avant que l'on puisse se faire la moindre idée de cette utilité, quand même elle se présenterait sous les yeux. Mais il y a cependant un avantage qui peut être facilement compris du plus réfractaire et du plus chagrin disciple de cette investigation transcendantale, et qui peut aussi lui devenir cher et agréable : c'est que l'entendement, occupé simplement de son usage empirique, et qui ne réfléchit pas sur les sources de sa connaissance propre, peut très bien fonctionner, il est vrai, mais qu'il ne peut déterminer à lui-même les limites de son usage, ni savoir qu'est-ce qui est en deçà ou en delà des bornes qui lui sont imposées ; car, pour cela, il faut précisément les investigations profondes que nous avons établies. Mais, s'il ne peut s'assurer que certaines questions sont ou ne sont pas dans son horizon, il ne sera jamais certain de ses droits ni de ses possessions ; il ne devra s'attendre qu'à essuyer d'humiliants et nombreux redressements, si (comme c'est inévitable) il franchit continuellement les limites de son domaine et se laisse entraîner à l'opinion et aux illusions.

342. L'entendement ne peut donc jamais faire un usage transcendantal de tous ses principes *a priori;* il ne peut même employer tous ces concepts qu'empiriquement, mais jamais transcendantalement. C'est là un principe qui, s'il peut être connu avec conviction, tend aux plus graves conséquences. L'usage transcendantal d'un concept dans un principe consiste en ce qu'il se rapporte aux choses *en général* et *en soi*, tandis que l'u-

sage empirique ne se rapporte qu'aux seuls *phénomènes*, c'est-à-dire aux objets d'une *expérience* possible. L'on conçoit par là que ce dernier usage est le seul qui puisse avoir lieu. Il faut d'abord pour tout concept la forme logique d'un concept en général (de la pensée), et ensuite la possibilité de lui soumettre un objet auquel il se rapporte. Sans cet objet il n'a pas de sens et manque de contenu, quoiqu'il puisse toujours renfermer la fonction logique servant à former un concept au moyen de certaines données. Or, un objet ne peut être donné à un concept que dans l'intuition ; et quoique une intuition pure soit possible *a priori* avant l'objet, cependant elle ne peut recevoir son objet, et par conséquent sa valeur objective, que par l'intuition empirique dont elle est la forme. Tous les concepts, et avec eux par conséquent tous les principes, tout *a priori* qu'ils puissent être, se rapportent cependant à des intuitions empiriques, c'est-à-dire à des données de l'expérience possible. Autrement, ils n'ont aucune valeur objective, et ne sont qu'un vrai jeu, soit de l'imagination, soit de l'entendement, avec les représentations respectives de l'une ou de l'autre de ces facultés. Qu'on prenne seulement pour exemple les concepts mathématiques, et d'abord même dans leurs intuitions pures : l'espace a trois dimensions, d'un point à un autre point on ne peut tirer qu'une ligne droite, etc. Quoique tous ces principes et la représentation de l'objet, qui composent cette science, soient absolument produits *a priori* dans l'esprit, ils ne signifieraient cependant rien si nous ne pouvions toujours faire voir leur valeur dans des phénomènes (objets empiriques). Il faut donc aussi *rendre sensible* un concept particulier, c'est-à-dire exposer en intuition l'objet qui lui correspond, parce que sans cet objet le concept resterait (comme on dit) sans aucun *sens*, c'est-à-dire sans signification, sans valeur. Les mathématiques satisfont à cette condition par la construction de la figure, qui est un phénomène perceptible au sens (quoique donné *a priori*). Le concept de quantité cherche, dans la même science, son expression, sa valeur, dans le nombre ; celui-ci dans les doigts, dans des tables à calculer, ou dans des points et des lignes placés sous les yeux. Le concept reste toujours produit *a priori*, ainsi que les principes synthétiques ou formules résultant de ces concepts ; mais leur usage et leur rapport aux objets supposés ne peut être cherché, en définitive, que dans l'expérience, dont la possibilité (quant à la forme) est contenue *a priori* dans ces concepts.

343. Mais la même chose a lieu aussi avec toutes les catégories et les principes qui s'en forment ; c'est ce qui résulte également de ce que nous n'en pouvons absolument définir réellement une seule, c'est-à-dire de ce que nous ne pouvons rendre intelligible la possibilité de leur objet sans nous rabattre sur les conditions de la sensibilité, par conséquent sur la forme des phénomènes, conditions auxquelles ces catégories doivent par conséquent être restreintes comme à leur unique objet. En effet, si l'on fait disparaître cette condition, toute valeur, tout sens, c'est-à-dire tout rapport à l'objet disparaît, et l'on ne peut concevoir alors par aucun exemple ce que peut être l'objet propre de ces concepts (1).

344. On ne peut guère définir le concept de quantité en général que de cette manière à peu près : c'est cette

---

(1) V. append. XII.

détermination d'une chose qui consiste à concevoir l'unité plusieurs fois dans cette chose. Mais ce nombre de fois est fondé sur la répétition successive, par conséquent sur le temps et sur la synthèse (de l'homogène) en lui. La réalité ne peut être définie par opposition à la négation qu'en concevant un temps (comme l'ensemble de toute existence) qui est plein de réalité, ou qui en est vide. Si je fais abstraction de la permanence (qui est une existence de tout temps), il ne me reste, pour le concept de substance, que la représentation logique du sujet, que je crois réaliser en me représentant quelque chose qui peut avoir lieu simplement comme sujet (sans être attribut de rien). Mais outre qu'il y a là ignorance absolue des conditions sous lesquelles cette prérogative logique pourrait convenir à une chose, car elle ne peut absolument servir à aucun autre usage, on n'en peut tirer non plus la moindre conséquence, puisqu'aucun objet au service de ce concept n'est par là déterminé, et qu'ainsi on ignore complétement si ce concept signifie quelque chose. Quant au concept de cause (si je fais abstraction du temps dans lequel quelque chose succède à une autre chose suivant une règle), je ne trouverais rien dans la catégorie pure, si ce n'est qu'il y a quelque chose d'où l'on peut conclure à l'existence d'une autre chose et alors, non seulement on ne pourrait pas distinguer par ce moyen la cause et l'effet, mais encore, comme il faut, pour que ce raisonnement soit possible, des conditions dont je ne sais absolument rien, ce concept n'aurait aucune détermination par rapport à la manière dont il cadre avec un objet. Le prétendu principe : tout accident a une cause, se présente ici, assez gravement, il est vrai, comme ayant sa valeur en lui-même; mais si je demande ce que l'on entend par accident, l'on répond : C'est ce dont le non-être est possible. Mais est-il possible de savoir à quoi l'on reconnaît cette possibilité du non-être, si ce n'est en se représentant dans la série des phénomènes une succession, et dans celle-ci une existence qui suit la non-existence (ou réciproquement), c'est-à-dire, en général, en se représentant un changement? Car, que la non-existence d'une chose ne soit pas contradictoire en soi, c'est là un pauvre appel à une condition logique qui est, à la vérité, nécessaire pour le concept, mais qui n'est pas à beaucoup près suffisante pour la possibilité réelle. En effet, de ce que je puis supprimer par la pensée toutes les substances existantes, sans être contradictoire avec moi-même, je n'en puis cependant pas conclure la contingence objective dans leur existence, c'est-à-dire la possibilité de leur non-existence en elles-mêmes. Pour ce qui est du concept de commerce ou de réciprocité, on comprend facilement que, comme les catégories pures de substance et de causalité ne permettent aucune définition qui détermine l'objet, la causalité réciproque dans le rapport des substances entr'elles (*commercium*) n'en est pas plus susceptible. Personne n'a donc pu définir que par une tautologie manifeste la possibilité, l'existence et la nécessité, en voulant tirer cette définition du seul entendement pur. Car, ceux qui substituent la possibilité logique du *concept* (lorsque ce concept ne se contredit pas lui-même) à la possibilité transcendantale des *choses* (lorsqu'un objet répond au concept), se font une illusion dont les inhabiles seuls peuvent se contenter (1).

(1) En un mot, tous ces concepts ne peuvent être *prouvés* par rien, ni leur possibilité réelle établie, si l'on supprime toute intuition sen-

345. Il suit donc incontestablement de là que les concepts purs de l'entendement ne peuvent avoir qu'un usage *empirique*, jamais un usage *transcendantal*, et que les principes de l'entendement pur ne se rapportent aux objets des sens que quand les sens sont en rapport avec les conditions générales d'une expérience possible, mais jamais aux choses en général (sans égard à la manière dont nous pouvons les percevoir).

346. L'Analytique transcendantale a donc cet important résultat, de faire voir que l'entendement ne peut jamais aboutir *a priori* qu'à anticiper la forme d'une expérience possible en général; que ce qui n'est pas perçu, ce qui n'est pas phénomène, ne peut être un objet d'expérience; que l'entendement ne peut jamais dépasser les bornes de la sensibilité, en-deçà desquelles seulement les objets nous sont donnés. Ses principes sont donc simplement des principes de l'exposition des phénomènes, et le nom pompeux d'une ontologie qui prétend donner une connaissance synthétique *a priori* des choses dans une doctrine systématique (v. g., le principe de causalité), doit faire place à la dénomination modeste de simple Analytique de l'entendement pur.

347. La pensée consiste à rapporter une intuition donnée à un objet. Si l'espèce de cette intuition n'est donnée d'aucune manière, l'objet est alors simplement transcendantal, et le concept intellectuel n'a qu'un usage

---

sible (la seule que nous ayons); car il ne reste alors que la possibilité *logique* seule, c'est-à-dire que le concept (la pensée) est possible. Mais cette possibilité n'est pas la question, puisqu'il s'agit de savoir si ce concept se rapporte à un objet, et si par conséquent il signifie quelque chose (*).

(*) Cette note forme une sorte de prémisse à la conclusion qui va suivre, mais dont l'antécédent développé forme l'append. XIII.— T.

transcendantal, savoir : l'unité de la pensée d'une diversité en général. Une catégorie pure, dans laquelle on fait abstraction de toute condition de l'intuition sensible comme de la seule qui nous est possible, ne détermine donc aucun objet; elle n'exprime que la pensée d'un objet en général suivant différents modes. Il faut encore, pour l'usage d'un concept, une fonction du jugement par laquelle un objet est subsumé à ce concept, par conséquent la condition formelle au moins sous laquelle quelque chose peut être donné en intuition. Si cette condition du jugement (schème) n'est pas remplie, la subsumption ne peut plus avoir lieu; rien alors n'est donné qui puisse être subsumé au concept. L'usage purement transcendantal des catégories est donc nul par le fait, et n'a pas d'objet déterminé, ni même déterminable quant à la forme. D'où il suit que la catégorie pure ne convient non plus à aucun principe synthétique *a priori*; que les principes de l'entendement pur n'ont qu'un usage empirique, jamais un usage transcendantal, et que nulle part hors du champ de l'expérience possible, il ne peut y avoir des principes synthétiques *a priori*.

348. Il peut donc être convenable de s'exprimer ainsi : les catégories pures, sans des conditions formelles de la sensibilité, ont un sens purement transcendantal; mais elles ne sont d'aucun usage transcendantal, car cet usage est impossible en *soi*, parce qu'elles manquent de toutes les conditions d'un usage quelconque (dans les jugements), à savoir, des conditions formelles de la subsumption d'un objet supposable à ces concepts. Puis donc que (comme catégories pures) elles ne doivent avoir aucun usage empirique, et qu'elles n'en peuvent avoir un transcendantal, elles ne sont d'aucun usage si on les isole

de toute sensibilité, c'est-à-dire qu'elles ne peuvent être appliquées à aucun objet supposable : elles sont plutôt simplement des formes pures de l'usage de l'entendement par rapport aux objets en général et à l'usage de la pensée, sans que par elles seules aucun objet puisse être pensé ou déterminé (1).

349. Il y a cependant ici, au fond, une illusion très difficile à éviter. Les catégories, quant à leur origine, ne se fondent pas sur la sensibilité comme les *formes de l'intuition,* l'espace et le temps ; elles semblent donc permettre une application au-delà de tous les objets de l'expérience. Mais elles ne sont en elles-mêmes que les *formes de la pensée,* qui contiennent la simple faculté logique d'unir *a priori,* en une conscience unique, la diversité donnée en intuition ; et alors elles peuvent, si on leur enlève la seule intuition à nous possible, avoir encore moins de valeur et de sens que ces formes sensibles pures par lesquelles cependant un objet est au moins donné ; au lieu que cette espèce de liaison de la diversité, propre à notre entendement, ne signifie rien si cette intuition, dans laquelle seule cette diversité peut être donnée, n'intervient. — Néanmoins, lorsque nous appelons certains objets du nom de phénomène, d'êtres sensibles (*phænomena*), distinguant alors la manière dont nous les percevons, il est cependant déjà dans notre idée de leur opposer, ou ces mêmes objets quant à cette nature absolue, quoique nous ne la percevions pas en eux, — ou même d'autres choses possibles, qui ne sont pas des objets de nos sens, comme des objets purement

---

(1) Les quatre alinéas suivants (349-352) remplacent les sept qui forment l'append. XIV. — T.

conçus par l'entendement. Nous appelons ces objets des êtres intellectuels, des êtres d'entendement (*Noumena*). On demande donc : Si nos concepts purs de l'entendement ne peuvent avoir aucune valeur dans ce dernier sens, et s'ils ne pourraient pas être une manière de les connaître?

350. Il se présente tout d'abord ici une équivoque qui peut occasionner une erreur grave : c'est que l'entendement, quand il appelle phénomène un objet considéré sous un certain rapport, se fait en même temps, outre la représentation de ce rapport, celle d'un *objet en soi*, et par conséquent se persuade qu'il peut se faire aussi des *concepts* d'objets semblables; et comme l'entendement n'en fournit pas d'autres que les catégories, et que l'objet dans ce dernier sens devrait au moins pouvoir être conçu par ces concepts purs de l'entendement, il est conduit de cette manière à prendre le concept complétement indéterminé d'un être de raison comme de quelque chose en général hors du domaine de la sensibilité, pour un concept *déterminé* d'un être que nous pouvons connaître de quelque manière par le secours de l'entendement.

351. Si par *noumène* nous entendons une chose en tant qu'elle n'est *pas objet de notre intuition sensible*, abstraction faite de notre manière de la percevoir, cette chose est alors un noumène dans le sens *négatif*. Mais si nous entendons par là un *objet* d'une *intuition non sensible*, nous supposons alors une espèce d'intuition particulière, intellectuelle, mais qui n'est point la nôtre, dont même nous ne pouvons entrevoir la possibilité; et cette chose serait alors un noumène dans le sens *positif*.

352. La science de la sensibilité est donc tout à la fois celle des noumènes dans le sens négatif, c'est-à-dire la science des choses que l'entendement doit penser sans ce rapport à notre espèce d'intuition, par conséquent non simplement comme phénomènes, mais comme choses en soi, et au sujet desquelles néanmoins l'entendement comprend en même temps, dans cette manière de les considérer abstraitement, qu'il ne peut faire aucun usage de ses catégories, puisque celles-ci n'ont de valeur que par rapport à l'unité des intuitions dans l'espace et le temps, unité qu'elles ne peuvent déterminer *a priori* que par des concepts généraux ayant vertu d'unir, et par suite de la seule idéalité de l'espace et du temps. Partout où cette unité de temps ne peut être trouvée, par conséquent dans le noumène, cesse complétement tout usage et même toute valeur des catégories : car la possibilité même des choses qui devraient répondre aux catégories ne se laisse pas apercevoir. Qu'il me soit permis, à ce sujet, de renvoyer simplement à ce que j'ai dit au commencement de l'observation générale sur le chapitre précédent. La possibilité d'une chose ne peut donc jamais être prouvée par la non-contradiction de son concept, mais seulement par la justification de ce concept au moyen d'une intuition correspondante. Si donc nous voulions appliquer les catégories à des objets qui ne peuvent être considérés comme des phénomènes, il nous faudrait pour fondement une intuition différente de l'intuition sensible, et alors l'objet serait un noumène dans le *sens positif*. Mais comme une intuition de cette nature, une intuition intellectuelle, est absolument en dehors de notre faculté de connaître, l'usage des catégories ne peut aucunement

s'étendre hors des limites des objets de l'expérience; et, si par hasard des êtres intellectuels correspondent aux êtres sensibles, il peut aussi y avoir des êtres intellectuels auxquels notre faculté intuitive sensible n'a aucun rapport: mais alors nos concepts intellectuels, comme simples formes de pensée accomodées à notre intuition sensible, ne sont plus le moins du monde appropriés aux êtres de cette nature. Ce que nous appelons noumène ne doit donc être entendu que dans le sens *négatif*.

353. Si l'on retranche d'une connaissance empirique toute pensée (par catégories), il ne reste plus aucune connaissance d'un objet; car rien n'est pensé par la seule intuition : et, de ce que cette affection de la sensibilité est en moi, il ne s'ensuit aucun rapport de ces mêmes représentations à un objet. Si je supprime au contraire toute intuition, la forme de la pensée, c'est-à-dire la manière d'assigner un objet à la diversité d'une intuition possible, demeure néanmoins; ce qui fait que les catégories s'étendent plus loin que l'intuition sensible, puisqu'elles pensent les objets en général sans égard à la manière particulière (la sensibilité) dont ils peuvent être donnés. Mais elles ne déterminent pas par là une plus grande sphère d'objets, puisqu'on n'en peut supposer d'autres donnés qu'en supposant possible une autre espèce d'intuition sensible; ce à quoi nous ne sommes point autorisés.

354. J'appelle problématique un concept qui ne renferme aucune contradiction, et qui, comme limite des concepts donnés, tient à d'autres connaissances, mais dont la réalité objective ne peut être connue d'aucune manière. Le concept d'un *noumène*, c'est-à-dire d'une chose qui doit être pensée, non comme objet des sens,

mais comme une chose en soi (seulement par un entendement pur), n'est point du tout contradictoire; car on ne peut affirmer de la sensibilité qu'elle soit la seule manière possible de percevoir. De plus, ce concept est nécessaire pour que l'intuition sensible ne s'étende pas jusqu'aux choses en soi, et par conséquent pour que la valeur objective de la connaissance sensible soit limitée (car le surplus, que l'intuition sensible n'atteint pas, s'appelle, par cette raison, noumène, pour indiquer que cette connaissance ne peut s'étendre au-delà de ce que pense l'entendement). Mais, en définitive, la possibilité de ces noumènes ne peut être aperçue, et en dehors de la sphère des phénomènes tout est vide (par rapport à nous). C'est-à-dire que nous avons un entendement qui s'étend *problématiquement* plus loin que l'intuition, mais que nous n'avons aucune intuition, ni même aucun concept d'une intuition possible par laquelle des objets nous soient donnés hors du champ de la sensibilité, et qui autorise l'entendement à s'exercer *assertoriquement* hors de ce champ. Le concept d'un noumène est donc simplement un *concept limitatif* destiné à circonscrire les prétentions de la sensibilité, et par conséquent d'un usage purement négatif. Néanmoins, ce concept n'est point une fiction arbitraire, il est inhérent à la sensibilité, sans cependant que quelque chose de positif puisse être rétabli hors de la circonscription de celle-ci.

355. La distinction des objets en *phénomènes* et en *noumènes*, en monde sensible et en monde intellectuel, ne peut recevoir un *sens positif*, quoique des concepts puissent réellement se distinguer en sensibles et en intellectuels; car on ne peut assigner aucun objet à ces

derniers, qui par conséquent ne sauraient avoir une valeur objective. Si l'on sort des sens, comment faire concevoir que nos catégories (qui seraient les seuls concepts restants pour les noumènes) signifiassent jamais quelque chose, quand, pour leur rapport à un objet quelconque, il faudrait quelque chose de plus que la seule unité de la pensée, à savoir, une intuition possible donnée à laquelle cette unité pût se rapporter ? Néanmoins, le concept d'un noumène, pris d'une manière simplement problématique, est non seulement admissible, mais comme concept qui limite la sensibilité, il est de plus indispensable. Et alors, non seulement le noumène n'est pas un *objet intelligible* particulier de notre entendement, mais c'est même une question de savoir s'il peut y avoir un entendement, quel qu'en soit le sujet, capable de connaître son objet, non discursivement par des catégories, mais intuitivement par une intuition non sensible, objet de la possibilité duquel nous ne pouvons nous faire la moindre idée. Notre entendement reçoit donc, de cette manière, une extension négative; c'est-à-dire qu'il n'est point borné par la sensibilité, mais plutôt qu'il la limite en appelant *noumènes* les choses en soi (non considérées comme phénomènes). Mais il se pose aussi par le fait même des bornes qui l'empêchent de connaître les noumènes par aucunes catégories ; ce qui le réduit à ne les concevoir par conséquent que sous le nom de quelque chose d'inconnu.

356. Je trouve néanmoins dans les écrits des modernes une acception toute différente des mots *mundi sensibilis et intelligibilis* (1), et tout à fait différente de celle qu'y

(1) Il ne faut pas employer, au lieu des mots : monde *intelligible* (*mundus intelligibilis*) ceux de monde *intellectuel*, comme on a coutume

attachaient les anciens, acception qui cependant ne présente assurément aucune difficulté, mais qui n'est qu'une inutile substitution de mots. Il a donc plu à quelques-uns d'appeler l'ensemble des phénomènes, en tant qu'ils sont perçus, monde sensible, et monde intellectuel, en tant que leur enchaînement est conçu suivant les lois générales de l'entendement. L'astronomie théorique, qui traite de l'observation du ciel étoilé, serait en conséquence appelée le monde sensible, et l'astronomie contemplative (expliquée à peu près suivant le système de *Copernic*, ou par les lois de la gravitation de *Newton*), le monde intelligible. Mais ce renversement de mots n'est qu'un subterfuge sophistique pour éviter une question incommode, en dénaturant, chacun à son gré, le sens des mots. Par rapport aux phénomènes, l'entendement et la raison sans doute ont leur usage; mais cet usage serait-il encore possible si l'objet n'était pas phénomène (mais noumène), et si l'on prenait l'objet en ce sens quand il est pensé en soi comme purement intelligible, c'est-à-dire quand il est donné à l'entendement seul, et non aux sens? On demande donc si, outre cet usage empirique de l'entendement (même dans la représentation newtonienne du système du monde), il en est encore un transcendantal possible qui considère le noumène comme objet en soi? à quoi nous avons répondu négativement.

357. Quand donc nous disons : les sens nous repré-

---

de le faire en allemand ; car les *connaissances* seules sont ou intellectuelles ou sensitives. Mais il n'y a que ce qui peut être *soumis* à l'une ou à l'autre manière de percevoir, par conséquent les objets, qui doivent s'appeler intelligibles ou sensibles (*).

(*) Cette note de l'auteur n'est pas dans la première édition. — T.

sentent les objets comme ils apparaissent, et l'entendement comme ils sont, il ne faut pas prendre cette dernière expression dans le sens transcendantal, mais simplement dans le sens empirique, savoir : comme ils doivent être représentés, en tant qu'objets de l'expérience, dans l'enchaînement universel des phénomènes, et non d'après ce qu'ils peuvent être hors du rapport de l'expérience possible, et par conséquent hors du rapport des sens en général c'est-à-dire comme objets de l'entendement pur. Car cela nous sera inconnu à jamais, au point que nous ne savons pas même si une telle connaissance transcendantale (extraordinaire) est absolument possible, au moins une connaissance analogue à celle qui est soumise à nos catégories ordinaires. L'*entendement* et la *sensibilité* ne peuvent déterminer en nous des objets que dans leur *union*. Si nous les séparons, nous avons des intuitions sans concepts, ou des concepts sans intuitions, et dans les deux cas, des représentations que nous ne pouvons rapporter à aucun objet déterminé.

358. Si, après tous ces éclaircissements, on hésite encore à renoncer à l'usage purement transcendantal des catégories, qu'on essaye de les faire servir à quelque affirmation synthétique. Car une affirmation analytique ne mène pas loin l'entendement; on ne s'y occupe que de ce qui est déjà pensé dans le concept, laissant en doute si ce concept en lui-même a rapport à des objets, ou si seulement il désigne l'unité de la pensée en général (unité qui fait complétement abstraction de la manière dont un objet peut être donné) : il lui suffit de savoir ce qui est dans son concept, peu importe à quoi se rapporte ce concept. Que l'on procède donc, dis-je, avec un principe synthétique et prétendu transcendantal;

tel que ceux-ci : tout ce qui est existe comme substance ou comme détermination ; ou bien : tout ce qui est contingent existe en tant qu'effet d'une autre chose, savoir de sa cause ; etc. Je demande alors où l'on prendra ces principes synthétiques, puisque, dans cette hypothèse, les concepts ne doivent pas valoir par rapport à l'expérience possible, mais seulement par rapport aux choses en soi (aux noumènes) ? Où est ce moyen toujours requis dans une proposition synthétique pour unir entre elles, dans le même concept, des choses qui n'ont aucune affinité logique (analytique) ? On ne démontrera jamais une pareille proposition ; et, ce qui plus est, on ne pourra jamais s'assurer de la possibilité d'une telle affirmation pure sans recourir à l'usage empirique de l'entendement, et par conséquent sans renoncer absolument à un jugement pur et indépendant des sens. Ainsi, le concept d'objets purs simplement intelligibles est absolument dépourvu de tous principes de son application, parce que l'on ne peut imaginer aucune manière dont ces objets pourraient être donnés, et que la pensée problématique, qui leur laisse cependant un lieu tout ouvert, sert seulement comme d'un espace vide destiné à circonscrire les principes empiriques, sans cependant renfermer en soi ni faire voir aucun autre objet de la connaissance hors de la sphère de ces derniers.

APPENDICE.

DE L'AMPHIBOLIE DES CONCEPTS DE LA RÉFLEXION
par la confusion de l'usage empirique avec l'usage transcendantal de l'entendement.

359. La *réflexion* (*reflexio*) ne s'occupe pas des objets mêmes pour en acquérir directement des concepts :

mais elle est l'état de l'esprit par lequel nous nous préparons à la découverte des conditions subjectives sous lesquelles nous pouvons parvenir aux concepts. Elle est la conscience du rapport des représentations données aux sources diverses de notre connaissance, conscience par laquelle seule peut être déterminé exactement le rapport des représentations avec les capacités intellectuelles correspondantes. La première question qui se présente à traiter au sujet de nos représentations, est celle-ci : Par quelle faculté de connaître se trouvent-elles réunies? Est-ce par l'entendement ou par les sens qu'elles sont liées ou comparées? Plusieurs jugements sont acceptés par habitude ou liés par inclination ; mais parce qu'aucune réflexion ne les précède, ou du moins ne les suit critiquement, ils valent comme ayant leur origine dans l'entendement. Mais tous les jugements n'ont pas besoin d'un *examen*, c'est-à-dire d'une attention aux principes de leur vérité ; car, s'il y en a de certains immédiatement, par exemple, dans cette proposition: il n'y a qu'une ligne droite possible entre deux points, ils ne peuvent avoir un caractère de vérité plus immédiat que celui même qu'ils expriment. Mais tous les jugements, toutes les comparaisons exigent une *réflexion*, c'est-à-dire une distinction de la faculté de connaître à laquelle se rapportent les concepts donnés. J'appelle *réflexion transcendantale* l'action de comparer des représentations en général avec la faculté de connaître dans laquelle elles s'accomplissent, et de distinguer si elles sont comparées entre elles comme appartenant à l'entendement ou à l'intuition sensible. Or les rapports dans lesquels les concepts peuvent s'appartenir mutuellement dans un état de l'esprit, sont ceux d'*identité* et de *diversité* ; de *convenance et de répugnance*, d'*interne* et d'*externe*, enfin de *déterminable* et de *détermination* (de matière et de forme). La détermination légitime de ces rapports consiste à savoir dans laquelle des deux facultés de connaître, de la sensibilité ou de l'entendement, ces concepts tiennent *subjectivement* les uns aux autres : car la différence des facultés dont ces concepts pourraient dépendre est elle-même le principe d'une grande différence dans la manière dont les concepts doivent être pensés.

360. Avant tout jugement objectif, nous comparons les concepts pour arriver à l'IDENTITÉ (de plusieurs représentations sous un seul concept), afin d'obtenir des jugements *universels;* ou pour saisir la DIVERSITÉ de ces mêmes représentations, afin d'obtenir des jugements *particuliers;* ou pour en saisir l'ACCORD, ce qui donne naissance aux jugements *affirmatifs;* ou pour en saisir l'opposition ou le DÉSACCORD, d'où naissent les jugements *négatifs*, etc. Nous devrions par cette raison, ce semble, appeler les concepts dont il s'agit, concepts comparatifs (*conceptus comparationis*). Mais parce que, quand il ne s'agit pas de la forme logique des concepts, mais bien de leur matière, c'est-à-dire de savoir si les choses mêmes sont identiques ou diverses, d'accord ou en désaccord, etc., les choses peuvent avoir un double rapport à notre faculté de connaître, savoir, à la sensibilité et à l'entendement, et comme la manière dont elles s'appartiennent réciproquement dépend de leur rapport à telle ou telle faculté ; — la réflexion transcendantale, c'est-à-dire la conscience du rapport des représentations données à l'une ou à l'autre faculté, pourra donc seule déterminer *leur* rapport entre elles. On ne pourra donc pas décider par les concepts mêmes, au moyen de la

simple comparaison (*comparatio*), si les choses sont identiques ou diverses, d'accord ou opposées, etc., mais seulement par la distinction du mode de connaître auquel elles appartiennent, c'est-à-dire au moyen d'une réflexion (*reflexio*) transcendantale. On pourrait donc dire que la *réflexion logique* est une simple comparaison, car on y fait abstraction de la faculté de connaître à laquelle appartiennent les représentations données, lesquelles par conséquent demandent à être traitées comme homogènes, eu égard à leur siége dans l'esprit; mais que la *réflexion transcendantale* (qui concerne les objets mêmes) renferme le principe de la possibilité de la comparaison objective des représentations entre elles, et diffère par conséquent beaucoup de la réflexion logique, parce que la faculté de connaître à laquelle ces représentations appartiennent n'est pas la même. Cette réflexion transcendantale est un devoir dont personne ne peut se dispenser, s'il veut porter un jugement *a priori* sur quelque chose. Nous nous en occuperons d'abord, et nous n'en tirerons pas peu de lumière pour la détermination de l'œuvre propre de l'entendement.

361. 1° *Identité* et *Diversité*. Quand un objet se présente plusieurs fois à nous, mais chaque fois avec les mêmes déterminations internes (*qualitas* et *quantitas*), alors il est le même : s'il vaut comme objet de l'entendement pur, il est toujours le même, et n'est pas plusieurs choses (*numerica identitas*); si c'est au contraire un phénomène, alors il ne s'agit pas de la comparaison des concepts; quelque identique que tout puisse être par rapport à ces concepts, cependant la diversité de ce phénomène dans le même temps est une raison très suffisante de la *diversité numérique* de l'objet même (des

sens). Ainsi dans deux gouttes d'eau l'on peut absolument faire abstraction de toute différence interne (de la qualité et de la quantité) ; il suffit qu'elles soient perçues dans différents lieux en même temps pour qu'on les tienne pour numériquement différentes. *Leibniz* prit les phénomènes pour des choses en soi, par conséquent pour des *intelligibilia*, c'est-à-dire pour des objets de l'entendement pur (quoiqu'il les signalât du nom de phénomènes, à cause de la confusion de leur représentation) ; et alors son principe des *indiscernables* (*principium identitatis indiscernibilium*) ne pouvait certainement être attaqué. Mais comme ce sont des objets de la sensibilité, et que l'entendement en rapport avec eux n'est susceptible que d'un usage empirique, et non d'un usage pur, la multiplicité et la diversité numérique sont données par l'espace même, comme condition des phénomènes extérieurs. Car une partie de l'espace, quoique absolument égale et semblable à une autre, lui est cependant extérieure, et par là même une partie différente de la première, à laquelle elle s'ajoute pour composer avec elle un plus grand espace ; et ceci doit valoir pour tout ce qui est ensemble dans les divers endroits de l'espace, si semblable et égal que tout cela puisse être d'ailleurs.

362. 2° *Convenance* et *Disconvenance*. Quand la réalité ne nous est présentée que par l'entendement pur (*realitas noumenon*), aucune disconvenance ne peut se concevoir entre les réalités ; c'est-à-dire qu'on ne peut concevoir un rapport tel que ces réalités, étant unies dans un même sujet, détruisent mutuellement leurs conséquences, et que $3 - 3 = 0$. Au contraire, les réalités dans le phénomène (*realitas phænomenon*) peuvent, sans aucun

doute, être opposées entre elles, et réunies dans un même sujet ; l'une peut détruire tout à fait ou en partie la *conséquence de l'autre*, par exemple, deux forces motrices sur la même ligne droite, en tant qu'elles dirigent, pressent un point dans une direction opposée, ou même le plaisir qui compense la douleur.

363. 3° *Interne* et *Externe*. Dans un objet de l'entendement pur, cela seul est interne qui n'a aucun rapport (quant à l'existence) à quelque chose différent de lui. Au contraire, les déterminations internes d'une *substantia phænomenon* dans l'espace ne sont que des rapports, et la *substantia phænomenon* elle-même n'est qu'un ensemble de pures relations. Nous ne connaissons la substance dans l'espace que par les forces qui se manifestent en lui, soit attractivement (attraction), soit répulsivement (répulsion et impénétrabilité) ; nous ne pouvons connaître les autres propriétés qui composent le concept de la substance qui apparaît dans l'espace et que nous appelons matière. Comme objet de l'entendement pur, toute substance au contraire doit avoir des déterminations et des forces intérieures qui en modifient la réalité interne. Mais que puis-je concevoir comme accidents internes, sinon ceux qui me sont rapportés par mon sens intime, savoir, ou ce qui est une *pensée*, ou ce qui y est analogue? C'est ce qui conduisit *Leibniz* à faire de toutes les substances des sujets simples, doués de la faculté représentative, en un mot, des MONADES, parce qu'il concevait les substances comme des *noumena*, sans excepter les parties constitutives de la matière, après toutefois en avoir retranché par la pensée tout ce qui peut être regardé comme relation externe, par conséquent aussi la *composition*.

364. 4° *Matière* et *Forme*. Ces deux concepts servent de fondement à toute autre réflexion, tant ils sont intimement unis à tout usage de l'entendement. La matière désigne le déterminable en général, la forme en désigne la détermination (toutes les deux dans le sens transcendantal, puisque l'on fait abstraction de toute différence de ce qui est donné et de la manière dont il est déterminé). Les logiciens appelaient autrefois matière, le général, et forme, la différence spécifique. Dans tous jugements on peut appeler les concepts donnés, la matière logique (du jugement), et leur rapport (par le moyen de la copule), la forme du jugement. Dans tout être, les parties essentielles (*essentialia*) de cet être en constituent la matière; la manière dont ces parties sont liées en une chose en est la forme essentielle. Par rapport aux choses en général, la réalité non bornée était aussi regardée comme matière de toute possibilité, et sa limitation (négation), comme la forme par laquelle une chose se distingue d'une autre suivant des concepts transcendantaux. L'entendement exige donc d'abord que quelque chose soit donné (au moins en concept), pour pouvoir le déterminer d'une certaine manière. La matière précède donc la forme dans le concept de l'entendement pur, et c'est pour cette raison que *Leibniz* admet d'abord des choses (des monades), et ensuite leur faculté représentative intérieure, faculté qui leur est inhérente, pour ensuite fonder là-dessus leur rapport externe et le commerce de leurs états (des représentations). L'espace et le temps étaient donc possibles : le premier par le rapport des substances seulement, le second par la liaison réciproque de leurs déterminations, comme principes et conséquences.

365. Il en devrait être effectivement ainsi dans le cas où l'entendement pur pourrait se rapporter immédiatement aux objets, et si l'espace et le temps étaient des déterminations des choses en soi. Mais si ce sont de pures intuitions sensibles, dans lesquelles nous déterminons tous les objets simplement comme phénomènes, alors la forme de l'intuition (comme qualité subjective de la sensibilité) précède toute matière des sensations ; par conséquent l'espace et le temps précèdent tous les phénomènes, toutes les données de l'expérience, et celle-ci n'est même possible qu'à ces conditions. Le philosophe intellectualiste ne pouvait supporter que la forme précède les choses mêmes, et qu'elle doive en déterminer la possibilité. Prétention tout à fait juste, après avoir supposé que nous voyons les choses telles qu'elles sont réellement (quoique d'une manière confuse). Mais comme l'intuition sensible est une condition subjective particulière qui sert de fondement *a priori* à toute perception, et en est la forme primitive, alors la forme en soi est seule donnée ; et tant s'en faut que la matière (ou les choses mêmes qui apparaissent) doive servir de fondement (comme on devrait le penser d'après les seuls concepts), qu'au contraire la possibilité de la matière suppose comme donnée d'avance l'intuition formelle (l'espace et le temps).

OBSERVATION
Sur l'Amphibolie des concepts réfléchis.

366. Qu'il me soit permis d'appeler *lieu transcendantal* la place que nous avons assignée à un concept, soit

dans la sensibilité, soit dans l'entendement pur. De cette manière, la détermination de la place qui convient à tout concept, suivant la diversité de son usage, et la méthode propre à fixer ce lieu par règles pour tous les concepts, serait la *Topique transcendantale*; science qui garantirait fondamentalement des surprises de l'entendement pur et des illusions qui en sont la suite, puisqu'elle distinguerait toujours à quelle faculté cognitive appartiennent proprement les concepts. On peut appeler *tout concept*, tout titre auquel plusieurs connaissances sont soumises, un *lieu logique* : c'est là-dessus que se fonde la *Topique logique* d'Aristote, dont les rhéteurs et les orateurs pouvaient se servir pour chercher sous certains titres de la pensée ce qui convenait le mieux à un sujet proposé, et pour pouvoir subtiliser ou parler longuement sur un sujet donné, avec une apparence de profondeur.

367. La Topique *transcendantale* ne contient au contraire que les quatre titres précédents de toute comparaison et de toute distinction; titres qui diffèrent des catégories en ce qu'ils ne présentent pas l'objet suivant ce qui compose son concept (quantité, réalité), mais en ce qu'ils représentent seulement dans toute sa diversité la comparaison des représentations qui précède le concept des choses. Cette comparaison a besoin, avant tout, d'une réflexion, c'est-à-dire d'une détermination du lieu auquel appartiennent les représentations des choses comparées, afin de savoir si c'est l'entendement pur qui les pense, ou si la sensibilité les donne dans le phénomène.

Les concepts peuvent être comparés logiquement, sans pour cela qu'on se soucie du lieu auquel appartiennent leurs objets, c'est-à-dire si, comme noumènes, ils appartiennent à l'entendement, ou si, comme phénomènes, ils appartiennent à la sensibilité. Mais si, avec ces concepts, nous voulons arriver aux objets, il est besoin avant tout d'une réflexion transcendantale pour savoir à quelle faculté cognitive sont soumis les objets, si c'est à l'entendement pur ou à la sensibilité. Sans cette réflexion, je fais un usage très incertain de ces concepts, et de là de prétendus principes synthétiques que la raison critique ne peut reconnaître, et qui ne sont fondés que sur une amphibolie transcendantale, c'est-à-dire sur la confusion de l'objet intellectuel et pur avec le phénomène.

368. A défaut de cette Topique transcendantale, et par conséquent trompé par l'amphibolie des concepts réfléchis, le célèbre *Leibniz* édifia un *système intellectuel du monde*, ou plutôt crut connaître la nature intime des choses, puisqu'il compara tous les objets seulement avec l'entendement et avec les concepts formels et abstraits de la pensée. Notre table des concepts réfléchis nous procure l'avantage inattendu de nous faire voir ce qu'il y a de particulier dans toutes les parties de la doctrine de Leibniz, et en même temps la cause de cette manière particulière de penser, laquelle cause ne portait que sur une équivoque. Leibniz compara toutes choses les unes aux autres par concepts seulement, et ne trouva très naturellement d'autres différences que celles par lesquelles l'entendement distingue ces concepts purs les uns des autres. Il méconnut les conditions de l'intuition sensible, conditions qui portent en elles leurs différences propres; car la sensibilité n'était pour lui qu'une espèce de représentation confuse, et non une source particulière de représentations; le phénomène était pour lui la représentation *de la chose en soi*, quoique différente de la con-

naissance par l'entendement, quant à la forme logique, puisque la sensibilité, qui manque ordinairement d'analyse, entraîne dans le concept de la chose un certain mélange de représentations concomitantes les unes des autres, que l'entendement sait en séparer. En un mot, *Leibniz intellectualise* les phénomènes, — comme *Locke sensualise* tous les concepts de l'entendement, suivant un système de *Noogonie* (si je puis me servir de ce mot), c'est-à-dire les fait passer pour des concepts purement empiriques, ou pour des concepts réfléchis abstraits. Au lieu de chercher dans l'entendement et dans la sensibilité deux sources très différentes de représentations, mais qui ne peuvent juger objectivement des choses d'une manière valable qu'autant qu'ils *jugent conjointement*, chacun de ces grands hommes s'attacha seulement à l'une de ces deux sources, la rapporta immédiatement aux choses en soi, tandis que l'autre source ne faisait que confondre ou ordonner les représentations de la première.

369. Leibniz compare donc entre eux les objets des sens comme choses en général dans l'entendement seul :

1° En tant qu'ils en doivent être jugés identiques ou différents. Et comme il considérait seulement les concepts de ces objets et non leur place dans l'intuition, dans laquelle seule les objets peuvent être donnés ; comme il négligeait complétement le lieu transcendantal de ces concepts (oubliant d'examiner si l'objet doit être compté parmi les phénomènes ou parmi les choses en soi), il ne put manquer d'étendre aux objets des sens (*mundus phænomenon*) son principe des indiscernables, qui n'est uniquement valable que pour les concepts des choses en général, et de croire avoir reculé par là de beaucoup la connaissance de la nature. Assurément si je reconnaissais une goutte d'eau comme une chose en soi, quant à toutes ses déterminations internes, je ne pourrais accorder que l'une de ces gouttes est différente d'une autre, si son concept total est identique avec elle. Mais si cette goutte est un phénomène dans l'espace, elle a alors son lieu, non simplement dans l'entendement (parmi les concepts), mais encore dans l'intuition sensible extérieure (dans l'espace) ; et comme les lieux physiques sont indifférents par rapport aux déterminations internes des choses, un lieu $= b$ peut tout aussi bien recevoir une chose égale et absolument semblable à une autre chose qui se trouve dans un lieu $= a$, que si cette chose différait beaucoup intérieurement de la seconde. La diversité des lieux fait que la multiplicité et la différence des objets comme phénomènes sont non seulement possibles en soi, mais encore nécessaires, sans autre condition. Cette loi apparente n'est donc point une loi de la nature, c'est seulement une règle analytique de la comparaison des choses par simples concepts.

370. 2° Le principe, que des réalités (comme simples affirmations) ne répugnent jamais logiquement entre elles, est une proposition très vraie touchant le rapport des concepts, mais qui est sans valeur aucune par rapport à la nature, et surtout par rapport à une chose en soi (dont nous n'avons aucun concept). Car il y a lieu à une contradiction réelle partout où $a - b = o$, c'est-à-dire où deux réalités dans un sujet font mutuellement disparaître leur effet respectif, ce que tous les obstacles et les effets opposés dans la nature des choses mettent continuellement sous les yeux; effets qui, ayant leur raison dans des forces, doivent cependant être appelés *rea-*

litates phænomena. La mécanique générale, en considérant l'opposition des directions, peut donc faire voir dans une loi *a priori*, la condition empirique de cette opposition, condition dont le concept transcendantal de la réalité ne sait absolument rien. Quoique *Leibniz* n'ait pas annoncé cette proposition comme nouvelle, il l'a fait cependant servir à de nouvelles affirmations, et ses successeurs l'ont introduite expressément dans leur doctrine *Leibnizo-Wolfienne*. D'après ce principe, tous les maux, par exemple, ne sont que des conséquences des limites des créatures, c'est-à-dire des négations, parce que ces négations sont l'unique chose qui répugne à la réalité (et il en est effectivement ainsi dans le simple concept d'une chose en général, mais non dans les choses comme phénomènes). Les sectateurs de Leibniz trouvent de même qu'il est non seulement possible, mais naturel encore, de concilier toute réalité dans un être, sans crainte d'opposition, parce qu'ils ne reconnaissent d'autre opposition que celle de la contradiction (par laquelle le concept d'une chose même disparaît); mais ils ne connaissent pas l'opposition de perte mutuelle qui a lieu lorsqu'un principe réel détruit l'effet d'un autre. C'est dans la sensibilité seule que nous rencontrons les contradictions nécessaires pour nous représenter cette opposition ou contrariété.

371. 3° La monadologie de Leibniz n'a d'autre fondement que la distinction faite par ce philosophe entre l'interne et l'externe par rapport à l'entendement. Les substances en général doivent avoir quelque chose d'*interne*, qui par conséquent soit indépendant de tous rapports extérieurs, et, par suite aussi, exempt de composition. Le simple est donc le fondement de l'interne des

choses en soi ; mais l'interne de leur état ne peut plus consister dans le lieu, la forme, le contact ou le mouvement (déterminations qui sont toutes des rapports externes) ; et nous ne pouvons pas attribuer aux substances d'autre état interne que celui par lequel nous déterminons nous-même notre sens intime, je veux dire l'*état* des *représentations*. C'est ainsi tout justement que furent faites les monades, qui doivent composer la matière première de tout l'univers ; leur force active ne consiste que dans des représentations par lesquelles elles ne sont proprement actives qu'en elles-mêmes.

372. Mais par cette raison précisément, le principe du *commerce possible des substances* entre elles dut être une *harmonie préétablie*, et ne pouvait consister en une influence physique. Car n'étant occupé qu'à l'intérieur, c'est-à-dire que de ses représentations, l'état des représentations d'une substance ne pouvait consister dans aucune union active avec l'état d'une autre substance. Il fallait donc imaginer une troisième substance qui influençât toutes les autres substances ensemble et qui en rendît les états correspondants entre eux, non pas, à la vérité, par un secours occasionnel et donné dans chaque cas particulier (*systema assistentiæ*), mais par l'unité de l'idée d'une cause valant pour tous les cas, dans laquelle toutes les substances doivent trouver leur existence et leur permanence, et par conséquent aussi contracter une correspondance mutuelle suivant des lois générales.

373. 4° Le fameux système de *Leibniz* sur le *temps* et l'*espace*, dans lequel il intellectualise ces formes de la sensibilité provenait uniquement de cette même illusion de la réflexion transcendantale. Si je veux me représen-

ter par l'entendement seul les rapports extérieurs des choses, je ne puis le faire que par le moyen d'un concept de leur action réciproque, et si je dois unir l'état d'une chose à un autre état de la même chose, je ne puis le faire que dans l'ordre des principes et des conséquences. Ainsi, *Leibniz* conçut l'espace comme un certain ordre dans le commerce des substances, et le temps comme la conséquence dynamique de leurs états. Mais ce que l'espace et le temps ont de propre et d'indépendant des choses, ce que l'un et l'autre semblent posséder en eux-mêmes, il l'attribua à la *confusion* de ces concepts, confusion qui faisait que ce qui est une simple forme de rapports dynamiques, est considéré comme une intuition propre existant par elle seule et précédant les choses mêmes. L'espace et le temps étaient donc les formes intelligibles de l'union des choses en soi (des substances et de leurs états). Mais les choses étaient des substances intelligibles (*substantiæ noumena*). Il voulait néanmoins faire valoir ces concepts comme des phénomènes, par la raison qu'il ne reconnaissait aucune espèce d'intuition propre à la sensibilité, et qu'il cherchait dans l'entendement toutes les représentations, même les représentations empiriques, ne laissant aux sens que la méprisable attribution de confondre et de brouiller les concepts de l'entendement.

374. Mais quand bien même nous pourrions dire aussi quelque chose synthétiquement par l'entendement pur touchant les *choses en elles-mêmes* (ce qui est toutefois impossible), cela ne pourrait cependant se rapporter en aucune manière aux phénomènes, qui ne représentent pas les choses en soi. Dans ce dernier cas, je ne devrai donc jamais comparer mes concepts dans la réflexion transcendantale, que sous les conditions de la

sensibilité, et alors l'espace et le temps ne seront pas des déterminations des choses en soi, mais des déterminations des phénomènes. J'ignore ce que les choses peuvent être en elles-mêmes, et je n'ai même pas besoin de le savoir, puisqu'une chose ne peut jamais se présenter à moi que dans le phénomène.

375. Je traite de la même manière les autres concepts réfléchis. La matière est substance-phénomène (*substantia phœnomenon*). Je cherche ce qui lui convient intérieurement dans toutes les parties de l'espace qu'elle occupe, et dans tous les effets qu'elle produit, effets qui ne peuvent toujours être assurément que des phénomènes du ressort des sens externes. Je n'ai donc rien, il est vrai, d'absolument interne, mais seulement quelque chose de comparativement interne, qui résulte encore de rapports extérieurs. Mais cet interne absolu (quant à l'entendement pur) de la matière est aussi une pure chimère ; car nulle part la matière n'est l'objet de l'entendement pur : l'objet transcendental qui peut être le fondement de ce phénomène que nous appelons la matière est simplement un je ne sais quoi, dont nous ne comprendrions pas davantage l'essence, lors même qu'elle pourrait nous être exposée par quelqu'un ; car nous ne pouvons rien comprendre que ce qui emporte avec soi dans l'intuition quelque chose de correspondant à nos expressions. Se plaindre de *ne pas apercevoir l'intérieur des choses*, c'est se plaindre de ne pas saisir par l'entendement pur ce que les choses qui nous apparaissent sont en elles-mêmes. Ces plaintes sont donc injustes et déraisonnables ; car on voudrait pouvoir connaître les choses, et par conséquent apercevoir, et cela cependant sans le secours des sens : on voudrait donc avoir une

faculté de connaître entièrement différente de celle de l'homme non seulement en degré, mais encore quant à l'intuition et à l'espèce ; on voudrait donc ne pas être des hommes, mais des créatures dont nous ne pouvons pas même dire si elles sont possibles, et bien moins encore ce qu'elles sont. L'observation et l'analyse des phénomènes pénètre l'intérieur de la nature, et l'on ne peut savoir jusqu'où elles peuvent aller avec le temps. Mais les questions transcendantales qui dépassent la nature ne pourront cependant jamais être résolues par nous, quand même la nature entière se laisserait voir à découvert, puisqu'il ne nous est pas même donné d'observer notre propre esprit avec une autre intuition que celle du sens intime ; et cependant l'esprit renferme le secret de l'origine de notre sensibilité. Son rapport à un objet, et ce qui est la base transcendantale de cette unité, est sans doute caché trop profondément pour que nous, qui ne nous connaissons nous-mêmes que par le sens intime, par conséquent comme phénomènes, puissions faire usage d'un instrument d'investigation si peu propre à trouver quelque chose autre que des phénomènes, dont nous désirons cependant toujours approfondir la cause imperceyable.

376. Ce que cette critique des conclusions tirées des seules opérations de la réflexion nous procure de très utile, c'est qu'elle démontre la vanité de tous les raisonnements sur les objets comparés entre eux dans l'entendement seul, et qu'elle confirme en même temps ce sur quoi nous avons surtout et si fort insisté, savoir que, quoique les phénomènes ne soient pas compris comme choses en soi dans les objets de l'entendement pur, ils sont cependant les seules choses en quoi notre connais-

sance puisse avoir une réalité objective, c'est-à-dire en quoi l'intuition correspond aux concepts.

377. Quand nous ne réfléchissons que logiquement, alors nous comparons nos concepts entre eux dans l'entendement, pour voir si les deux concepts comprennent la même chose, s'ils se contrarient ou ne se contrarient pas, si quelque chose est intrinsèquemment compris dans le concept ou s'y ajoute extrinsèquement; et quel est de deux concepts celui qui doit valoir comme donné, quel est, au contraire, celui qui ne doit valoir que comme une manière de concevoir celui qui est donné. Mais si j'applique ces concepts à un objet en général (dans le sens transcendantal), sans déterminer davantage cet objet pour savoir si c'est un objet de l'intuition sensible ou de l'intuition intellectuelle, aussitôt se manifestent des limites (pour empêcher de sortir du concept de cet objet) qui interdisent tout usage empirique de ces concepts et prouvent ainsi que la représentation d'un objet, comme chose en général, n'est pas simplement *insuffisante*, mais que si, de plus, elle est sans détermination sensible de cet objet, et indépendante de toute condition empirique, elle est encore *contradictoire;* qu'il faut, en conséquence, ou faire abstraction de tout objet (dans la logique), ou, si l'on en prend un, le penser sous les conditions de l'intuition sensible; par conséquent, que l'intelligible, pour être perçu, exigerait une intuition tout à fait particulière qui nous manque, et à défaut de laquelle il n'est rien pour nous. D'un autre côté, les phénomènes ne peuvent pas non plus être des objets en soi; car, si je conçois simplement les choses en général, alors assurément la diversité des rapports extérieurs ne peut pas faire une diversité des choses elles-mêmes, mais celle-ci est plu-

tôt supposée par la première ; et, si le concept de l'une de ces choses ne diffère pas intrinsèquement du concept d'une autre, je ne fais que mettre une seule et même chose dans des rapports différents. De plus, par l'addition d'une simple affirmation (réalité) à une autre, le positif est même augmenté, et rien ne lui est enlevé ou retiré. Le réel dans les choses en général ne peut donc être contradictoire, et ainsi du reste.

* * *

378. Les concepts de la réflexion, comme on l'a fait voir, ont, par une certaine interprétation vicieuse, une influence telle sur l'usage de l'entendement, qu'ils ont pu conduire un des plus pénétrants philosophes à un prétendu système de la connaissance intellectuelle, suivant lequel on déterminerait les objets sans l'intervention des sens. C'est pourquoi le développement des causes trompeuses de l'amphibolie de ces concepts, à l'occasion de faux principes, est d'une grande utilité pour déterminer sûrement les bornes de l'entendement et garantir de ces écarts.

379. On doit dire, à la vérité, que tout ce qui convient ou répugne à un concept général convient ou répugne aussi à tous les concepts particuliers compris dans ce concept général (*dictum de Omni et Nullo*) ; mais il serait absurde de conclure de là que ce qui n'est pas compris dans un concept général ne l'est pas non plus dans les concepts particuliers qu'il renferme ; car ceux-ci ne sont des concepts particuliers que parce qu'ils contiennent plus qu'il n'est pensé dans le concept général. Or, c'est cependant réellement sur ce dernier principe que tout

le système intellectuel de *Leibniz* est élevé. Il tombe donc en même temps que le principe, avec toute l'amphibolie qui en résulte dans l'usage de l'entendement.

380. Le principe de l'indiscernable se fondait proprement sur la proposition que si, dans le concept d'une chose en général, il ne se trouve pas une certaine différence, elle ne se trouve pas non plus dans les choses mêmes; que par conséquent toutes les choses qui ne se distinguent déjà pas les unes des autres dans le concept, quant à la qualité, sont parfaitement identiques (*numero eadem*). Mais, comme dans le simple concept d'une chose on fait abstraction de plusieurs conditions nécessaires à une intuition, il arrive, par une singulière précipitation, que ce dont on fait abstraction est regardé par la raison comme quelque chose qu'on ne trouve nulle part, et qu'on n'accorde à la chose que ce qui est compris dans le concept qu'on s'en fait.

381. Le concept d'un pied cube d'espace, partout et aussi souvent que je voudrais le concevoir, est en soi parfaitement identique. Mais deux pieds cubes ne sont cependant différents (*numero diversa*) dans l'espace que par les lieux qu'ils occupent; ces lieux sont les conditions de l'intuition dans laquelle l'objet de ce concept est donné, conditions qui n'appartiennent pas au concept, mais bien cependant à toute la sensibilité. Pareillement, il n'y a aucune contradiction dans le concept d'une chose si rien de négatif n'est lié à quelque chose d'affirmatif, et des concepts simplement affirmatifs réunis ne peuvent engendrer aucune négation. Mais dans l'intuition sensible, dans laquelle une réalité (par exemple, le mouvement) est donnée, se trouvent des conditions (les directions opposées) dont on faisait abstraction dans le concept de

mouvement en général, et qui en ne partant que de ce qui est positif, zéro = 0, rendent possible une contradiction qui n'a certainement pas le caractère de la contradiction logique. On ne pourrait donc pas dire que toutes les réalités se conviennent, par la raison qu'il ne se trouve aucune contradiction entre leurs concepts (1). Suivant les concepts seuls, l'interne est le substratum de tous les rapports et de toutes les déterminations extérieures. Quand donc je fais abstraction de toutes les conditions de l'intuition, et que je m'attache seulement au concept de chose en général, je puis faire abstraction de tout rapport extérieur, et cependant il doit me rester un concept de ce qui indique non pas un rapport, mais de simples déterminations internes. Il semble donc résulter de là que dans tout objet (substance) il y a quelque chose de simplement interne et qui précède toutes les déterminations extérieures, puisque ce n'est que par lui qu'elles sont possibles; que par conséquent ce substratum est quelque chose qui ne renferme plus aucun rapport extérieur, et qui conséquemment est *simple* (car les choses corporelles ne sont toujours que rapports, au moins des parties entre elles). Et comme nous ne connaissons d'autres déterminations absolument internes que celle du sens intime, non seulement ce substratum est simple aussi, mais encore (par analogie à notre sens intime)

---

(1) Si l'on était tenté de recourir ici au subterfuge accoutumé, qu'au moins les *realitates noumena* ne peuvent être opposés entre elles, il faudrait alors donner un exemple de ces noumènes purs et insensibles, afin que l'on comprît s'ils représentent quelque chose ou rien. Mais on ne peut prendre d'exemple que de l'expérience, qui ne donne que des phénomènes; et ainsi cette proposition ne signifie autre chose si ce n'est que le concept purement affirmatif ne contient rien de négatif; ce dont on n'a jamais douté.

déterminé par des *représentations;* c'est-à-dire que toutes les choses seraient proprement des *monades* ou des êtres simples doués de représentations. Tout cela serait encore vrai si rien de plus que le concept de choses en général ne constituait les conditions sous lesquelles seules des objets peuvent être donnés en intuition externe, et dont le concept pur fait abstraction. Car il est clair alors qu'un phénomène permanent dans l'espace (l'étendue impénétrable) pourrait contenir de simples rapports, et rien absolument d'interne, et qu'il pourrait être cependant premier substratum de toute perception extérieure. Je ne puis assurément rien penser d'externe par simples concepts sans quelque chose d'interne, par la raison précisément que les concepts relatifs supposent des choses absolument données, sans lesquelles ils ne seraient pas possibles. Mais il y a dans l'intuition quelque chose qui n'est pas dans le simple concept de chose en général, et ce quelque chose nous donne le substratum qui ne pourrait être connu par les concepts seuls, savoir un espace qui consiste, avec tout ce qu'il comprend, dans des rapports purement formels ou même réels. Je ne puis donc dire alors, sous prétexte qu'aucune *chose* ne peut être représentée *par simples concepts* sans quelque chose d'absolument interne, qu'il n'y a dans les choses même comprises sous ces concepts, ni dans leur *intuition,* rien d'externe qui n'ait pas pour fondement quelque chose d'absolument interne. Car, lorsque nous avons fait abstraction de toutes les conditions de l'intuition, rien assurément ne reste dans le simple concept, si ce n'est l'interne en général et son rapport avec autre chose, rapport par lequel seul l'externe est possible. Mais cette nécessité, qui repose uniquement sur l'abstraction, n'a pas lieu dans les choses, en tant qu'elles sont données dans l'intuition avec des déterminations qui n'expriment que des rapports, sans avoir quelque chose d'interne pour fondement, parce qu'elles ne sont pas des choses en soi, mais seulement des phénomènes. Nous ne connaissons dans la matière que de simples rapports (ce que nous appelons les déterminations internes n'est interne que comparativement); mais, parmi ces rapports, il en est de permanents par lesquels un objet déterminé nous est donné. De ce que, si je fais abstraction de ces rapports, je n'ai plus rien à penser, le concept de chose, comme phénomène, n'est point enlevé par là, ni le concept d'un objet *in abstracto*, mais bien toute possibilité d'un objet qui soit déterminable par les concepts seuls, c'est-à-dire la possibilité d'un noumène. Sans doute il est surprenant d'entendre dire qu'une chose doit consister tout entière en rapports; mais aussi une telle chose est simple phénomène, et ne peut être pensée par des catégories pures; elle consiste dans les seuls rapports de quelque chose en général avec les sens. De même, on ne peut concevoir les rapports des choses *in abstracto*, en commençant par les seuls concepts, qu'autant que l'un est cause des déterminations de l'autre; car tel est notre concept intellectuel de rapport même. Mais, comme nous faisons alors abstraction de toute intuition, c'en est fait de toute la manière dont le divers peut déterminer réciproquement son lieu, savoir de la forme de la sensibilité (l'espace), qui cependant précède toute causalité empirique.

382. Si par objets purement intelligibles nous entendons les choses pensées par des catégories pures sans aucun schème de la sensibilité, ces objets sont alors impos-

sibles. Car la condition de l'usage objectif de tous nos concepts intellectuels est simplement le mode de notre intuition sensible par lequel les objets nous sont donnés; et si nous faisons abstraction de ce mode, ces concepts n'auront aucun rapport à un objet. Et même si nous supposons une autre espèce d'intuition que notre intuition sensible, les fonctions de notre pensée seront à son égard sans aucune valeur. Mais entendons-nous seulement par objets intelligibles des objets d'une intuition non sensible, touchant lesquels nos catégories ne valent pas, il est vrai sans doute, et dont nous ne pouvons par conséquent jamais avoir aucune connaissance (soit intuition, soit concept) : alors il faudra certainement admettre des noumènes dans ce sens purement négatif, puisqu'ils signifient simplement que notre espèce d'intuition ne se rapporte pas à toutes choses, mais seulement aux objets de nos sens; que par conséquent sa valeur objective est bornée, et qu'il y a peut-être lieu à une autre espèce d'intuition, et par conséquent à d'autres choses qui en sont l'objet. Mais alors le concept d'un *noumène* est problématique, c'est-à-dire la représentation d'une chose dont nous ne pouvons dire si elle est ou n'est pas possible, puisque nous ne connaissons aucune autre espèce d'intuition que la nôtre, qui est sensible, et aucune autre espèce de concepts que les catégories; mais ni cette intuition ni ces concepts ne sont propres à faire connaître une chose *extra-sensible*. Nous ne pouvons donc agrandir positivement le champ des objets de notre pensée au-delà des conditions de notre sensibilité, ni admettre des objets de la pensée pure en dehors des phénomènes, c'est-à-dire admettre des objets *noumènes*, parce que ces objets n'ont aucune valeur positive. Il faut avouer en effet que les catégories seules ne suffisent pas pour la connaissance des choses en soi, et que sans les données de la sensibilité elles seraient de simples formes subjectives de l'activité intellectuelle, mais sans objet. L'acte de la pensée, le penser, n'est pas, il est vrai, un produit des sens, et de cette manière il n'est pas circonscrit par eux : mais il n'est pas pour cela d'un usage propre et pur, puisqu'il faut que la sensibilité intervienne, parce que sans elle la pensée n'aurait pas d'objet. On ne peut pas non plus appeler le noumène un tel *objet* [de l'entendement pur], car un pareil objet pour nous, désigne le concept problématique d'un objet pour une tout autre intuition et un tout autre entendement que le nôtre, entendement qui par conséquent est lui-même un problème. Le concept de noumène est donc non pas l'idée d'un objet, mais le problème invinciblement lié à la circonscription de notre sensibilité, celui de savoir si des choses peuvent être données dégagées entièrement de leur intuition; et ce problème qui ne peut être résolu qu'indéterminément, savoir, en disant que par le fait que l'intuition ne concerne pas toutes choses indistinctement, il peut y avoir plusieurs autres objets. Ces objets ne peuvent donc pas être niés absolument, mais seulement à défaut d'un concept déterminé (puisque aucune catégorie n'est propre à le fournir); mais ils ne peuvent pas non plus être affirmés comme objet de notre entendement.

383. L'entendement limite donc la sensibilité, sans agrandir pour cela son propre champ, et tandis qu'il avertit de ne point prétendre à considérer les choses en soi, mais seulement les phénomènes, il conçoit un objet en soi, mais seulement comme objet transcendantal, qui

est la cause du phénomène (par conséquent le phénomène lui-même), et qui ne peut être pensé ni comme quantité, ni comme réalité, ni comme substance (parce que ces concepts exigent toujours des formes sensibles dans lesquelles ils déterminent un objet); mais nous ignorons absolument si cet objet peut être trouvé en nous ou hors de nous; s'il disparaît en même temps que la sensibilité, ou s'il subsiste encore après la suppression de celle-ci. Appellerons nous noumène cet objet, par la raison que sa représentation n'est pas sensible : soit. Mais, comme nous ne pouvons appliquer aucun de nos concepts intellectuels à cet objet, cette représentation reste donc sans valeur pour nous, et ne sert uniquement qu'à indiquer les bornes de notre entendement sensible, à laisser un vide que nous ne pouvons combler ni par l'expérience possible, ni par l'entendement pur.

384. La critique de cet entendement pur ne permet donc pas de se créer un nouveau champ d'objets en dehors de ceux qui lui sont offerts comme phénomènes, ni de s'élancer dans les mondes intelligibles, pas même dans leur concept. La faute qui porte à cela de la manière la plus spécieuse, et qui sans doute est une raison d'excuse, quoiqu'elle ne puisse être justifiée, c'est que l'usage de l'entendement est rendu transcendantal contrairement à sa fin, et que les objets, c'est-à-dire les intuitions possibles, doivent se régler sur des concepts, et non les concepts sur des intuitions possibles (comme conditions sur lesquelles seules repose la valeur objective de ces concepts). La raison en est encore que la perception, et avec elle la pensée, précède tout arrangement déterminé possible des représentations. Nous pensons donc quelque chose en général, et nous le déterminons

en partie sensiblement; mais nous distinguons cependant l'objet général, et représenté *in abstracto*, de cette manière de le percevoir. Il nous reste donc une seule manière de le déterminer simplement par la pensée, manière qui est, à la vérité, une simple forme logique sans contenu, mais qui cependant nous semble être un mode d'existence de l'objet en soi (*noumenon*), sans égard à l'intuition, qui est restreinte à notre sensibilité.

* * *

385. Avant de quitter l'analytique transcendantale, nous devons encore ajouter quelque chose qui, quoique sans être d'une grande importance par soi-même, pourrait cependant paraître indispensable à l'intégralité du système. Le concept le plus élevé d'où la philosophie transcendantale a coutume de partir est ordinairement la division générale en possible et en impossible. Mais, comme toute division suppose un concept divisé, un concept plus élevé encore doit être donné, et ce concept est celui d'un objet en général (pris problématiquement, sans déterminer s'il est quelque chose ou rien). Puisque les catégories sont les seuls concepts qui se rapportent aux objets eux-mêmes, la distinction d'un objet sur la question de savoir s'il est quelque chose ou s'il n'est rien procédera suivant l'ordre et la direction des catégories.

386. 1. Aux concepts de totalité, de pluralité et d'unité, est opposé celui qui supprime tout, c'est-à-dire celui d'*aucun;* et ainsi l'objet d'un concept auquel aucune intuition indicable ne correspond = rien ; c'est-à-dire que c'est un concept sans objet, comme les noumènes, qui ne peuvent être comptés parmi les possibili-

tés, quoiqu'ils ne doivent pas pour cette raison être donnés comme impossibles (*entia rationis*); ou peut-être comme certaines forces primitives nouvelles, que l'on pense, à la vérité sans contradiction, mais aussi sans exemple tiré de l'expérience par la pensée, et qui ne doivent conséquemment pas être comprises parmi les possibilités.

387. 2. La réalité est *quelque chose*, la négation n'est *rien*; c'est un concept de l'absence d'une chose, comme l'ombre, le froid (*nihil privativum*).

388. 3. La simple forme de l'intuition, sans substance, n'est pas un objet en soi, mais seulement la condition simplement formelle d'un objet (comme phénomène), par exemple l'espace pur, le temps pur (1), qui sont, à la vérité, quelque chose comme formes, pour percevoir, mais qui ne sont pas des objets perçus (*ens imaginarium*).

389. 4. L'objet d'un concept qui se contredit n'est rien, parce que le concept rien est l'impossible; à peu près comme la figure rectiligne de deux côtés (*nihil negativum*).

390. La table de cette division du concept de *rien* (car la division du concept de quelque chose, semblable à celle-ci, se fait d'elle-même) devra donc s'exécuter ainsi :

Rien,

comme :

1.

Concept vide sans objet,

ens rationis;

---

(1) L'*ens imaginarium*, qui se trouve plus bas, était ici dans les premières éditions. — T.

2.	3.
Objet vide d'un concept,	Intuition vide sans objet,
nihil privativum;	*ens imaginarium*;

4.

Objet vide sans concept,
nihil negativum.

391. On voit que l'être de raison (n° 1) diffère du rien négatif ou de la non-chose (n° 4), en ce que le premier ne doit pas être compté dans la possibilité, parce qu'il n'est qu'une simple fiction, tandis que celui-ci est opposé à la possibilité, puisque le concept se détruit lui-même. Mais tous deux sont des concepts vides ou vains. Au contraire, le *rien privatif* (n° 2) et l'*être imaginaire* (n° 3), sont des données vides pour des concepts. Si la lumière ne s'offre pas aux sens, on ne peut se représenter aucune obscurité, et si les êtres observés n'étaient pas étendus, aucun espace ne pourrait être représenté. La négation, comme la simple forme de l'intuition, sans quelque chose de réel, ne sont pas des objets.

APPENDICES

ET

SOMMAIRES ANALYTIQUES

APPENDICES

COMPRENANT

les passages ou fragments de la première édition qui ne
sont pas entrés dans la seconde.

I.

PRINCIPALE DIVISION DES MATIÈRES.

INTRODUCTION.
I. *Doctrine élémentaire transcendantale.*
Première partie. Esthétique transcendantale.
    Sect. I. De l'espace.
    Sect. II. Du temps.
Deuxième partie. Logique transcendantale.
    PREMIÈRE DIVISION. Analytique transcendantale divisée en deux livres; chapitres de ces livres; sections de ces chapitres.
    DEUXIÈME DIVISION. Dialectique transcendantale divisée en deux livres, subdivisée en chapitres et en sections.
II. *Méthodologie transcendantale.*
    Chap. I. Discipline de la raison pure.
    — II. Canon de la raison pure.
    — III Architectonique de la raison pure.
    — IV. Histoire de la raison pure.

II.

PRÉFACE DE LA PREMIÈRE ÉDITION.

Une destinée particulière de la raison humaine dans un genre de ses connaissances, c'est de s'accabler de questions qu'elle ne peut pas éviter, parce qu'il est de sa nature de se les adresser et de ne pouvoir y répondre cependant, parce qu'elles dépassent sa portée.

Si elle tombe dans un pareil embarras, ce n'est donc pas sa faute. Elle commence par des principes dont l'usage dans le cours de la vie est inévitablement et suffisamment garanti par l'expérience. De ces principes elle s'élève toujours, comme il est de sa nature de le faire, à des conditions de plus en plus éloignées. Mais s'apercevant que, de cette manière, son œuvre doit toujours rester inachevée, puisque les questions n'ont pas de fin, elle se voit forcée de poser tout d'un coup des principes qui dépassent tout usage expérimental possible, et qui semblent néanmoins si peu suspects qu'ils se trouvent en parfait accord avec le sens commun. Mais elle tombe par le fait dans une obscurité et des contradictions telles qu'elle peut bien en conclure que ce fondement de ses opérations doit recéler quelques erreurs secrètes, sans cependant pouvoir les découvrir, par la raison que les principes dont elle se sert dépassent toute expérience, et ne peuvent être soumis à la pierre de touche des faits. Le champ de ces combats sans cesse renouvelés, c'est la MÉTAPHYSIQUE.

Il fut un temps où elle était appelée la REINE des sciences. Si l'on prend l'intention pour le fait, il faut convenir que la grande importance de son objet lui méritait bien ce titre. Mais l'esprit de notre siècle, porté au mépris, à l'abandon, à l'aversion pour elle, la réduisit à se lamenter avec HÉCUBE :

> Modo maxima rerum,
> Tot generis natisque potens. . . . .
> Nunc trahor exsul, inops.
> (OVIDE, *Métam.*, l. XIII.)

Du temps des DOGMATIQUES, son règne fut ABSOLU. Mais comme ses lois portaient encore l'empreinte de l'antique barbarie, des guerres intestines firent dégénérer ce pouvoir despotique en véritable anarchie, et les SCEPTIQUES, espèce de nomades qui ont horreur de tout établissement agricole, opéraient de temps à autre la dissolution du lien social. Mais comme ils étaient, par bonheur, en petit nombre, ils ne purent empêcher ceux qu'ils avaient ainsi dispersés de se réunir, quoique sans plan convenu, et de chercher à s'établir de nouveau sur le sol qu'ils avaient dû momentanément quitter. — Dans les temps modernes, le célèbre LOCKE, par sa PHYSIOLOGIE de l'esprit humain, sembla un instant devoir mettre une fin à toutes ces querelles, et faire à chaque prétention sa juste part. Mais quoique l'extraction de notre prétendue reine soit des plus vulgaires, et qu'ainsi ses prétentions aient pu être justement méprisées, il est arrivé cependant, grâce à la fausse GÉNÉALOGIE qu'on lui avait fabriquée, qu'elle a persisté dans la réclamation de ses droits chimériques. On est donc retombé dans ce vieux DOGMATISME vermoulu, et de là dans le mépris auquel on aurait voulu soustraire la science. Maintenant qu'on croit avoir vainement épuisé toutes les voies, il n'y a plus qu'ennui et complète INDIFFÉRENCE. De là, le chaos et les ténèbres qui règnent dans les sciences, mais de là aussi le prélude, sinon l'origine, de leur transformation prochaine et de la nouvelle lumière dont elles doivent être éclairées, après avoir été confondues, rendues obscures et inutiles par une fausse habileté dans la manière de les traiter.

A quoi sert, en effet, de vouloir afficher l'INDIFFÉRENCE pour des recherches dont l'objet n'est pas INDIFFÉRENT à la nature humaine, et ne saurait l'être? Aussi ces prétendus INDIFFÉRENTS, quelle que soit leur attention à se déguiser en substituant aux termes de l'école un langage populaire, ne veulent pas plutôt penser à quelque chose, qu'ils retombent inévitablement dans des propositions métaphysiques, pour lesquelles cependant ils professent un si grand mépris. Toutefois, cette indifférence qui se montre au sein de toutes les sciences, et qui affecte plus particulièrement celle qu'on voudrait acquérir de préférence, si elle pouvait être acquise, est un phénomène digne de remarque et de réflexion. Elle n'est évidemment pas l'effet de la légèreté, mais du JUGEMENT (1) médité d'un siècle qui ne veut pas se laisser retenir plus longtemps par une apparence de savoir, et une invitation faite à la raison d'entreprendre de nouveau la plus difficile de ses tâches, celle de la connaissance de soi-même, et d'instituer un tribunal qui lui donne gain de cause toutes les fois qu'elle aura de véritables droits à faire valoir, et qui condamne celles de ses prétentions qui seront sans fondement ; condamnation qu'elle doit prononcer, non pas d'une manière arbitraire, mais d'après ses lois éternelles et immuables. Or, cette tâche, ce tribunal, ce n'est pas autre chose que la CRITIQUE DE LA RAISON PURE elle-même.

Je n'entends pas par là une critique des livres et des systèmes, mais celle de la raison comme faculté en général, par rapport à toutes les connaissances auxquelles elle peut aspirer, INDÉPENDAMMENT DE TOUTE EXPÉRIENCE, par conséquent la solution de la question de la possibilité ou de l'impossibilité d'une métaphysique en général, et la détermination de ses sources, de son étendue et de ses limites ; le tout exécuté méthodiquement et d'après des principes certains.

Je suis donc entré dans cette voie, la seule qui n'ait pas été tentée, et je me flatte d'y avoir trouvé la ruine de toutes les erreurs qui ont jusqu'ici divisé la raison avec elle-même dans ses spéculations en dehors de l'expérience. Je n'ai cependant pas éludé ses questions en m'excusant sur l'impuissance de la raison humaine ; je les ai au contraire nettement distinguées et posées toutes suivant des principes, et après avoir mis à jour le point précis du

---

(1) On entend quelquefois se plaindre de la pauvreté de la pensée à notre époque et de la décadence de la véritable science. Je ne vois pas cependant que les sciences dont le fondement est bien établi, telles que les mathématiques, la physique, etc., méritent le moins du monde un pareil reproche ; bien loin d'avoir perdu de leur ancien caractère de solidité, elles y ont au contraire ajouté de nos jours. Or, le même esprit obtiendrait les mêmes résultats dans les autres branches de la connaissance, si, avant tout, on en revoyait avec soin les fondements. A défaut de cette révision, l'indifférence et le doute, et même une sévère critique, sont au contraire des preuves d'une façon de penser profonde. Notre siècle est le siècle de la critique ; tout doit y être soumis. La religion, par sa sainteté, et la législation, par sa majesté, prétendent d'ordinaire y échapper. Mais alors elles excitent contre elles de justes soupçons, et ne peuvent prétendre à cette sincère estime que la raison n'accorde qu'à ce qui a pu résister à son libre et public examen.

malentendu de la raison avec elle-même, j'ai résolu ses difficultés à sa parfaite satisfaction. A la vérité, je n'ai pas répondu à ces questions comme devait l'attendre une curiosité follement dogmatique ; curiosité qui ne pourrait être satisfaite que par des tours de magie auxquels je ne m'entends en aucune manière. Aussi bien, ce n'est là ni l'objet de la destinée naturelle de notre raison ni le devoir de la philosophie : il fallait dissiper l'illusion provenant de ce malentendu, au risque de ruiner par là une opinion encore si précieuse et si chère. Je me suis appliqué, dans l'exécution de cette entreprise, à être très explicite, et je puis dire qu'il ne saurait y avoir un seul problème métaphysique qui ne trouve ici sa solution, ou tout au moins la clef de sa solution. Dans le fait, la raison pure forme une unité si parfaite, que si son principe était impuissant à résoudre une seule des questions particulières qu'elle soulève naturellement, ce principe devrait être rejeté, parce qu'alors il ne résoudrait aucune des autres avec une entière certitude.

En disant cela, je crois apercevoir sur le visage du lecteur un air d'incrédulité et de mépris ironique, provoqué par des prétentions en apparence si présomptueuses et si peu modestes. Cependant elles sont, sans comparaison, beaucoup plus modérées que celles de tous ces auteurs de programmes sans nombre, qui s'annoncent comme devant démontrer la spiritualité de l'AME, ou la nécessité d'un COMMENCEMENT DU MONDE. Car ces auteurs s'engagent à étendre la connaissance humaine au-delà de toutes les bornes de l'expérience possible ; ce que j'avoue humblement dépasser mes forces. C'est pourquoi je ne m'attache qu'à la raison même et à la pensée pure. Je n'ai pas besoin d'en chercher bien loin autour de moi une connaissance étendue, puisque je la trouve en moi-même, et que la logique ordinaire me fait déjà voir que tous les actes simples de la raison peuvent se distinguer et se systématiser : il s'agit seulement de savoir ici comment je puis espérer de m'y prendre avec la raison, et jusqu'à quel point je prétends pousser cette entreprise, en me privant ainsi de toute matière et de tout secours pris de l'expérience.

Mais j'ai assez parlé de l'ENTIÈRE exécution de CHACUNE des fins particulières que je me propose, et du développement nécessaire pour réaliser TOUTES ces fins réunies, fins qui ne sont pas le résultat d'un plan de travail arbitraire, mais qui sont au contraire données par la nature de la connaissance même, comme MATIÈRE de notre recherche critique.

Deux choses concernant la FORME, la CERTITUDE et la CLARTÉ, deux qualités essentielles, sont encore exigées avec raison d'un auteur qui s'attaque à des sujets si épineux.

Pour ce qui est de la CERTITUDE, je me suis condamné moi-même à n'OPINER d'aucune manière dans de semblables recherches, à regarder tout ce qui ressemblerait seulement à une hypothèse, comme une marchandise prohibée, qui ne peut être introduite sur déclaration et moyennant l'acquit d'un droit, mais qui doit au contraire être saisie dès qu'elle est découverte. Toute connaissance qui doit être fermement établie *a priori* se reconnaît à ce caractère, qu'elle veut être tenue pour absolument nécessaire, caractère qui doit être à plus forte raison celui de la détermination de toutes les connaissances pures *a priori*, détermination qui doit servir d'unité de mesure, et par conséquent d'exemple même de toute certitude apodictique (philosophique). C'est au lecteur à voir si je suis resté fidèle à ma résolution; l'auteur doit seulement présenter des raisons, mais il ne convient pas qu'il décide de leur effet sur ses juges. Cependant, pour ne laisser aucun prétexte innocent d'affaiblir ces raisons, il lui est bien permis de signaler lui-même les endroits qui pourraient paraître suspects, quoiqu'ils ne soient qu'accessoires, afin de prévenir l'influence que le plus léger scrupule du lecteur en ce point pourrait exercer plus tard sur son jugement par rapport au but principal de l'ouvrage.

Je ne connais pas de recherches plus importantes, relativement à la faculté de connaître que nous appelons l'entendement et à la détermination des règles et des limites de son usage, que celles par moi faites dans le chapitre II de l'analytique transcendantale, sous le titre de DÉDUCTION DES CONCEPTS PURS DE L'ENTENDEMENT; ce sont aussi celles-là qui m'ont le plus coûté, mais j'espère que ma peine ne sera pas perdue. Cette étude, un peu approfondie, présente deux points de vue; l'un se rapporte aux objets de l'entendement pur : il doit établir et faire comprendre *a priori* la valeur objective de ses concepts; il rentre donc par là même essentiellement dans mon objet. L'autre point de vue est celui de l'entendement considéré en lui-même quant à sa possibilité et aux facultés intellectuelles qu'il suppose, par conséquent, de l'entendement sous le rapport subjectif. Cette étude, quoique très importante quant à mon but principal, n'en fait cependant pas nécessairement partie, parce qu'il reste toujours la question capitale : Qu'est-ce que nous pouvons connaître et jusqu'où pouvons-nous connaître par le moyen de l'entendement et de la raison seule, indépendamment de toute expérience? question bien différente de celle-ci : Comment la FACULTÉ DE PENSER elle-même est-elle possible? Cette dernière étant en quelque sorte la recherche de la cause d'un effet donné, et contenant par là même quelque chose de semblable à une hypothèse (quoiqu'il n'en soit rien, comme je le ferai voir dans une autre occasion), il me semble que c'est ici le cas de prendre la liberté d'OPINER, et de laisser par conséquent le lecteur également libre d'OPINER autrement que moi. Je dois à ce sujet le prévenir que, dans le cas où ma déduction subjective ne produirait pas en lui toute la persuasion que j'en attends, la déduction objective, celle à laquelle j'attache le plus d'importance, ne perd rien de sa force, comme on peut le voir par ce que j'ai dit page 137 (1).

En ce qui regarde la CLARTÉ, le lecteur a le droit d'exiger avant tout la CLARTÉ DISCURSIVE (logique), PAR CONCEPTS (2), mais aussi la CLARTÉ INTUITIVE (esthétique) ou par le moyen D'INTUITIONS, c'est-à-dire d'exemples ou autres explications propres à faire concevoir l'abstrait par le concret. La première espèce de clarté ne laisse rien à désirer. La nature des matières m'a empêché de satisfaire à la seconde exigence. A la vérité, cette exigence n'est pas aussi stricte que la première; cependant elle est juste. J'ai presque toujours été embarrassé dans le cours de mon travail, sur ce que je devais faire à cet égard. Des exemples et des explications me semblaient toujours nécessaires, et se présentaient naturellement dans la première esquisse de l'ou-

---

(1) Sous le titre de : *Passage à la déduction transcendantale des catégories.* — T.
(2) Clarté qui est propre aux idées générales et qui résulte de la mise en relief de leurs rapports. V. *Logique de Kant,* 2ᵉ édit., p. 82 et s. — T.

vrage. Mais je ne voyais alors qu'en raccourci l'étendue de mon œuvre et la multitude de choses qui devaient y entrer; et dès qu'une fois j'ai été sûr que malgré cette exposition toute sèche et purement SCOLASTIQUE, l'ouvrage devait être bien assez long, je n'ai pas trouvé convenable de l'étendre davantage en y introduisant des exemples et des explications qui ne sont nécessaires qu'au point de vue POPULAIRE; d'autant plus que ce travail ne pouvait jamais avoir ce caractère, et que les savants n'avaient pas besoin d'un pareil secours. Bien cependant qu'elles aient toujours leur agrément, ces explications pouvaient même en ce cas avoir quelque chose de contraire au but de l'ouvrage. L'abbé TERRASSON dit, à la vérité, que si l'on estime la longueur d'un livre, non par le nombre des pages, mais par le temps nécessaire à l'entendre, on peut dire d'un grand nombre d'ouvrages qu'ILS SERAIENT BEAUCOUP PLUS COURTS S'ILS N'ÉTAIENT PAS SI COURTS. Cependant, pour ce qui est de l'intelligence d'un vaste ensemble de la connaissance spéculative, ensemble qui, malgré son étendue, se trouve néanmoins soumis à un principe unique, on pourrait dire avec non moins de raison que BEAUCOUP DE LIVRES SERAIENT BEAUCOUP PLUS CLAIRS, S'ILS N'AVAIENT PAS DU ÊTRE SI CLAIRS. En effet, les moyens auxiliaires de clarté sont utiles dans les DÉTAILS, mais ils obscurcissent le plus souvent la vue de L'ENSEMBLE, puisqu'ils empêchent le lecteur de le saisir promptement. Les différentes couleurs répandues sur l'enchaînement et la construction du système, enchaînement dont il importe très fort de pouvoir apprécier l'unité et la beauté, le recouvrent et empêchent de le connaître.

Je crois d'ailleurs que le lecteur doit avoir quelque plaisir à joindre ses efforts à ceux de l'auteur, lorsqu'il entrevoit, d'après le plan qui lui est présenté, un grand et important ouvrage à exécuter complétement, et cependant d'une manière durable. Or, la métaphysique, d'après la notion que nous en donnerons ici, est, de toutes les sciences, la seule qui puisse se promettre d'être si complétement exécutée, et même en si peu de temps et avec si peu de peine, si l'on réunit ses efforts, qu'il ne reste autre chose à faire à la postérité qu'à tout arranger DIDACTIQUEMENT suivant ses vues, sans rien pouvoir ajouter à la matière. Car tout se réduit à un INVENTAIRE systématiquement ordonné de toutes les richesses intellectuelles provenant de la RAISON PURE. Rien ne peut nous échapper ici, parce que rien de ce qui est un produit pur de la raison ne peut lui rester inaperçu ; au contraire, ce produit est mis spontanément par elle au grand jour, du moment où le principe commun en est découvert. La parfaite unité de ces sortes de connaissances, leur caractère de concepts tellement purs que rien d'expérimental, pas même une intuition PARTICULIÈRE (intuition qui devrait conduire à un fait déterminé), ne peut avoir sur elles la moindre influence pour les étendre et les augmenter, rendent cette intégralité, cette perfection absolue, non seulement possible, mais même nécessaire.

> Tecum habita, et noris quam sit tibi curta supellex.
> PERSE.

J'espère même donner un semblable système de la raison pure (spéculative) sous le titre de MÉTAPHYSIQUE DE LA NATURE, système qui sera plus court de moitié que la critique actuelle, quoiqu'il doive cependant renfermer plus de matière. Mais cette critique devait avant tout faire connaître les sources et les conditions de la possibilité de cette métaphysique, déblayer et aplanir le sol inégal propre à supporter l'édifice. J'attends ici de mon lecteur l'indulgence et l'impartialité d'un JUGE ; mais là il me faudra la bonne volonté et l'assistance d'un AUXILIAIRE, car si complète que soit l'exposition systématique de tous les PRINCIPES dans la Critique, l'exécution du système exige en outre qu'on n'omette aucun des concepts DÉRIVÉS, concepts qui ne peuvent être trouvés *a priori*, mais qui doivent être recherchés un à un. De même que la SYNTHÈSE entière des concepts a été épuisée dans la Critique, il faudra semblablement ici que l'ANALYSE soit complète ; ce qui est plutôt un amusement qu'un travail (1).

---

(1) Vient ensuite un alinéa qui forme une sorte d'errata sans intérêt aujourd'hui. — T.

III (p. 36).

L'expérience est sans doute le premier résultat d'un entendement qui met en œuvre la matière grossière des sensations. Elle est donc le premier enseignement, et un enseignement si fécond en instructions nouvelles, que l'enchaînement vital de toutes les connaissances futures, susceptibles d'être amassées sur ce terrain, ne fera jamais défaut. L'expérience est cependant loin d'être le seul champ dans lequel notre entendement veuille être limité. Elle nous dit bien ce qui est, mais elle ne nous dit point qu'il doive être nécessairement ainsi, et pas autrement. Elle ne nous donne, par cela même, aucune véritable universalité, et la raison qui est si désireuse de connaissances de cette espèce, se trouve ainsi plutôt excitée que satisfaite. Des connaissances universelles, qui sont en même temps marquées d'un caractère de nécessité intrinsèque, doivent être par elles-mêmes, indépendamment de l'expérience, claires et certaines. C'est pour cette raison qu'on les appelle *a priori*. On appelle au contraire *a posteriori* ou empiriques, pour nous servir des termes reçus, ce qui n'est pris que de l'expérience.

Il résulte de là un fait digne de remarque, c'est qu'à nos connaissances expérimentales il s'en mêle d'autres qui doivent avoir une origine *a priori*, et qui ne servent peut-être qu'à unir nos représentations sensibles. Car si l'on sépare des premières tout ce qui appartient aux sens, il reste encore certains concepts primitifs d'où doivent naître, indépendamment de l'expérience, des jugements tout à fait *a priori*; ces jugements font que l'on peut, ou du moins que l'on croit pouvoir dire des objets des sens quelque chose de plus que ce qu'enseignerait la simple expérience, et que certains jugements possèdent une véritable universalité, une stricte nécessité, qui ne peut être le produit de la connaissance purement empirique.

IV (p. 42).

Il résulte donc évidemment de là : 1° Que notre connaissance n'est nullement accrue par des jugements analytiques, mais que le concept que j'ai déjà est expliqué, et m'est rendu intelligible à moi-même ; 2° que dans les jugements synthétiques je dois avoir, outre le concept du sujet, quelque autre chose encore (x), sur quoi l'entendement s'appuie, pour reconnaître qu'un prédicat qui n'est pas contenu dans ce concept lui appartient cependant.

Pas de difficulté à cela dans les jugements empiriques ou d'expérience. Car cet x est l'expérience complète de l'objet que je conçois par un concept a, lequel ne forme qu'une partie de cette expérience. En effet, quoique je ne comprenne pas dans le concept de corps en général le prédicat pesanteur, ce concept indique cependant une partie totale de l'expérience. J'y puis donc ajouter encore une autre partie de la même expérience, comme appartenant au premier concept. Je puis à l'avance reconnaître analytiquement le concept de corps par les caractères d'étendue, d'impénétrabilité, de figure, etc., caractères qui sont tous conçus dans ce concept. Mais si j'étends ma connaissance, et que, tournant mes regards du côté de l'expérience, dont j'ai tiré ce concept, alors je trouve toujours la pesanteur unie aux caractères précédents. Cet x, qui est en dehors du concept a, et qui est le fondement de la possibilité de la synthèse du prédicat pesanteur b, avec le concept a, appartient donc à l'expérience.

V (p. 43).

Il y a donc ici un certain mystère (1), dont l'explication peut seule assurer le progrès dans le champ illimité de la connaissance intellectuelle pure. Cette explication consiste à faire ressortir d'une

---

(1) Si quelque ancien avait eu la pensée de poser seulement cette question, elle serait devenue à elle seule une barrière puissante contre tous les systèmes de la raison pure jusqu'à nos jours, et aurait épargné bien des tentatives infructueuses qui ont été aveuglément entreprises sans qu'on sût de quoi il s'agissait.

manière suffisamment générale le principe de la possibilité des jugements synthétiques *a priori*, à reconnaître les conditions et la possibilité de toute espèce de jugements de cette nature, à systématiser parfaitement et d'une manière appropriée à tous les usages, loin de se borner à la circonscrire superficiellement, toute cette espèce de connaissance (son genre propre), considérée dans ses sources originelles, dans ses divisions, son étendue et ses limites. Voilà en peu de mots ce qui caractérise les jugements synthétiques.

De tout ce qui précède résulte donc l'idée d'une science particulière qui peut servir à la critique de la raison pure (1). Toute connaissance qui n'est mêlée à rien d'étranger s'appelle pure. Mais est absolument pure, et particulièrement appelée ainsi, une connaissance à laquelle ne se mêle aucune expérience ou sensation, une connaissance qui est par conséquent toute possible *a priori*. La raison pure est donc cette faculté qui contient les principes nécessaires pour connaître quelque chose absolument *a priori*. Un *Organe* de la raison pure serait l'ensemble des principes au moyen desquels toutes les connaissances pures *a priori* pourraient être acquises et réellement constituées. L'application étendue d'un tel organe donnerait un système de la raison pure. Mais comme ce serait beaucoup de demander un pareil système, et qu'il reste encore à savoir si l'extension de notre connaissance est possible et dans quels cas, nous pouvons considérer une science du simple jugement critique de la raison pure, de ses sources et de ses bornes, comme la *Propédeutique* ou science préliminaire du système de la raison pure. Cette propédeutique ne serait pas une science, mais simplement une critique de la raison pure. Son utilité sous le rapport de la spéculation serait purement négative et servirait non pas à l'extension, mais à l'épuration de notre raison, qu'elle garantirait de l'erreur; ce qui serait déjà un grand avantage. J'appelle connaissance *transcendantale* celle qui s'occupe moins des objets que des concepts *a priori* que nous en avons. Un système de ces concepts s'appellerait *Philosophie transcendan-*

---

(1) Les éditions postérieures portent : « Qui peut s'appeler critique de la raison pure. » Les deux phrases suivantes ne se trouvent pas dans ces éditions. — R.

tale. Mais ce serait encore trop pour commencer : car, cette science devant contenir toute la connaissance *a priori*, tant analytique que synthétique, elle s'étendrait beaucoup plus loin que ne le demande notre plan, puisque nous ne devons pousser l'analyse qu'autant qu'elle est nécessaire pour apercevoir les principes de la synthèse *a priori* dans toute leur étendue, ce qui est notre unique objet. La seule chose à faire ici, c'est donc une recherche que nous ne pouvons pas proprement appeler science, mais seulement critique transcendantale, parce qu'elle n'a pas pour but l'extension des connaissances mêmes, mais seulement leur réforme définitive, et qu'elle doit fournir la pierre de touche pour apprécier la valeur ou la non-valeur de toutes les connaissances *a priori*. Cette critique est donc, autant que possible, une préparation pour un nouvel Organum ; et si ce nouvel Organum ne devait pas avoir lieu, elle en serait au moins un canon, suivant lequel, en tout cas, le système complet de la philosophie de la raison pure, qu'il doive du reste consister à étendre ou simplement à limiter la connaissance rationnelle, pourrait quelque jour être exposé tant analytiquement que synthétiquement. Car, que ce système soit possible et qu'il ne soit pas même si vaste qu'on ne puisse espérer de l'achever, c'est ce qu'on peut déjà préjuger, si l'on considère qu'il n'a pas pour objet la nature des choses, qui est infinie, mais l'entendement (qui juge de la nature des choses), et même cet entendement considéré seulement sous le rapport de ses connaissances *a priori*. Or, cet objet, qui ne peut nous être caché, puisque nous n'avons point à le chercher hors de nous, ne paraît pas être d'une étendue telle qu'on ne puisse l'embrasser complétement pour en juger la valeur ou la non-valeur, et l'estimer ainsi à son juste prix.

VI (p. 64).

Cette nécessité *a priori* est le fondement de la certitude apodictique de tous les principes de la géométrie, et la raison de la possibilité de leur construction *a priori*. Si cette représentation de l'espace était un concept *a posteriori*, qui résultât de l'expérience générale extérieure, les premiers principes de la détermination mathématique ne seraient plus que des perceptions. Ils en auraient par conséquent toute la contingence, et il ne serait dès lors pas nécessaire qu'il n'y ait qu'une seule droite entre deux points, l'expérience le ferait toujours voir. Ce qui est emprunté de l'expérience n'a qu'une universalité comparative, c'est-à-dire une universalité par induction. Tout ce qu'on pourrait dire, c'est que jusqu'ici on n'a trouvé aucun espace qui eût plus de trois dimensions.

VII (p. 65).

L'espace est représenté comme une grandeur infinie donnée. Un concept général d'espace (qui est commun au pied et à l'aune) ne peut rien déterminer sous le rapport de la quantité. Sans l'illimination dans le progrès de l'intuition, nul concept de rapport n'emporterait un principe de l'infinité de cette intuition.

VIII (p. 69).

Mais, à l'exception de l'espace, il n'y a pas non plus d'autre représentation subjective et qui se rapporte à quelque chose d'extérieur, qui puisse s'appeler objective *a priori*. Cette condition subjective de tous les phénomènes extérieurs ne peut donc être comparée à une autre. Le goût agréable d'un vin n'appartient pas aux déterminations objectives de ce vin, c'est-à-dire d'un objet considéré comme phénomène; c'est une qualité particulière du sens du sujet qui en jouit. Les couleurs ne sont pas des qualités des corps auxquels elles rapportent l'intuition; elles ne sont non plus que des modifications du sens de la vue affecté par la lumière d'une certaine façon. L'espace, comme condition des objets extérieurs, se rapporte au contraire nécessairement au phénomène ou à l'intuition. Le goût et les couleurs ne sont absolument pas des conditions nécessaires, sous lesquelles seules les choses extérieures puissent être pour nous des objets des sens. Ces deux sortes de qualités sensibles sont simplement des effets de l'organisation particulière, accidentellement réunis au phénomène. Ce ne sont donc pas non plus des représentations *a priori*, mais bien des résultats de la sensation ; c'est ainsi que la saveur agréable d'une chose a sa raison dans le sentiment (du plaisir et de la peine), comme effet de la sensation. Aussi personne ne peut avoir *a priori* une représentation d'une couleur, ni celle d'une saveur quelconque : l'espace ne regarde que la forme pure de l'intuition ; il ne contient donc aucune sensation (rien d'empirique), et toutes les espèces d'espace, toutes ses déterminations, peuvent et doivent même être représentées *a priori*, lorsque des concepts de formes ou de rapports doivent avoir lieu. L'espace seul fait que des choses peuvent être pour nous des objets extérieurs.

IX (p. 141).

Il y a trois sources primitives (capacités ou facultés de l'âme) qui sont les conditions de la possibilité de toute expérience, et qui ne peuvent être dérivées d'aucune autre faculté de l'esprit : ce sont le *sens*, l'*imagination* et l'*apperception*. Elles sont le fondement : 1° de la *synopsis* de la diversité *a priori* fournie par le sens ; 2° de la *synthèse* de la diversité fournie par l'imagination ; 3° enfin de l'*unité* de cette synthèse par une apperception primitive. Indépendamment de leur usage empirique, ces facultés en ont encore un transcendantal qui ne concerne que la forme, et qui est possible *a priori*. Nous avons parlé de cette dernière faculté *par rapport aux sens* dans la première partie ; nous allons essayer de faire connaître la nature des deux autres.

X (p. 141).

Il est tout à fait contradictoire et impossible qu'un concept doive être produit parfaitement *a priori* et se rapporter à un objet, tout en n'entrant pas même dans le concept d'une expérience possible, ou sans être composé d'éléments fournis par une semblable expérience. Car il serait alors sans matière, par la raison qu'il serait sans intuition correspondante, attendu que des intuitions en général, par lesquelles des objets peuvent nous être donnés, constituent le champ ou l'objet total de l'expérience possible. Un concept *a priori* qui ne s'y rapporterait pas, ne serait que la forme logique d'un concept, mais pas le concept même qui servirait à concevoir quelque chose.

Si donc il y a des concepts purs *a priori*, ils ne peuvent à la vérité rien contenir d'empirique, mais ils doivent cependant servir de simples conditions *a priori* pour une expérience possible; ils sont l'unique base de sa volonté objective.

Si donc on veut savoir comment des concepts intellectuels purs sont possibles, on doit rechercher ce que sont les conditions *a priori* de la possibilité de l'expérience, ce qui lui sert de base, tout en faisant abstraction de l'élément empirique des phénomènes. Un concept qui exprime d'une manière générale et suffisante cette condition formelle et objective de l'expérience, est un concept intellectuel pur. Une fois qu'on a trouvé des concepts intellectuels purs, on a par là même trouvé des objets qui sont peut-être impossibles, ou qui, s'ils sont absolument possibles, ne peuvent cependant se rencontrer dans aucune expérience, puisqu'on peut omettre, dans la liaison de concepts, quelque chose qui fait cependant partie nécessaire de la condition d'une expérience possible (comme dans le concept d'un esprit), ou que des concepts intellectuels purs peuvent encore être étendus au-delà de ce que peut embrasser l'expérience (comme dans le concept de Dieu). Mais si les *éléments* de toutes les connaissances *a priori*, même des fictions arbitraires et absurdes, ne peuvent être empruntés de l'expérience (car autrement ce ne seraient pas des connaissances *a priori*), ils doivent toujours renfermer les conditions pures *a priori* d'une expérience possible et de son objet; autrement rien ne serait pensé par là; ils ne pourraient pas même, sans des données, se former dans la pensée.

Or, ces concepts, qui renferment *a priori* la pensée pure dans toute expérience, nous les trouvons dans les catégories, et c'est déjà une déduction et une justification suffisante de leur valeur objective, que de pouvoir prouver qu'un objet ne peut être pensé que par leur moyen. Mais comme, dans cette pensée, l'entendement n'est pas la seule faculté de penser qui soit en jeu, et comme l'entendement lui-même, considéré à titre de faculté cognitive qui doit se rapporter à des objets, a besoin d'une explication qui fasse comprendre la possibilité de ce rapport, nous devons tout d'abord nous occuper du caractère transcendantal (et non du caractère empirique) des sources subjectives qui constituent les fondements *a priori* de la possibilité de l'expérience.

Si chaque représentation particulière était complétement étrangère à tout autre, si elle était comme isolée et séparée, il n'en résulterait jamais rien de semblable à une connaissance, qui est un ensemble de représentations comparées et réunies. Si donc j'attribue au sens une synopsis, parce qu'il renferme une diversité dans son intuition, c'est qu'à cette synopsis correspond toujours une synthèse, et que la *réceptivité* ne peut rendre les connaissances possibles qu'à condition d'être unie à la *spontanéité*. La spontanéité est donc la raison d'une triple synthèse, qui se révèle nécessairement dans toute connaissance : à savoir, l'*appréhension* des représentations comme modifications de l'esprit dans l'intuition, leur *reproduction* dans la fantaisie, et leur *reconnaissance* (recognition) dans le concept. Ces trois choses conduisent donc à trois sources de connaissances subjectives, qui rendent possible l'entendement lui-même, et par l'entendement toute expérience, comme en étant le produit empirique.

Avertissement.

La déduction des catégories est si remplie de difficultés, elle oblige à pénétrer si profondément dans les premiers concepts de la possibilité de notre connaissance en général, que, pour éviter la longueur d'une théorie complète, sans cependant rien négliger dans une recherche si nécessaire, j'ai trouvé plus convenable de préparer plutôt le lecteur que de l'instruire dans les quatre numéros suivants, sauf à ne présenter systématiquement l'explication de ces éléments de l'entendement que dans la troisième section qui vient immédiatement après. Le lecteur ne se laissera donc pas rebuter jusque-là par une obscurité inévitable. On entre pour la première fois dans une voie entièrement nouvelle; mais on se sentira parfaitement éclairé, je l'espère, dans la section suivante.

I. — De la synthèse de l'appréhension dans l'intuition.

Quelle que soit l'origine de nos représentations, qu'elles soient dues à l'influence des choses extérieures ou à des causes intérieures, qu'elles se forment *a priori* ou empiriquement comme, des phénomènes, toujours est-il qu'en leur qualité de modifications de l'esprit elles appartiennent au sens intime, et qu'à ce titre toutes nos connaissances sont définitivement soumises à la condition formelle du sens intime, au temps; elles doivent toutes y être coordonnées, liées et mises en rapport. C'est là une observation générale qu'il faut poser pour fondement de tout ce qui suit.

Toute intuition renferme en soi une diversité qui ne serait cependant pas représentée comme telle, si l'esprit ne divisait pas le temps en séries d'impressions successives; car toute impression qui est *comprise dans un instant* n'est jamais autre chose qu'une unité absolue. Afin donc que l'unité de l'intuition résulte de cette diversité (comme, par exemple, dans la représentation de l'espace), il faut d'abord parcourir la diversité, ensuite la réunir en un tout; j'appelle cette opération *synthèse* de l'*appréhension*, parce qu'elle a précisément pour objet l'intuition qui est fournie par la diversité sans doute, mais qui ne peut cependant jamais être effectuée sans l'intervention de la synthèse, quoique la diversité comme telle soit contenue *dans une représentation*.

Cette synthèse de l'appréhension doit donc aussi être pratiquée *a priori*, c'est-à-dire par rapport aux représentations qui ne sont pas empiriques. Sans elle en effet nous ne pourrions avoir *a priori*, ni représentations de l'espace ni représentations du temps, puisqu'elles ne sont possibles qu'au moyen de la synthèse de la diversité fournie par la sensibilité dans sa réceptivité originelle. Nous avons donc une synthèse pure de l'appréhension.

II. — De la synthèse de la reproduction dans l'imagination.

C'est à la vérité une loi purement empirique, que des représentations qui se sont souvent suivies ou accompagnées, finissent par s'associer entre elles, et forment ainsi une liaison, en conséquence de laquelle, et en l'absence même de l'objet, une de ces représentations amène le passage de l'esprit à une autre, suivant une règle constante. Mais cette loi de la reproduction suppose que les phénomènes mêmes sont réellement soumis à une telle règle, et que la diversité de leur représentation s'accomplit suivant certaines lois d'association simultanée ou consécutive. Car sans cela, notre imagination empirique n'aurait jamais rien à faire de conforme à sa puissance, et resterait par conséquent cachée dans les profondeurs de l'esprit, comme une faculté morte et même inconnue. Le cinabre serait tantôt rouge, tantôt noir, tantôt léger, tantôt lourd ; un homme serait changé en un animal tantôt d'une espèce, tantôt d'une autre ; la campagne serait couverte en un long jour tantôt de fruits, tantôt de neige et de glace. Mon imagination empirique n'aurait pas même l'occasion de faire entrer dans la pensée la pesanteur du cinabre avec la représentation de la couleur rouge. C'est-à-dire qu'un certain mot serait affecté tantôt à telle chose, tantôt à telle autre ; ou bien encore, qu'une même chose serait appelée tantôt d'un nom, tantôt d'un autre, sans qu'il y eût une règle certaine, à laquelle les phénomènes sont déjà soumis d'eux-mêmes : aucune synthèse empirique de la reproduction ne pourrait donc avoir lieu.

Il doit donc y avoir quelque chose qui rende possible cette reproduction des phénomènes elle-même, en servant de fondement *a priori* à son unité synthétique nécessaire. On ne tarde pas à s'en convaincre quand on se rappelle que des phénomènes ne sont pas des choses en soi, mais le simple jeu de nos représentations, qui sont en définitive des déterminations du sens intime. Si donc nous pouvons faire voir que nos intuitions *a priori*, les plus pures même, ne produisent aucune connaissance à moins de renfermer une liaison du divers qui rende possible une synthèse universelle de la reproduction, alors cette synthèse de l'imagination antérieure même à toute expérience, se trouvera fondée sur des principes *a priori*, et il en faudra reconnaître une synthèse transcendantale pure, qui est précisément la raison de la possibilité de toute expérience (laquelle suppose nécessairement la reproductibilité des phénomènes). Or, il est évident que si je tire une ligne par la pensée, ou que si je veux concevoir la durée qui sépare un midi d'un autre, ou bien encore si je veux me représenter un certain nombre, je suis dans la nécessité de saisir par la pensée une de ces représentations diverses après l'autre. Mais si les premières parties de la ligne, les parties antérieures du temps, ou les unités successivement représentées s'échappaient toujours de ma pensée et ne se reproduisaient pas lorsque je passe aux suivantes, jamais il n'en pourrait résulter une représentation totale ; aucune des pensées précédentes, pas même les représentations premières et les plus pures d'espace et de temps, ne seraient possibles.

La synthèse de l'appréhension est donc indissolublement liée à la synthèse de la reproduction. Et comme celle-là constitue le principe transcendantal de la possibilité de toutes les connaissances en général (non seulement des connaissances empiriques, mais aussi des connaissances pures *a priori*), la synthèse reproductive de l'imagination fait donc partie des actes transcendantaux de l'esprit ; ce qui nous détermine à donner aussi à cette faculté le nom de faculté transcendantale de l'imagination.

III. — De la synthèse de la reconnaissance dans le concept.

Sans la conscience que ce que nous pensons est précisément la même chose que ce que nous pensions un instant auparavant, toute reproduction dans la réalité des représentations serait vaine. Car il y aurait pour chaque moment présent une représentation nouvelle qui n'appartiendrait point à l'acte dont elle aurait dû être le produit insensible, et sa diversité ne formerait jamais un tout, parce qu'elle manquerait de l'unité qu'elle ne peut recevoir que de la conscience. Si, dans la numération, j'oublie que les unités que j'ai maintenant sous les yeux ont été par moi ajoutées insensiblement les unes aux autres, je ne connaîtrai pas la production du nombre par l'addition successive de l'unité à l'unité, par conséquent pas non plus le nombre lui-même ; car ce concept consiste uniquement dans la conscience de cette unité de la synthèse.

Le mot concept pourrait déjà nous suggérer à lui seul cette remarque ; car cette conscience unique est ce qui réunit en une représentation le divers successivement perçu, et ensuite successivement reproduit. Cette conscience peut souvent n'être que faible, de telle sorte que ce ne soit que dans l'effet, mais pas dans l'acte même ou immédiatement, que nous l'associions à la production de la représentation. Malgré cette différence, il doit toujours y avoir une conscience, quoiqu'elle ne soit pas accompagnée d'une clarté frappante; sans elle, des concepts, et avec eux une connaissance des objets, sont entièrement impossibles.

Il s'agit donc ici de bien s'entendre sur l'expression d'un objet des représentations. Nous avons dit plus haut que des phénomènes ne sont que des représentations sensibles qui doivent être considérées en elles-mêmes de la même manière absolument, et non comme des objets (en dehors de la faculté représentative). Mais que veut-on dire lorsqu'on parle d'un objet correspondant à une connaissance, par conséquent aussi d'un objet qui en diffère? Il est facile d'apercevoir que cet objet ne peut être conçu que comme quelque chose en général $= x$, parce qu'en dehors de notre connaissance nous n'avons réellement rien que nous puissions y opposer comme y correspondant.

Mais nous trouvons que notre pensée sur le rapport de toute connaissance à son objet emporte quelque chose de nécessaire, puisque cet objet est regardé comme ce qui y est opposé, et que nos connaissances ne sont pas déterminées d'une certaine manière au hasard ou arbitrairement, mais *a priori*, attendu que, si elles doivent se rapporter à un objet, elles doivent nécessairement aussi s'accorder entre elles par rapport à ce même objet, c'est-à-dire avoir cette unité qui constitue le concept d'un objet.

Mais il est clair que, n'ayant affaire qu'à la diversité de nos représentations, et que cet x, qui leur correspond (l'objet), n'étant rien pour nous, par la raison qu'il doit être quelque chose de différent de toutes nos représentations, l'unité que forme nécessairement l'objet, ne saurait être autre chose que l'unité formelle de la conscience dans la synthèse de la diversité des représentations. Alors nous disons que nous connaissons l'objet quand nous avons opéré l'unité synthétique dans la diversité de l'intuition. Mais cette unité est impossible si l'intuition n'a pu être produite par cette fonction de la synthèse suivant une règle qui rende nécessaire *a priori* la reproduction du divers, et possible un concept dans lequel ce divers s'unisse. C'est ainsi que nous concevons un triangle comme objet, lorsque nous avons conscience de la composition de trois lignes droites suivant une règle qui rend toujours possible l'exposition d'une pareille intuition. Cette *unité de la règle* détermine donc toute diversité et la restreint à des conditions qui rendent possible l'unité de l'aperception, et le concept de cette unité est la représentation de l'objet $= x$, que je conçois en pensant ces prédicats d'un triangle.

Toute connaissance exige un concept, quelle qu'en puisse être l'imperfection ou l'obscurité; mais ce concept, quant à sa forme, est toujours quelque chose de général et qui sert de règle. C'est ainsi que le concept de corps, à cause de l'unité du divers qui y est conçue, sert de règle à notre connaissance des phénomènes extérieurs. Mais il ne peut être une règle pour les intuitions, parce qu'il représente, dans les phénomènes donnés, la reproduction nécessaire de leur diversité, par conséquent l'unité synthétique de leur conscience. Ainsi le concept de corps, dans la perception de quelque chose d'extérieur à nous, rend nécessaire la représentation de l'étendue, et avec elle celle de l'impénétrabilité, de la forme, etc.

Toute nécessité a toujours pour fondement une condition transcendantale. Il faut donc trouver un fondement transcendantal à l'unité de la conscience, dans la synthèse de la diversité de toutes nos intuitions, par conséquent aussi [dans la synthèse de la diversité] des concepts des objets en général, et par suite encore [dans celle] de tous les objets de l'expérience sans lesquels il serait impossible de concevoir un objet quelconque de nos perceptions; car cet objet est simplement le quelque chose dont le concept exprime cette nécessité de la synthèse.

Cette condition primitive et transcendantale n'est donc pas différente de l'*apperception transcendantale*. La conscience de soi-même, en conséquence des déterminations de notre état, est purement empirique, toujours variable dans la perception interne; elle ne peut donner aucun Même fixe ou permanent dans ce flux de phénomènes intérieurs, et s'appelle ordinairement le *sens intime* ou l'*apperception empirique.* Ce qui doit être *nécessairement* représenté comme numériquement identique ne peut pas être conçu comme tel au moyen de données empiriques. Il faut une condition antérieure à toute expérience, et qui la rende même possible. L'expérience doit donc être une preuve en faveur de cette hypothèse transcendantale.

Or, il n'y a pas en nous de connaissances, pas de liaison ni d'unité possibles entre elles, sans cette unité de conscience antérieure à toutes les données intuitives, et par rapport à laquelle toute représentation des objets est seule possible. Cette conscience primitive pure, immuable, je l'appellerai donc *apperception transcendantale*. La justesse de cette dénomination est déjà rendue sensible par le fait même que l'unité objective la plus pure, celle des concepts *a priori* (espace et temps) n'est possible que par le rapport des intuitions à cette apperception. L'unité numérique de cette apperception sert donc de fondement *a priori* à tous les concepts, de même que la diversité de l'espace et du temps est la base des intuitions de la sensibilité.

Mais cette unité transcendantale de l'apperception fait, de tous les phénomènes possibles qui peuvent toujours se rencontrer concurremment dans une expérience, un ensemble de toutes ces représentations suivant certaines lois. Cette unité de la conscience serait effectivement impossible si l'esprit, dans la connaissance de la diversité, ne pouvait pas avoir conscience de l'identité de la fonction par laquelle cette unité relie synthétiquement ce divers en une seule connaissance. La conscience originelle et nécessaire de l'identité de soi-même est en même temps une conscience d'une unité non moins nécessaire de la synthèse de tous les phénomènes suivant des concepts, c'est-à-dire selon des règles qui non seulement les rendent nécessairement reproductibles, mais qui déterminent aussi par là l'objet de leur intuition, c'est-à-dire le concept de quelque chose en quoi ils s'enchaînent nécessairement; car l'esprit ne pourrait pas concevoir sa propre identité dans la diversité de ses représentations, et même *a priori*, s'il n'avait pas devant les yeux l'identité de ses actions, identité qui soumet toute synthèse de l'appréhension (empirique) à une unité transcendantale, et en rend seule l'ensemble possible suivant des règles *a priori*. Nous pouvons maintenant déterminer d'une manière plus juste nos concepts d'un *objet* en général. Toutes les représentations, comme telles, ont leur objet, et peuvent même servir à leur tour d'objets à d'autres représentations. Des phénomènes sont les seuls objets qui puissent nous être immédiatement donnés, et ce qui en eux se rapporte immédiatement à l'objet s'appelle intuition. Mais les phénomènes ne sont pas des choses en soi; ils ne sont que des représentations qui ont à leur tour un objet, lequel ne peut plus être perçu par nous, et doit par conséquent être appelé non-empirique, c'est-à-dire transcendantal $= x$.

Le concept pur de cet objet transcendantal (qui, dans toutes nos connaissances, est en réalité toujours identiquement $= x$) est ce qui dans tous nos concepts empiriques en général peut fournir un rapport à un objet, donner une réalité objective. Ce concept ne peut donc contenir aucune intuition déterminée, et ne regarde par conséquent que cette unité qui doit se rencontrer dans la diversité de la connaissance, en tant que cette diversité est en rapport avec un objet. Mais ce rapport n'est autre chose que l'unité nécessaire de la conscience, par conséquent aussi de la synthèse de la diversité, synthèse due à la fonction générale de l'esprit qui a pour objet de réunir le divers en une représentation. Cette unité devant être regardée comme nécessaire *a priori* (puisque autrement la synthèse serait sans objet), le rapport à un objet transcendantal, c'est-à-dire la réalité objective de notre connaissance empirique reposera sur cette loi transcendantale, que tous les phénomènes, en tant que des objets doivent nous être donnés par eux, sont soumis aux règles *a priori* de leur unité synthétique, règles suivant lesquelles seules le rapport des phénomènes est possible dans l'intuition empirique; c'est-à-dire qu'ils doivent être soumis, dans l'expérience, aux conditions de l'unité nécessaire de l'apperception, et, dans la simple intuition, aux conditions formelles de l'espace et du temps, et même que toute connaissance n'est définitivement possible qu'à cette double condition.

IV. — Explication préliminaire de la possibilité des catégories, comme connaissances *a priori*.

De même que les perceptions ne peuvent être représentées avec ensemble et régularité que dans une expérience, de même toutes les formes des phénomènes et tout rapport de l'être au non-être ne sont possibles que dans un seul espace et un seul temps. Quand on parle de différentes expériences, ce sont autant de perceptions seulement, faisant partie d'une seule et même expérience. L'unité universelle et synthétique des perceptions constitue précisément la forme de l'expérience, et n'est autre chose que l'unité synthétique des phénomènes obtenue d'après des concepts.

L'unité de la synthèse suivant des concepts empiriques serait tout à fait contingente si ces concepts ne reposaient pas sur un fondement transcendantal de l'unité, et il serait possible alors qu'une multitude de phénomènes remplissent notre âme sans que jamais cependant aucune expérience pût en résulter. Mais alors aussi c'en serait fait de tout rapport de la connaissance aux objets, parce qu'il lui manquerait la liaison suivant des lois générales et nécessaires ; elle serait donc encore une intuition sans pensée, mais jamais une connaissance, et, par suite, n'aurait pour nous aucune valeur.

Les conditions *a priori* d'une expérience possible en général sont en même temps des conditions de la possibilité des objets de l'expérience. Or, je dis que les catégories ne sont que *les conditions de la pensée dans une expérience possible*, de même que *l'espace et le temps sont les conditions des intuitions* de cette même expérience. Les catégories sont donc aussi des concepts fondamentaux pour penser des objets en général comme phénomènes, et possèdent en conséquence une valeur objective *a priori;* c'est là proprement ce que nous voulions savoir.

Mais la possibilité, la nécessité même de ces catégories tient au rapport de toute la sensibilité et par suite aussi de tous les phénomènes possibles, à l'apperception primitive, dans laquelle tout doit nécessairement s'accorder avec les conditions de l'unité générale de la conscience, c'est-à-dire être soumis aux fonctions générales de la synthèse effectuée suivant des concepts, synthèse dans laquelle l'apperception peut seule établir *a priori* son universelle et nécessaire identité. Ainsi le concept d'une cause n'est qu'une synthèse (de ce qui suit avec d'autres phénomènes), suivant des *concepts*. Sans cette unité, qui a sa règle *a priori*, et qui se soumet les phénomènes, une unité de conscience absolue, universelle, nécessaire par conséquent, ne serait pas trouvée dans la diversité des perceptions. Ces perceptions n'appartiendraient non plus à aucune expérience; elles seraient par conséquent sans objet, n'étant qu'un vain jeu de représentation, c'est-à-dire moins qu'un songe.

Toutes les tentatives faites pour dériver de l'expérience ces concepts intellectuels purs, pour leur donner une origine tout empirique, sont donc entièrement illusoires et vaines. Je ne prendrai pour exemple que le concept d'une cause, concept qui emporte le caractère de nécessité, caractère que ne peut assurément donner aucune expérience, quoique l'expérience nous apprenne que tel phénomène est ordinairement suivi d'autre chose; mais elle ne nous dit pas qu'il doive en être nécessairement suivi, ni que l'on puisse conclure *a priori* et d'une façon tout à fait générale, comme d'une condition, à ce qui suit. Cette règle empirique de l'*association*, qu'il faut néanmoins généralement admettre quand on dit que tout, dans la série des événements, est tellement soumis à une règle que jamais rien n'arrive s'il n'a été précédé de quelque chose qui suit toujours; cette règle, disons-nous, sur quoi repose-t-elle, comme loi de la nature, et comment cette association même est-elle possible? Le fondement de la possibilité de l'association du divers qui est dans l'objet, est l'*affinité* du divers même. Je demande donc comment on peut se rendre intelligible l'affinité universelle des phénomènes (au moyen de laquelle ils sont soumis à des lois constantes et *doivent* s'y ranger).

Elle est très concevable d'après mes principes. Tous les phénomènes possibles, à titre de représentations, appartiennent à toute la conscience possible. L'identité numérique est certaine *a priori*, et inséparable de cette conscience comme représentation transcendantale, parce que rien ne peut être connu sans cette apperception primitive. Or, comme cette identité, nécessaire dans la synthèse de toute diversité phénoménale, doit intervenir ici, les phénomènes sont par là soumis à des conditions *a priori*, avec lesquelles leur synthèse (de l'appréhension) doit être d'accord. Mais la représentation d'une condition générale suivant laquelle *peut* être posée une certaine diversité (par conséquent d'une manière identique), prend le nom de *règle;* et si la diversité *doit* être posée de la sorte, elle prend le nom de *loi*. Tous les phénomènes sont donc universellement liés suivant des lois nécessaires, et par conséquent soumis à une *affinité transcendantale*, dont l'*empirique* n'est qu'une simple conséquence.

Que la nature doive se régler sur notre principe subjectif de l'apperception, qu'elle doive même en dépendre quant à sa légitimité, c'est ce qui semble aussi absurde qu'étrange. Cependant si l'on fait attention que cette nature n'est en soi qu'un ensemble de phénomènes, par conséquent aucune chose en soi, mais simplement une multitude de représentations de l'esprit, on ne sera pas surpris de ne l'apercevoir que dans la faculté radicale de toute notre connaissance, dans l'apperception transcendantale, dans cette unité qui seule permet de l'appeler un objet de toute expérience possible, c'est-à-dire une nature. On comprendra que nous puissions par cette même raison encore, connaître cette unité *a priori*, par conséquent comme nécessaire, ce qui ne serait pas possible si elle était donnée en soi, indépendamment des premières sources de notre pensée. Car je ne saurais pas où nous devrions prendre les propositions synthétiques d'une telle unité universelle de nature, parce qu'il faudrait alors les emprunter des objets mêmes de la nature. Et comme la chose ne serait possible qu'empiriquement, il n'en pourrait résulter qu'une unité purement contingente, mais qui serait loin de suffire à l'enchaînement nécessaire que l'on conçoit quand on nomme la nature.

SECTION III. — Du rapport de l'entendement aux objets en général et à la possibilité de les connaître *a priori*.

Nous exposerons ici, d'une manière suivie et systématique, ce que nous avons dit d'une façon détachée et fragmentaire dans la section précédente. Il y a trois sources de connaissances subjectives, qui sont le fondement de la possibilité d'une expérience en général, et de la connaissance des objets sensibles : le *sens*, l'*imagination* et l'*apperception*. Chacune d'elles peut être regardée comme empirique dans l'application à des phénomènes donnés, mais toutes sont aussi des éléments ou fondements *a priori*, qui rendent possible cet usage empirique même. Le sens *représente* les phénomènes empiriquement dans la *perception*, l'*imagination* dans l'*association* (et la reproduction), l'*apperception* dans la *conscience empirique* de l'identité de ces représentations reproductives avec les phénomènes qui les donnent, par conséquent dans la *reconnaissance.*

Mais toute perception a pour fondement *a priori* l'intuition pure (comme représentation, sa raison *a priori* est la forme de l'intuition pure, le temps); l'association, la synthèse pure de l'imagination; et la synthèse empirique, l'apperception pure, c'est-à-dire l'identité universelle d'elle-même dans toutes les représentations possibles.

Si donc nous voulons poursuivre la raison interne de cette liaison des représentations jusqu'au point où elles doivent toutes converger pour y recevoir à la fin l'unité de connaissance [nécessaire] à une expérience possible, nous devons alors commencer par l'apperception pure. Toutes les intuitions ne sont rien pour nous, et ne nous regardent absolument pas, si elles ne peuvent être saisies dans la conscience, qu'elles y pénètrent directement ou indirectement. C'est à la conscience seule que nous sommes redevables de la connaissance. Nous avons conscience *a priori* de l'identité constante de nous-mêmes par rapport à toutes les représentations qui peuvent jamais faire partie de notre connaissance, comme d'une condition nécessaire de la possibilité de toutes les représentations (parce que ces représentations ne sont telles qu'à la condition qu'elles se rattachent avec tout le reste à la conscience où par conséquent elles doivent au moins pouvoir être liées). Ce principe est fermement établi *a priori*, et peut s'appeler le *principe transcendantal de l'unité* de tout le divers de nos représentations, par conséquent aussi [du divers] dans l'intuition. L'unité du divers dans un sujet est donc synthétique : l'apperception pure fournit donc un principe de l'unité synthétique du divers dans toute intuition possible (1).

(1) Il faut bien remarquer cette proposition, qui est d'une grande importance. Toutes les représentations ont un rapport nécessaire à une conscience empirique possible; car si elles ne l'avaient pas, et qu'il fût impossible d'en avoir conscience, autant vaudrait dire qu'elles n'existent pas. Mais toute conscience empirique a un rapport nécessaire à une conscience transcendantale (antérieure à toute expérience particulière), c'est-à-dire à la conscience de moi-Même, comme apperception primitive. Il est donc absolument nécessaire que dans ma connaissance toute conscience

Mais cette unité synthétique suppose une synthèse ou la renferme, et si la première doit être nécessairement *a priori*, la seconde doit aussi être une synthèse *a priori*. L'unité transcendantale de l'apperception se rapporte donc à la synthèse pure de l'imagination, comme une condition *a priori* de la possibilité de toute composition de la diversité dans la connaissance. Mais la *synthèse productive de l'imagination* peut seule avoir lieu *a priori ;* car la reproduction repose sur des conditions expérimentales. Le principe de l'unité nécessaire de la synthèse (productive) pure de l'imagination antérieur à l'apperception est donc le fondement de la possibilité de toute connaissance, particulièrement de l'expérience.

Or, nous appelons transcendantale la synthèse de la diversité dans l'imagination, quand, sans distinction des intuitions, elle tend simplement à lier le divers *a priori ;* et l'unité de cette synthèse s'appelle transcendantale, lorsqu'elle est représentée comme nécessaire *a priori* dans son rapport avec l'unité primitive de l'apperception. Et comme cette dernière [unité] sert de fondement à la possibilité de toute connaissance, l'unité transcendantale de la synthèse de l'imagination est la forme pure de toute connaissance possible, [forme] qui doit par conséquent servir *a priori* à la représentation de tous les objets de l'expérience possible.

L'unité de l'apperception par rapport à la synthèse de l'imagination est *l'entendement*, et cette même unité, relativement à la *synthèse transcendantale* de l'imagination, est *l'entendement pur*. Il y a donc dans l'entendement des connaissances pures *a priori* qui renferment l'unité nécessaire de la synthèse pure de l'imagina-

---

se rapporte à une seule conscience (à moi-Même). Il y a donc ici une unité synthétique de la diversité (de la conscience), qui est connue *a priori*, et qui donne ainsi le fondement des propositions synthétiques *a priori* concernant la pensée pure, c'est ainsi que l'espace et le temps sont la base des propositions relatives à la forme de la simple intuition. La proposition synthétique que, Toute *conscience empirique* diverse doit être liée en une seule conscience, est le principe absolument premier et synthétique de notre pensée en général. Mais il ne faut pas perdre de vue que la simple représentation *moi* est (par rapport à toutes les autres, dont elle rend possible l'unité collective), la conscience transcendantale. Cette représentation peut donc être claire (conscience empirique) ou obscure, peu importe ici, sa réalité même n'y fait rien; mais la possibilité de la forme logique de toute connaissance repose nécessairement sur le rapport à cette apperception comme faculté.

tion, par rapport à tous les phénomènes possibles. Ce sont des *catégories*, c'est-à-dire des concepts intellectuels purs. L'intelligence empirique de l'homme doit donc comprendre un entendement qui se rapporte à tous les objets des sens, quoiqu'à l'aide seulement de l'intuition et de leur synthèse par l'imagination, entendement auquel se trouvent ainsi soumis tous les phénomènes comme des données pour une expérience possible. Ce rapport des phénomènes à une expérience possible étant aussi nécessaire (parce que sans elle ils ne nous donneraient aucune connaissance, et qu'ils ne nous regardent par conséquent pas), il s'ensuit que l'entendement pur, grâce aux catégories, est un principe formel et synthétique de toutes les expériences, et que les phénomènes ont un *rapport nécessaire à l'entendement*.

Nous exposerons maintenant l'enchaînement nécessaire de l'entendement avec les phénomènes à l'aide des catégories, en suivant une marche ascendante, c'est-à-dire en partant de l'élément empirique de la connaissance. La première chose à nous donnée est le phénomène, qui, s'il est uni à la conscience, s'appelle perception (sans le rapport à une conscience au moins possible, un phénomène ne pourrait jamais devenir un objet de la connaissance, et par conséquent ne serait jamais rien pour nous; et comme il n'a en soi aucune réalité objective, qu'il n'existe que dans la connaissance, il ne serait rien nulle part). Mais comme tout phénomène renferme une diversité, et qu'ainsi des perceptions différentes se trouvent comme disséminées et isolées dans l'esprit, elles doivent avoir une liaison qu'elles n'ont pas dans le sens même. Il y a donc en nous un pouvoir actif de synthétiser cette diversité, pouvoir que nous nommons imagination, et dont l'action immédiate sur les perceptions s'appelle appréhension (1). L'imagination doit donc réduire la diversité des intuitions en une *image;* elle doit donc auparavant soumettre à son activité, c'est-à-dire appréhender les impressions.

(1) Aucun psychologue n'a bien vu encore que l'imagination entre nécessairement dans la perception. C'est que d'une part on a restreint cette faculté aux reproductions, et que, d'autre part, on a cru que les sens non seulement nous donnent des impressions, mais encore les composent, et produisent des images des objets. Ce résultat exige certainement, outre la réceptivité des impressions, une fonction qui les synthétise.

Mais il est clair que même cette appréhension du divers toute seule ne produirait encore aucune image et aucune composition des impressions, s'il n'existait pas un principe subjectif, une perception d'où part l'esprit pour aller à une autre, appeler du même côté les suivantes, et en exposer ainsi l'entière série ; c'est-à-dire s'il n'existait pas une faculté reproductive de l'imagination, faculté qui n'est donc encore qu'empirique.

Mais parce que, si des représentations se reproduisent indistinctement les unes les autres, suivant l'ordre de leur coïncidence, loin de former un enchaînement déterminé, elles ne sont qu'un assemblage sans règle, d'où nulle connaissance ne saurait résulter ; leur reproduction doit avoir une règle suivant laquelle une représentation s'unit plutôt dans l'imagination avec celle-ci qu'avec celle-là. Ce principe subjectif et empirique de la reproduction suivant des règles s'appelle *association* des représentations.

Si cette unité de l'association n'avait cependant pas aussi un fondement objectif tel qu'il fût impossible que des phénomènes fussent appréhendés par l'imagination autrement que sous la condition d'une unité synthétique possible de cette appréhension, l'accord des phénomènes avec la connaissance humaine serait alors une chose entièrement fortuite. Car bien que nous eussions la faculté d'associer des perceptions, toujours leur association possible resterait entièrement indéterminée et contingente. Et dans le cas où elles ne seraient pas susceptibles d'association, il pourrait y avoir une foule de perceptions, toute une sensibilité même, qui seraient accompagnées d'une multitude de consciences empiriques dans l'esprit, mais distinctes, et qui ne se rattacheraient pas à une conscience de moi-même, ce qui est impossible. Car de cela seul que je réduis toutes les perceptions à une seule conscience (de l'apperception primitive), je puis dire que j'ai conscience de moi-même dans toutes ces perceptions. Il faut donc admettre un fondement objectif *a priori*, c'est-à-dire antérieur à toutes les lois empiriques de l'imagination, qui serve de base à la possibilité, et même à la nécessité d'une loi s'étendant à tous les phénomènes, celui qui consiste à les regarder tous comme des données des sens susceptibles d'association, et soumises à des lois universelles d'une liaison constante dans la reproduction. J'appelle *affinité* des phénomènes ce principe objectif de leur association. Nous ne pouvons rencontrer ce principe que dans celui de l'unité de l'apperception par rapport à toutes les connaissances qui doivent m'appartenir. Tous les phénomènes doivent, en conséquence, se présenter dans l'esprit ou être saisis de façon à s'accorder avec l'unité de l'apperception; ce qui serait impossible sans l'unité synthétique de leur liaison, qui est par conséquent aussi nécessaire objectivement.

L'unité objective de toute conscience empirique dans une seule conscience (celle de l'apperception primitive) est donc la condition nécessaire de toute perception possible, et l'affinité de tous les phénomènes (proches ou éloignés), est une conséquence nécessaire d'une synthèse dans l'imagination, qui a des règles *a priori*.

L'imagination est donc aussi une faculté d'une synthèse *a priori*, ce qui fait que nous lui donnons le nom d'imagination productive. En tant qu'elle n'a d'autre but que l'unité nécessaire de la diversité des phénomènes, elle peut s'appeler fonction transcendantale de l'imagination. Il est étonnant sans doute, mais clairement établi par ce qui précède, que ce soit par le moyen seul de cette fonction transcendantale de l'imagination, que l'efficacité des phénomènes, et avec elle l'association, et par l'association la reproduction suivant certaines lois, enfin l'expérience elle-même soient possibles; sans elle en effet, aucuns concepts d'objets ne concourraient de manière à former une expérience.

Car le moi fixe et permanent (de l'apperception pure) est le corrélatif de toutes nos représentations, en tant qu'il est purement possible d'en avoir conscience, et toute conscience n'appartient pas moins à une apperception pure universellement compréhensive, que toute intuition sensible n'appartient, comme représentation, à une intuition interne pure, c'est-à-dire au temps. Cette apperception est donc ce qui doit s'ajouter à l'imagination pure pour en rendre la fonction intelligible. Car en elle-même, la synthèse de l'imagination, quoique exercée *a priori*, est cependant toujours sensible, parce qu'elle ne lie le divers que comme il apparaît dans l'intuition, par exemple la figure d'un triangle. Mais le rapport du divers à l'unité de l'apperception réalise à l'aide de l'imagination seule en relation avec l'intuition sensible, des concepts intellectuels.

Nous avons donc une imagination pure, comme faculté fondamentale de l'âme humaine, qui est le fondement de toute connaissance *a priori*. Elle nous sert à produire le divers de l'intuition, et à l'unir à l'aide de l'unité nécessaire de l'apperception pure. Les deux termes extrêmes, la sensibilité et l'entendement, doivent être mis en rapport d'une manière nécessaire par le moyen de cette fonction transcendantale de l'imagination ; sans cela ces deux facultés donneraient bien encore des phénomènes, mais pas d'objets d'une connaissance empirique, par conséquent pas d'expérience. L'expérience réelle, qui se compose de l'appréhension, de l'association (de la reproduction), enfin de la reconnaissance des phénomènes, comprendra dans cet élément dernier et suprême [la reconnaissance] (l'élément purement empirique de l'expérience), des concepts qui rendent possible l'unité formelle de l'expérience, et avec elle toute valeur objective (vérité) de la connaissance empirique. Ces principes de la reconnaissance du divers, en tant qu'ils ne concernent *que la forme d'une expérience en général*, sont nos *catégories*. Ils servent donc de fondement à toute unité formelle dans la synthèse de l'imagination, et par le moyen de cette synthèse, à toute unité de l'usage empirique de cette faculté (dans la récognition, la reproduction, l'association, l'appréhension), jusqu'aux phénomènes, qui ne peuvent faire partie de la connaissance, et en général, de notre conscience, par conséquent de nous-mêmes, qu'à la condition de ces éléments.

L'ordre et la régularité dans les phénomènes, ce que nous appelons *nature*, est donc notre œuvre à nous, et nous ne l'y trouverions pas si elle n'y avait pas été mise d'abord par nous, par la nature de notre esprit. Car cette unité naturelle doit être une unité nécessaire, c'est-à-dire une certaine unité *a priori* de la liaison des phénomènes. Mais comment pourrions-nous produire une unité synthétique *a priori* s'il n'y avait pas dans les sources originelles de notre esprit des raisons subjectives d'une semblable unité *a priori*, et si ces conditions subjectives n'étaient pas en même temps objectivement valables, puisqu'elles sont les fondements de la possibilité de connaître en général un objet dans l'expérience ?

Nous avons défini plus haut l'entendement de diverses manières; nous l'avons appelé une spontanéité de la connaissance (par opposition à la réceptivité de la sensibilité), une faculté de penser, ou bien encore une faculté des concepts ou des jugements; toutes définitions qui, mises dans leur jour complet, reviennent à une seule. Nous pouvons à présent le caractériser comme étant la *faculté des règles*. Ce signe est plus fécond, et se rapproche davantage de l'essence de la chose. La sensibilité nous donne des formes (de l'intuition), et l'entendement des règles. Il est toujours appliqué à observer les phénomènes pour y trouver quelque règle. Les règles, si elles sont objectives (si par conséquent elles se rattachent nécessairement à la connaissance de l'objet), s'appellent lois. Quoique nous apprenions beaucoup de lois par expérience, ces lois ne sont cependant que des déterminations particulières de lois supérieures encore, parmi lesquelles les plus élevées (auxquelles toutes les autres sont soumises) procèdent *a priori* de l'entendement même, et ne sont pas empruntées de l'expérience, mais au contraire donnent aux phénomènes leur légitimité, et doivent, par cette raison même, rendre l'expérience possible. L'entendement n'est donc pas simplement une faculté de se faire des règles en comparant des phénomènes : il est même la législation pour la nature; c'est-à-dire que sans l'entendement il n'y aurait pas du tout de nature, pas d'unité synthétique de la diversité des phénomènes suivant certaines règles : car les phénomènes, comme tels, ne peuvent avoir lieu hors de nous; ils n'existent au contraire que dans notre sensibilité. Mais celle-ci, comme objet de la connaissance dans une expérience, avec tout ce qu'elle peut contenir, n'est possible que dans l'unité de l'apperception. Mais l'unité de l'apperception est le fondement transcendantal de la légitimité nécessaire de tous les phénomènes dans une expérience. Cette même unité de l'apperception par rapport à la diversité des représentations (pour la déterminer en partant d'une seule) est la règle, et la faculté de ces règles l'entendement. Tous les phénomènes, comme expériences possibles, sont donc *a priori* dans l'entendement, et en tirent leur possibilité formelle, de la même manière qu'ils sont, à titre de pures intuitions, dans la sensibilité, et qu'ils ne sont possibles que par elle sous le rapport de la forme.

L'entendement pur est donc dans les catégories la loi de l'unité synthétique de tous les phénomènes, et rend par là possible originellement et avant tout l'expérience quant à la forme. Mais nous n'avions, dans la déduction transcendantale des catégories, qu'à faire comprendre ce rapport de l'entendement à la sensibilité, et par son moyen à tous les objets de l'expérience, par conséquent à établir la valeur objective de ces concepts purs *a priori* et à fixer ainsi leur origine et leur vérité.

IDÉE SOMMAIRE

de la légitimité et de l'unique possibilité de cette déduction des concepts intellectuels purs.

Si les objets de notre connaissance étaient des choses en soi nous n'en pourrions pas avoir des concepts *a priori*. Car où faudrait-il les prendre? Si nous les tirions de l'objet (sans même rechercher comment cet objet pourrait nous être donné), nos concepts seraient purement empiriques, il n'y en aurait pas *a priori*. Si nous les tirons de nous-mêmes, alors ce qui n'est simplement qu'en nous ne peut déterminer la qualité d'un objet différent de nos représentations, c'est-à-dire être une raison nécessaire de l'existence d'un objet auquel se rapporte quelque chose que nous avons dans la pensée, qui ne doive pas plutôt nous faire regarder toute cette représentation comme vaine. Si au contraire il n'est partout question que de phénomènes, alors il est non seulement possible, mais nécessaire encore, que certains concepts *a priori* précèdent la connaissance empirique des objets. Comme phénomènes, ils forment effectivement un objet qui n'est qu'en nous, par la raison qu'une pure modification de notre sensibilité ne se rencontre absolument pas hors de nous. Or, la représentation même que tous ces phénomènes, par conséquent tous les objets dont nous pouvons nous occuper, sont tous en moi, c'est-à-dire des déterminations de mon Même identique, exprime la nécessité d'une unité universelle de ces déterminations dans une seule et même apperception. Cette unité de la conscience possible constitue la forme de toute connaissance des objets (par lesquels le divers est conçu comme appartenant à un objet unique). La manière dont la diversité de la représentation sensible (de l'intuition) appartient à la conscience, précède donc toute connaissance de l'objet, comme en étant la forme intellectuelle, et constitue même une connaissance formelle *a priori* de tous les objets, en tant qu'ils sont conçus (catégories). Leur synthèse par l'imagination pure, l'unité de toutes les représentations par rapport à l'apperception primitive, précède toute connaissance empirique. Des concepts intellectuels purs ne sont donc possibles qu'*a priori*; ils sont même nécessaires relativement à l'expérience, parce que notre connaissance ne se rapporte qu'à des phénomènes dont la possibilité réside en nous, dont la liaison et l'unité (dans la représentation d'un objet) ne se trouvent qu'en nous encore, et doivent par conséquent précéder toute expérience, afin d'en rendre avant tout la forme possible. C'est en partant de ce fondement, le seul possible entre tous, que notre déduction des catégories a été exécutée.

XI (p. 223).

Tous les phénomènes sont dans le temps. Le temps peut déterminer de deux manières leur rapport *dans l'existence,* suivant qu'ils *se succèdent* ou qu'ils sont *simultanés*. Dans le premier cas le temps est regardé comme une *série de temps*, dans le second comme une *circonscription de temps*.

XII (p. 287).

En traçant plus haut la table des catégories nous nous sommes dispensé de les définir en particulier; notre but, uniquement restreint à leur usage spéculatif, ne nous en faisait pas une nécessité, et il ne faut pas entreprendre de donner des réponses qui ne sont pas nécessaires. Ce n'était pas une défaite, mais bien une règle de prudence très importante, celle de ne pas se hasarder prématurément à définir, ni d'essayer ou de prétexter la perfection ou la précision dans la détermination du concept, quand on peut se contenter de l'un ou de l'autre de ses caractères [ou éléments], sans qu'il soit nécessaire de faire la complète énumération de tous ceux qui constituent le concept total. Mais on voit à présent que le motif de cette réserve est encore plus profond, puisque nous n'aurions pas pu définir les catégories alors même que nous l'aurions voulu (1), et que si, ne tenant pas compte de toutes les conditions de la sensibilité qui les signalent comme des concepts d'un usage empirique possible, on les prend pour des concepts de choses en général (par conséquent d'un usage transcendantal), il ne reste plus, en ce qui les concerne, qu'à regarder la fonction logique dans les jugements comme la condition de la possibilité des choses mêmes, sans néanmoins pouvoir montrer le moins du monde dans quel cas leur application et leur objet, par conséquent elles-mêmes, peuvent avoir dans l'entendement pur et sans l'intervention de la sensibilité, un sens et une valeur objective.

XIII (p. 290).

« Il est étonnant et même contradictoire qu'un concept nécessaire ne soit susceptible d'aucune définition, quoiqu'il ait cependant un sens. Mais c'est là un caractère commun avec les catégories : elles ne peuvent avoir une signification déterminée et un rapport à quelque objet qu'au moyen de la *condition sensible* générale. Or, cette condition ne se rencontre pas dans la catégorie pure, puisque celle-ci ne peut contenir que la fonction logique consistant à soumettre le divers à un concept. Et cette fonction, c'est-à-dire la forme du concept, ne peut en rien servir à faire connaître et distinguer l'objet qui s'y trouve soumis, par la raison précisément qu'on fait abstraction de la condition sensible sous laquelle, en

---

(1) J'entends ici la définition réelle, qui ne substitue pas simplement au nom d'une chose d'autres mots plus intelligibles, mais qui renferme un caractère clair, auquel l'*objet* (*definitum*) peut toujours être sûrement reconnu, et rend possible l'application du concept défini. La définition réelle serait donc celle qui éclaircit non seulement un concept, mais aussi la *réalité objective* de ce concept. Les définitions mathématiques, qui exposent en intuition l'objet, conformément au concept, sont de la dernière espèce.

général, des objets peuvent se rapporter à cette forme. Il faut donc aux catégories, outre le concept intellectuel pur, des déterminations de leur application à la sensibilité en général (un schème), sans quoi elles ne sont pas des concepts qui puissent servir à faire connaître un objet et le distinguer des autres ; elles ne sont qu'autant de manières de concevoir un objet aux intuitions possibles, et de lui donner sa signification suivant une des fonctions de l'entendement (et encore sous des conditions requises), c'est-à-dire de le définir : elles ne peuvent donc pas elles-mêmes être définies. Les fonctions logiques des jugements en général, l'unité et la multiplicité, l'affirmation et la négation, le sujet et le prédicat, ne peuvent être définies sans qu'on tombe dans un cercle vicieux, attendu que la définition doit elle-même être un jugement, et, par conséquent, déjà contenir ces fonctions. Mais les catégories pures ne sont que des représentations des choses en général, en tant que la diversité de leur intuition peut être conçue par l'une ou l'autre de ces fonctions logiques. La grandeur est la détermination qui ne peut être conçue que par un jugement ayant quantité (*judicium commune*) ; la réalité, celle qui ne peut être conçue que par un jugement affirmatif; la substance, ce qui doit être, par rapport à l'intuition, le dernier sujet de toutes les autres déterminations. Mais on ne décide par là d'aucune manière ce que sont des choses par rapport auxquelles on doit se servir de cette fonction plutôt que d'une autre. Sans la condition de l'intuition sensible, but de leur synthèse, les catégories n'ont donc pas le moindre rapport à quelque objet déterminé que ce soit, et n'en peuvent définir aucun ; elles n'ont donc rien par elles-mêmes de la valeur des concepts objectifs.

XIV (p. 292).

Des apparences, si elles sont conçues comme des objets suivant l'unité des catégories, s'appellent *Phænomena*. Mais si j'admets des choses qui sont simplement des objets de l'entendement, et qui, à ce titre, puissent néanmoins être donnés en intuition, quoique pas en intuition sensible (comme *coram intuitu intellec-*

tuali); alors, de semblables choses s'appellent *noumena* (*intelligibilia*).

On doit maintenant concevoir que le concept des phénomènes, limité par l'esthétique transcendantale, donne déjà de lui-même la réalité objective des *noumènes*, et justifie la division des objets en *phénomènes* et en *noumènes*, par conséquent aussi celle du monde, en monde des sens et en monde de l'entendement (*mundus sensibilis et intelligibilis*), de telle sorte même que la distinction ne regarde pas simplement ici la forme logique de la connaissance obscure ou claire d'une seule et même chose, mais aussi la différence dans la manière dont ces objets peuvent être donnés primitivement à notre connaissance, et suivant laquelle ils se distinguent en eux-mêmes les uns des autres quant au genre. Car lorsque les sens nous représentent simplement quelque chose *comme il apparaît*, ce quelque chose doit aussi être une chose en soi, et un objet d'une intuition non sensible, c'est-à-dire un objet de l'entendement. Il doit donc y avoir une connaissance possible, sans mélange de sensibilité, qui ait seule une réalité absolument objective, et par laquelle des objets nous soient représentés *comme ils sont*, lorsque, au contraire, des choses ne nous sont connues dans l'usage empirique de notre entendement que *comme elles apparaissent*. Il y aurait donc, outre l'usage empirique des catégories (qui est restreint aux conditions sensibles), un usage pur et cependant d'une valeur objective; et nous ne pourrions pas affirmer ce que nous avons prétendu jusqu'ici, à savoir, que nos connaissances intellectuelles pures ne seraient jamais autre chose que des principes de l'exposition des phénomènes, principes qui ne s'étendent pas *a priori* au-delà de la possibilité formelle de l'expérience; car, ici un tout autre champ se trouverait ouvert devant nous, un monde serait comme pensé dans l'esprit (peut-être aussi perçu), et ce monde ne serait ni moins instructif, ni moins intéressant pour notre entendement pur.

Toutes nos représentations sont, dans le fait, rapportées par l'entendement à quelque objet; et comme des phénomènes ne sont que des représentations, l'entendement les rapporte à un *quelque chose*, comme à l'objet de l'intuition sensible; mais ce quelque chose n'est, sous ce rapport, que l'objet transcendantal. Ce qui signifie un quelque chose $= x$, dont nous ne savons absolument rien, dont nous ne pouvons rien savoir en général (d'après la constitution actuelle de notre entendement), mais qui ne peut servir qu'à titre de corrélatif de l'unité de l'apperception dans l'intérêt de l'unité du divers de l'intuition sensible, au moyen de laquelle l'endendement unit ce divers dans le concept d'un objet. Cet objet transcendantal est absolument inséparable des *données* sensibles, parce qu'alors il n'y aurait plus rien qui servît à le faire concevoir. Ce n'est donc pas un objet de la connaissance en soi, mais seulement la représentation du phénomène sous le concept d'un objet en général, qui peut être déterminé par la diversité phénoménale.

C'est pour cette raison précisément que les catégories ne représentent aucun objet particulier donné à l'entendement seul ; elles ne servent, au contraire, qu'à déterminer l'objet transcendantal (le concept de quelque chose en général), par ce qui est donné dans la sensibilité, pour connaître ainsi empiriquement des phénomènes sous des concepts d'objets.

Quant à la cause pour laquelle, non content du substratum de la sensibilité, on a reconnu encore des *noumènes* aux *phénomènes*, elle tient uniquement à ce que la sensibilité et son champ, celui des phénomènes, ne s'étend pas, pour l'entendement, aux choses en elles-mêmes, mais seulement à la manière dont les choses nous apparaissent, eu égard à notre nature subjective. Tel a été le résultat de toute l'esthétique transcendantale, et il suit naturellement du concept d'un phénomène en général, que quelque chose qui n'est pas en soi phénomène doit lui correspondre, attendu qu'un phénomène n'est rien en soi et en dehors de notre mode de représentation. Par conséquent, et pour éviter un cercle perpétuel, le mot phénomène indique déjà un rapport à quelque chose dont la représentation immédiate est à la vérité sensible, mais qui, en soi et indépendamment de notre nature sensible (base de la forme de notre intuition), peut être quelque chose, c'est-à-dire un objet indépendant de la sensibilité.

De là donc le concept d'un *noumène*, concept qui n'est pas du tout positif, et qui n'indique pas une connaissance déterminée d'une chose quelconque, mais seulement la pensée de quelque chose en général, abstraction faite de toute forme de l'intuition sensible. Mais pour qu'un noumène signifie un véritable objet, un objet distinct de tout phénomène, il ne suffirait pas que j'*affranchisse* ma pensée de toutes les conditions de l'intuition sensible, je devrais encore pouvoir *admettre* une espèce d'intuition différente de celle-là, et qui servît à connaître un pareil objet, car autrement ma pensée serait vide, quoique exempte de contradiction. A la vérité, nous n'avons pas pu prouver précédemment que l'intuition sensible soit l'unique intuition possible en général, mais seulement que nous n'en avons pas d'autre ; nous n'avons pas pu prouver, non plus, qu'il y ait encore une autre espèce d'intuition possible ; et quoique notre pensée puisse faire abstraction de cette sensibilité, reste cependant la question de savoir si ce n'est pas alors une simple forme d'un concept, et si après cette séparation il y a partout encore un objet.

L'objet auquel je rapporte le phénomène en général est l'objet transcendantal, c'est-à-dire la pensée indéterminée de quelque chose en général. Cet objet transcendantal ne peut pas s'appeler le *noumène;* car je ne sais pas ce qu'il est en lui-même, et je ne m'en forme d'autre notion que celle de l'objet d'une intuition sensible en général, qui est, par conséquent, identique pour tous les phénomènes. Je ne puis le concevoir par aucune catégorie ; car une catégorie ne s'applique qu'à l'intuition empirique pour la soumettre à un concept de l'objet en général. Un usage pur des catégories est à la vérité possible, c'est-à-dire sans contradiction, mais alors elles n'ont aucune valeur objective, parce qu'elles ne se rapportent à aucune intuition qui doive en recevoir l'unité objective ; car la catégorie n'est, après tout, qu'une fonction de la pensée, qui ne donne pas d'objet, mais qui sert uniquement à concevoir ce qui peut être donné dans l'intuition.

SOMMAIRES ANALYTIQUES

PRÉFACE (1).

Caractères d'un travail intellectuel qui n'a rien de scientifique. — Premier service à rendre à la science en pareil cas.

Logique, comme connaissance rationnelle ayant les caractères de la science : n'a ni rétrogradé ni avancé et semble avoir été achevée à sa naissance. — Définition de la logique.

A quoi la logique est redevable de cet avantage. — De la logique par rapport aux autres sciences.

Toute science contient des données de la raison. — Elle *détermine* son objet ou le *réalise*. Connaissance *théorique*, connaissance *pratique*. Ordre à suivre dans l'étude des deux éléments (rationnel et empirique) de la science.

Mode de détermination de l'objet des mathématiques et de la physique.

Caractère scientifique des mathématiques dans la plus haute antiquité. — Différence présumable entre les commencements des mathématiques et ceux de la logique. — Silence de l'histoire sur ce sujet malgré l'importance du sujet. — Nature de la démonstration géométrique.

La physique n'a eu un caractère scientifique que très tard. — Comment elle est ici considérée.

Méthode expérimentale. Part de la raison dans cette méthode.

Procédé rationnel et empirique de la méthode en physique.

Objet de la métaphysique. — N'est point encore une science, quoique la plus ancienne de toutes et la plus durable. Preuves que la métaphysique n'a pas le caractère d'une science.

Questions diverses sur cet état de la métaphysique.

---

(1) Mellin n'ayant pas donné l'analyse de la préface, j'ai cru devoir suppléer cette omission. — T.

Changement de méthode dans l'étude de la métaphysique. Les objets doivent se régler sur nos connaissances. Il en est ici comme de la première pensée de Copernic. Les connaissances *a priori*, l'expérience elle-même, facilement explicables dans cette hypothèse. D'où vient la connaissance *a priori*. — Rapport de la méthode en physique à la méthode en métaphysique.

Succès de cette réforme dans la méthode. — Résultats.

Preuve de sa vérité. — La tentative qui n'a pas réussi par la raison spéculative peut être tentée par la raison pratique.

Rapport de l'analyse du chimiste à celle du métaphysicien. — Rapport entre la réforme et le système coperniciens d'une part, et le système de Kant de l'autre.

Objet de la critique de la raison spéculative. — C'est un traité de la méthode et non un système proprement dit de la science. Elle trace cependant l'esquisse d'un système de métaphysique. Comment cela. — Privilége de la métaphysique sous ce rapport.

La première utilité de la critique est *négative*. Mais elle en a aussi une *positive* sous le rapport pratique.

Nous ne connaissons les choses qu'autant qu'elles sont soumises à l'intuition sensible, c'est-à-dire, en tant que phénomènes. Distinction des choses comme objets de l'expérience et comme choses en soi. Conséquences du défaut de cette distinction.

La morale ne peut subsister avec la physique qu'en vertu de cette distinction.

Dieu, la liberté, l'immortalité sont scientifiquement inconciliables avec les prétendus aperçus transcendantaux de la raison. Dogmatisme métaphysique, source de l'incrédulité.

Bienfaits d'une métaphysique critique.

La révolution scientifique opérée par la critique n'atteint que le monopole des écoles, et non l'intérêt du genre humain.

La critique de la raison pure ne peut être populaire, et c'est un bien. Elle est le seul moyen de couper les racines mêmes du matérialisme, du fatalisme, de l'athéisme, de l'incrédulité, du fanatisme et de la superstition, de l'idéalisme et du scepticisme.

La critique n'est pas opposée au caractère dogmatique de la science, mais seulement au dogmatisme. Ce que c'est que le dogmatisme. — La critique est le préambule d'une métaphysique systématique ou scientifique. Wolf.

Observation sur la seconde édition. — Confiance de l'auteur à la bonté de son œuvre. — Pas d'addition proprement dite, si ce n'est une nouvelle réfutation de l'idéalisme physiologique.

INTRODUCTION.

1. Toute connaissance commence chronologiquement avec l'expérience.

2. Mais toute connaissance ne doit pas pour cela résulter de l'expérience.

3. *Question* : Y a-t-il des connaissances (*a priori*) qui proviennent non de l'expérience, mais de la faculté de connaître ?

4. Parmi ces connaissances (*a priori*) ne doivent pas être comprises celles qui dérivent d'une règle générale, prise elle-même de l'expérience.

5. Doivent seulement s'appeler connaissances *a priori* celles qui ne dérivent absolument point de l'expérience. On les appelle *pures* si absolument rien d'expérimental (d'empirique) ne s'y trouve mêlé.

6. Les deux signes caractéristiques d'une connaissance *a priori*, sont : la *nécessité* et une stricte *généralité*.

7. On prouve par des exemples (toutes les propositions mathématiques) et la certitude de l'expérience, qui doit reposer sur des principes et non sur l'expérience, qu'il y a des connaissances *a priori*.

8. Certaines connaissances ne peuvent même se trouver dans l'expérience.

9. Les objets de cette connaissance sont *Dieu*, la *liberté* et l'*immortalité*. La science qui s'en occupe est la métaphysique ; elle procède d'abord dogmatiquement, c'est-à-dire, sans examiner si la raison peut connaître quelque chose de tout cela.

10. L'exemple des mathématiques, la certitude de n'être point contredit par l'expérience, l'attrait d'étendre ses connaissances, et la réalité des connaissances *a priori* par la décomposition des concepts, conduisent à ce procédé.

11. Dans un jugement, le prédicat est ou contenu dans le sujet d'une manière cachée (jugement analytique), ou bien il est totalement étranger à l'idée du sujet et s'y trouve seulement uni (jugement synthétique).

12. La légitimité de l'union de l'attribut au prédicat avec le sujet dans le jugement analytique repose sur la décomposition du sujet ; dans les jugements empiriques, qui comme tels sont synthétiques, la légitimité de la liaison repose sur l'expérience.

13. *Question* : Sur quoi maintenant se fonde cette liaison dans les jugements synthétiques *a priori*?

14. 1° Les jugements *mathématiques* sont tous synthétiques.

15. Les propositions proprement mathématiques sont toujours des jugements *a priori*, du moins celles des mathématiques pures, parce qu'elles emportent nécessité avec elles.

16. Une proposition *arithmétique* comme $7 + 5 = 12$ n'est point analytique, parce que 12 n'est point trouvé par la décomposition de 7 et de 5, mais par l'opération synthétique des unités du nombre 5 et de celles du nombre 7.

17. Une proposition quelconque de géométrie pure n'est pas plus analytique.

18. Un petit nombre d'axiomes que les géomètres supposent, sont à la vérité analytiques, mais ils ne servent qu'à former la chaîne de la méthode, non comme principes, et pourraient néanmoins être construits.

19. 2° La *physique* contient des propositions synthétiques *a priori*, comme principe en soi.

20. 3° La *métaphysique* doit renfermer des propositions synthétiques *a priori*.

21. *Problème* : Comment les jugements synthétiques *a priori* sont-ils possibles ?

22. On ne pensait pas à cette question ; de là l'incertitude et la contradiction dans la métaphysique.

23. La solution de ce problème fournit la réponse à la question : *Comment* avec des concepts *les mathématiques pures et la physique pure sont-elles possibles ?*

24. La *métaphysique* comme *disposition naturelle* existe réellement (dans la raison) ; se présente donc aussi à son égard la question de savoir *comment elle est possible?*

25. Mais comme il se trouve aussi des contradictions dans la métaphysique comme disposition naturelle, la question précédente (21) renferme aussi celle de savoir *comment la métaphysique est possible comme science ?*

26. L'examen de la faculté rationnelle (24) conduit donc nécessairement à la science ; son usage sans examen conduit au scepticisme.

27. Cette science ne peut pas être très étendue, la raison n'ayant affaire qu'à elle-même.

28. On doit donc considérer toutes les tentatives faites jusqu'ici pour arriver à une métaphysique comme non avenues, et ne se laisser rebuter par aucune difficulté ni opposition.

29. La raison est la faculté qui fournit les principes des connaissances *a priori*. La faculté des principes pour connaître quelque chose absolument *a priori* est la raison *pure*. La science de l'examen et du jugement de cette raison pure peut s'appeler la *critique de la raison pure*.

30. L'idée d'une science résultant de cette critique doit s'appeler *philosophie transcendantale*. Elle forme le système de tous les principes de la raison pure.

31. La critique de la raison pure est la parfaite idée de la philosophie transcendantale, mais pas encore cette science elle-même, qui se compose de l'analyse complète de tous ses concepts.

32. La philosophie transcendantale est la philosophie d'une raison pure, simplement spéculative, car rien d'empirique n'y peut entrer.

33. La critique de la raison pure se divise en *science élémentaire* et en *méthodologie*. Mais comme il y a deux souches de la connaissance humaine, la *sensibilité* et l'*entendement*, la sensibilité, en tant qu'elle doit contenir des représentations *a priori* sera l'objet d'une partie de la philosophie transcendantale, de la *doctrine transcendantale de la sensibilité*.

ESTHÉTIQUE TRANSCENDANTALE.

34. La capacité d'être affecté par les objets s'appelle *sensibilité*; elle nous donne des représentations qu'on appelle *intuitions*, et que l'entendement convertit en concepts; ce qui est la pensée.

35. L'effet d'un objet sur notre sensibilité est la *sensation*; l'objet indéterminé s'appelle *phénomène*; l'intuition que la sensibilité nous en donne est dite *empirique*.

36. Ce qui dans le phénomène correspond à la sensation, s'appelle *matière*; ce en quoi les sensations se disposent, s'ordonnent, s'appelle *forme*. La forme ne peut pas être un effet de l'objet, autrement elle ne serait plus forme, mais sensation : la forme est donc préparée *a priori* dans l'esprit.

37. Des représentations où rien d'appartenant à la sensation ne se trouve, s'appellent *pures*; la forme de l'intuition empirique est donc *intuition pure*; et comme elle est toute préparée dans l'esprit, elle constitue la *forme pure de la sensibilité*.

38. La science de tous les principes de la sensibilité *a priori* s'appelle *esthétique transcendantale*. Elle forme la première partie de la science élémentaire transcendantale.

39. La sensibilité y est isolée, tellement que tout ce que l'entendement y pense et tout ce qui appartient à la sensation en sont séparés. Il y a deux formes pures de la sensibilité, comme principes de la connaissance, l'espace et le temps.

40. Au moyen du sens externe nous nous représentons les objets comme hors de nous dans l'espace. L'*exposition* d'un concept est la claire représentation de ce qui en fait la compréhension ; cette exposition est *métaphysique* quand elle contient ce qui présente le concept comme donné *a priori*.

41. L'espace n'est :

1° Aucun concept empirique, car toute expérience extérieure n'est elle-même possible que par la représentation de l'espace.

42. 2° L'espace est une représentation nécessaire *a priori*, car on peut bien penser les objets n'existant plus dans l'espace, mais on ne peut pas anéantir l'espace lui-même par la pensée.

43. 3° L'espace est une *intuition* pure, car il est essentiellement un.

44. 4° Il est représenté comme une *infinie grandeur donnée*, ce n'est donc pas un concept, mais une intuition *a priori*.

45. L'exposition est *transcendantale*, s'il est prouvé :

1° Que des connaissances synthétiques *a priori* en découlent ;

2° Que ces connaissances ne sont possibles que par le mode d'explication donnée du concept.

46. La géométrie est la science qui détermine synthétiquement et *a priori* les propriétés de l'espace. Comme donc les propositions géométriques ne résultent pas du simple *concept* d'espace, il doit donc être primitivement une intuition, et même une intuition pure, parce que toutes ces propositions sont apodictiques.

47. Une telle intuition extérieure *a priori* ne peut être dans l'esprit qu'autant qu'elle est simplement dans le sujet comme forme du sens extérieur.

48. Cette explication *seule* fait donc concevoir la possibilité de la géométrie comme d'une connaissance synthétique *a priori*.

49. *a*) L'espace ne représente aucune propriété ou rapport des choses en elles-mêmes, car ces choses ne peuvent être aperçues *a priori*.

50. *b*) Il est la loi subjective de la sensibilité, sous laquelle seule une intuition *extérieure* est possible (forme).

51. D'où suit par conséquent la *réalité empirique* et l'*idéalité transcendantale* de l'espace.

52. Hormis l'espace, il n'y a pas de représentation subjective se rapportant à quelque chose d'extérieur, qui soit objectivement *a*

priori, parce que des propositions synthétiques *a priori* ne pourraient se déduire d'aucune autre.

53. Rien par conséquent de ce qui est perçu dans l'espace n'est une chose en soi ; c'est une simple *représentation* de notre sensibilité.

54. Le temps n'est point :

1° Un concept *empirique*, car la représentation du temps sert de fondement à l'expérience ;

55. 2° C'est une représentation *nécessaire* ; car on peut faire disparaître par la pensée les intuitions du temps, mais jamais le temps lui même.

56. 3° Sur cette nécessité se fonde enfin *la possibilité des axiomes* touchant le temps, que nous savons avant que l'expérience nous les ait appris.

57. 4° Le temps est une intuition *pure*, car elle est essentiellement une.

58. 5° *L'infinité* du temps nous prouve qu'il n'est pas un concept.

59. Le concept du temps explique seul aussi les connaissances synthétiques *a priori* de la science de tout mouvement.

60. *a*) Le temps n'est pas quelque chose qui subsiste par lui-même, ni quoi que ce soit d'inhérent aux choses elles-mêmes.

61. *b*) Le temps est la *forme* de l'intuition de notre état intérieur ou de notre sens interne.

62. *c*) Il est la condition *formelle a priori* de tous les phénomènes en général.

63. Ainsi, lorsque nous admettons les objets comme ils peuvent être en eux-mêmes, le temps n'est rien ; il n'est quelque chose que par rapport aux phénomènes.

64. D'où suit par conséquent la *réalité empirique*, et l'*idéalité transcendantale* du temps.

65. *Objection*: Des changements existent et ne sont possibles que dans le temps ; par conséquent le temps est quelque chose de réel.

Réponse: Le temps est quelque chose de réel en ce sens qu'il est la forme réelle de notre intuition, mais il n'est rien de subsistant par lui-même et qui fût encore quand même notre faculté représentative ne serait pas.

66. La cause de cette objection, c'est que la réalité de l'objet de notre sentiment intérieur est immédiatement clair par la conscience, et qu'on ne fait pas attention non plus que cet objet n'appartient qu'au phénomène.

67. Le temps et l'espace sont donc deux sources de connaissances de propositions synthétiques *a priori*, mais elles n'appartiennent, comme

condition de la sensibilité, qu'au phénomène. Celui au contraire qui affirme la réalité absolue de l'espace et du temps comme subsistant eux-mêmes, doit admettre deux chimères éternelles et infinies subsistant par elles-mêmes, et celui qui les considère comme inhérentes aux choses, doit contester la certitude apodictique des mathématiques.

68. Il est clair que l'esthétique transcendantale ne peut avoir que ces deux éléments, parce que tous les autres concepts appartenant à la sensibilité supposent quelque chose d'empirique.

69. I. La manière véritable de voir sur la propriété fondamentale de la sensibilité est donc :

70. Que les choses que nous apercevons dans l'espace et le temps, ne sont que des *représentations*, qui, comme phénomènes avec l'espace et le temps, n'existent *qu'en nous*.

71. Que si notre sensibilité tout entière n'est que la représentation confuse des choses, la sensibilité est alors une falsification du concept de sensibilité et de phénomène. La différence d'une représentation obscure et d'une représentation claire, n'est donc qu'une différence logique.

72. La philosophie Leibnizo-Wolfienne a donc assigné un point de vue entièrement faux à toutes les recherches sur la nature et l'origine de nos connaissances.

73. La différence entre ce qui appartient essentiellement à l'intuition et ce qui ne lui convient qu'accidentellement, est *empirique*.

74. Cette esthétique transcendantale n'est point hypothétique, mais certaine.

75. Car si l'espace et le temps n'étaient pas de simples formes de nos intuitions, formes qui contiennent les conditions a priori sous lesquelles seules des choses peuvent être pour nous des objets extérieurs et intérieurs, et qui ne sont rien en eux-mêmes sans ces conditions, nous ne pourrions absolument rien énoncer synthétiquement a priori sur des objets extérieurs.

76. II. La théorie de l'idéalité de l'espace et du temps s'établit aussi par le fait que dans l'intuition il n'y a de connu que des rapports.

77. III. *Différence entre l'apparence et le phénomène* : Dans le phénomène les objets sont toujours considérés comme quelque chose de réellement donné ; mais si je ne pense pas au rapport de l'objet au sujet apercevant, alors a lieu l'apparence (Schein).

78. IV. Si le temps et l'espace doivent être les formes objectives de toutes choses, alors on n'a plus le droit d'en supprimer les conditions relativement à l'intuition de l'objet de la théologie naturelle.

79. Il n'est pas nécessaire non plus que nous restreignions à la sensibilité *de l'homme* le mode d'intuition dans l'espace et le temps.

80. Nous avons donc ici une des données requises pour la solution du *problème* général de la philosophie transcendantale (2) : les *propositions synthétiques a priori sont possibles* par des intuitions pures *a priori*, l'espace et le temps.

LOGIQUE TRANSCENDANTALE.

81. Notre connaissance résulte de deux sources principales de l'esprit (33) : de la capacité des impressions (34 et s.) et de la spontanéité des concepts. De la première naissent des intuitions, de la seconde des concepts; les deux réunies forment les éléments de toute notre connaissance.

82. La première est la *sensibilité*, la seconde l'*entendement*. Toutes deux sont indispensables pour la connaissance. Sans sensibilité aucun objet ne nous serait donné, et sans entendement aucun objet ne serait pensé. La science des règles de l'entendement s'appelle *Logique*.

83. La logique est, ou celle de l'usage général de l'entendement (logique élémentaire), ou celle de son usage spécial (*organon* de telle ou telle science).

84. La logique élémentaire est ou logique *pure*, dans laquelle on fait abstraction de toutes les conditions empiriques, ou la logique *appliquée* qui a pour objet les règles de l'application de l'entendement sous les conditions psychologiques.

85. Elles doivent se traiter séparément dans une logique élémentaire. La logique *pure* a deux règles.

86. 1) Comme partie de la logique *générale* elle s'abstient de tout objet de la connaissance intellectuelle, et ne s'occupe que de la simple *forme* de la pensée.

87. 2) Comme logique *pure*, elle n'a pas de principes *empiriques*, par conséquent ne tire rien de la psychologie.

88. La logique *appliquée* est une représentation de l'application nécessaire de l'entendement sous les conditions contingentes du sujet.

89. Si l'on devait trouver, comme dans les intuitions (35-37), une différence entre la pensée *pure* et la pensée empirique, il devrait conséquemment y avoir une logique pour cet objet de la connaissance, et qui ne serait pas logique générale, mais logique de la pensée *pure* ou de la pensée *empirique*.

90. *Observation*. Les connaissances *a priori* de la possibilité de la connaissance ou de l'usage de certaines représentations *a priori*, s'appellent *transcendantales*.

91. La science de la connaissance intellectuelle pure, par laquelle nous pensons pleinement *a priori* les objets, ou la logique de la pensée pure (89), s'appellerait donc *logique transcendantale*.

92. On a toujours demandé aux logiciens quel est le criterium général et sûr de la vérité.

93. C'est déjà une preuve nécessaire de lumière que de savoir ce qu'il faudrait raisonnablement demander.

94. On ne devrait donc pas demander un criterium général de la vérité, parce qu'un tel criterium n'est pas possible. Car la vérité est la convenance d'une connaissance avec son objet. Or le criterium de cette convenance doit : 1° se trouver dans chaque connaissance spéciale comme *général*; 2° distinguer le véritable objet de la connaissance de tout autre, et par conséquent être *propre* à chaque connaissance. Le criterium doit : 1° valoir pour toute connaissance sans égard à l'objet de cette connaissance, et cependant, 2° se rapporter à la convenance de la connaissance avec son objet, ce qui est contradictoire.

95. La logique générale n'enseigne que les criterium négatifs de la vérité, ou à trouver l'erreur dans la forme de la pensée ; les criterium positifs (tels que doivent être ceux du n° 94) ou ceux qui servent à découvrir l'erreur dans le contenu de la pensée ne peuvent être fournis par la logique générale.

96. La logique générale, comme science des conditions négatives de la vérité, s'appelle *Analytique*; comme *prétendue* science des conditions positives de la vérité, on l'appelle *dialectique*.

97. Cette dernière est une logique qui apprend à produire l'apparence.

98. Un tel enseignement est contraire à la dignité de la philosophie, et c'est pour cela que la *Dialectique*, comme partie de la logique, s'appelle aussi *critique* de l'apparence *dialectique*.

99. Dans la logique *transcendantale* l'entendement est isolé, à tel point que tout ce qui appartient à la sensibilité ou qui a son origine dans la sensation en est séparé. Il ne reste ainsi que les connaissances intellectuelles pures, qui n'ont leur origine que dans l'entendement pur. La partie de la logique transcendantale qui a pour objets les éléments (peut être les principes sans lesquels aucun objet ne peut être pensé) s'appelle *analytique transcendantale*. Ces connaissances de

l'entendement pur n'ont d'objets qu'avec des intuitions (82). La logique transcendantale comme science d'objets rationnels (sans intuitions) est donc une *Dialectique transcendantale* qui enseigne à produire l'apparence dialectique. Mais ici la *Dialectique* transcendantale s'appelle critique de cette apparence dialectique.

100. L'analytique transcendantale présente le système de tous les concepts élémentaires purs de la connaissance intellectuelle dans toute sa plénitude et se compose de deux livres, du système des concepts et du système des principes.

101. Elle est la décomposition de la faculté intellectuelle pour découvrir la possibilité des concepts *a priori*.

102. Si l'on met en jeu une faculté de connaître en nous, des concepts se manifestent qui rendent cette faculté connaissable, et qui se rassemblent sans que l'on sache si on les a tous, ou si on les trouvera tous.

103. Mais la philosophie transcendantale peut et doit rechercher ses concepts d'après un principe, parce qu'ils procèdent tous de l'entendement pur.

104. L'entendement est la faculté de connaître par des concepts. L'entendement ne peut faire de ces concepts aucun autre usage que de juger par là, ou de les rapporter comme prédicats à la représentation d'un objet encore indéterminé, et de déterminer de cette manière. L'unité (forme) de cette action s'appelle *fonction*. Les fonctions de l'entendement pourraient donc être toutes trouvées, si l'on pouvait exposer pleinement les fonctions de l'unité (forme) dans les jugements.

105. Les fonctions de l'unité dans le jugement, ou les fonctions de la pensée (car c'est tout un, 104) peuvent être représentées dans la table suivante.

Les jugements sont

1° Quant à la *quantité* : *universels, particuliers, singuliers* ou individuels.

2° Quant à la *qualité* : *affirmatifs, négatifs, indéfinis*.

3° Quant à la *relation* : *catégoriques, hypothétiques, disjonctifs*.

4° Quant à leur *modalité* : *problématiques, assertoriques, opodictiques*.

106. Comme cette division semble différer de la technique accoutumée des logiciens, il faut remarquer, pour prévenir toute équivoque, ce qui suit :

107. 1° Les logiciens disent avec raison que l'on peut traiter les jugements singuliers comme les jugements universels. Mais quant à la

quantité de leur objet, un jugement singulier est à un jugement universel comme l'unité à l'infinité.

108. 2° Les logiciens disent avec raison que l'on doit réputer affirmatifs les jugements indéfinis. Mais quant à l'*objet* du prédicat les jugements indéfinis son limitatifs, tandis que le concept s'agrandit par les jugements affirmatifs.

109. 3° Les logiciens disent avec raison que l'on devrait réputer catégoriques les jugements disjonctifs. Mais quant au *contenu* de la connaissance, les jugement disjonctifs les épuisent complétement, tandis que les jugements catégoriques posent le sujet dans une partie de la sphère entière de la connaissance sans faire attention aux autres parties de cette sphère totale.

110. 4° La modalité des jugements se caractérise en ce qu'elle ne porte point sur la *matière* du jugement, mais indique seulement la valeur de la copule par rapport à la pensée en général.

111. Ils se forment *a priori*, car ils coïncident avec les fonctions logiques générales de la pensée.

Preuve. L'action de la pensée par laquelle l'entendement examine d'une certaine manière la diversité de l'intuition, la reçoit et l'unit pour en faire une connaissance, s'appelle *synthèse*.

112. Cette action est ce qui proprement rassemble les éléments pour les connaissances, les unit en une certaine matière et précède toute *analyse.* Cette synthèse est *pure* quand la diversité de l'intuition est donnée *a priori*.

113. Elle est le simple effet de l'imagination, fonction aveugle, quoique indispensable de l'âme, sans laquelle nous n'aurions aucune connaissance (166-169). C'est une fonction de l'entendement pour arriver aux concepts.

114. La synthèse pure (112), généralement représentée donne le *concept pur de l'entendement*. Elle repose sur un principe de l'unité synthétique *a priori*.

115. A une connaissance *a priori* appartiennent 1° une diversité de l'intuition pure; 2° la synthèse de cette diversité par l'imagination; 3° la compréhension de cette synthèse par un concept. La logique transcendantale apprend cett dernière propriété, savoir, à ramener à des concepts la synthèse pure des représentations.

116. *L'unité synthétique*, par laquelle différentes représentations sont réduites en une intuition par la même fonction de l'entendement qui donne l'unité dans un jugement aux différentes représentations (synthèse), est le *concept pur de l'entendement*.

117. Il y a de cette manière précisément autant de *concepts purs de l'entendement* (*catégories*, d'après Aristote), qui se rapportent *a priori* aux objets de l'intuition en général, qu'il y a de fonctions logiques (105) dans tous les jugements possibles.

118. *Table des catégories* ou concepts fondamentaux de l'entendement pur.

1° *Quantité*: *unité, multiplicité, totalité.*
2° *Qualité* : *réalité, négation, limitation.*
3° *Relation* : *substance, causalité, communauté* [ou réciprocité].
4° *Modalité*: *possibilité, existence, nécessité.*

119. Telle est la spécification de tous les concepts purs *primitifs* de la synthèse que l'entendement contient en soi *a priori* et à cause desquels on ne l'appelle qu'entendement pur.

120. Ils ont bien aussi leurs *concepts dérivés* également *purs*, mais qui dans un *système complet* appartiennent à la philosophie transcendantale.

121. On peut appeler ces derniers *prédicables* de l'entendement pur.

122. L'exposition (40) des catégories (prédicaments) appartient au premier système (120).

123. Il est évident que cette table est indispensable dans la partie théorique de la philosophie pour ébaucher parfaitement le plan de la totalité d'une science et pour la diviser suivant des principes déterminés.

124. 1re *Observation*. Cette table, qui contient quatre classes de concepts intellectuels, se divise en deux parties, qui sont :

125. a) Les catégories *mathématiques* (de *quantité* et de *qualité*), qui concernent les objets de l'intuition.

b) Les catégories *dynamiques* (de la *relation* et de la *modalité*) qui concernent l'existence de tout objet.

126. 2° *Observation*. Chaque classe se subdivise en trois parties, et la troisième catégorie résulte partout de l'union de la seconde catégorie avec la première de sa classe.

127. Mais cette troisième catégorie n'est pas pour cela dérivée (120); c'est un concept radical, car il faut pour cette union un acte particulier de l'entendement.

128. 3° *Observation*. De la catégorie de communauté ne résulte pas évidemment l'accord avec la forme d'un jugement disjonctif; cet accord doit donc être montré.

129. Dans tous les jugements disjonctifs la sphère est représentée comme un tout divisé en parties, qui se déterminent réciproquement.

130. Or, une telle liaison est pensée dans un ensemble de choses, lorsqu'une chose est non seulement *subordonnée* comme effet, mais en même temps et *réciproquement coordonnée* comme cause par rapport à la détermination d'une autre.

131. La proposition des scholastiques : *quodlibet ens est unum, verum, bonum*, contient, non pas des prédicats transcendantaux des choses, mais des criterium *logiques* de toute connaissance des choses en général. Dans toute connaissance est en effet *unité* de concept, *vérité* par rapport aux conséquences, et *perfection*.

Ce sont des critères logiques de la possibilité de la connaissance en général, qui par conséquent n'ajoutent rien à la table des catégories.

132. Quand les jurisconsultes parlent des droits, ils distinguent dans un traité ce qui est *de droit* (quid juris), de ce qui est *de fait* (quid facti). La preuve du droit s'appelle *déduction*.

133. Ainsi dans ce cas la preuve de la manière dont les concepts peuvent se rapporter *a priori* aux objets, s'appelle *déduction transcendantale*; mais la *déduction empirique* consiste à montrer comment un concept résulte de l'expérience, et se rapporte à un fait.

134. La réduction des formes de la sensibilité et des catégories ne peut donc pas être empirique ; elle doit être *transcendantale*.

135. On peut cependant chercher les causes occasionnelles de leur production dans l'expérience qui les contient comme en éléments ; mais il s'agit d'un fait, et on l'appelle pour cette raison l'*explication de la possession d'une connaissance pure*.

136. La déduction transcendantale des catégories est nécessaire, parce qu'elles se rapportent généralement aux objets, sans aucune condition sensible, et qu'elles favorisent l'emploi de la notion de l'espace au-delà des conditions de l'intuition sensible.

137. L'espace et le temps contiennent les conditions *a priori* de la possibilité des objets comme phénomènes, et la synthèse possède à cet égard une valeur objective (67).

138. Mais comment les conditions subjectives de la pensée doivent-elles avoir une valeur objective ou être les conditions de la possibilité de toute la connaissance des objets?

139. Une telle régularité ne peut sortir de l'expérience, parce qu'elle est nécessaire et universelle, tandis que l'expérience ne donne qu'une universalité comparative.

140. Si l'objet rend la représentation possible, ce rapport est alors *empirique*; si la représentation rend l'objet possible, elle est alors

déterminante a priori par rapport à l'objet. Et c'est de la possibilité de ce dernier cas dont il peut être question.

141. Les concepts donnent le principe objectif de l'expérience ; ils sont par conséquent nécessaires à cet effet.

142. Ils ne peuvent donc être dérivés de l'expérience, comme *Locke* et *Hume* l'ont cru et pratiqué. Le premier, inconséquent, voulait connaître, avec ces concepts, des objets qui ne peuvent être expérimentés ; l'autre, conséquent, devait nier la possibilité de toute connaissance étrangère à l'expérience. Les mathématiques pures et la physique générale nous enseignent que tous deux se sont trompés dans la dérivation de ces concepts.

143. Le premier ouvrit toutes les portes à la licence ; le second tomba dans le *scepticisme*. La conséquence, c'est qu'il faut essayer de conduire la raison humaine entre ces deux écueils.

144. *Définition des catégories.* Elles sont des concepts d'un objet en général, au moyen desquels on considère comme déterminée l'intuition de cet objet par rapport à l'une des fonctions logiques du jugement.

145. La *liaison* (*conjunctio*) de la diversité en général ne peut jamais nous arriver par les sens, car elle est un acte de la spontanéité de la faculté représentative de l'entendement (§ 16 et 111, 112).

146. La liaison est la représentation de l'unité synthétique de la diversité. La représentation de l'unité rend donc le concept de la liaison possible, loin d'en dériver. Cette unité n'est pas la catégorie de l'unité (118), car cette catégorie suppose déjà la liaison.

147. La représentation *je pense* doit pouvoir accompagner toutes les autres représentations, *car autrement quelque chose pourrait être représentée en moi, qui ne pourrait pas être pensé.* Cette représentation est un acte de la spontanéité, et alors elle accompagne toutes les autres représentations et n'est elle-même accompagnée d'aucune d'elles ; elle s'appelle donc apperception *pure* ou *primitive* (conscience de soi-même), et son unité s'appelle l'unité transcendantale de l'apperception. *Car les représentations diverses ne seraient pas toutes mes représentations, si elles n'appartenaient à la conscience de moi-même.*

148. Seulement, de ce que je *puis* lier en une conscience une diversité de représentations données (c'est-à-dire, par l'*unité synthétique* de l'apperception), il est possible que je me représente l'identité de la conscience dans ces représentations mêmes (c'est-à-dire, l'*unité analytique* de l'apperception). Car le rapport des représentations à l'identité du sujet a lieu par le fait que j'en ajoute une à une autre, et que je suis conscient de cette synthèse. L'*unité synthétique de l'apper-*

ception est donc le point le plus élevé de toute pensée, l'*entendement même*; et celui-ci est, par conséquent, la *faculté* d'unir *a priori*, ou de réduire la diversité des représentations données à l'unité de l'apperception.

149. Le principe premier, suprême, de toute connaissance possible est donc que tout ce qui peut être connu doit être soumis à cette faculté, ou doit *pouvoir être réduit à l'unité de l'apperception*.

150. Le premier fondement de la possibilité de toute intuition par rapport à la sensibilité était, quant à l'esthétique transcendantale, *que toute diversité de l'intuition est soumise aux conditions formelles de l'espace et du temps*. A ce principe sont soumises toutes les représentations de l'intuition en tant qu'elles nous sont *données*. Le premier principe de la possibilité de toute intuition par rapport à l'entendement est : *que toute diversité de l'intuition soit soumise aux conditions de l'unité synthétique primitive de l'apperception*. Ce principe domine toutes les représentations de l'intuition en tant qu'elles sont pensées connues, et doivent par cette raison être liées en une conscience.

151. *Preuve.* Toute diversité de l'intuition doit être *unie*, liée dans le concept d'un objet; car la connaissance, dont la faculté est cependant l'entendement, consiste dans le rapport des représentations données à un objet. Toute *réunion* des représentations exige unité de la conscience. Toute diversité de l'intuition est donc soumise aux conditions de cette unité.

152. Ce principe est donc la *première* connaissance pure de l'entendement, et la *condition objective de toute connaissance*.

153. Il est *analytique*; car il dit simplement que toutes *mes* représentations doivent être soumises à des conditions qui les font *miennes*.

154. Toutefois ce principe n'en est un que pour l'entendement *par la conscience* duquel la diversité de l'intuition n'est pas donnée, mais auquel elle doit être donnée pour être liée en une même conscience.

155. L'*unité transcendantale de l'apperception* est celle par laquelle toute diversité donnée dans une intuition est liée dans le concept d'un objet, et s'appelle pour cette raison, *objective*. L'unité *subjective* de la conscience est une détermination du sens intime, par laquelle toute diversité d'intuition est donnée pour être unie de la sorte *empiriquement*.

156. La définition : un jugement est la représentation du rapport entre deux concepts, est insuffisante; car on ne décide nullement par là en quoi consiste ce rapport.

157. Un jugement est *la manière de ramener des connaissances données à l'unité objective de l'apperception*; c'est l'objet de la copule *est*.

158. *Proposition* : Toutes les intuitions sensibles sont soumises aux catégories comme à des conditions sous lesquelles seulement la diversité peut se saisir par une seule conscience.

Preuve. Toute diversité dans une intuition sensible dépend nécessairement de l'unité primitive synthétique de l'apperception (150, 151) ; mais cette unité est obtenue par la fonction logique des jugements (157). Or les concepts par lesquels une intuition doit être jugée en rapport avec une fonction logique du jugement sont des catégories (144); par conséquent, etc.

159. On verra dans la suite que l'*unité* dans toute intuition empirique provient des *catégories* (171).

160. Les catégories sont donc des règles pour un entendement, dont toute la faculté consiste dans les pensées ou dans l'*union* de la diversité *donnée*.

161. *Proposition* : Les catégories n'ont d'autre usage dans la connaissance des choses que leur application aux objets de l'expérience.

Preuve. La connaissance se compose de deux parties : 1° des catégories par lesquelles l'objet est pensé, et 2° de l'*intuition* par laquelle il est donné. La *première* sans la *seconde* ne donne que la *pensée*, mais pas la *connaissance*, parce qu'il n'y a rien à connaître dans la pensée. Mais toute intuition à nous possible est *sensible* (V. l'Esthétique). Par la détermination de l'intuition *pure*, nous parvenons à la connaissance des choses quant à leur *forme*, par conséquent seulement dans la supposition *qu'il y a des choses qui sont aperçues dans cette forme*. Or, on ne peut savoir que par l'intuition *empirique*, c'est-à-dire, par l'*expérience*, qu'il y a de pareilles choses; donc, etc.

162. Notre intuition sensible et empirique peut donc seule donner une valeur aux catégories.

163. Si donc on suppose un objet d'une intuition non sensible, on peut sans doute le représenter par tous les prédicats qui sont déjà dans la supposition que rien d'intuitivement sensible ne lui convient, mais on ne peut pas dire ce qu'il est, et les catégories ne deviennent pas mêmes applicables.

164. Les catégories sont de simples formes de la pensée pour les objets de toute intuition sensible. La synthèse est par elles purement intellectuelle. Elles ne sont donc susceptibles d'une réalité objective, c'est-à-dire, d'une application aux objets comme phénomènes, qu'autant qu'il y a en nous une certaine forme d'intuition fondamentale *a priori*, et que l'entendement peut penser une unité synthétique de la diversité de cette intuition *a priori*.

165. Cette synthèse de la diversité de l'intuition sensible *a priori* doit s'appeler *figurée*, pour la distinguer de la simple *liaison intellectuelle* (164) : toutes deux sont *transcendantales*.

166. La synthèse *figurée* doit s'appeler synthèse *transcendantale de l'imagination*, parce que cette faculté y doit fonctionner. Elle diffère donc de la simple *liaison intellectuelle*, qui est conçue dans les catégories seulement, et est *intellectuelle*. L'imagination, en tant qu'elle agit ici comme spontanéité, s'appelle *productive*, pour la distinguer de la *reproductive*, qui appartient à la psychologie.

167. Or c'est ici le lieu d'expliquer comment le sens intime ne nous présente *nous-mêmes* à la conscience que *comme phénomène* : parce que nous nous apercevons comme nous sommes affectés intérieurement.

168. L'entendement exerce, sous la dénomination d'une synthèse trascendantale de l'imagination, une action sur le sujet passif (dont il est la faculté), qu'on peut dire avec raison affecter le sens intime.

169. Aussi observons-nous toujours en nous que l'action transcendantale de l'imagination, qu'on appelle *synthèse figurée*, doit unir dans le sens intime la diversité à une intuition déterminée.

170. *Propos.*: Le sujet pensant n'est point connu par la seule conscience.

Preuve. La représentation *que je suis* est une *pensée*, non une *intuition*, par conséquent l'acte de *déterminer* et non de *donner* mon existence ; car il faut pour ce dernier une espèce d'intuition déterminée. *J'existe comme intelligence* veut dire simplement : *j'ai conscience de ma faculté synthétique*.

171. Il s'agit d'expliquer maintenant comment les catégories rendent la nature possible.

172. La composition dans une intuition empirique s'appelle *synthèse de l'appréhension*.

173. Avec les intuitions d'espace et de temps est déjà donnée l'unité synthétique de notre appréhension comme condition de toute intuition. Elle est l'unité de la synthèse transcendantale de l'imagination (164-165) conforme aux catégories (164-166). Les catégories valent donc pour tous les objets de l'expérience.

174. 1er *Exemple*. Dans l'intuition empirique d'une maison est l'unité fondamentale nécessaire d'espace ; mais cette unité nécessaire est la catégorie de *quantité*.

175. 2e *Exemple*. Dans l'intuition empirique de la congélation de l'eau, est l'unité fondamentale de temps ; mais cette unité est la catégorie de *cause*.

176. Les objets de l'expérience sont des phénomènes ; par con-

séquent les catégories sont des concepts qui rendent possible la nature ou l'ensemble des phénomènes.

177. Car les phénomènes sont inhérents au sujet, et doivent par conséquent être soumis aux lois de la faculté synthétique du sujet.

178. Nous ne pouvons *penser* aucun objet sans catégories, ni *connaître* sans intuitions. Mais toute connaissance, en tant que l'objet est donné, *est empirique*, c'est-à-dire *expérimentale*. Par conséquent, il n'y a aucune connaissance possible *a priori* des objets, que celle des objets d'une *expérience possible*.

179. Les catégories sont donc la raison de la possibilité de toute expérience, c'est-à-dire qu'elles sont en quelque sorte un système de l'épigénèse de la raison pure.

180. Si l'on admettait une espèce de *génération équivoque*, ou un *système de préformation* de la raison pure, les catégories ne seraient ni nécessaires ni *a priori*.

181. En résumé, la déduction est l'exposition : 1° des *catégories* comme principes de la possibilité de l'expérience; 2° de *l'expérience* comme détermination des phénomènes dans l'espace et le temps; 3° de la *détermination des phénomènes dans l'espace et le temps* par le principe de l'unité synthétique originelle de l'apperception.

182. *La division par paragraphes* ne s'étendra pas plus loin, parce que les *concepts élémentaires* ont été traités dans ce qui précède. Il est question maintenant de l'usage de ces concepts primitifs.

183. La logique générale traite dans son analyse, des *concepts*, des *jugements* et des *raisonnements*, suivant les fonctions et l'ordre des trois facultés de l'esprit, l'*entendement*, le *jugement* et la *raison*.

184. Comme cette logique *formelle* ne s'occupe pas de la matière de la connaissance, elle peut s'occuper du *canon* de la raison.

185. La logique *transcendantale* ne peut le faire, car il est clair que l'usage transcendantal de la raison n'a aucune *valeur objective*, et appartient non pas à l'analytique, mais à la dialectique.

186. L'*analytique* transcendantale ne s'occupe donc que de l'entendement et du jugement, car ces deux facultés seules ont un canon de la valeur objective.

187 L'*analytique des concepts* s'occupe du canon de l'entendement; le canon du jugement s'appelle seulement *analytique des principes*, et enseigne l'application des concepts intellectuels à des phénomènes.

188. L'*entendement* est la faculté des règles; le jugement, la faculté de subsumer aux règles. La logique *générale* ne peut enseigner cette dernière faculté, parce qu'il faudrait déjà pour cela une règle et une subsomption.

189. Mais la logique *transcendantale* semble devoir enseigner à prévenir les erreurs du jugement.

190. La philosophie *transcendantale* a surtout pour objet de donner, outre la règle, le cas à y subsumer, parce qu'elle traite des concepts qui doivent *a priori* se rapporter à leurs objets.

191. La *théorie transcendantale du jugement* traite : 1° du *schématisme de l'entendement pur*, ou des conditions de la subsumption ; 2° des *principes de l'entendement pur*, ou des jugements qui découlent des catégories sous ces conditions, et qui servent de fondement à toute autre connaissance.

192. Dans toute *subsomption* d'un objet sous un concept, la représentation du premier doit être *analogue* à la représentation du second; c'est en effet ce que signifie le mot *subsomption*.

193. La science transcendantale du jugement doit par conséquent faire voir comment les concepts intellectuels purs peuvent être appliqués à des phénomènes en général, qui cependant découlent d'une source toute différente.

194. Il doit donc y avoir à cet effet une représentation moyenne, qui d'un côté soit analogue aux catégories et par conséquent intellectuelle, et d'un autre côté analogue aux phénomènes et par conséquent sensible. Cette représentation est le *schéme transcendantal*.

195. La *détermination transcendantale de temps* est un schème transcendantal, car elle est analogue aux catégories, parce qu'elle repose sur une règle *a priori*; analogue aux phénomènes, parce qu'elle est contenue dans toute représentation empirique.

196. Le schème du concept intellectuel est donc la condition formelle et pure de la sensibilité, à laquelle ce concept est restreint dans son usage. Le procédé de l'entendement avec les schèmes s'appelle schématisme de l'entendement pur.

197. Le schème pour fournir à un concept son type, est la représentation par le procédé général de l'imagination.

198. Il doit être distingué de l'image ou du type lui-même, car celui-ci est un produit de la faculté empirique de l'imagination productive *a priori*, tandis que le schème est le produit de l'imagination pure, et ne peut jamais être réduit à une image.

199. Ces *schémes* doivent maintenant être exposés suivant l'ordre des catégories et dans leurs rapports avec elles.

200. Le *type pur de toute quantité* avant le sentiment-sensation est l'espace ; celui de *tous les objets du sentiment en général*, le *temps* ; le *schème pur de la catégorie de quantité* est le *nombre*, représentation de l'addition successive de l'unité à l'unité.

201. Le *schéme de la réalité* est la production continuelle et uniforme de la quantité de quelque chose dans le temps, quantité qui a un certain degré (limitation) jusqu'à zéro (négation).

202. Le *schéme de la substance* est la *permanence* du réel dans le temps.

203. Le *schéme de la cause* est la *succession* de la diversité suivant une règle.

204. Le *schéme de la reciprocité* est la *simultanéité* des déterminations d'une substance avec les déterminations de l'autre suivant une règle.

205. Le *schéme de la possibilité* est la *détermination* de la représentation dans un temps quelconque.

206. Le *schéme de la réalité* est l'*existence dans un temps déterminé*.

207. Le *schéme de la nécessité* est l'*existence dans tous les temps*.

208. Les *schémes* ne sont donc que des *déterminations de temps a priori* suivant des règles, et se rapportent à la *succession*, à la *matière*, à l'*ordre* et au *concept de temps* par rapport à tous les objets possibles.

209. Les schèmes des catégories sont donc les vraies et seules conditions pour leur donner un rapport avec les objets, et par conséquent un sens, une valeur.

210. Mais ce rapport aux objets constitue la *vérité* transcendantale, qui rend possible toute vérité *empirique*.

211. La sensibilité réalise donc l'entendement, mais elle le restreint en même temps à une expérience.

212. 1) Il s'agit maintenant d'exposer en un tout systématique les jugements qui résultent du rapport des catégories à la sensibilité.

213. Ils s'appellent *principes a priori*, parce qu'ils ne sont pas fondés sur des connaissances universelles et plus élevées. Mais ils ne sont pas pour cela toujours dispensés d'une preuve, parce qu'autrement ils seraient suspects de subreption.

214. Mais il n'y a que les principes qui se rapportent aux *catégories* qui doivent être exposés ici; on ne parlera donc pas des principes de l'esthétique transcendantale, ou des principes mathématiques.

215. Mais on parlera du principe des jugements *analytiques*, et par opposition aux principes du jugement synthétique.

216. La condition *négative* de tous nos jugements est qu'ils *ne se contredisent pas eux-mêmes*; mais un jugement qui est exempt de toute contradiction intérieure, peut cependant être *faux* ou sans *fondement*.

217. Cette condition *négative* appartient à la logique et s'appelle *principe de contradiction*. Il doit s'énoncer ainsi : *un prédicat qui répugne à une chose ne peut lui convenir.*

218. Mais on peut cependant en faire un usage *positif;* c'est-à-dire, que la vérité des jugements *analytiques* doit pouvoir d'après cela être connue.

219. *Le principe de contradiction* doit donc valoir aussi comme principe général et parfaitement suffisant de tous les jugements *analytiques.*

220. La formule de ce principe qu'*il est impossible* que *quelque chose soit et ne soit pas* en même temps, contient une synthèse inutile et inconsidérée.

221. L'explication de la possibilité des jugements *synthétiques* est la partie la plus importante de la *logique transcendantale.*

222. Dans les jugements *synthétiques* on doit sortir d'un concept donné pour y en rattacher un autre.

223. Pour cela il faut nécessairement une *troisième* chose qui puisse réunir les deux concepts. Cette troisième chose doit être cherchée dans les trois sources de représentation *a priori*, qui sont : 1° *le sens intime* et sa forme *a priori, le temps;* 2° *l'imagination;* 3° *l'unité de l'apperception.*.

224. Si une connaissance doit avoir une *réalité objective*, l'objet doit pouvoir être *donné;* sans quoi les concepts sont vides de sens.

Donner *un objet* n'est autre chose que d'en rapporter la représentation à une expérience.

225. La possibilité de l'expérience est donc ce qui donne à toutes nos connaissances une réalité objective *a priori.* Or une expérience repose sur l'unité synthétique des phénomènes; elle a donc pour fondement *a priori* les principes de sa forme.

226. Toute la géométrie, v. g., serait une chimère, si l'espace n'était la condition de l'expérience extérieure.

227. Toute synthèse *a priori* est donc vraie, parce qu'elle contient autre chose que ce qui est indispensable à l'unité synthétique de l'expérience en général.

228. Le principe suprême de tous les *jugements synthétiques* est donc: *Tout objet est soumis aux conditions nécessaires de l'unité synthétique de la diversité intuitive dans une expérience possible.*

229. Les jugements *synthétiques a priori* sont par conséquent possibles, si les conditions de la possibilité de l'expérience en général sont en même temps des conditions de la possibilité des objets de l'expérience.

230. Les *principes* procèdent de l'*entendement*, de la faculté des règles auxquelles *tout* doit être soumis, lorsque l'entendement doit recevoir la connaissance d'un objet qui lui corresponde.

231. Il y a, il est vrai, des *principes purs a priori* qui n'appartiennent *pas proprement* à l'entendement pur, parce qu'ils sont tirés des *intuitions pures*, mais cependant *par le moyen* des principes de *l'entendement pur*.

232. Il ne doit pas être ici question des principes dérivés des intuitions pures, mais bien des principes de l'entendement pur au moyen desquels les premiers sont possibles.

233. L'usage de la synthèse des concepts purs de l'entendement est : ou *mathématique*, s'il se rapporte seulement à l'*intuition*, dont la *condition* est *nécessaire*, et par conséquent cet usage lui-même est apodictique; ou dynamique, lorsqu'il se rapporte simplement à l'*existence*, dont la condition est *contingente*; et par conséquent cet usage lui-même est *nécessairement conditionné*, et conséquemment *pas d'une évidence immédiate*.

234. Tous les principes de l'entendement pur se distribuent, suivant la table des catégories, en

I. *Mathématiques*.

1° *Axiomes* de l'intuition.

2° *Anticipations* de l'intuition.

II. En *dynamiques*.

3° *Analogies* de l'expérience.

4° *Postulats* de la pensée empirique en général.

235. On les appelle *mathématiques* et *dynamiques* à cause de l'application, et non à cause du contenu.

236. 1ᵉʳ principe : *Tous les phénomènes sont des quantités extensives quant à l'intuition.*

237. *Preuve.* Tous les phénomènes contiennent une *intuition* dans l'espace et le temps (50, 62, 150). Ils ne peuvent par conséquent être appréhendés que par le concept d'une quantité (173, 174). Par conséquent tous les phénomènes sont *des quantités quant à l'intuition*, et mêmes des quantités *extensives* comme phénomènes dans l'espace et le temps.

238. Tous les phénomènes sont donc perçus comme agrégats, ce qui est le *concept* d'une *quantité extensive*.

239. La *géométrie* et ses *axiomes* n'ont pas d'autre fondement.

240. Les principes évidents des rapports numériques sont synthétiques, mais considérés particulièrement et comme formules numériques (1).

---

(1) Schulz a réellement établi deux axiomes pour l'arithmétique.

241. Sur cet axiome repose donc l'application de toutes les mathématiques pures aux objets de l'expérience.

242. 2° principe. *Tous les phénomènes sont quant à la sensation des quantités intensives.*

243. *Preuve.* Tous les phénomènes contiennent une *réalité* sensible (35, 36). Ils ne peuvent donc être appréhendés que par le concept d'un commencement de sensation s'élevant de zéro jusqu'à une certaine mesure, par conséquent jusqu'à une *quantité* qui n'est pas objectivement dans le temps ni dans l'espace, par conséquent par extensive, mais qui est *intensive*. Une telle grandeur ou quantité s'appelle un *degré*.

244. Ce qui peut être connu *a priori* dans cette sensation, qui ne peut proprement pas être anticipé, s'appelle ici dans un sens extraordinaire *anticipation*.

245. Chaque *sensation particulière* ne dure qu'un clin d'œil, et n'a par conséquent pas de quantité *extensive*. Cependant toute sensation est susceptible d'une diminution, à tel point qu'elle peut s'affaiblir, et par conséquent disparaître insensiblement. Il y a donc entre la réalité et la négation dans le phénomène une suite continue d'un très grand nombre de sensations intermédiaires possibles, c'est-à-dire que *le phénomène quant à la sensation est toujours une quantité*.

246. Mais cette quantité n'est appréhendée que comme *unité*, dans laquelle la *multiplicité* ne peut être représentée qu'en approchant de la négation. Une telle quantité s'appelle *intensive*. *Tout phénomène est donc quant à la sensation, une quantité intensive*, c'est-à-dire qu'il a un degré qui, considéré comme cause, s'appelle un *moment*.

247. *Exemples*: La couleur, la chaleur, le moment de la pesanteur, etc.

248. La propriété des quantités, qui fait qu'en elle aucune partie n'est la plus petite possible, ou *simple*, en est dite la *continuité*. On peut appeler *coulantes* les quantités, à cause de cette propriété.

249. Tous les phénomènes en général sont donc des quantités continues quant à leur extension et à leur intensité.

250. Aussi la proposition, que tout *changement* est continu, pourrait être ici démontrée avec une évidence mathématique, mais c'est l'objet de la *physique générale* (298).

251. Il ne manque pas d'arguments pour établir la grande influence de ce principe de l'anticipation.

252. Comme chaque sens doit avoir un *degré déterminé* de capacité

sensible, il n'y a aucune perception, par conséquent aucune expérience possible, qui démontre une absence totale de tout réel dans le phénomène, immédiatement ou médiatement (quelque détour que l'on prenne pour arriver à cette conclusion); c'est-à-dire que l'expérience ne fera jamais voir la *vacuité* d'un espace ou d'un temps.

253. C'est une fausse supposition des physiciens que celle qui consiste à dire que le réel est partout le même, et qu'il ne diffère dans le corps que par la quantité extensive, c'est-à-dire par le nombre de ses molécules; car une expansion qui remplit un espace, v. g., la chaleur, et toute autre réalité de cette sorte peut, sans laisser le moins vide possible la plus petite partie de cet espace, diminuer en degrés à l'infini, et n'en pas moins bien remplir l'espace dans tous ses petits degrés, que le pourrait faire un autre phénomène à des degrés plus grands, plus forts.

254. Mais comment l'*entendement* peut-il *anticiper* les phénomènes en ce qui concerne la sensation?

255. La *qualité* de la sensation est toujours empirique; mais le *réel* qui correspond à la sensation ne signifie que la synthèse dans une conscience empirique en général. La conscience empirique dans un sens intime peut donc s'élever de zéro jusqu'à un certain degré, et par conséquent la sensation ou la matière de la conscience empirique doit être soumise à cette loi.

256. 3° principe : *tous les phénomènes, comme objets de l'expérience, sont soumis à une liaison nécessaire des perceptions entre elles.*

257. *Preuve.* Les phénomènes sont les objets indéterminés d'une intuition empirique dont l'effet s'appelle sensation (34). Ils doivent être des objets de l'expérience, c'est-à-dire des *objets* qui, par la synthèse, résultent des perceptions (158, 177). Ce qui ne peut arriver que par l'union *a priori* des concepts (145), mais ces concepts emportent toujours nécessité (6); par conséquent, etc.

258 (1). Le temps est la forme de tous les phénomènes (62); par conséquent ils doivent être soumis aux déterminations nécessaires du temps par les concepts (145) au moyen desquels ils sont représentés dans le temps comme dans un rapport subjectif entre eux.

259. Mais il y a trois modes de toute existence dans le temps : la *permanence* ou continuité, la *succession* et la *simultanéité*; de là trois règles de tous les rapports de temps, ou trois analogies.

260. Ces principes (analogies) ont cela de particulier, qu'ils ne

---

(1) Dans la Critique, le n° 259 vient avant celui-ci. — M.

concernent simplement que l'*existence*, et leur rapport entre eux par rapport à cette existence.

261. Les deux principes précédents s'appliquent aux phénomènes eu égard à leur pure possibilité, et enseignent à les construire suivant la règle d'une synthèse mathématique ; ce qui peut les faire appeler aussi principes constitutifs.

262. Mais comme l'existence ne peut se construire, les deux derniers principes ne peuvent être que de simples principes *régulateurs*. En philosophie (c'est le contraire mathématique), *analogie* signifie égalité de rapports (non quantitatifs mais) qualitatifs ; rapports tels que de trois membres donnés seulement, je puis connaître le quatrième rapport (non pas le quatrième membre lui-même), et que j'ai une règle pour chercher ce membre dans l'expérience, et un signe auquel je puis l'y reconnaître.

263. Mais ces analogies, comme simples principes de l'usage empirique de l'entendement, ont un sens et une valeur uniques, savoir que l'expérience n'est possible que par elle seule.

264. 1re analogie : *Tous les phénomènes renferment la substance qui persiste, et l'accident qui change.*

265. *Preuve.* Tous les phénomènes sont dans le temps (62), dans lequel la *simultanéité* et la *succession* peuvent seulement être représentées, comme dans la forme constante de l'intuition interne (substratum). Mais comme le temps ne peut être perçu (75), quelque chose de *constant*, de permanent, en quoi la succession puisse être perçue, c'est-à-dire la substance, doit être représenté dans tous les phénomènes ; de même il doit y avoir dans tous ces phénomènes quelque chose qui succède à quelque autre chose, c'est-à-dire des *accidents*.

266. Notre appréhension de la diversité dans le phénomène est toujours *successive*, par conséquent toujours *changeante*. Mais le phénomène ne peut jamais nous apprendre si cette diversité est *simultanée* ou *successive*, d'autant plus qu'il n'y a rien en elle de fondamental, qui soit toujours, c'est-à-dire quelque chose qui demeure et soit *constant*, à l'égard de quoi tout changement et toute coexistence ne soient que comme autant des modes de temps. Dans le permanent seul (la substance) est donc toute détermination de temps, par laquelle est possible toute manière d'être successive (le changement des accidents).

267. Aucun philosophe ne s'est encore avisé de *démontrer* le principe de la permanence.

268. Les *corollaires* suivants en dérivent : la substance ne peut être

ni augmentée ni diminuée; rien ne peut devenir quelque chose, ni quelque chose devenir rien.

269. La substance est le substratum du réel, mais les accidents sont le réel dans la substance même; ils peuvent donc être séparés logiquement, mais pas réellement de la substance.

270. C'est aussi là-dessus que se fonde le concept légitime de *changement*. Le changement est une manière d'exister qui succède à une manière d'exister du même objet. Par conséquent tout ce qui change *existe*. Mais son état seul *change*. Ce qui reste est *changé*, ce qui passe se *succède*.

271. Le changement ou l'altération ne peut donc être perçu que dans les substances, et la naissance ou la mort de la substance est une perception impossible, parce quelle suppose la représentation, la réalisation empirique d'un temps vide, ce qui est une contradiction.

272. Ou bien il devrait y avoir deux temps en même temps, l'un pendant lequel l'existence s'écoulerait (un temps pur), et l'autre pendant lequel elle serait reconnue (un temps empirique); ce qui est absurde.

273. La *permanence* (de la substance) est donc une condition nécessaire sous laquelle seule les phénomènes sont déterminables.

274. 2ᵉ analogie : *Les phénomènes dans le changement des accidents sont soumis à la loi de l'union par cause et effet.*

275. *Preuve. Préparation.* Tous les phénomènes de la succession sont des changements ou une vicissitude d'accidents (264-275).

276. *Preuve même.* J'observe que des phénomènes se suivent les uns les autres, ou je relie deux états opposés dans le temps. Cette liaison est *volontaire*, c'est-à-dire qu'il ne tient qu'à moi d'avoir dans l'imagination une première manière d'être, puis une seconde; ou bien elle est *nécessaire*, c'est-à-dire que j'ai conscience qu'un état doit toujours être le premier et un autre le dernier. A cette dernière condition seule a lieu la liaison *objective*, c'est-à-dire phénoménale. Une nécessité de l'union synthétique n'est possible que par un concept intellectuel pur (6, 116), et ce concept est alors *celui de cause et d'effet*.

277. L'appréhension de la diversité est toujours successive, que cette succession doive être distinguée subjectivement ou objectivement, c'est-à-dire qu'elle ait lieu ou dans le *sujet* simplement, ou bien encore dans l'*objet*, que la réunion des parties soit *arbitraire* ou *nécessaire*.

278. On ne peut observer que quelque chose arrive, à moins qu'un phénomène contenant ce nouvel état de choses ne précède. Or, si je ne puis déterminer l'*ordre* dans la succession de ces deux états arbitrairement, il est alors *nécessaire*.

279. L'*appréhension* des deux états arrivera donc suivant une règle qui fait que je *ne puis pas* les disposer *autrement*.

280. D'après cette règle, tout ce qui précède un évènement doit renfermer la condition d'une loi suivant laquelle l'évènement suit toujours et d'une manière nécessaire.

281. S'il n'en était pas ainsi, l'appréhension purement subjective ne serait qu'un jeu de représentation sans objet. Il n'y aurait alors que deux appréhensions, mais pas deux états successifs dans les phénomènes.

282. Quand donc il arrive quelque chose, nous supposons toujours que quelque autre chose précède ce qui arrive et en est suivi conformément à une règle.

283. Cependant, comme nous nous formons le concept de cause et d'effet par l'*expérience*, il semble qu'il ne devrait avoir ni universalité ni nécessité (6). Mais nous pouvons le tirer de l'expérience parce que nous l'y avons mis.

284. Un exemple nous apprendra que jamais nous ne donnons de conséquence à un objet, même dans l'expérience, sans qu'une règle ne nous y force.

285. Toutes les représentations sont des déterminations intérieures de notre esprit, mais elles ne se rapportent pas toujours à un *objet*, c'est-à-dire à leur liaison *nécessaire* suivant une règle.

286. Dans la synthèse des phénomènes, la diversité des représentations se succède toujours. Or, si un *objet* doit être représenté par là, la synthèse est nécessaire.

287. Les phénomènes du temps *passé* doivent donc déterminer toute existence dans le temps qui *suit*, en sorte que là seulement, nous pouvons déterminer la *continuité* dans le temps.

288. L'entendement est nécessaire pour toute expérience et pour la possibilité même de l'expérience (176-177). Mais l'entendement rend la représentation d'un objet possible en introduisant l'ordre du temps dans les phénomènes; ce qui détermine également dans l'*objet* la succession qui était dans l'*appréhension*.

289. Le *principe de la raison suffisante* est donc le principe de la possibilité de l'expérience, c'est-à-dire de la connaissance objective des phénomènes, en ce qui regarde leur rapport dans la série du temps.

290. *Moments* de la preuve de ce principe :

1° Toute expérience requiert synthèse de la diversité par l'imagination, synthèse qui est toujours *successive*;

2° L'ordre de cette synthèse successive dans l'imagination doit être *nécessaire*; un objet n'est déterminé que de cette manière.

291. *Difficulté.* Ce principe est restreint à la succession des phénomènes, mais il doit aussi leur convenir lorsque la cause et l'effet sont en même temps, v. g., un poêle chauffé et une chambre chaude. *Réponse.* Il ne s'agit pas ici de l'*écoulement* mais de l'*ordre* du temps. La bille qui repose sur un duvet, et l'enfoncement qu'elle y produit sont en même temps. Si je pose la bille, la dépression s'en suit, mais pas réciproquement.

292. La *succession* est donc le seul criterium empirique de l'effet par rapport à la causalité de la cause qui précède.

293. Cette causalité conduit au concept d'action, celle-ci au concept de *force*, et par là au concept de *substance*.

294. L'action est un *criterium empirique* suffisant de la *substance*. Car l'*action* indique le rapport du sujet de la causalité à l'effet. Or comme tout effet arrive, se passe dans le muable (270), son *dernier* sujet est la *substance*.

295. L'*avènement*, l'apparition de ce qui n'était pas n'est que pur changement et non origine tirée du néant. Si cette origine est considérée comme effet d'une cause étrangère, elle s'appelle *création*; laquelle ne peut être admise comme événement parmi les phénomènes.

296. Mais comment en général quelque chose peut-il être changé? C'est ce dont nous n'avons pas la moindre notion *a priori*, mais la forme peut en être pensée *a priori*.

297. Lorsqu'une substance passe d'un état a à un autre état b, le point de temps de b diffère de celui de a et le suit. De même l'état b diffère de l'état a, comme b diffère de zéro.

298. *Question. Comment une chose passe-t-elle de a en b?* Il y a toujours un temps entre deux instants, par conséquent le passage s'opère dans le temps. Tout changement n'est donc possible que par une action continuelle de la causalité.

299. Telle est la loi de la *continuité* de tous les changements, à savoir, qu'il n'y a pas de différence du réel dans le phénomène qui soit la plus petite possible.

300. Il faut encore examiner comment ce principe purement *a priori* est possible, quoique nous ayons déjà vu qu'il est *légitime*.

301. Tout accroissement de la connaissance empirique est une extension de la détermination du sens intime, par conséquent un progrès dans le temps. Ses parties ne sont données que dans le temps et par sa synthèse. Or le temps est une quantité continue; la perception qui détermine le temps doit aussi se produire continuement. Nous connaissons *a priori* cette loi du changement, parce que nous n'anti-

cipons que notre propre appréhension dont la condition formelle est en nous.

302. Or comme le temps est la condition sensible *a priori* de la possibilité d'un progrès continu de l'actuel au futur, de même l'entendement est, au moyen de l'unité de l'appercepion, la condition *a priori* de la possibilité d'une détermination continue de tous les états des phénomènes dans ce temps.

303. 3ᵉ Analogie : *Les phénomènes sont, comme substances par rapport à leurs accidents, dans une perpétuelle réciprocité d'action.*

304. *Preuve.* S'il en était autrement, toute succession subjective pourrait être considérée comme objective.

305. Des choses sont *en même temps*, si l'ordre dans la synthèse de l'appréhension de la diversité est *indifférent*.

306. Si dans les phénomènes toutes les substances étaient isolées, la simultanéité ne pourrait pas être observée (304).

307. Il doit donc y avoir quelque chose qui dans l'appréhension rende l'ordre *nécessairement* indifférent; ce qui ne peut être qu'un concept intellectuel (6. 116), et ce concept est celui de la réciprocité d'action.

308. Le mot *communauté* (Gemeinschaft), compris en français dans le mot *réciprocité*, ne veut pas dire ici *communio*, mais *commercium*; car sans le commerce la communion de l'espace ne peut jamais être empirique.

309. *Développement.* Dans notre esprit tous les phénomènes doivent être *in communione apperceptionis*; mais quand ce commerce doit reposer sur un principe objectif, il doit y avoir en même temps *commercium substantiarum*, au moyen duquel les phénomènes forment un *compositum reale*.

310. Ces trois analogies sont donc les principes de la détermination de l'existence des phénomènes suivant les trois modes possibles du temps :

1° L'analogie de la *substantialité* rend possible toute succession en général;

2° L'analogie de la *causalité* fait que la succession objective ne peut être prise comme subjective;

3° L'analogie de *réciprocité* fait que la succession subjective ne peut être prise comme objective.

Or est objectif ce qui est lié non pas arbitrairement, mais nécessairement dans la conscience. Cette détermination de temps est tout-à-fait dynamique.

311. Nous entendons par nature la composition des phénomènes quant à leur existence; les lois sont nos analogies.

312. *Remarque.* Ces analogies sont donc démontrées non pas dogmatiquement, mais seulement par là, que sans elles aucune expérience n'est possible, et qu'on ne peut en donner une autre preuve.

313. 1ᵉʳ Postulat : *Ce qui s'accorde avec les conditions formelles de l'expérience est possible* (peut apparaître).

314. 2ᵉ Postulat : *Ce qui se rattache aux conditions matérielles de l'expérience* est réel (se trouve dans les phénomènes).

315. 3ᵉ Postulat : *Ce dont la connexion avec le réel est déterminé par les lois générales de l'expérience est* nécessaire (doit se trouver dans les phénomènes).

316. Les catégories de la modalité n'étendent pas le concept auquel elles se rapportent; seulement elles en expriment le rapport à la faculté de connaître.

317. Elles ne sont donc que de simples explications des restrictions de toutes les catégories à l'usage purement empirique.

318. Le *postulat de la possibilité* n'exige donc pas qu'il n'y ait aucune contradiction dans le concept, car c'est là une condition *logique*, mais il exige la réalité *objective* d'un concept.

319. *Utilité et influence de ce postulat.* On ne connaît la *réalité objective* des catégories que parce qu'elles expriment *a priori* le rapport des perceptions dans toute expérience.

320. Mais si l'on veut les appliquer à des choses qui n'ont point d'exemple dans l'expérience, on ne rencontrera qu'une véritable chimère, dont la possibilité est absolument sans caractère en soi.

321. La possibilité des choses par de simples concepts *a priori* ne peut jamais en être dérivée.

322. Nous pouvons à la vérité construire le concept d'un triangle, mais sa possibilité réelle serait douteuse, si le triangle n'était pas pensé sous les conditions claires sur lesquelles reposent tous les objets de l'expérience.

323. Le *postulat de la réalité* exige perception, par conséquent sensation de l'objet même, ou de quelque chose qui s'y rattache.

324. La perception est le seul caractère de la réalité.

325. Le fondement de l'idéalisme *dogmatique* de Berkley, qui tient l'existence des objets dans l'espace pour fausse et imposible, a été ruiné dans l'Esthétique transcendantale. Le principe problématique de Descartes, qui regarde seulement comme douteuse l'existence de ces objets, va être réfutée par ce qui suit.

326. *Propos.* La *simple conscience, mais empiriquement déterminée, de mon existence propre, prouve l'existence des objets dans l'espace hors de moi.*

327. *Preuve.* La conscience de mon existence dans le temps doit être rattachée à quelque chose de permanent. Or rien ne donne en nous le permanent, par conséquent il n'est possible que par quelque chose hors de nous. Or si le premier fait est réel (326), le dernier doit l'être pareillement.

328. *Observation* 1re. L'expérience interne n'est donc que *médiate* et n'est possible que par l'externe qui est la seule *immédiate.*

329. *Observation* 2e. Tout usage de l'expérience de notre faculté de connaître dans la détermination du temps s'accorde parfaitement aussi avec cette explication.

330. *Observation* 3e. Il faut voir d'après sa détermination particulière et par comparaison avec le criterium de toute expérience réelle, si cette prétendue expérience interne ou externe n'est pas le pur effet de l'imagination.

331. *Le troisième postulat* requiert la nécessité non simplement *formelle* et *logique,* mais la nécessité *matérielle* dans l'existence. Nous ne la reconnaissons que par rapport à l'*état* des choses, et alors tout ce qui arrive est *hypothétiquement* nécessaire. Il y a donc quatre lois naturelles de l'existence : *in mundo non datur hiatus, saltus, casus, fatum.*

332. Demander si le champ de la *possibilité* est *plus grand* que le champ de la *réalité,* et celui-ci *plus grand* que le champ de la *nécessité,* c'est demander si mes perceptions peuvent avoir pour objet autre chose qu'*une seule* expérience possible. Nous ne pouvons pas penser d'autres formes de l'intuition et de l'entendement que les nôtres; elles n'appartiendraient d'ailleurs pas à l'expérience. Existe-t-il un autre champ de la *matière* ? C'est ce que l'entendement ne saurait décider. Il semble, à la vérité, par la *conversion* de la proposition : tout réel est possible, qu'il y aurait un champ plus grand; mais c'est là un résultat purement logique : ce qu'il faudrait ajouter au possible pour l'amener à l'état de réalité ne serait donc *pas* possible ou serait impossible.

333. La *possibilité absolue* n'est proprement pas un simple concept et la chose ne peut être mise *ici* dans un jour *parfait.*

334. Les principes de la modalité s'appellent *postulats ;* ce qui ne veut pas dire que chacun doit les accorder *sans preuve,*

335. Mais parce qu'ils ne disent d'un concept rien autre chose si ce n'est l'action de la faculté de connaître par laquelle ce concept est produit.

336. Pour démontrer la *réalité objective* d'une catégorie, nous avons donc toujours besoin d'*intuitions*.

337. Toujours même nous avons besoin d'intuitions *externes* à cet effet, v. g., pour établir le concept de substance, le permanent dans l'espace, et ainsi du reste.

338. Cette remarque est d'une grande importance, non seulement pour confirmer la réfutation précédente de l'idéalisme (325-530), mais bien plus encore pour faire voir les bornes de la possibilité de la connaissance de nous-mêmes dans l'intuition extérieure.

339. La dernière conséquence de toute cette section est donc : *tous les principes de l'entendement pur ne sont autre chose que des principes a priori de la possibilité de l'expérience.*

340. Avant de passer à la dialectique il faut répondre à *deux* questions importantes : 1° si nous devons et si nous pouvons nous contenter de ce que l'expérience nous donne à connaître ; 2° si nous sommes en possession certaine de ce que renferme l'expérience et si nous ne devrions pas craindre de le trouver faux parfois.

341. Si le résultat de nos investigations critiques était que notre connaissance est bornée au champ de l'expérience, il semble qu'il ne vaudrait pas la peine qu'il coûterait ; mais sans ces recherches l'entendement ne peut cependant savoir ce qu'il *peut* ou ne peut pas connaître, et si par conséquent l'on peut ou non être sûr de la possession de sa connaissance.

342. L'entendement ne peut faire qu'un usage empirique de tous ses principes *a priori*. Car à chaque concept dans un tel principe appartiennent : 1° la forme logique de ce principe ; 2° la possibilité de lui donner un objet. Ce dernier caractère ne peut s'obtenir que dans l'intuition, qui doit toujours être empirique, parce que l'intuition pure elle-même n'a de valeur objective que par l'intuition empirique.

343. Qu'il en soit de même aussi avec *toutes* les catégories et avec les principes qui en découlent, c'est ce qui résulte de ce que nous ne pouvons réellement en définir aucune sans les conditions de la sensibilité.

344. On ne peut définir le concept de la quantité qu'en disant qu'elle est la détermination d'une chose, détermination par laquelle on peut penser combien de fois l'unité est contenue dans cette chose ; mais ce *combien* se fonde aussi sur le temps. Il en est de même de toutes les catégories.

345. Il suit incontestablement de là : *que les concepts purs de l'entendement ne sont jamais susceptibles que d'un usage empirique.*

346. Le *résultat* de l'analytique transcendantale est donc : *que l'entendement anticipe simplement la forme d'une expérience possible, mais qu'il ne peut dépasser les limites de la sensibilité.*

347. La *pensée* est l'action de rapporter à un objet les intuitions données. La catégorie pure n'exprime que la pensée d'un objet en général. Pour pouvoir subsumer quelquefois aux catégories, il faut de plus un schème.

348. Les catégories *pures* sans conditions formelles de la sensibilité, sont donc simplement une *forme pure* de l'usage de l'entendement, et n'expriment que la manière dont un objet sera *pensé*, mais sans pouvoir *déterminer* aucun objet.

349. Il y a ici une *illusion* fondamentale *difficile* à éviter. Comme les catégories ne résultent pas de la sensibilité, il semble que leur usage s'étende plus loin qu'aux seuls objets *sensibles*. Mais elles ne sont que les simples *formes de pensée*. Et pourtant nous distinguons les choses suivant qu'elles nous *apparaissent* (phénomènes, êtres sensibles), de ce qu'elles peuvent être *en elles-mêmes* (noumènes, être de pensée, être d'entendement) ; la question est donc de savoir *si nous connaissons ces derniers indépendamment des catégories.*

350. Il se présente tout d'abord une *équivoque*, qui peut occasioner une grande méprise, c'est que l'entendement se faisant une représentation non seulement du phénomène, mais encore d'un noumène, il regarde l'être de raison en général, qui est représenté par la catégorie pure comme la représentation légitime de ce noumène, comme si c'était un être existant réellement en dehors de la sensibilité.

351. Une chose qui n'est pas un objet de notre intuition sensible peut s'appeler noumène dans un sens *négatif*, et une chose qui serait un objet d'une intuition intellectuelle ou non sensible, peut s'appeler noumène dans le sens *positif*.

352. La théorie de la sensibilité est donc aussi celle des noumènes dans le sens *négatif*, à savoir que les catégories sont simplement restreintes à des phénomènes, et que ces noumènes ne peuvent être connus par leur moyen. Pour qu'il y eût connaissance *positive* de noumène, il faudrait que les catégories eussent pour base une intuition intellectuelle qui nous manque.

353. Il n'y a donc plus aucune connaissance si l'on fait abstraction de toute *pensée* résultant d'une connaissance empirique ; mais en faisant abstraction de toute *intuition*, il reste encore la forme de la pensée. Les catégories s'étendent donc au-delà des objets, puisqu'elles

les pensent en général. Mais elles n'ont pas pour cela une sphère d'objets réels qui s'étende plus loin.

354. Le concept d'un *noumène* est un *concept de limite* rendue nécessaire par la limitation de la sensibilité, pour mettre un terme à ses prétentions.

355. La division des objets en phénomènes et en noumènes, et celle du monde en *monde sensible* et en *monde intellectuel*, ne peut par conséquent être permise dans le sens *positif*, mais bien la division des concepts en *sensibles* et en *intellectuels*.

356. Si l'on entend, comme l'ont fait quelques uns, par *monde intelligible* l'harmonie du monde sensible suivant les lois générales de l'entendement, alors il y a un monde *intelligible*. Mais je nie qu'un pareil monde ne soit point phénomène.

357. L'entendement et la sensibilité ne peuvent nous donner des objets que par leur union en nous. Si nous les séparons, nous n'avons plus que des intuitions sans concepts, ou des concepts sans intuitions.

358. Si, après toutes ces explications, on hésite encore à renoncer à l'usage purement transcendantal des catégories, alors qu'on essaie seulement d'affirmer avec elles quelque chose synthétiquement, et l'on trouvera que c'est impossible.

359. L'action de l'esprit par laquelle on compose le rapport des concepts entre eux s'appelle *réflexion (Ueberlegung)*.

360. Cette réflexion est *logique*, si elle se rapporte à la forme des concepts; mais s'il s'agit de leur contenu, alors il est question de savoir si les choses appartiennent à l'entendement ou à la sensibilité, et dans ce cas la réflexion est *transcendantale*.

L'entendement a quatre *concepts réflexifs* pour la réflexion transcendantale. Ils sont énumérés ci-après suivant la table des catégories.

361. *Quantité: Unité et diversité*. Une chose qui est la même qu'une autre quant à la qualité et à la quantité, est numériquement identique, ou une seule et même chose avec cette autre, si c'est un objet de l'entendement pur; mais si c'est un objet des sens, alors il peut encore y avoir une différence de temps et de lieu. Par conséquent le *principium identitatis indiscernibilium* de Leibniz ne vaudrait qu'à la condition que les choses fussent non pas des phénomènes, mais des *intelligibilia*.

362. *Qualité: Accord et répugnance*. Entre des réalités il n'y a pas de répugnance concevable aux yeux de l'entendement pur, mais bien dans les phénomènes.

363. *Relation: l'interne et l'externe*. Dans un objet de l'entendement

pur est interne *ce qui* n'a aucun rapport à quelque chose de différent de lui. Dans un phénomène *tout* est relation. Nous ne connaissons d'accidents internes que ceux du sens intime. C'est pourquoi Leibniz trouva toutes les substances, même des parties constitutives de la matière, des sujets simples avec facultés de représentation (monades).

364. *Modalité*: *Matière et forme*. Dans le concept de l'entendement pur, la matière précède la forme, c'est pourquoi Leibniz prend des monades pour y fonder le rapport extérieur.

365. Mais dans le phénomène la forme précède la matière, car elle est la propriété de la sensibilité.

366. On peut appeler la place que nous donnons à un concept dans la sensibilité ou dans l'entendement pur, sa *place transcendantale*, comme on peut appeler le concept plus élevé sous lequel un autre concept d'un ordre inférieur se classe dans l'échelle logique, son *lieu logique*. La distinction de ces places s'appelle la *Topique*. La Topique est donc ou *transcendantale* ou *logique*.

367. La *Topique transcendantale* ne contient pas autre chose que les quatre titres ci-dessus mentionnés (362-364), qui, comme les catégories, n'exposent pas *l'objet* quant à son concept, mais seulement la comparaison des représentations qui précède le concept des choses.

368. Sans la *réflexion transcendantale* on emploie d'une manière incertaine les *concepts réflexifs* par rapport aux objets; et de là résulte une *amphibolie transcendantale*, c'est-à-dire une confusion de l'*objet de l'entendement pur* avec *le phénomène*.

369. Leibniz comparait entre eux les objets des sens, comme choses en général, simplement dans l'entendement :

1° En tant qu'ils sont la même chose et qu'ils *différent* entre eux de l'entendement. Par conséquent sa *loi de la non-distinction* n'est pas une loi de la nature; c'est une *règle analytique*.

370. 2. Le principe que les réalités ne répugnent jamais entre elles *logiquement* est légitime quant aux rapports des *concepts*, mais non pour ce qui regarde les phénomènes et les noumènes. Par conséquent l'assertion de Leibniz que : tous les maux ne sont que des négations, n'est pas démontrée par ce principe, non plus que celle-ci : on peut se représenter toutes les réalités comme réunies dans un objet.

371. 3. La *monadologie* de Leibniz n'a pas d'autre fondement que la représentation de la distinction de l'*interne* et de l'*externe* uniquement par rapport à l'entendement. La *composition* est quelque chose d'*extérieur*, par conséquent le *simple* devrait être le fondement de l'*interne*; et alors comme nous ne connaissons d'*interne* que l'*état des représentations*, des représentations lui sont atribuées.

372. C'est aussi pour cette raison que son principe du commerce des substances devait être une *harmonie prédéterminée*.

373. 4. Le célèbre concept scientifique de Leibniz sur l'*espace* et le *temps* découle aussi de cette source. Il les considère comme la *forme intelligible* de l'union des choses en elles-mêmes; mais il considérait les choses comme des *substances intelligibles*, et il croyait que les sens troublent en nous les concepts de notre entendement touchant ces substances, et que c'est ainsi que ces concepts deviennent des phénomènes.

374. Mais si nous pouvions dire quelque chose synthétiquement par l'entendement pur touchant les *choses en elles-mêmes*, on ne pourrait cependant pas l'entendre des phénomènes. Nous devons par conséquent toujours comparer nos concepts sous les conditions de la sensibilité.

375. Ce qu'on vient de dire s'applique également à tous les autres *concepts de réflexion*: par exemple, je ne puis chercher l'intérieur de la matière que dans l'espace, etc.

376. L'utilité de cette critique des raisonnements par la réflexion consiste à démontrer la vanité de tous les raisonnements sur les objets que l'on ne compare que dans l'entendement.

377. Quand nous réfléchissons d'une manière purement logique, nous comparons alors très légitimement nos concepts entre eux dans l'entendement, mais si nous appliquons nos concepts à un objet en général, alors se font sentir aussitôt les limites qui rendent impossible tout usage empirique, et qui démontrent ainsi que la représentation d'un objet comme chose en soi en général, est contradictoire, à moins qu'on ne pense cet objet sous les conditions de l'intuition sensible.

378. Le développement de la cause de l'illusion amphibolique dans les concepts de réflexion était *nécessaire*, puisqu'elle a conduit un des philosophes *les plus pénétrants* à un système tout hypothétique de la *faculté de connaître*.

379. Tout ce système est édifié sur la conversion de l'axiome *Dictum de omni et nullo* en ce *principe* absurde : Ce qui ne convient pas au *général* ne convient pas non plus au *particulier* qu'il contient.

380. C'est ainsi que le *principe des indiscernables* se fonde sur ce que ce qui ne se trouve pas dans le *concept* d'une chose en général ne se trouve pas non plus dans les choses mêmes, par exemple dans deux pieds cubes d'espace.

381. Il en est de même de l'ensemble de toutes les réalités en un seul et unique objet, les monades, et l'espace intelligible.

382. Si les objets intelligibles sont ceux qui sont pensés par de

simples catégories pures, alors ils sont *impossibles*; mais si ce sont des objets d'une intuition non sensible, alors ils sont *problématiques* et leur concept est véritablement lié à la limite de notre sensibilité.

383. L'entendement *limite* donc la sensibilité par le concept d'un *noumène*, sans étendre pour cela son propre champ.

384. La *faute* qui conduit l'entendement à faire des excursions dans les mondes *intelligibles* consiste en ce que l'entendement, contrairement à sa fin, devient *transcendantal*, et que ses concepts semblent avoir une matière quand les intuitions lui manquent.

385. Il faut encore pour la *perfection intégrale* du système, le concept problématique d'*objet en général*, dont on peut faire voir, suivant l'ordre des catégories, quand il est *quelque chose* et quand il n'est *rien*.

386. 1. Quant à la *quantité*, si un *quantum* est *quelque chose*, le concept qui fait tout disparaître est *aucun* — rien. Un *être de raison*.

387. 2. Quant à la *qualité*, si la réalité est *quelque chose*, le concept du défaut d'un objet est *négation*, rien. Une privation, par exemple l'ombre.

388. 3. Qant à la *relation*, si la substance dans l'intuition est quelque chose, la simple forme de l'intuition, *espace* et *temps*, comme objets, est : rien, *formes*.

389. 4. Quant à la modalité, si ce qui peut apparaître est *quelque chose*, l'objet d'un concept qui se contredit, le contradictoire est rien, un *non-être*, par exemple un fer de cuir.

390. Table de *Quelque chose* et de *Rien* ;

Un objet est

I.

PAR RAPPORT A LA SENSIBILITÉ.

1) Quant à la quantité :
 a
 Objet avec forme,
 le phénomène,
 ens phænomenon :
 Quelque chose.
 b
 Objet sans forme,
 l'être de raison,
 ens rationis :
 Rien.

3) Quant à la relation :
 a
 Forme avec objet,
 l'intuition empirique,
 ens substantiale :
 Quelque chose.
 b
 Forme sans objet,
 l'intuition pure,
 ens imaginarium :
 Rien.

II.

PAR RAPPORT A L'ENTENDEMENT.

2) Quant à la qualité :
 a
 Concept avec objet,
 le réel,
 ens reale :
 Quelque chose.
 b
 Concept sans objet,
 le privatif,
 nihil privativum :
 Rien.

4) Quant à la modalité :
 a
 Objet avec concept,
 la chose,
 ens possibile :
 Quelque chose.
 b
 Objet sans concept,
 la non-chose,
 nihil negativum :
 Rien.

QUANT AU CONTENU.

QUANT A L'EXISTENCE.

391. Le n° 1 *b*, et le n° 4 *b*, sont des objets fictifs par concepts, savoir par opposition au n° 1 *a*, et au n° 4 *a*, qui par conséquent donnent des concepts vides et ne peuvent jamais être des objets réels. — Le n° 2 *b* et le n° 3 *b* sont des *data* vides pour des concepts et ne sont des objets que par le n° 2 *a* et par le n° 3 *a*.

FIN DU TOME PREMIER.

TABLE

Préface du traducteur. I
Dédicace de l'auteur. 1
Préface 4
Introduction. 32
    I. Différence entre la connaissance pure et l'empirique. 32
    II. Nous sommes en possession de certaines connaissances *a priori*, et le sens commun lui-même n'en est jamais dépourvu 34
    III. La philosophie a besoin d'une science qui détermine les principes et l'étendue de toutes nos connaissances *a priori*. 37
    IV. De la différence entre les jugements analytiques et les synthétiques. . . 40
    V. Dans toutes les sciences théoriques de la raison sont contenus, comme principes, des jugements synthétiques *a priori*. 44
    VI. Problème général de la raison pure. 48
    VII. Idée et division d'une science particulière sous le titre de Critique de la raison pure. 52

THÉORIE ÉLÉMENTAIRE TRANSCENDANTALE.

PREMIÈRE PARTIE. — *Esthétique transcendantale.*

Section I. De l'Espace. 62
    — II. Du Temps 70
Observations générales sur l'esthétique transcendantale. 81

SECONDE PARTIE. — *Logique transcendantale.*

Idée d'une Logique transcendantale 94
    I. De la Logique en général 94
    II. De la Logique transcendantale 99
    III. De la division de la Logique générale en Analytique et en Dialectique. 101
    IV. De la division de la Logique transcendantale en Analytique et en Dialectique. 105

Première division. — Analytique transcendantale. 106
Livre I. — *Analytique des concepts*. 108
   Chap. 1. Du fil conducteur pour découvrir tous les concepts purs de l'entendement 108
     Sect. I. De l'usage logique de l'entendement en général 109
     Sect. II. De la fonction logique de l'entendement dans le jugement. . . . 111
     Sect. III. Des concepts intellectuels ou catégories. 118
   Chap. II. De la déduction des concepts intellectuels purs. 130
     Sect. I. Des principes d'une déduction transcendantale en général. . . . 130
     Sect. II. Déduction transcendantale des concepts intellectuels purs. . . . 141
Livre II. — *Analytique des principes* 177
Introduction. Du Jugement transcendantal en général. 177
   Chap. I. Du Schématisme des concepts intellectuels purs. 180
   Chap. II. Système de tous les principes de l'entendement pur 190
     Sect. I. Du principe suprême de tous les jugements analytiques 191
     Sect. II. Du principe suprême de tous les jugements synthétiques . . . 194
     Sect. III. Représentation systématique de tous les principes synthétiques de l'entendement pur. 198
        1. Axiomes de l'intuition 202
        2. Anticipations de la perception 207
        3. Analogies de l'expérience 217
          a). Principe de la permanence de la substance. 222
          b). Principe de la succession suivant la loi de la causalité. . . 229
          c). Principe de la simultanéité suivant la loi de la réciprocité. 250
        4. Postulats de la pensée empirique en général. 257
          Réfutation de l'idéalisme. 264
          Observation générale sur le système des principes. 277
   Chap. III. Du fondement de la distinction de tous les objets en général en *Phénomènes* et en *Noumènes*. 283
     Appendice. De l'Amphibolie des concepts réflexifs. 300
     Observation sur l'amphibolie des concepts réflexifs. 307
     Appendices, I-XIV. 331-368
     Sommaires analytiques. 375
     Introduction. 375
     Esthétique transcendantale. 377
     Logique transcendantale. 381

FIN DE LA TABLE.

www.ingramcontent.com/pod-product-compliance
Lightning Source LLC
Chambersburg PA
CBHW070545230426
43665CB00014B/1822